国家出版基金项目
中国社会科学院创新工程学术出版资助项目

中国就业和社会保障体制改革40年

蔡昉◎主编　高文书◎副主编

40 Years of Reform of Employment and
Social Security Systems in China

经济管理出版社

图书在版编目（CIP）数据

中国就业和社会保障体制改革 40 年/蔡昉主编 .—北京：经济管理出版社，2018.12
ISBN 978-7-5096-6263-2

Ⅰ.①中… Ⅱ.①蔡… Ⅲ.①就业制度—体制改革—研究—中国②社会保障体制—体制改革—研究—中国 Ⅳ.①F249.214②D632.1

中国版本图书馆 CIP 数据核字（2018）第 284860 号

组稿编辑：张永美
责任编辑：张永美　梁植睿
责任印制：黄章平
责任校对：张晓燕

出版发行：经济管理出版社
　　　　　（北京市海淀区北蜂窝 8 号中雅大厦 A 座 11 层　100038）
网　　址：www.E-mp.com.cn
电　　话：（010）51915602
印　　刷：三河市延风印装有限公司
经　　销：新华书店
开　　本：720mm×1000mm/16
印　　张：23
字　　数：401 千字
版　　次：2019 年 12 月第 1 版　2019 年 12 月第 1 次印刷
书　　号：ISBN 978-7-5096-6263-2
定　　价：118.00 元

·版权所有　翻印必究·
凡购本社图书，如有印装错误，由本社读者服务部负责调换。
联系地址：北京阜外月坛北小街 2 号
电话：（010）68022974　邮编：100836

总　序

　　1978~2018年，中国国内生产总值（GDP）总量和人均GDP分别增长了近36倍和24倍强，长达40年的平均9.4%的实际增长率，是同期任何其他国家都未达到的高速增长。在世界经济史上，曾经有过若干个著名的发展里程碑，但是，在一代人的时间内使人民生活水平得到如此大幅度的改善，这个"中国奇迹"确是其他案例都无法比拟的。

　　例如，我们可以做一个思想模拟，以平均出生时预期寿命代表一代人，以人均GDP作为生活水平改善的代理指标，看一看历史上曾经创造奇迹的几个国家情形，并与中国进行比较。

　　英国在1880~1930年人均GDP的年均增长率只有0.9%。以1880年时出生人口预期寿命50年来算，平均来看，当时的一个英国人可以在一生中感受到生活水平提高56%。继英国和其他西欧国家之后，美国成为又一个现代化强国。在赶超英国的过程中，即在1920~1975年美国的人均GDP年平均增长率约为2%。以1920年出生的人口预期寿命55年算，美国人终其一生，生活水平可以达到近1倍的改善。日本是下一个成功地实现对先行者赶超的国家，也是亚洲第一个实现了现代化的国家。1950~2010年，日本的人均GDP年平均增长速度超过4%。以平均预期寿命60年算，1950年出生的日本人，一生中生活水平提高了将近10倍。

　　1981~2017年，中国的人均GDP年均增长率为8.7%，也就是说，1981年出生的中国人，在半生的时间里便已经经历了超过19倍的实际生活水平改善。以平均预期寿命68岁算，那时出生的中国人将期望活到2049年，即中华人民共和国成立100周年之际。可以想见，到中华民族伟大复兴之时，中国人民的人均收入改善会以什么样的奇迹呈现。

　　因此，这一中国奇迹，无论是从自身的角度还是从人类发展史的角度，都是值得大写特写的。对于经济学家来说，对历史过程大写特写的方式，便是以经验和理论相结合的方式解说既往的经历，从"做对了什么"中提炼智慧，不仅帮助自己认识当下和展望未来，也为其他探寻发展之途的后起国家提供中国方案。

中国取得经济社会发展成就的根本原因，在于坚持实施改革开放，激发劳动者、经营者和各级干部发展经济的积极性，消除阻碍生产要素积累和配置的体制弊端，学习借鉴国外先进技术和管理，利用国际市场把人口红利转化为比较优势和竞争力。因此，解说中国奇迹的重要任务，便是从经验和理论两个角度回顾、总结、分析、反思40年的改革开放历程。

由于以下几个突出特征，中国及其发展对于世界的意义尤其重要。首先，中国拥有世界上最大规模的人口，2017年约为世界总人口的18.5%，占人类1/5的中国人民创造的成就对世界意义的显著性，是其他国家无可比拟的。其次，知识分子天生具有探索兴衰之谜的学术好奇心，而吸引众多学者尝试回答的关于中国科技（发展）为什么由盛至衰的"李约瑟之谜"，正是经济史学中同样著名的、旨在探索为什么16世纪以来世界经济发展出现大分流这个谜题的中国版本。最后，就从另一个方向上满足相同的学术好奇心而言，中国是迄今为止唯一经历了经济发展由盛至衰再至盛，同时接近于完整经历经济发展的每一个必要阶段的发展中国家。

中国的改革开放经验如此引人注目，以至于国内外众多经济学家，无论从正面还是从反面，一直以来都在孜孜不倦地开发这一宝藏。然而，对于中国经济学家来说，解说中国奇迹的学术话语权大有旁落人家的倾向。这样说并非出于某种狭隘的自尊心理，而是因为迄今为止占据学术话语主流地位的很多研究成果，往往只是隔靴搔痒，并没有抓住中国经验的本质和中国智慧的要义。

例如，许多经济学家把已故经济学家哈耶克的一个著名表述作为认识中国经验的经典范式，认为中国在过去几十年里取得的改革成功，是"人类行为的意外结果"（unintended consequence of human action），由此出发产生的一些学术出版物受到追捧。至少由于两个原因，可以说在这种范式下所做的研究具有很大的误导性。首先，这些作者忽略了重要的一点，中国的改革虽然并未从一开始就绘制了蓝图，但却是以"三个有利于"为出发点，并且始终坚持以此评价改革成功与否，以及以此为圭臬设计进一步改革的路径。其次，这些作者也非常不恰当地把中国改革的探索者、设计者、实践者及其付出的艰险、智慧和努力避重就轻地一笔带过。

作为中国本土研究者，有责任和义务以自己的研究弥补上述缺陷。经济管理出版社编辑出版"中国经济改革开放40年系列丛书"，目的就是从中国经济改革开放的各个领域，系统讲述40年制度创新的历程，包括其间经历的种种曲折和取得的辉煌成就。丛书各卷的主编和主要作者，都是中国社会科学院相关学科的杰出学者，既具有深厚的理论素养，其中也不乏改革开放发展的亲历者和参与者。各位作者的学术背景不同，写作风格和论述问题的方式各异，但是，各位作者总体上努力做到把中国故事讲明白，把中国智慧提炼出来，力图从学理角度为人类社会发展提供中国方案。

歌德曾经说：理论是灰色的，而生命之树常青。我认为，这句话并不应该理解为理论不重要。从更加积极的角度理解这句话，可以得出这样的结论：从成功的实践经验中提炼特征化事实，不断丰富乃至修正已有理论体系，创造新的理论范式和体系，可以使理论本身生命常青。包括本丛书作者在内的中国经济学家，责无旁贷地面临着这个重要的使命。希望这套丛书能够为完成这一使命贡献中国社会科学院学者的力量和智慧。

蔡　昉

2019 年 4 月 20 日于中国社会科学院

编著者名单

主　编：蔡　昉
副主编：高文书
各章作者：
　　　　蔡　昉（前言、绪论）
　　　　都　阳（第一章）
　　　　向　晶（第二章）
　　　　曲　玥（第三章）
　　　　贾　朋（第四章）
　　　　屈小博（第五章）
　　　　赵　文（第六章）
　　　　高文书（第七章、第十三章）
　　　　程　杰（第八章）
　　　　陈秋霖　苏　文　赵周瑞（第九章）
　　　　侯慧丽（第十章）
　　　　王美艳（第十一章）
　　　　姜雪梅（第十二章）
　　　　吴要武（第十四章）
　　　　陆　旸　蔡　昉（第十五章）
　　　　林　宝（第十六章）

前　言

以1978年召开中国共产党第十一届三中全会作为改革起始，至今已经40年。这期间，中国不仅取得了高速的经济增长，而且就业和社会保障等民生领域的改善也是世所罕见的。这主要表现在就业规模不断扩大、收入水平显著提高、就业质量明显提升、社会保障不断完善、人民群众的获得感不断增强等方面。

中国就业和社会保障体制的改革与发展，是经济体制改革和社会政策调整的重要组成部分。总体来说，这个领域的变化与改革开放的步伐是一致的。从党中央、国务院的工作部署中也可以看到对民生事业的重视程度越来越高。随着人均收入水平的提高和国力的增强，就业和社会保障的发展水平还需要进一步提高。因此，总结相关领域的变化和成就，揭示存在的问题和面临的挑战，并提出针对性的建议，是理论界义不容辞的责任。

本书分别从劳动力市场、收入分配、社会保障和人口变化等不同角度，描述相关制度和政策沿革，阐述存在的问题和面临的挑战，并提出相关政策建议。在劳动力市场方面，本书讨论了劳动力市场改革、农村劳动力配置、最低工资制度等内容；在收入分配方面，重点讨论了工资增长与形成机制、居民收入分配格局变化、劳动力流动与城乡居民收入差距；在社会保障方面，阐述了养老保障、医疗保障、生育保险、最低生活保障和住房保障制度的改革与发展；在人口变化和趋势方面，重点阐述了人口发展与人口红利，以及如何应对人口老龄化。此外，本书还讨论了户籍制度改革、教育体制改革、农民工市民化等重要民生问题。本书对改革开放40年来中国就业与社会保障体制的改革与发展进行了较为全面的阐述。

本书各章作者多年来致力于就业和社会保障等领域的研究，熟悉中国劳动经济的理论、实践和政策。本书希望能够反映改革开放40年来中国就业和社会保障改革与发展的主要脉络。作为一项团队成果，总体而言，各章之间在逻辑上是相互衔接的，分析思路上也力求一以贯之。但是，每章所体现的观点属于作者本人，文责自负。由于时间有限，有些问题没有进行专门的论述。限于本书主编和各章作者水平，书中肯定会存在诸多不足之处，敬请读者批评指正。

蔡　昉
2018 年 12 月

目 录

绪论 改革开放 40 年与中国经济发展 ······ 1
    一、中国经济增长的复利效应 ······ 1
    二、中国经济奇迹并不是无意识的行为结果 ······ 2
    三、人口红利是中国经济增长的必要条件 ······ 3
    四、必须通过改革释放和开启潜在增长能力 ······ 5

第一章 劳动力市场制度改革 ······ 6
    一、城乡间劳动力市场的发育 ······ 7
    二、城市劳动力市场转型 ······ 12
    三、建立统一的劳动力市场制度框架 ······ 15
    四、新时代劳动力市场制度建设 ······ 18

第二章 农村劳动力配置机制、发展及展望 ······ 25
    一、改革开放以来中国农村劳动力配置的基本历程 ······ 26
    二、未来 15 年将是农村劳动力资源配置的关键时期 ······ 32
    三、深入推进农村劳动力转移面临的挑战 ······ 34
    四、启示与政策建议 ······ 38

第三章 工资决定机制的转变与劳动力成本变化 ······ 42
    一、工资决定机制的变化 ······ 42
    二、制造业单位劳动力成本变化的总体趋势 ······ 45
    三、分产业的单位劳动力成本 ······ 51
    四、分省份和分区域的单位劳动力成本 ······ 55
    五、劳动力成本上涨与产业升级和资本深化 ······ 57
    六、结论与政策含义 ······ 60

第四章　中国的最低工资制度 ··· 69
一、中国最低工资制度的立法过程 ··· 70
二、中国最低工资标准的水平 ··· 78
三、中国最低工资制度的执行情况 ··· 82
四、中国最低工资制度的改革方向 ··· 84

第五章　户籍制度改革 ··· 86
一、户籍制度改革的发展历程 ··· 86
二、党的十八大以来户籍制度改革进展 ··· 94
三、户籍制度改革的症结 ··· 98
四、户籍制度改革的方向 ··· 100

第六章　中国收入分配格局变化的回顾与展望 ··· 106
一、引言 ··· 106
二、功能性分配的变化：收入分配格局变动的趋势 ··· 107
三、规模性分配的变化：基尼系数真的下降了吗？ ··· 118
四、总结与思考 ··· 127

第七章　农村劳动力流动与城乡居民收入差距 ··· 132
一、中国农村劳动力流动的历史沿革 ··· 132
二、中国农村劳动力流动的现状 ··· 134
三、中国城乡之间的收入差距 ··· 138
四、中国城乡居民内部的收入差距 ··· 140

第八章　养老保障改革与展望 ··· 142
一、养老保险制度改革进展 ··· 142
二、养老保险制度的关键问题与挑战 ··· 152
三、新时代养老保障制度改革方向与政策建议 ··· 170

第九章　中国医疗保障的发展变迁、特点和面临的挑战 ··· 185
一、城镇医疗保障制度的变迁与发展 ··· 185
二、农村医疗保障制度的变迁与发展 ··· 192
三、医疗保障制度变迁过程中的重要特点 ··· 199

四、未来发展面临的关键挑战 ··· 207

第十章　中国生育保险制度改革　215
　　一、生育保险制度的含义和基本内容 ······························ 215
　　二、生育保险制度的发展和改革历程 ······························ 216

第十一章　中国最低生活保障制度的设计与实施　227
　　一、引言 ··· 227
　　二、相关文献总结与评述 ··· 229
　　三、世界银行社会救助制度评价的核心原则和角度 ············ 231
　　四、低保制度的演变与主要政策特征 ······························ 232
　　五、低保制度的设计与实施现状以及面临的挑战 ··············· 235
　　六、主要结论与政策建议 ··· 250

第十二章　中国住房社会保障制度的发展　258
　　一、近市场化住房制度改革 ·· 259
　　二、住房货币化分配制度 ··· 264
　　三、市场和保障并重的住房供应体制建设 ······················· 267
　　四、新时代住房制度建设 ··· 269

第十三章　进城农民工市民化　274
　　一、进城农民工与本地市民的权益保障差距及其变化 ········ 275
　　二、进城农民工市民化的政策演变及进展 ······················· 278
　　三、推动进城农民工市民化的政策建议 ·························· 281

第十四章　改革开放以来的教育体制改革　285
　　一、20世纪70年代末至80年代初：拨乱反正 ················ 288
　　二、20世纪80年代中期至90年代初：确定教育体制格局 ·· 292
　　三、20世纪90年代：落实教育改革政策 ························ 296
　　四、21世纪第一个十年：促进公平 ······························· 301
　　五、21世纪第二个十年：提升教育质量 ························· 307
　　六、40年来教育改革成就 ·· 311
　　七、40年来教育改革问题 ·· 313

八、总结 …………………………………………………… 316

第十五章　人口红利的贡献、变化趋势和对策建议 …………… 319
　　一、改革开放以来中国人口转变及其对经济增长的影响 ………… 320
　　二、改革开放以来中国人口红利的贡献 ……………………… 323
　　三、人口转型使全要素生产率也开始下降 …………………… 331
　　四、改革对中国长期经济增长的影响 ………………………… 335
　　五、政策建议 …………………………………………………… 338

第十六章　应对人口老龄化 …………………………………… 345
　　一、中国人口老龄化的发展历程和特点 ……………………… 345
　　二、中国应对人口老龄化的主要举措 ………………………… 348
　　三、进一步应对中国人口老龄化的建议 ……………………… 351

后　记 ……………………………………………………………… 354

绪论　改革开放 40 年与中国经济发展*

改革开放 40 年来，中国经济增长的复利效应前所未有，人口红利成为中国经济增长的主要贡献因素。现阶段，中国应通过户籍制度改革等措施，让农民工成为真正意义上的城市居民，获得改革红利。

一、中国经济增长的复利效应

爱因斯坦说过一句名言："复利是人类第八大奇迹。"复利是什么呢？比如经济增长，一个经济总量如果有一个增长速度，就形成了增量。这个增量加在总量中，在这个基础上再有一个经济增长速度，经济增长速度的快慢和维持的时间长短就变得很重要。

如果一国经济有足够高的增长速度，保持足够长的时间，这个复利的奇迹效应就会显现出来。比如增长速度是 1%，想翻一番需要 72 年；如果增长速度是 7.2%，10 年就可以翻一番。

在工业革命之前的整个人类社会中，无论何时何地，经济都没有增长，人的生活水平没有改善，人的预期寿命也非常短。工业革命之后才有真正的经济增长。英国是第一个实现工业革命的国家，因此，英国人的生活水平最先得到改善。在 1880 年，英国人的预期寿命大约是 50 岁。到 1920 年，英国经济的年增长速度达到 0.9%。这已经非常了不起。因此，一个英国人在去世的时候，生活水平差不多改善了将近 56%，这是前所未有的成绩了。

在英国之后，美国又成为一个增长奇迹，1920~1975 年是美国经济增长最快的时候。这个时期美国人的预期寿命大约是 55 岁。这 55 年中，美国经济年均增长 2%，一个美国人一生中感受到的生活水平改善，也就是人均

---

*　本绪论是中国社会科学院副院长、党组成员、学部委员蔡昉研究员在 2018 年 7 月 24 日中国社会科学院国家高端智库举办的"庆祝改革开放 40 周年系列智库论坛"上的演讲。参见蔡昉等：《改革开 40 年与中国经济发展》，《经济学动态》2018 年第 8 期。有改动。

1

GDP大约增长了1倍，也是很了不起的。

后来到了亚洲，日本是东亚奇迹的代表，也是亚洲第一个实现了现代化的国家。日本经济的高速增长从1950年开始，那个时候日本人的预期寿命为60岁，也就是说可以活到2010年。在此期间日本每年的经济增长平均是4%，因此一个日本人临终时会发现，其生活水平改善了将近10倍，这也是前所未有的。

1981年中国人的预期寿命是68岁，过了30年，到2011年的时候，中国的人均GDP年均增长8.8%，已经显示出复利的效果了。这个时候中国人感受到的生活水平的改善，已经超过了10倍，超过了所有的历史纪录。

如果一个1981年出生的中国人预计活到2049年，正好是第二个百年目标实现的时候，假使人均GDP 8.8%的年经济增长还保持的话，中国人一生中可以感受到生活水平的改善，大约可以是数百倍，是前所未有的。

然而，8.8%的人均GDP增速不会一直保持下去。但今后保持中高速的增长速度，这一点是毫无疑问的。迄今，我们已经创造了前所未有的中国奇迹。这样一个经济增长奇迹，放在历史和国际视野中，都是卓尔不凡的。

二、中国经济奇迹并不是无意识的行为结果

改革开放到今年正好是孔子说的"四十不惑"之年，我们应该看到这对中国经济发展的意义是什么！"四十不惑"的含义是把中国经验、中国故事，提升为中国智慧、中国方案。讲世界意义也好，讲中国智慧、中国方案也好，我们应该放在世界视野中，不要自说自话。

在国际学术界中活跃的经济学家，绝大多数都承认中国改革开放40年取得的成就。但是怎么解释这个成就的取得，每个人的看法还是不一样的。

正如凯恩斯所说，许多人往往是某个已故经济学家的思想俘虏。有两位已故经济学家的观点支配着国际上经济学家如何评价中国的改革和发展。第一位是钱纳里（Hollis Chenery），曾任世界银行的高级副行长、首席经济学家。他认为，一个国家只要纠正体制弊端，就可以实现经济增长，不管这个国家是否具备经济增长的必要条件。

有些经济学家认为，中国其实不具备发展的必要条件，只是因为改掉了体制弊端，就可以回到原来的生产可能性边界上。因此，有很多经济学家，比如保罗·克鲁格曼就认为中国的经济增长只是一次性的，不会长期持续，也谈不上什么奇迹。

这些经济学家一直这么说，但解释不了中国经济到今天还在快速增长的事实，年均9.6%的增长率保持长达40年，怎么能说是一次性的效应呢？因此，作为经济学家，我们需要找到中国经济发展的必要条件。

第二位比较有代表性的已故经济学家是哈耶克。哈耶克说，在很多情况下，人们看到的一个好的结果，实际上是人类无意识行为的一个非预期结果，即人们没有想到会达到这个结果，只是盲目地去干，最后形成了一个看似好的结果。

有相当多的经济学家引用这句话，说中国的改革开放是经典案例，注释了哈耶克的无意识结果的假说。这个论断的第一个错误是忽略了改革的出发点，即以人民为中心的发展思想。第二个错误是忽略了改革中企业家、农民、工人、各级干部的心血和汗水，把他们对改革的努力都一笔勾销为无意识的行为，这是说不通的。

三、人口红利是中国经济增长的必要条件

过去40年中国GDP总量增长了29倍，人均GDP增长了20倍，城乡居民消费水平提高了16倍，同时这个16倍是由劳动生产率增长16.7倍来支撑的。中国的经济增长不仅时间长，而且非常快。过去我们强调人口多和劳动力丰富是国情，后来发现这个国情也可以成为促进增长的人口红利。

在改革开放的40年里，有相当长的一段时间，比如1980年到2010年这30年，15~59岁劳动年龄人口迅速增长，每年增长1.8%，而依赖性人口每年以0.2%的速度下降，这种剪刀差就造成了"生之者众、食之者寡"的人口结构。劳动力供给非常丰富，而且很便宜，每年又有大量新增人口进入劳动力市场，新增劳动力的平均人力资本水平比存量劳动力高，因此人力资本得到改善。

从资本角度来看，劳动年龄人口多，人口抚养比低，这样的人口结构有利于储蓄，因此改革开放时期具有比较高的居民储蓄率。由于劳动力无限供给，也会延缓资本报酬递减现象的发生。因此，在这个时期储蓄率高，资本积累率高，回报率也高，很自然，资本成为经济增长的一个重要的贡献因素。

再看生产率，或经济学家所谓的全要素生产率。改革开放时期全要素生产率提高中相当大的一部分来源于资源重新配置，也就是劳动力从生产率低的产业转向生产率高的产业，这种资源重新配置构成了全要素生产率的重要

组成部分。

所有这些因素都和特定的人口结构相关，所以我们把它叫作人口红利，这是经济高速增长的必要条件。有了这些因素，把它放在总体生产函数中，就得出了比较高的潜在增长率。我们估算，在2010年之前30年的时间里，中国经济的潜在增长率是10%，中国也的确实现了大约10%的实际增长速度。

当然了，人口红利印度有，非洲一些国家也有。中国在20世纪60年代中期以后到改革开放之前，人口结构变化也逐渐转向有利于经济增长。但是，只有在改革开放时期才实现了高速增长。因此，要实现经济增长还需要充分条件，这就是改革开放。

改革就意味着消除生产要素流动的体制障碍。以劳动力流动为例看改革在其中扮演的角色。家庭联产承包责任制的实施，对农业生产的贡献为46%。同时生产率提高以后，农户能够支配自己的劳动力，可以从生产率低的部门退出来。这是资源重新配置的第一个步骤。劳动力从农业退出以后还要有相应的改革，他们才能流动起来，从农业流向非农产业，从农村流向小城镇，再流向各级城市，从中西部流向沿海地区。

第二个步骤就是劳动力在产业之间、城乡之间的流动，也涉及了一系列的改革，包括允许农民长途贩运农产品、自带口粮到邻近城镇就业、票证制度改革和用工制度改革等。

第三个步骤，流动以后要真正进入生产率更高的部门，先是进到非农产业，进到乡镇企业，进到非公有制经济中，进而进到沿海地区，直至进入国有企业就业，这个过程也需要一系列的改革。因此，这个改革过程便创造了资源重新配置过程以及如何把人口红利转化成经济增长的充分条件。这个过程是我们改革成功的体现，同时也必然是一个增长和分享的过程，因为其核心是重新配置劳动力，使就业更加充分。

到2010年，中国的劳动年龄人口达到了峰值，之后是负增长，人口抚养比也达到了谷底，之后是迅速提高，这些因素相应都改变了过去促进中国经济高速增长的变量。比如，劳动力开始短缺了，工资提高了，制造业的比较优势在加快丧失。新增劳动力越来越少，人力资本改善的速度也就放慢了。劳动力开始短缺，资本报酬递减现象出现了。农民工从农村转移到城市的速度也大大放慢，资源重新配置的空间也缩小了。因此，利用这些新的变量进行测算，发现中国的潜在增长率已经下了一个台阶。

特别是2012年之后，中国的潜在增长率在下降，实际增长率也在下降。

某种程度上说,中国不可能再回到过去高速增长的时期,因为中国不再享有人口红利,保持中国的经济增长必须从依赖人口红利转向依靠改革红利。

四、必须通过改革释放和开启潜在增长能力

改革红利的含义是什么呢?主要包括两个方面:一是中国农村劳动力转移的潜力还很大,需要挖掘这些生产要素的潜力;二是长期可持续增长终究要靠创新驱动,需要提高全要素生产率。挖掘前一增长源泉和开启后一增长源泉,归根结底要依靠改革。

中国劳动力总量巨大,农村还有大量的剩余劳动力。官方的统计数据显示,还有27%的劳动力在农村务农,而高收入国家平均只有4%的劳动力在务农,一些和中国发展阶段类似的中高收入国家也只有12%的劳动力从事农业活动。因此,中国农村劳动力转移的潜力还很大。这些从农村转移出来的劳动力将为经济发展提供大量的劳动力供给。此外,中国劳动力的受教育水平和高收入国家相比还有一定差距,中国仍可通过大力发展教育、提高教育质量改善人力资本的积累。

要实现这种转移,必须靠改革。比如,通过推进户籍制度等领域的改革,促进劳动力进一步转移、在产业间地区间流动并进入城市,让农民工在城镇落户,可以提高非农产业劳动参与率和资源重新配置效率;通过投融资体制改革,以及为中小企业和非公有制经济创造更好政策环境,推进公平市场竞争,则可以提高资本回报率。

在农业与非农产业之间资源重新配置效应逐渐弱化的情况下,非农产业内各行业之间以及一个行业内部企业之间的生产要素重新配置,是全要素生产率提高的重要源泉。只要同一行业企业间存在着生产率差异,就意味着生产要素尚未达到最优配置。通过金融体制和国有企业改革,营造公平竞争和创新创业环境,可以赢得长期可持续增长源泉。

通过这些改革,可以得到实实在在、真金白银的改革红利,即改革可以直接改善生产要素的供给和提高生产率,进而提高潜在增长能力以及实际增长速度。或者说,从长期看,改革可以使潜在增长率的下降速度更缓慢一些,维持中高速增长的时间更长一些。这样才能支撑我们在2035年基本实现现代化,以及在2050年全面建成社会主义现代化强国。

第一章 劳动力市场制度改革

　　劳动力市场是生产要素市场的重要组成部分。劳动力市场上的各种制度设计与政策措施的影响，较之于其他要素市场更为复杂，它们既对劳动力要素的配置产生直接的影响，也影响着社会经济生活的诸多方面。由于劳动力市场关注的对象既是生产要素，又是社会成员，因而，公平和效率的平衡显得更直接、更重要。因此，改革开放40年来，劳动力市场制度的改革更能显现改革的复杂程度和中国特色。

　　一个国家的劳动力市场制度设计和政策选择，与多方面的因素有关系，如资本、劳动等各种生产要素的相对稀缺程度，社会传统的价值观念等。即便在传统的市场经济国家，其劳动力市场制度也并非在一夜之间形成。因此，理解一个特定的劳动力市场类型，不能仅仅从制度条文本身判断，还需要结合很多其他社会经济变量。这也意味着，劳动力市场制度一旦形成，将会产生路径依赖的效果，再对其进行改革和完善的成本将会非常巨大。因此，从这个角度回顾40年来劳动力市场的改革历程，既能使我们更好地理解现行制度的来龙去脉，也有助于对仍然未尽的改革事业有更准确的把握。

　　作为一个经济转型国家，中国的劳动力市场制度建设更加复杂，需要在计划经济的体制遗产上形成，既有破题之难，也有立题之惑。因此，了解当前的劳动力市场制度为何如此、结果怎样，将对中国劳动力市场制度的选择和建设有很大帮助。近年来，中国在劳动力市场制度建设上取得了长足的进步，不仅体现为与劳动相关的法律、法规体系逐步走向完善，也体现为劳动力市场制度与社会经济生活的联系日益紧密。同时，伴随着社会经济发展，对劳动力市场制度的需求也与以往有着很大的不同。一方面，劳动力市场形势的转变，使得劳动者的诉求日益增加，客观上形成了加强劳动力市场规制的环境；另一方面，中等收入阶段的经济发展也面临着越来越多的约束，一旦劳动力市场制度设计不当，还有可能形成对经济发展的制约。

第一章 劳动力市场制度改革

劳动力市场的转型和发育是中国改革开放40年来取得的巨大成就之一。通过劳动力市场配置人力资源，充分调动了劳动者的积极性，发挥了中国人力资源丰富的优势，成为促进40年来经济快速发展的有利条件。与此同时，劳动力市场制度也处于不断改革和完善的过程之中。通过40年的努力，中国不仅从40年前完全依赖计划手段安排人力资源，顺利转型为人力资源的市场化配置体制，而且与劳动力市场相关的制度体系也逐步完善，与社会主义市场经济体系相适应的劳动力市场制度体系初步确立。

一、城乡间劳动力市场的发育

中国的改革开放进程发端于农业和农村。劳动力市场制度的建立与发展也与农村改革息息相关。农村经营制度的改革首先打破了计划经济体制下的农业经营方式，在大大提升农业劳动生产率的同时，产生了农村劳动力再配置的客观需求，并由此推进了城乡间的劳动力流动，推开了劳动力的市场化配置的大门。

(一) 农业改革与农村劳动力配置

计划经济时期，中央政府选择和推行重工业优先发展战略，构成城乡就业体制的基本制度基础。表现在农业和农村领域：一方面，在人民公社体制下，土地集体所有、集体经营；另一方面，以户籍制度为基础，大量劳动力被限制于农业和农村，以确保城市地区的全面就业。

改革开放之初，农业和农村改革的最主要举措就是取消人民公社制度和推行家庭联产承包责任制。这些改革措施使农民和土地的硬性联系不复存在。在计划经济体制下，农村劳动力作为农业中一种最重要的要素投入，也被要求与土地等生产要素的集中使用相对应，必然要求相应的制度安排进行集中管理，否则其自由配置和流动在制度上是不可能的。随着家庭联产承包责任制的推行，农户可以根据家庭的要素禀赋状况和市场的价格信号来安排劳动力等要素的投入，为农村劳动力的交换和劳动力市场发育提供了可能。

在社会分工上，农民不再被强制要求只从事农业生产，也是农村改革的一项重要举措。计划经济体制下"以粮为纲"的农业管理体制得到根本的改变，在"家庭联产承包责任制"这一新的制度框架下，农民对自己承包经营的土地基本上获得了经营的自主权，获得种植什么、种植多少、如何经营等家庭农场的决策权。通过赋予农民经营的决策权，以及鼓励农林牧副渔等多种经营，农民有可能把劳动力配置于不同的农业生产部门，而不仅是配置于粮食等种植业的生产。这种劳动力在不同的农业部门的配置成为农村内部劳动力市场发育的雏形。

农业和农村改革大大调动了农民的生产积极性，使得农业劳动生产率迅速提高。由于家庭农业经营的土地规模普遍较小，农村剩余劳动力的问题很快凸显，仅仅依靠农业的多种经营已经无法吸纳富余的农村劳动力。在这种情况下，乡村工业化应运而生，成为促进劳动力市场发育的重要推动力。

（二）乡村工业化

农村劳动力市场的更大发展得益于20世纪80年代中期开始兴起的乡村工业化，即乡镇企业的大发展。乡镇企业的前身是在改革前即存在于中国农村的社队企业，尤其是在东部沿海地区，社队企业在改革开放之初已经有一定的基础。1978年全国社队企业的数量为152万个，安置农村劳动力2827万人。改革开放以后，社队企业的发展环境进一步宽松，出台了一系列鼓励农村非农经济发展的措施，使得社队企业在这一段时期内得到了迅速发展。1984年3月，社队企业的提法正式更名为"乡镇企业"[①]。此后，乡镇企业进入迅猛发展阶段，到20世纪90年代中期，乡镇企业进入其发展的黄金时期，在乡镇企业就业的劳动力更是占农村劳动力的近30%。此时，乡镇企业不仅成为农村经济中的一支重要力量，也为整个国民经济的发展做出了重要的贡献，从而产生所谓"离土不离乡"的神话。

从1978年到2005年，农村内部非农产业就业数量从2182万人上升到2亿多人，平均每年增加675万人，非农就业占农村劳动力比重由5.4%上升到40.5%。在农村剩余劳动力向非农产业转移过程中，乡镇企业发展为促进农村劳动力就地转移和异地转移做出了重要贡献。1978年到2005年，乡镇企业就业数量从2827万人上升到1.43亿人，平均每年吸纳劳动力424.9万人，乡镇企业就业占农村劳动力比重也从9.2%上升到28.3%。如图1-1所示，在改革开放初期，乡镇企业的发展成为农村非农就业最主要的解决方式。

---

① 1984年3月，中共中央、国务院转发了农牧渔业部和部党组的《关于开创社队企业新局面的报告》，同意《报告》提出的将"社队企业"正式更名为"乡镇企业"的建议。

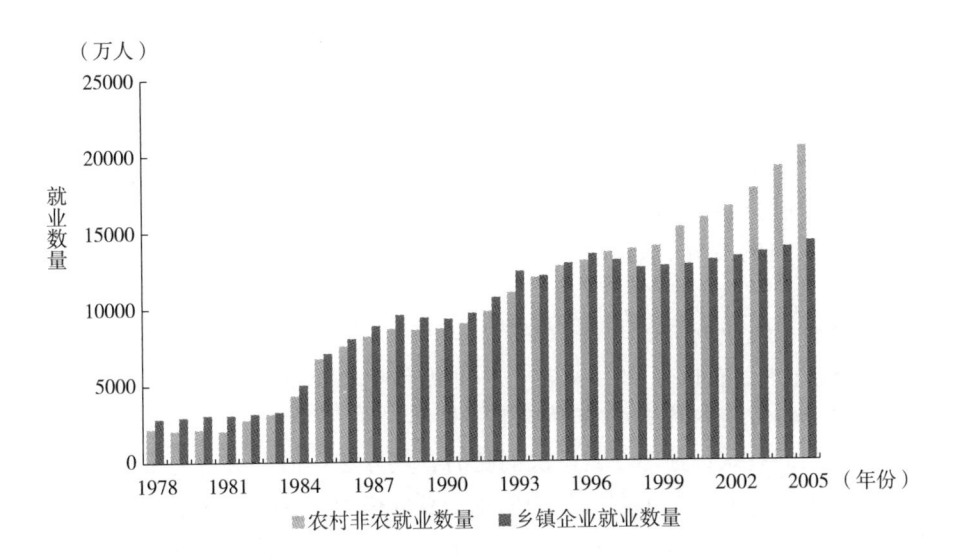

图 1-1　1978~2005 年农村非农产业和乡镇企业的就业数量

资料来源：国家统计局：《中国统计年鉴》(2006)，中国统计出版社 2006 年版。

随着宏观经济环境的变化以及改革开放进程的不断深入，乡镇企业的发展也逐步式微，这其中既有相关政策的调整，也与城乡经济不断融合紧密相关。乡镇企业的兴衰必然对劳动力市场的发展产生影响。20 世纪 80 年代末，在治理整顿的经济环境下，对乡镇企业的优惠政策也大大减少，乡镇企业的发展也受到了一定程度的限制：乡镇企业的发展速度被控制在 20% 左右，乡镇工业的发展速度被控制在 15% 左右；压缩乡镇企业的投资规模；对一些消耗原材料较大的乡镇企业实行关停并转等。① 到了 20 世纪 90 年代后期，随着城市经济改革进程的加快，乡镇企业与城市经济部门之间竞争开始体现于就业方面，在客观上给乡镇企业的发展进一步带来了压力。而农村剩余劳动力的压力在这一阶段仍呈不断发展的趋势，想要解决农村剩余劳动力问题，也就必然转向城市部门寻求就业途径。由此，城乡间的劳动力流动开始大规模涌现，并成为促进劳动力市场一体化的重要推动力。

(三) 城乡间的劳动力流动

农村劳动力流动从农业内部到农村内部、再到城乡之间和地区之间的流

---

① 参见 1989 年 10 月农业部《关于乡镇企业情况和治理整顿意见的报告》。

动，这个过程既是清除制约劳动力流动的制度性障碍的过程，也推动了劳动力市场制度从无到有、不断发育、不断完善。正是这种过程所体现出的体制转型特征，使得中国的农村劳动力向城市迁移，具有鲜明的制度特色。由于受政策导向和侧重点在不同阶段的变化的影响，农村劳动力在城乡间的流动具有明显的阶段性特征。具体而言，政策的演变大致经历了限制流动、允许流动、控制盲目流动、引导有序流动、公平对待流动等几个不同阶段。这种政策取向的变化，也从一个侧面反映了中国劳动力市场制度的演变过程。

在经历了农业内部的劳动力配置、乡村工业化等发展历程后，自20世纪90年代开始，农村劳动力大规模地向城市流动开始出现。在这种愈演愈烈的农村劳动力跨区流动的新形势下，依靠过去"堵"的政策措施和"离土不离乡"的方式，显然不是解决问题的有效方法。借助劳动力市场，采取疏导的办法是解决"民工潮"压力的唯一有效措施，这成为这个时期的政策重点。从90年代初开始，通过农村劳动力开发就业试点工作积累经验，劳动部、农业部、国务院发展研究中心等单位决定，联合建立中国农村劳动力开发就业试点项目。[①] 随后，在前期试点工作经验的基础上，提出规范农村劳动力有序流动的各种措施。通过实施流动就业证作为流动就业的有效证件，来享受劳动就业服务机构提供的就业服务。此外，还通过开展对农村劳动力培训和改善服务，来调控农村劳动力的流动，提高流动就业农村劳动力职业技能，建立健全劳动力市场规划和信息服务系统，加强劳动力市场建设等。

21世纪初以来，农村劳动力转移就业环境出现了积极的变化。随着城乡管理体制的不断改革，农民进城务工对城市社会经济发展的贡献作用逐步得到社会的承认，社会各方面对进城务工农民的思想观念和态度也发生了变化。这些变化大致分为三个方面：一是取消各种不合理的收费。二是公平对待农民工流动，开始着手全面解决农民工进城务工问题。提高做好农民进城公共就业管理和服务工作的认识，对农民进城务工采取"公平对待、合理引导、完善管理、搞好服务"的十六字方针。三是进一步加强对农民工的培训工作。

[①]《劳动部、农业部、国务院发展研究中心关于建立并实施中国农村劳动力开发就业试点项目的通知》，1991年1月26日；《劳动部、农业部、国务院发展研究中心印发中国农村劳动力开发就业试点项目指导小组〈关于在省一级开展农村劳动力开发就业试点工作的意见〉的通知》，1993年6月18日。

城乡劳动力市场发展也从此步入稳步发展的轨道。农村转移劳动力的规模逐年增加，根据国家统计局年度农民工监测的统计数据可知，2017年外出农民工的总量达到1.72亿人，占城镇就业的比重为40.5%。农民工工资也逐步上涨："十五"期间农民工实际工资的年均复合增长率为6.3%，"十一五"期间年均复合增长率高达11%；"十二五"期间为9.6%，"十三五"期间有所下降，仍然达到4.5%。同时，由于农村劳动力大规模地向城市流动，这促进了城乡劳动力市场的一体化，推动了地区之间、城乡之间和部门之间要素市场的整合。

（四）户籍制度改革

改革开放以来，劳动力市场的逐步建立和完善始终伴随着一些基础性的制度改革，其中户籍制度改革不仅在过程上相伴始终，而且影响深远，其改革的方式与内容也极具中国特色。早在20世纪50年代，全国人民代表大会通过了《中华人民共和国户口登记条例》，确定了在全国实行户籍管理制度。户籍制度成为以法律形式阻碍人口迁移与劳动力流动的基本制度框架，其影响一直延续至今。户籍制度之所以会与劳动力制度建设息息相关，是因为从制度设计上看，我国与其他国家实行的居住地登记制度不同，即与就业、社会保障、公共服务等一系列制度设计相关联，通过户籍的识别作用，不同人群在上述领域会形成实质性的差别，并成为阻碍劳动力市场一体化的重要制度基础。户籍制度改革的终极目标是回归其人口登记管理的属性。

户籍制度改革的一个重要特点是渐进性。在改革开放之初，为了解决农村富余劳动力的就业问题，户籍制度改革首先是松动其与就业之间的联系，一些措施纷纷出台，如允许务工、经商、办服务业的农民自理口粮到集镇落户，体现了对劳动力流动的鼓励。随着劳动力城乡流动规模的不断扩大，原本户籍制度的安排对于劳动力流动的阻碍作用也逐步凸显。到90年代中后期，开始探索户籍制度改革新的突破口。1997年，国务院批转的公安部《小城镇户籍管理制度改革试点方案和关于完善农村户籍管理制度的意见》明确规定，从农村到小城镇务工或者兴办第二、第三产业的人员，小城镇的机关、团体、企业和事业单位聘用的管理人员、专业技术人员，在小城镇购买了商品房或者有合法自建房的居民，以及其共同居住的直系亲属，可以办理城镇常住户口。1998年7月，国务院批转的公安部《关于解决当前户口管理工作中几个突出问题的意见》提出，凡在城市有合法固定的住房、合法稳定的职业或者生活来源，已居住一定年限并符合当地政府有关规定的，可准予在该城市落户。

进入 21 世纪，户籍制度改革开始是鼓励有条件的地方进行试点，通过户籍制度的深化改革促进城乡一体化发展。例如，国家城乡一体化发展综合试验区分别在成都和重庆成立，一些地方相继推出城乡居民一体化的户籍登记等。近年来，考虑到户籍制度改革分散化不利于解决城乡、地区分割等问题，深化户籍制度改革更加注重顶层设计。2014 年 7 月 24 日，国务院印发的《关于进一步推进户籍制度改革的意见》旨在进一步推进户籍制度改革、促进有能力在城镇稳定就业和生活的常住人口有序实现市民化，稳步推进城镇基本公共服务常住人口全覆盖。流动人口的市民化已经成为新一轮户籍制度改革的基本目标。

二、城市劳动力市场转型

随着农村改革的不断推进，城市经济体制改革也逐步纳入改革的范围。一方面，城市劳动力市场改革在引入市场机制解决就业问题后，为城市经济体制改革的推进创造了条件；另一方面，城市劳动力市场体制的逐步完善也促进了城乡劳动力市场的一体化，为形成全国统一的劳动力市场打下了必要的基础。

城市劳动力市场改革与国有经济改革息息相关，城市劳动力市场制度的建立和完善，也是以渐进改革的方式逐步推进的。

（一）扩大企业用工自主权

计划经济的一个显著特点就是以计划的方式实现人力资源配置，因此在计划经济体制下，企业的用工权利极其有限。国家计划控制了企业的职工规模，因此就业决定机制中供求关系并不能发挥作用。改革开放之初，城市经济在重工业优先发展的战略下表现出低下的就业吸纳能力，城市就业压力不断加大，再加上知识青年大规模返城，失业人数开始飙升。这在客观上要求城市经济采取更加灵活的就业制度，以缓解就业压力。

1979 年 7 月，国务院颁布了《关于扩大国营工业企业经营管理自主权的若干规定》，同时颁发的还有《关于国营企业利润留成的规定》等五个文件，明确了企业在劳动用工管理方面的自主权，供求关系开始在企业就业决定机制中发挥作用。在 1982 年颁布的《关于国营工业企业进行全面整顿的决定》中，对企业工资、资金制度的改革做了进一步的部署，这意味着工资决定机制也开始逐步摆脱计划经济时期的僵化体制。

（二）引入劳动合同制

劳动力资源配置的市场化改革的进一步推进是通过逐步引入劳动合同制实现的。1982年，全国有9个省、市、自治区开始试行劳动合同制。通过"新人新政策，老人老政策"，对新招收的工人，实行劳动合同制，该年签订劳动合同的职工达到16万人。此后，又逐步让企业能够根据需要选择用人，不仅有利于调动劳动者的积极性，也有利于加强劳动纪律。

到了20世纪80年代中期，劳动合同制的范围进一步扩大。1986年国务院发布了《国营企业实行劳动合同制暂行规定》《国营企业招用工人暂行规定》《国营企业辞退违纪职工暂行规定》《国营企业职工行业保险暂行规定》四个文件。规定国有企业必须实行劳动合同制，其用工形式由企业根据生产、工作的特点和需要确定，可以招用五年以上的长期工、一年至五年的短期工和定期轮换工。但不论采取哪一种用工形式，都应当按照本规定签订劳动合同。

《国营企业职工行业保险暂行规定》指出，破产企业的职工、法定整顿期间被精简的职工、解除劳动合同的工人、企业辞退的职工可享受行业救济金。这实际上是首次将失业救助这一市场化的解决方式引入城市经济中。此后，劳动合同制作为就业改革的一种手段，开始不断完善。随着时间的推移以及劳动合同制本身的不断改进，越来越多的国有企业都逐渐采取了这一形式。

在国有企业引入劳动合同制，客观上形成了企业内部用工的"双轨制"，固定工和合同工"同工不同酬"的现象较为突出，造成了新的不平等和人力资源配置的扭曲。因此，到20世纪90年代，全员劳动合同制开始推行。全员劳动合同制，就是在企业内部打破干部与工人身份界限，不论固定工、合同制工人、临时工都签订了劳动合同，统称企业职工。全员劳动合同制的推行，整合了企业内部的劳动用工制度，消除了"固定工"与"合同工"之间的身份差别，调动了职工的生产积极性。到1996年底，签订劳动合同的城镇企业职工已超过1亿人，占城镇企业职工总数的96.4%。有13个省、直辖市全面实行了劳动合同制度。企业已从根本上改变了计划经济体制下长期实行的传统劳动用工制度，初步建立起适应社会主义市场经济要求的新型劳动用工制度。

（三）人力资源的市场化配置

国有企业用工制度的改革为在城市经济中以市场化的方式配置劳动力资源创造了条件。1993年《中共中央关于建立社会主义市场经济体制若干问题的决定》中提出了在国有企业建立现代企业制度的要求。在新的改革方向指引下，国有企业就业制度的改革也沿着市场化的道路快速推进。这一时期就业制度改革的主线就是以劳动力市场来调节劳动力的供求关系。据统计，1978年，政府计划安排就业人数占总数的85%，而市场调节就业的人数占15%；1993年，政府计划安排就业人数占总数的15%，而由市场进行就业配置的人数占到了85%，这说明市场机制已经成为人力资源配置的主导方式。

劳动力资源配置的市场化需要一系列与市场经济原则相兼容的制度体系与之配套。在大力推进就业决定机制和工资形成机制的市场化改革的同时，90年代的劳动力市场制度改革的另外一个突出成就是形成了具有中国特色的劳动力制度的雏形。这其中1994年通过并颁布的《中华人民共和国劳动法》（以下简称《劳动法》）具有里程碑式的意义。《劳动法》作为一部综合性和权威性的劳动法典，构成了中国与劳动相关的法律体系的基础，1994年底又颁布了17项与《劳动法》相配套的劳动法规，使劳动领域有了较为全面的法律规范和制度基础。

《劳动法》确定了劳动合同制已经成为中国企业的基本就业（雇佣）制度，其内容涵盖就业促进、劳动合同和集体合同、工作时间和休息休假、工资、劳动安全卫生、女职工和未成年工特殊保护、职业培训、社会保险和福利、劳动争议、监督检查等多方面，从法律意义上明确了劳动者和用人单位的平等主体地位，规定了劳动合同的订立要遵循平等自愿、协商一致的原则，不得违反法律、行政法规。《劳动法》成为社会主义市场经济条件下培育与发展劳动力市场的重要制度基础。

（四）积极的就业政策

劳动力市场制度体系建设不仅包括对传统就业体制的改革以及与市场经济相兼容的制度框架设计，还包括平抑劳动力市场波动、干预市场化机制负外部性的一些政策举措。在应对就业冲击和劳动力市场波动的过程中，具有中国特色的积极就业政策体系也逐渐形成。其中为应对20世纪末和21世纪初的国有经济改革及其产生的大规模下岗、失业，所产生的经验尤其重要。

20世纪90年代末，受亚洲金融危机和城市国有经济改革的双重冲击，下岗、失业现象大量出现。据统计，在下岗高峰时期的1998年、1999年和2000年，每年下岗的人数都在500万左右。为了保障下岗职工的生活，通过实施积极的就业政策，并与保障措施相结合，形成了应对劳动力市场波动的政策体系，形成了再就业中心、失业保险和城市低保三条保障线。

1998年党中央、国务院召开了关于做好国有企业下岗职工基本生活保障和再就业工作会议，下发了《关于做好国有企业下岗职工生活保障和再就业工作的通知》，明确了保障国有企业下岗职工基本生活与促进再就业工作相结合的指导思想，规范了职工下岗程序和申报备案制度。通过在国有企业建立再就业服务中心，安置企业下岗职工，再就业服务中心行使为下岗职工发放基本生活费、代缴社会保险、组织职业培训和开展就业服务等职能。如果下岗职工在再就业中心期满三年，仍然找不到工作，就可以申领失业保险。在领取失业保险的两年间，如果不能实现再就业的，就可以申请领取城市低保。三条保障线前后衔接，互相配合，基本解决了下岗职工的生活问题，从而也保证了社会的安定。

此后，基于这次应对下岗失业大潮的成功经验，通过积极的就业政策化解劳动力市场波动影响的常态机制也逐渐成熟，并成为中国特色劳动力市场制度的重要补充。

三、建立统一的劳动力市场制度框架

自从改革开放以来，劳动力市场制度的建立和完善是一个不断探索的过程。1992年中国正式确立了市场经济制度以后，1994年颁布实施的《劳动法》是劳动力市场制度建设中具有里程碑意义的一部法律，标志着在就业决定和工资形成这两个环节，正式引入了劳动力市场机制。自20世纪90年代末，一系列劳动力市场规制的措施相继出台，并逐步形成了中国劳动力市场制度的雏形。进入21世纪，一系列与劳动相关的法律、法规相继出台，标志着中国劳动力市场制度的框架已经基本形成。

图1-2展示了中国劳动力市场制度的基本框架。在市场经济条件下，劳动力作为一种最基础的生产要素，其配置过程体现于两个最重要的环节：就业的决定与工资的形成。本章前面部分的分析表明，通过改革开放40年来的不断探索，中国已经形成了以市场供求关系为基础的市场化的就业决定和工资形成机制。工资作为劳动力市场上的价格信号，既调节了企业的雇佣行为，也调节着劳动者的劳动供给行为。市场在劳动力资源配置过程的决定性

作用已经得以确立，并成为劳动力市场制度的基石。

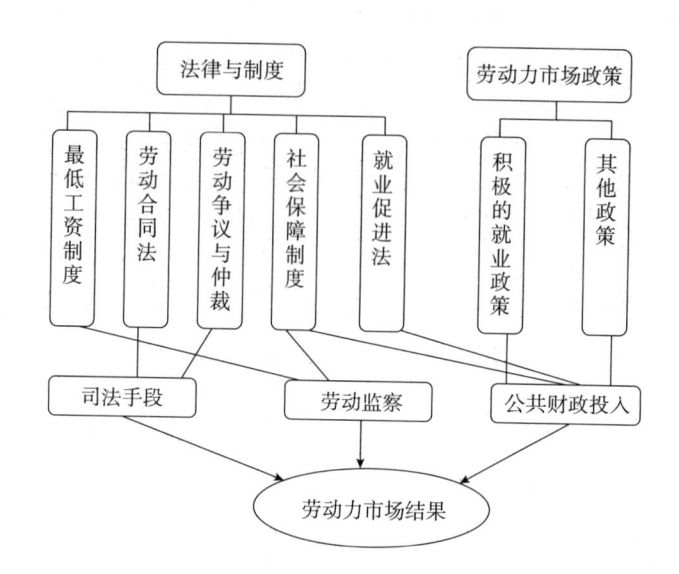

图1-2　中国劳动力市场制度的基本框架

　　与此同时，一系列调节劳动力市场制度、化解劳动力市场波动、消除劳动力市场运行负外部性的制度框架也已确立。总体上看，中国的劳动力市场制度由法律制度和劳动力市场政策两个支柱组成。法律制度包括在21世纪相继颁布的与劳动相关的法律、法规，这其中，《最低工资条例》《中华人民共和国劳动合同法》《中华人民共和国劳动争议调解与仲裁法》《中华人民共和国就业促进法》构成劳动相关法律的主干。劳动力市场政策则主要包括积极的就业政策和其他一些影响劳动力市场结果的政策。在劳动力市场制度框架中，上述几部法律、法规发挥着越来越重要的作用。

　　从对劳动力市场干预的手段看，根据劳动力市场制度安排的方式不同，司法手段、行政手段和经济手段交替使用，以不同的方式对市场机制的作用产生影响。

　　《中华人民共和国劳动合同法》（以下简称《劳动合同法》）于2008年1月开始颁布实施，该法对劳动者的利益提供了广泛的保护。《劳动合同法》既坚持了《劳动法》确立的劳动合同制度的基本框架，同时又对《劳动法》确立的劳动合同制度做出了较大修改。与以前的《劳动法》相比较，主要的修改和完善体现在三个方面：

第一，有针对性地解决了以往劳动合同制度中存在的主要问题。如《劳动合同法》特别关注了一些用人单位不依法订立书面劳动合同，滥用试用期和劳务派遣，限制劳动者的择业自由和劳动力的合理流动等不利于劳动力市场发挥有效配置作用的行为。

第二，加强了对劳动者的就业保护。在实践中发现，一些用人单位规避法定义务，不愿与劳动者签订长期合同，大部分劳动合同期限在1年以内，劳动合同短期化倾向明显，影响了劳动关系的和谐稳定。针对上述情况，为了更好地保护劳动者稳定就业的权利，《劳动合同法》规定，在两个固定期限合同或十年的就业关系后，雇主必须提供无固定期限合同。试用期被限定在1~3个月，对劳务派遣行为也做出了相关的规定，而且在新近又做出更为严格的修订。对于解雇的赔偿条件也做出了明确的规定。

第三，根据实际需要增加了维护用人单位合法权益的内容。例如，保护用人单位商业秘密，促进创新，促进公平竞争，新规定了竞业限制制度；为了适应企业结构调整、参与市场竞争的需要，放宽了用人单位依法解除劳动合同的条件，对在企业转产、重大技术革新、经营方式调整，经变更劳动合同后，仍需裁减人员的做出了新规定；其他因劳动合同订立时所依据的客观经济情况发生重大变化，致使劳动合同无法履行的，企业可以依法裁减人员。

《劳动争议调解与仲裁法》同样于2008年1月颁布实施，是一部对劳动力市场实际运行产生了重要影响的法律，旨在配合《劳动合同法》执行，改善劳动争议的解决机制。它规定了劳动争议调解、仲裁、受理、听证等的程序和方式，而其突出的特征是降低了劳动者应用司法手段解决劳动争议的难度和成本，从而具有突出的保护劳动者的倾向。

在2008年1月开始颁布实施的还有《中华人民共和国就业促进法》（以下简称《就业促进法》），它既是以往实施积极就业政策的规范和延续，也是在市场经济日臻成熟的情况下，中国政府继续实施积极的就业政策的法律依据。《就业促进法》明确了各级政府在就业创造、就业服务、职业教育和培训、就业援助、就业监察和监管等方面的责任，同时也明确了反对任何形式的就业歧视、倡导不同群体就业平等的司法取向。

2004年，劳动和社会保障部颁布实施了《最低工资条例》（以下简称《条例》），其前身是1993年11月劳动部颁布的《企业最低工资规定》。该《条例》规定了最低工资制度实施的条件、定义、最低工资标准形成和调整的原则等。但与其他很多国家的最低工资制度不同，该《条例》并没有规定全国统一的最低工资标准,而将确定最低工资标准的权力赋予地方。伴随着劳动力市场形势的变化,《最低工资条例》越来越成为政府干预市场工资率的一个重要手段,一个突出的特征就是近年来各地纷纷快速地提高最低工资标准。

除了上述法律、法规以外,对劳动力市场运行产生巨大影响的制度还有社会保护制度。在20世纪90年代,为了应对城市劳动力市场的就业波动,开始建立社会保险制度。此后,国家不断加大社会保险的投入,完善社会保险制度,成为确保劳动力市场平稳运行与保障民生的重要基础性制度。2010年颁布的《中华人民共和国社会保险法》明确规定,国家应建立基本养老保险、基本医疗保险、工伤保险、失业保险、生育保险等社会保险制度,而且确立了社会保险制度坚持广覆盖、保基本、多层次、可持续的方针,以及社会保险水平应当与经济社会发展水平相适应的原则。

四、新时代劳动力市场制度建设

尽管改革开放40年以来中国的劳动力市场制度建设取得了长足的进步,但改革开放之路仍然任重道远。从发展阶段的角度看,劳动力市场制度建设的重要性既体现于其对经济发展的直接推动(或制约)作用越来越明显,也体现于中国仍然处于劳动力市场制度走向成熟的过程之中,建设一个适合于中国国情的劳动力市场模式仍然有很大的可行性。

一方面,中国的经济发展已经步入中等收入阶段,行将跨入高收入国家的行列,其发展历程将面临着更多新的挑战。在这一过程中劳动力市场的变化(例如普通劳动力的短缺和工资上涨),往往成为促进经济转型的决定性因素。劳动力成本的上升不仅改变了劳动密集型产业的竞争优势,也改变了资本和劳动两种最主要的生产要素的相对价格关系。也就是说,相对于经济发展的初期,劳动变得相对昂贵,而资本变得相对便宜。劳动力市场所引致的这些变化构成了发展中经济体经济转型的主要压力,而能否有效地应对劳动力市场所引致的变化,往往成为发展中经济能否迈向发达经济体的重要分野。当劳动密集型产业面临劳动力成本上升的压力后,就业损失变得不可避免;而此时,劳动力市场的制度和环境是否可以使经济顺利过渡到新的技术类型,也就在很大程度上决定了一个发展中经济体是否可以跨越"中等收入陷阱"。另一方面,中国劳动力市场制度仍然处于不断建设的过程中,劳动力市场制度的完善仍然有很大的空间。正因为如此,在快速工业化和城市化

第一章　劳动力市场制度改革

时期，总结过去改革过程中的经验教训，以开放的眼光借鉴和吸收国际经验，对完善中国的劳动力市场制度显得同样重要。

(一) 从刘易斯阶段向新古典阶段转折的制度特征

如前所述，对于中国这样具有发展和转型双重特征的国家而言，制度建设的阶段性特征必须予以考虑。中国正面临着经济发展的刘易斯转折，也就是说，从劳动力无限供给的二元经济社会，向具有新古典特征的市场经济模式转变。相应地，劳动力市场制度的建设也要适应这种转变。

在二元经济时代，由于存在大量的农业剩余劳动力，劳动力无限供给是经济发展中面临的最主要的特征。在这样的发展阶段，经济发展的主要目标是创造尽可能多的就业机会，为农村的剩余劳动力转移创造条件。而劳动力市场政策的主要目标则是最大限度地促进劳动力流动，减少制约劳动力流动的制度性障碍。换言之，在这样的发展阶段，劳动力市场以放松规制为主要取向，制度选择的任务和难度不大。

一旦经济发展越过刘易斯转折点，劳动力市场上的供求力量对比就开始发生根本转变，也就是说，供求双方的力量都对就业关系发生作用，而不像二元经济时代只是需求的单边力量起支配性作用。在这一发展阶段，劳动力市场会随着供求格局的变化产生一系列新现象，劳动力市场的制度选择也变得更加复杂和必要。

首先，劳动力市场制度要致力于保持和谐的劳动关系。在经济发展跨越刘易斯转折点后，劳动力短缺的出现提升了劳动者在供求关系中的谈判地位。同时，不断上升的工资水平（以及工作条件）使工人对雇主的预期不断提升。在这种情况下，一旦实际的劳动力市场结果与工人预期的水平有差距，劳动争议就有可能出现。于是，我们会观察到，伴随着劳动条件的改善和工资水平的上涨，劳动争议的数量不是下降，而是上升了。从政策制定者的角度而言，应该充分地认识到劳动争议在此时的出现是一种正常、必然的情况。而应对的关键是，顺应这种形势的变化，确立相应的制度措施，使劳动争议得到有效的解决。

其次，劳动力市场制度要满足工人不断提升的社会保护需求。在刘易斯阶段，对于从农业中转移出的劳动力而言，他们最迫切的需求是获得就业机会和非农收入。但随着刘易斯转折点的来临，工资水平的不断上扬使得劳动者的需求日益丰富，特别是对社会保护的需求随之上升。在这样的阶段，清晰界定社会保护中企业、政府和社会的责任，将是劳动力市场制度面临的主要挑战之一。

再次，随着经济结构的转变和劳动力市场的转折，农村转移劳动力越来越成为专业的产业工人。这也意味着，他们返回农业、农村的可能性也越来越小。对于新生代的农民工更是如此。因此，劳动者所面临的劳动力市场风险和不确定性，越来越接近于成熟的市场经济国家的情形。特别是随着收入水平的提升，我们不能再寄希望于农业成为保护的最后安全网，不能希望经济发生波动时以农村劳动力返乡的形式来平抑经济冲击的影响。

最后，鉴于人口因素是推动劳动力市场转变的主要动力，因此，目前中国的劳动力市场变化所产生的效应与发生于发达国家的技能偏向型的转变有着明显的差别。在欧美等发达经济体，随着劳动力成本的不断上升，经济发展的比较优势越来越转向资本、技术和知识密集型的行业，随之出现了所谓技能偏向的技术变迁，这种变化使得劳动力市场对高技能者的需求不断增加，而低技能的普通岗位则增长缓慢。于是，接受过大学教育的劳动者在劳动力市场上更受欢迎：他们的失业率较低，而且有着更高的工资水平和更快的工资增长。但目前我国出现的劳动力市场变化主要体现为普通工人工资的上涨，非但不能对人力资本投资形成激励，还增加了受教育的机会成本，导致基础教育辍学率的增加。在这种情况下，农民工等普通劳动力的短期行为，会导致未来熟练工人供给不足，并制约中国由中等收入向高收入迈进。

因此，从刘易斯阶段向新古典阶段转折的过程中，政府需要重视对教育、技能培训的政策干预。

（二）经济发展进入新阶段的劳动力市场制度需求

中国劳动力市场目标模式建设除了要注重考虑刘易斯转折所带来的制度需求变化，还应该注意中等收入阶段特殊的发展阶段特征所引致的制度需求。毕竟对于一个处于中等收入阶段的经济体而言，向高收入阶段迈进仍然是社会经济发展的主要目标。劳动力市场制度也需要为这一发展目标服务。

最近的劳动力市场变化及经济发展新特点越来越表明，中等收入阶段以后的经济增长制约因素，将越来越来自于制度是否能刺激生产要素的有效供给，包括劳动力要素的供给。因此，劳动力市场制度设计要更加注意对其劳动供给的影响，鼓励个人积极地参与劳动力市场，同时，提高劳动力供给的质量和有效性。因此，对个人人力资本投资的激励、工作时间的激励、劳动参与的激励等都将成为比以前更加重要的政策领域。

一方面，随着劳动力短缺的出现，劳动力投入的数量，可能成为经济发展中越来越明显的制约。劳动力市场制度要及时调整，刺激有效劳动供给的增加，尽可能延长劳动力的数量优势。特别是从目前的劳动力市场状况看，在劳动力短缺的同时，城镇劳动力市场的参与率却趋于下降。这就意味着，通过政策调整，促进就业、增加劳动供给的余地仍然存在。

另一方面，随着劳动密集型产业竞争优势的下降，劳动力市场制度也要着眼于经济结构的调整和升级，注重与人力资本投资制度的衔接，以利于提升劳动者的素质。例如，当普通工人工资上升时，接受教育的机会成本增加，将导致辍学率的上升。从人力资本积累的角度而言，补贴教育的机会成本将有助于降低辍学率，同时，从劳动力市场制度而言，规范用工制度和劳动力市场准入条件，也有利于为未来的经济发展积累人力资本。

劳动力市场目标模式在建设社会主义市场经济体制的初期是非常清晰的。因为，在那一时期制度调整的主要任务是实现从计划经济向市场经济的过渡，体制变化的主要目标是确立一些市场经济的通行原则。例如，劳动力市场机制在人力资源配置中的作用、社会保障的水平、企业和个人在就业决定和工资决定中的地位等。

然而，自从明确提出建立社会主义市场经济体制20余年来，市场经济体系建设已经有了长足的进步，劳动力市场的基本制度也得以确立，进一步的改革和发展进入深水区。随着改革进程的推进以及社会保护体系的逐步完善，不同目标之间的关系交织，不同群体在制度建设中的利益关系也变得更加复杂化，这使得劳动力目标模式逐渐模糊。在借鉴国际经验时，也往往缺乏对制度利弊以及中国适用性的全面分析。对于决策者而言，如果不及时重新思考目标模式的定位，制度形成的刚性将有可能成为社会经济发展的制约因素。尽管关于中国的劳动力市场应该走什么样的目标模式，尚存在争议，但结合中国的经济发展阶段和劳动力市场现状，以及劳动力市场在未来经济发展中的作用，确立以下原则仍然是制度建设必要的环节。

1. 确保市场机制配置劳动力的基础地位

由于劳动力市场上的供求关系是以"人"为对象的，劳动力市场的规制才显得必不可少。然而，任何劳动力市场规制行为与市场机制本身都是一对矛盾，究其核心就是对劳动力市场上工资形成和就业决定的干预。一般而言，判断规制措施是否导致劳动力市场僵化的边界在于，规制措施实施后，工资形成和就业决定是否仍然在企业层面完成。因此，工资形成和就业决定规制目的和结果都应该是使这两个结果更加公平、透明和有效，而不是通过劳动力市场规制设定一个劳动力市场供求关系以外的价格水平和就业数量。

2. 坚持广覆盖、低水平的保障原则

社会保障制度无疑是劳动力市场制度的重要基石。社会保障制度模式的选择，也直接决定了劳动力市场目标模式的类型。在建立与市场经济相容的社会保障体系之外，"低水平、广覆盖"是一个有广泛共识的取向。但随着社会保障体系的逐步建立以及人民生活水平的逐步提高，对社会保障的需求也在逐渐发生变化。不断改善的社会保障条件，也增加了人们对社会保护体系的预期，有必要强调和坚持"低水平、广覆盖"的原则。

"低水平、广覆盖"有以下含义：消除基本福利体系在区域间、城乡间和个人之间的差异。这就要求中央政府承担公民基本福利的义务，由中央财政提供最基本的社会保护项目的资金来源。唯有如此，才能真正实现基本社会保护的广覆盖。同时，对现有的社会保护项目进行改革和整合，消除福利制度碎片化对户籍制度改革的影响；同时，"低水平"只是反映基本保障的低水平，并不是对更高给付水平的排斥。只不过，在基本福利制度保基本的基础上，将个人的更高福利水平与个人缴费水平挂钩。这样，不仅可以维持广覆盖，也会增加社会保障体系的灵活性。更重要的是，与个人缴费挂钩的更高的给付水平可以更有效地刺激劳动供给。

3. 合理确立企业、个人与社会的责任

劳动力市场制度也是对企业、个人与社会责任的规范。尤其是关于如何确立企业的责任，以及企业应该承担多大责任，可以充分吸收与借鉴国际经验。为建立更为灵活的劳动力市场，保持劳动力市场的竞争性，需要确立这样的原则：将最基本的保护制度社会化，而且，从企业的责任中分离出来；对于更高的保护和福利水平，则与劳动供给挂钩，通过企业与个人按照市场供求原则确立。这样，不仅可以避免劳动力市场的僵化，也可以避免非劳动收入的增加以及对劳动力供给形成的负向激励。

（三）重视发挥政策和制度在干预中的不同作用

从对劳动力市场结果各个环节干预的手段看，劳动力市场制度和政策发挥着不同的作用，其制度刚性也存在着较大的差别。相对而言，以法律体系为基础的劳动力市场制度，从制度安排和设计的特点看，具有较强的稳定性；而劳动力市场的干预政策则具有相对短期和灵活的特点。相对而言，发达国家的制度建设具有较长的历史，制度固化的倾向也更为明显。但对于劳动力市场制度尚在建设和完善过程中的发展中国家而言，在目标模式不清晰的情况下，由于制度设计的路径依赖，对以法律为基础的制度设计应该更为

谨慎。发挥政策和制度在干预中的不同作用、组合使用，将有助于我们在摸索适合中国的劳动力市场制度时积累经验，并尽量减少制度运行的代价。

（四）以开放的视野借鉴国际经验

市场经济先行国家在劳动力市场制度建设中既有可资借鉴的经验，也有可以避免的教训，因此，以开放的视野接近国际经验和总结改革开放40年来自身的发展历程同样重要。

首先，国际经验表明，劳动力市场制度作为规范劳动力市场和经济秩序的必要安排，不仅对劳动力市场结果有着直接的影响，其二阶效应也不容忽视。也就是说，一旦劳动力市场规制影响到劳动力市场价格信号（工资）的形成，它就会影响到资本和劳动这两种最基本的生产要素的相对价格关系。因此，劳动力市场制度选择一定不能只考虑其直接的作用对象。就中国的实际情况看，就是不能只从部门工资的视角出发，去简单界定我们应该选择什么样的制度。

其次，判别不同制度的利弊一定要紧密结合不同经济发展阶段的客观现实和制度需求。劳动力市场政策与任何一项经济政策一样，其实施的过程必然要付出代价。而政策制定者所应该关注的就是要结合特定的经济发展阶段，去权衡某一项劳动力市场制度的成本与收益。

再次，国际经验也表明，一旦考虑劳动力市场制度影响的长期性和动态性以后，如何保持制度和政策设定的初衷与实施的结果相一致，就是一个非常复杂的问题。例如，我们已经看到，一些国家过于严格的就业保护措施，导致雇佣关系固化，不仅使长期投资衰减从而损失就业岗位，也使劳动力市场的流动性降低，造成严重的青年失业问题。很显然，失业率的上升，并不是保护就业政策的初衷。类似的情况还出现在很多其他劳动力市场制度安排上，如最低工资、工薪税等。这就需要我们在借鉴这些既有的制度设计时，要以更长远的眼光去对待制度的安排。

最后，重视取得最大共识的制度安排。在劳动力市场的各项制度安排上，发达国家之间的态度与判断并不一致。这其中，我们需要对那些在市场经济成熟国家间已经取得较大共识的制度安排，优先予以考虑。例如，对于就业保护、临时合同的规制程度等在各个国家间的分歧较大，但集体谈判则取得相对一致的看法。因此，对这样已经取得共识的制度积极推进，有助于我们在制度建设过程中少走弯路。

参考文献

[1] 参见1989年10月农业部《关于乡镇企业情况和治理整顿意见的报告》。

[2]《劳动部、农业部、国务院发展研究中心关于建立并实施中国农村劳动力开发就业试点项目的通知》，1991年1月26日；《劳动部、农业部、国务院发展研究中心印发中国农村劳动力开发就业试点项目指导小组〈关于在省一级开展农村劳动力开发就业试点工作的意见〉的通知》，1993年6月18日。

第二章 农村劳动力配置机制、发展及展望

回顾改革开放至今走过的40个年头，我国经济发展战略经历了从重点发展现代工业，到工业反哺农业；城市反哺农村，再到城乡统筹发展的转变。在这个过程中，城乡人口流动和迁移贯穿始终。一方面，大量的农村劳动力从农业部门被释放出来，给工业化发展提供丰富的劳动力资源，创造了中国经济增长的奇迹（蔡昉、王德文，1999）；另一方面，日益宽松的户籍管理导致大规模城乡迁移，加速人口积聚所带来的城市经济高速发展。不仅农业生产本身，劳动力的减少也促进了现代技术的推广和生产结构的改变。因此，农村人口迁移无疑是过去中国经济高速发展的重要因素之一。

2018年"中央一号文件"就2050年全面实现农村现代化做出重要战略部署。中共中央提出的乡村振兴战略，将农业农村现代化发展作为国家现代化建设的重中之重，相应的政策措施有可能增加农村发展对劳动和资本的吸引力，然而，目前我国农业劳动力占比是农业产值占比的近四倍，农业人均产值远低于其他部门，城乡收入的巨大差距仍然诱导以劳动力为主的农业资源转向城镇非农部门。面临中国农村发展对农村人口的拉力增强，以及控制城市发展规模对农村户籍人口外推的影响，未来农村将走上怎样一条发展道路，未来农村劳动力转移将发生怎样的变化，以及劳动力配置机制该做出哪些相应的调整？

整理已有的研究，关于农村发展道路主要有两种观点：一种是通过政府给予农村各类投资政策，推动农村产业园区建设，加快实现农村人口向非农经济转移（于立、姜春海，2003）。另一种是同时推进户籍制度和土地制度改革，促进劳动力和土地资源的跨地区再配置，充分发挥农业规模经济以及城市集聚效应（陆铭，2010）。前者围绕农村本土，以"离土不离乡"的方式推动农业工业化发展；后者则通过取消户籍限制，提升城镇化水平，减少农村人口，发展农村规模经济。两种不同的方式意味着两种完全不同的城镇化和工业化发展道路。在这个过程中，对劳动力资源的配置方式也完全不

同。前者不改变生活地理空间，通过积极推动非农产业在农村的发展，实现劳动力就地安置；而后者则是基于市场化理论，将农村劳动力置于全国的劳动力市场当中，通过市场配置资源这双无形的手，来推动农村劳动力的非农化和城镇化发展。中国改革开放40年的时间里，这两种方式随着中国制度改革以及社会转型发展需要，交替进行，并带动农村劳动力配置不断优化。本章就过去40年我国农村劳动力配置机制进行回顾梳理，就未来农村劳动力转移潜力，以及面临的挑战做出判断，提出今后中长期改革的意见建议。

一、改革开放以来中国农村劳动力配置的基本历程

改革开放至今，中国农村劳动力配置主要走两条路。一是从农村流向城市，通过劳动力转移，不断提高城镇化率；二是在农村进行非农化转业，通过发展农村第二、第三产业，提高农村地区总产值。"两条腿"走路，不仅可有效地提高中国农业产出效率，还可通过大量农村劳动力向城市迁移，为社会主义现代化建设提供廉价的劳动力资源，推动我国经济高速发展。在这个过程中，中国经济转型与农村劳动力配置相辅相成。一方面，计划经济时代的工作分配制度被打破，劳动分工与专业化程度提高，导致市场化程度不断加深，城市创造就业的水平不断提高；另一方面，农村劳动力转移提高了农村居民的生活水平，农村内部资源和要素可以再配置，激发了农村地区的劳动力再分工和再专业化，进而促进全社会劳动生产效率提升。换句话说，农村劳动力配置和再配置的过程，是不断消除制约劳动力流动的制度性障碍的过程，也是中国劳动力市场从无到有、从单一到多元、从二元分割到全国统一这样不断发育的过程。

改革开放40年来，"两条腿"的发展路径取得了令人瞩目的成果。第一，农业部门产出效率与第二、第三产业之间的差距在不断缩小。据测算，第二产业、第三产业与第一产业的劳动产出效率之比分别从1978年的7.03倍和5.15倍，减少到2017年的4.91倍和3.92倍。第二，农村常住人口持续迁移，城镇化进程加快。截至2017年底，中国农村常住人口达57661万人，占全国人口总量的41.48%，较1978年的79014万人，减少了21353万人，城镇化水平提高了40.6个百分点。2000年之后更是城镇化发展的提速期。1978年中国城镇化率达17.92%，花了15年的时间，城镇化率提高了约10个百分点（即1993年的27.99%）。而2000~2017年，中国的城镇化率从

36.22%提高到58.52%，17年间城镇化水平提高了22.3个百分点。第三，非农就业使得农村农业内部劳动力得到进一步释放。1978年农村就业人员总量达30638万人，城市就业人员为17254万人，其中，农村非农从业人员占比只有7.6%。随着城乡流动政策不断放开，城市经济发展为农村劳动力提供就业空间，大量的农村劳动力流向城市。自2013年起，中国就业人员开始主要分布于城市，农村就业人员规模持续下降。2017年农村就业人员达35178万人，比城市就业人员少7284万人。其中，农村就业人员中非农占比约为42%（见图2-1）。

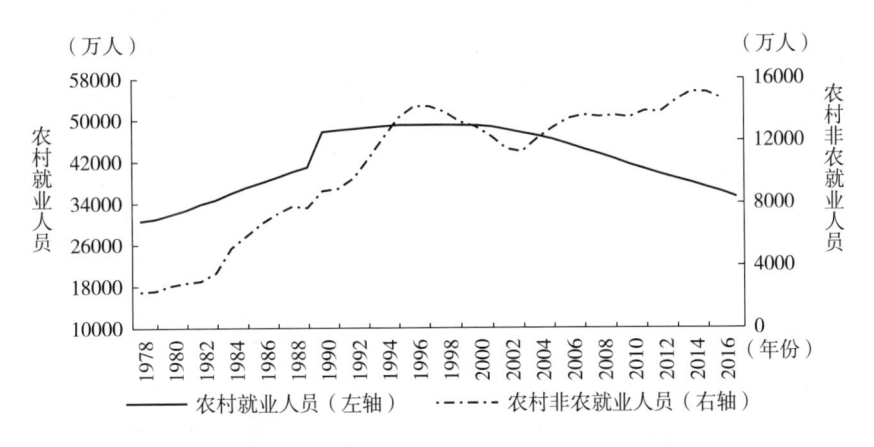

图2-1　1978~2017年我国农村就业总量和非农就业人数

注：农村就业人员数据来自《2018年中国统计摘要》，农村非农就业人员数据来自《中国人口与劳动统计年鉴》（历年）。

中国农村劳动力配置的方向、路径受到不同时期政策导向、制度环境和人口特征等的影响。这使得农村劳动力转移和转业具有明显的阶段性特征：第一阶段（1978~1992年），农村劳动力转移初步发展阶段；第二阶段（1993~1996年），农村劳动力外出迁移的大发展阶段；第三阶段（1997~2012年），全球化带动农村劳动力再配置深入推进阶段；第四阶段（2013年至今），新经济新常态下农村劳动力配置转型阶段。

（一）农村劳动力转移初步发展（1978~1992年）

整体而言，1978~1992年是以乡镇企业飞速发展为主要特征的农村劳动力非农化发展的重要阶段。在这个过程中，虽然农村劳动力被允许流动的范围在不断扩大，但是流向城市仍然受限。农村劳动力以"离土不离乡"的方式，在第二、第三产业进行配置。改革开放以前，由于缺乏足够的刺激，劳动力生产低下，资源持续短缺，中央决定推进农村改革。1978年家庭联产承包责任制在农村地区实行，使得农村劳动力积极性得到刺激，但家庭联产承包责任制也瓦解了原有人民公社制度，维系传统农村低水平均衡的框架解体，农村劳动力亟须新的就业机会，而且农业也需要更大的发展空间。1983年，政府意识到农民需要找到就业机会和农产品销路，开始允许农民在村附近从事经营活动。到1984年，管制政策进一步放松，农民可以到附近乡镇企业工作。1985~1992年，乡镇企业快速发展，展示出了超强的农村劳动力吸纳能力。据统计，乡镇企业就业人员从1978年的2800万人提高到1985年的7000万人，年均增幅达到21.4%；之后开始猛增，到1993年增至1.23亿人。

乡镇企业的发展对劳动市场有两个重要影响。第一，在没有大幅增加人口流动的情况下，吸纳了大量农村剩余劳动力，进而推动中国城镇化进程。据统计，1988年农民工数量为2600万人，其中跨省流动有500万人，占比为19%；1989年农民工数量为3000万人，其中跨省流动只有700万人，占比为23%。如果按照人户分离进行流动人口统计，1990年，流动人口规模只有3000万，到1995年，这一数值也只有5600万。相比于全国10亿的人口总量，流动人口占比只有5.6%。由此可见，这一时期的城镇化主要是由乡镇企业发展推进的。1978~1991年，中国城镇人口从17245万人增加到30543万人，城镇化率从17.92%提高到26.37%，建制镇数量从2850个增加到12152个，确立了中国城市发展的基本格局。

第二，相比于国有企业，乡镇企业劳动力成本低，管制较松，在获得政府支持预算紧张的情况下，其充分暴露了国有企业的低效率，增加了国有企业改革的压力。1984年，国有企业原有的工资总额分配制转向浮动工资总额制，企业分配利润的自主权得到增强。1986年，国务院颁布了国有企业劳动合同管理办法，试图结束终身就业制度。在农村居民向城市积极发展个体经济的同时，城市用工方面也开始允许国营企业招收农村工人和司机。但是，1988年经济过热引发了严重的通货膨胀，国民经济结构矛盾加剧，社会总供求严重失衡，造成经济形势混乱。中央作出了"治理经济环境、整顿经济秩序"的决定，许多建设项目停建或缓建，部分企业开工严重不足，国民经济增长速度明显放慢。为缓解城市就业压力，国家加强了对农村劳动力转移的控制，严格限制当地农民工外出，强调农村剩余劳动力的转移应"离土不离乡"，就地消化、转移、吸收。

(二) 年农村劳动力外出迁移的大发展 (1993~1996)

中共中央意识到"堵"不仅不能解决城乡发展问题，还会导致经济社会发展的畸形。"民工潮"说明农村就业不充分，也暴露了既有的就业体制不适合当前经济发展趋势。因此，1993年，党的十四届三中全会通过《中共中央关于建立社会主义市场经济体制若干问题的决定》，首次使用"劳动力市场"这一概念，并提出鼓励和引导农村剩余劳动力逐步向非农产业转移和地区间的有序流动。同年，原劳动部（现为人力资源和社会保障部）印发《劳动部关于建立社会主义市场经济体制时期劳动体制改革总体设想》，其中指出，废除统包统配的就业政策，形成劳动者自主择业、企业自主用人制度，逐步打破城乡之间、地区之间劳动力流动限制。1994年，《中华人民共和国劳动法》正式通过，城乡居民的劳动就业行为、企业招收录用行为有了法律依据，这成为劳动力市场建设的重要标志。

中央政府就农村劳动力转移认识上的调整和转变，促使了1993~1996年农村劳动力外出务工的大发展。首先，在这个阶段，乡镇企业、外资企业、私营企业等非国有经济迅猛发展。城镇私营企业和个体户从业人员从1993年的1115.7万人提高到1995年的2045万人。农村私营和个体就业人员从1990年的1604万人上升到1995年的3525万人。其次，农民工流动区域扩大，跨省流动规模大幅度上升。1993年全国跨省流动的农民工约有2200万人，是1989年的3.14倍，跨省流动比重达到35.5%，比1989年高出12.5个百分点。而且从区域流向上来看，农村劳动力主要向广东、浙江、江苏、北京、上海、福建等沿海及经济发达地区流动。中部地区，如湖北、湖南、四川等省成为人口输出地。最后，中国农业从业人员规模开始进入下滑期，农村劳动力转移速度在不断加快。1996年农民工数量达到7223万人，比1993年高出1023万人，是1989年的2.41倍。从农村流向城市的劳动力规模从1993年的3064.26万人提高到1996年的8519.83万人，年均增幅达到59.3%，远高于1978~1992年的流动人口增幅。

(三) 年农村劳动力再配置深入推进 (1997~2012)

1997~2012年，农村劳动力再配置深入推进阶段分为两个阶段。第一阶段，1997~2002年，城市优先于农村。农村劳动力配置受国家宏观经济影响，在国企改革"下岗潮"时，受制度限制出现就业权利和环境恶化。第二阶段，2003~2012年，中国加入世界贸易组织，宏观经济环境向好，放开农村劳动力流动限制，跨区大规模迁移开始深度推进。虽然2007~2008年发生全球金融危机，但是中国经济运行良好，城市就业空间不断扩大，保障农村劳动力权益政策陆续出台，外出务工人员就业环境不断改善。

1997年亚洲金融危机爆发，中国国内正处于社会转型和结构调整的关键期。截至1997年底，国有集体企业就业人员占全部城镇就业人员的67%。相比较"三资"企业，国有企业利润低，生产效率低下，人员负担重。国企通过建立现代企业制度、转制、下岗等一系列手段，为企业减负。1998年国有单位职工为8809万人，比1997年减少了1957万人，之后持续下滑；到2002年，国有单位职工只有6924万人。为解决下岗职工安置问题，城市管理部门尤其是大城市，在对待农村劳动力的政策上均采取严格控制的态度。这一时期，各地区城市发布劳动力招收或管理政策文件时，都采取"先城镇，后农村；先非农，后农业；先本市，后外地"的基本原则。这使得农民工在城市就业环境恶化，主要表现为劳动合同比例低、无社保、劳动强度大。直到2003年，全国各地才逐渐取消对农民进城就业的歧视和限制。

进入21世纪，公平公正成为制定政策的重要依据。2001年，开始实施小城镇户籍管理制度调整，进一步放开户籍制度。2003年，《国务院办公厅关于做好农民进城务工就业和管理工作的通知》指出，农村富余劳动力向非农产业和城镇转移，是工业化、城镇化、现代化的重要推动力。自此，政府开始逐步出台一系列的公共保障政策措施，保障农村劳动力在城市就业和发展的权利。在就业保障上，2008年实施的《中华人民共和国就业促进法》明确规定农村劳动者进城就业享有与城镇劳动者平等的劳动权，不得对农村劳动者进城就业设置歧视性限制。在户籍制度改革上，2007年，全国已有12个省、自治区、直辖市相继取消了农业户口和非农业户口的二元户口性质划分，统一了城乡户口登记制度，统称为居民户口，实现了公民身份法律意义上的平等。在农民工人力资本提升上，根据国务院《2003~2010年全国农民工培训规划》，2005年培训农民工500万人，2006~2010年培训农民工达3000万人，年均培训600万人。

在农村劳动力配置改革深度推进阶段，中国农村劳动力配置主要以向城镇转移为主。1997~2012年，中国城镇人口增加了31733万人，城市化水平从31.9%上升到52.57%。政府城市发展规划的调整，使得城市数量从2002年的656个减少到2012年的653个，建制镇从20601个下降到19881个。在城市化进程中，集中效应作用明显，中国经济空间结构开始新一轮优化。农村劳动力就业环境得到持续改善，2012年农民工签订劳动合同比例高达43.9%，较之1997年不到7%的水平，中国劳动力市场发展更为完善。此外，社保保障体系建立，加快城乡一体化统筹。2012年，参加新型农村合作医疗比例达到90%以上，农民工参加养老、工伤、医疗保险的比例分别为14.3%、24%、16.9%，较2008年分别提高了4.7个、0个、3.8个百分点。

（四）2013年至今新经济新常态下农村劳动力配置转型

第十二个五年规划时期，中国经济发展进入新常态，中央意识到中国劳动力达到峰值之后将逐步下降，过去依赖廉价劳动力保持两位数的高速经济增长时代即将过去，急需新的经济增长动能，实现中等收入陷阱的跨越。事实上，2008年全球金融危机爆发，中国农民工回乡创业出现高潮，随着劳动力成本上升，部分产业开始向中西部地区转移。2009~2010年从东部沿海出现局部"民工荒"到全国扩张，国家政策制定者和学术界开始意识到，现有的农村劳动力政策、城市化政策等存在缺陷，对中国长期发展将产生制约，同时民工回乡是农村老龄化背景下农村劳动力代际更替的基本选择。而且农村地区还存在大量的非农产业，在青年农村劳动力规模开始缩小的情况下，全国劳动力市场对专业化劳动力需求逐渐增加。在这样的背景下，中央出台一系列的政策以加快推进农村劳动力配置转型。

2014年7月，国务院印发《关于进一步推进户籍制度改革的意见》，重点从三个方面来协调农村劳动力配置。一是全面放开建制镇和小城市落户限制。有序放开中等城市落户限制，合理确定大城市落户条件，严格控制特大城市人口规模，有效解决户口迁移中的重点问题。二是创新人口管理，推动农村劳动力举家迁移。建立城乡统一的户口登记制度，建立居住证制度，不断健全人口信息管理制度。三是推进公共服务均等化，保障农业转移人口及其他常住人口合法权益，主要通过进一步完善农村产权制度，扩大义务教育、就业服务、基本养老、基本医疗卫生、住房保障等城镇基本公共服务覆盖面。进一步加快财税体制改革，增强基本公共服务财力保障。

2013年至今，农村劳动力再配置过程中出现内部分化。一是农民工就近流动规模和结构持续上升，省内流动成为流动首选。2012年外出务工人员中，跨省农民工7647万人，省内流动人员规模达8689万人。2017年，跨省流动农民工规模为7675万人，比2012年仅提高28万人，而省内流动规模高达9510万人，比2012年增加了821万人。二是农业部门内部，农村工业化发展转型，非农就业出现调整。2012年，农村就业人员中非农就业人员达到13829万人，到2016年达到14679万人。非农就业人员占农村就业人员的比例从34.92%提高到2016年的40.58%。

二、未来15年将是农村劳动力资源配置的关键时期

回顾中国农村劳动力配置历程，不难发现，只用了30年，中国农村的剩余劳动力就达到了一个重要的节点。2007~2008年，有经济学家指出，中国正处于刘易斯拐点，农村不再拥有无限供应的剩余劳动力（蔡昉，2007；蔡昉、王美艳，2007）。这引起学术界和社会广泛争论。在进行大量学术和实践论证之后，经济学家和政府决策者开始认同这一基本发展判断（Knight et al., 2011; Zhang et al., 2011; Jane et al., 2011; Cai et al., 2011）。问题是，达到刘易斯拐点之后，农村劳动力转移的压力是否完全消失？据统计，2017年中国农业产值占全国GDP的比重为7.9%，农村从事农业生产的劳动力占全部就业人口的21.4%，农业劳动力人均产值水平仍然大大低于其他部门，城乡差距的现实，以及有限的农村就业空间，这意味着推动农村劳动力非农化以及城市就业将会是共享发展的重要内容。在既有的劳动力配置机制不变的情况下，潜在劳动力转移规模是影响中长期经济社会发展的重要因素。

制定适当政策的前提是正确认识农村劳动力和人口转移的趋势，预测农村人口转移规模主要有两种方法：一是根据国际城镇化发展经验直接测度农村转移人口规模。与发达国家发展经验相比，中国的城镇化发展水平严重滞后于经济发展。2017年，中国人均GDP为8935.95美元。参照国际发展经验，相应的城镇化水平应该达到70%。而截至2017年末，我国城镇常住人口占比只有58.52%。根据当前全国总人口13.9亿进行计算，需要转移出农村的人口总量约为1.6亿人。二是根据农业生产所需人口进行间接测度。有研究指出，在高中低三种不同的农业生产效率方案下，农村尚需劳动力的规模在1.78亿~2.28亿人（蔡昉、王美艳，2007）。那么，按照2017年农村常住劳动力规模，未来可转移的规模应该为1.72亿~2.22亿人。按照2.0的赡养系数进行换算，农村转移人口规模为3.44亿~4.44亿人。

两种不同方法计算得到的城乡转移规模差异很大，其主要来源于两点：一是对未来城镇化判断存在差异。方法二计算的转移规模，是基于农业所需

劳动力的基础上，确定未来城镇化率可能达到的最高水平。如果按照当前13.9亿的人口总量进行估计，届时我国的城镇化率为83.3%~90.5%。二是没有考虑人口结构动态变化。总体而言，两种方式都是按照2017年农村常住人口进行测度，都是静态分析。由于人口流动和迁移，农村老龄化程度高于城市，未来还会进一步加剧，这意味着中国适合转移的人口规模将会不断缩小。考虑到人口政策调整可能对未来人口总量造成影响，直接关系到未来农村劳动力转移数量。因此，结合全面二孩政策，我们按照生育率调整设计三种方案，人口总量预测结果如图2-2所示。

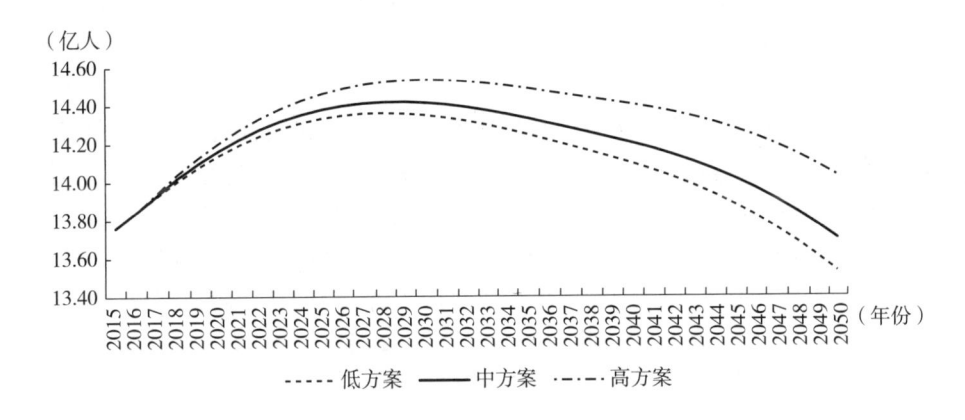

图 2-2　2015~2050年全面二孩政策下人口预测

注：中国社会科学院人口与劳动经济研究所课题组预测。

未来人口峰值在2025~2030年出现，总量在14.36亿~14.6亿人；三个方案之间人口总量差异在3000万人左右。假定中国城镇化率于2020年达到60%、2030年达到70%的发展目标，按照峰值人口计算，农村转移人口的规模约为1.9亿~2.1亿人，年均转移人口规模在1900万~2100万人，相当于近十年以来城镇常住人口增长的规模。2030年之后，中国总人口规模将会出现下滑，城镇化推进的压力会得到释放。如果2040年城镇化率达到80%（人口预测最高方案），那么，2030~2040年农村转移人口总量为1.3亿人，年均转移约为1300万人。如果到2050年城镇化水平为90%，那么，2040~2050年的农村转移人口总量为1.1亿人，年均转移1100万人。由此可见，未来十年是农村人口转移最关键的时期。

中国农村人口转移不仅是总量问题，还是结构问题。结合人口预测，考虑到适合转移的劳动力规模，未来农村转移人口潜力还将进一步下降。原因在于，较之城镇，农村目前适龄的劳动年龄人口已经大幅度下降。农村老龄化程度的加深，导致想要迁出农村的群体整体能力不足，加大了农村人口转移的难度。人口预测最高方案下，全国劳动年龄人口（15~64岁）占比为68%，约为9.66亿人，比2017年的10.08亿人少了4200万人。全国劳动力规模在缩小的同时，农村劳动力向城镇迁移加剧了农村可转移劳动力数量的大幅度缩减。统计资料显示，我国农村劳动年龄人口总量自2010年起已经开始低于城镇。2017年我国农村劳动力数量为3.9亿人，如果要保障中国农业生产稳定所需1.78亿~2.28亿劳动力的最低规模，那么，按照2011~2017年农村劳动力年均1220.58万人的迁移速率，中国农村劳动力转移将于13~18年结束。这意味着，中国农村人口转移将在2030~2035年基本结束。

无论从人口总量还是从劳动力数量来看，未来我国农村转移人口的潜力都在下降。进入高收入阶段，中国的城镇化水平也可能都会低于发达国家同期水平。而且2020~2030年是缩小城乡差距的关键时期，中国过去采取"两条腿"交替进行农村工业化路线和城镇化路线，将面临人口老龄化、农村家庭劳动力不足的现实困境。城镇化和乡村振兴都是为了释放农业劳动力，提高农村劳动力产值水平，两者协调并进，才有助于国家城乡统筹和一体化发展。

三、深入推进农村劳动力转移面临的挑战

随着农村劳动力开始减少，依靠劳动力自身"重力"推动城镇化的动力明显不足。那么，要发展现代农业，就需要实现农村人口转移"两条腿"同时迈步。一是内部转移，发展现代化农业，为农民提供更多的非农就业机会；二是深化户籍制度改革，加快农村户籍流动人口的城市融合，实现以人为本的城镇化道路。然而，传统发展乡镇企业和小城镇吸纳农村人口的进程明显放缓；同时，农村土地制度改革加大了农民对农村户籍的经济预期，户籍城镇化提升速度也放缓。

（一）"离土不离乡"的非农化转移现实困境

20世纪50年代中国农村工业发展已经成为我国经济结构中的重要组成部分。改革开放后的80年代，以乡镇企业为代表的农村工业部门发展繁荣，形成具有中国特色的三元经济结构（陈吉元、胡必亮，1994）。乡镇企业的

发展在推动农民非农化、提高农民收入水平上做出了很大的贡献。然而，进入21世纪，由于缺乏城市工业的规模经济和集聚效应，农村工业企业在高度竞争的工业品市场上没有竞争优势，乡镇企业开始衰退，农村工业化对缩小城乡差距的作用开始变小（钟宁桦，2011）；在没有可依托的第二、第三产业发展的情况下，优先发展小城镇来吸纳农村人口的"内销"方式自然遭遇现实发展的困境（董文柱，2003）。

究其原因在于：一是农村企业分散，导致农村工业空间集聚进程缓慢。乡村企业绝大部分散落在农村，80%的个体和私营企业分布在自然村，7%的企业在自治村，12%则在乡镇（陆杰华、韩承明，2013）。这种分配格局在农村人口非农化上提供了就近便利，但也正是这种"遍地开花"式的分布状况，制约了农村工业朝集约方式的发展，同时还带来了农村环境污染的问题。农村工业空间集聚进程缓慢，导致小城镇人口积聚水平不高。20世纪90年代至今，建制镇增加了4000多个，但是10万人以下的小城镇吸纳的人口占全国总人口的比重不到1.32%（2009年），大力发展小城镇，却没有第二、第三产业提供就业岗位，很难吸收农村转移人口。

二是农业产业经营主体发展不足，农业现代化水平较为落后。分散的小农经济很难推动农业产业链的延伸，加上农村劳动力老龄化加深，国家出台了一系列鼓励新型农村经营主体发展的政策措施。但是，农民协会、专业合作社或农业龙头企业等经营主体发展的效果不是很理想。据调查，中国有7%的村庄有农民专业协会，其中只有1/3的农民参与，全国只有2%左右的农民参与到合作组织当中（Shen et al.，2006）。而韩日美等国超过98%的农民加入农业合作社或农民协会。由于农民个体承担农业经营风险，而且经济回报低于外出务工，因此，目前农民就地转业的可能性也不高。

三是农业产业链水平不高，缺乏吸纳农村人口的动力。虽然土地流转促进农业规模经营，但农产品深加工、农产品物资运输供应以及农业生产技术服务等农业产业链各环节发展不足，导致农户通过农业生产获取的产品附加值较低。另外，农业自身产业链的发展不足，未能有效地创造就业岗位吸纳农村人口就地转移（胡鞍钢、吴群刚，2001）。

四是乡村过于分散，人口密度过低，难以形成服务业市场。传统的农业社会建立在自给自足的基础之上，没有大规模分工，尤其缺少对服务业的需求，因而居住分散、人口密度低不是问题。随着劳动力和人口大量迁移以及收入水平大幅度提高，特别是人口老龄化和生活质量不断提高，农村服务市场的潜在需求很大，但分散的居住环境和低下的人口密度导致农村服务业缺乏规模经济、成本过高，无法实现其发展潜力。

（二）户籍城镇化对农民吸引力不足

2014年发布的《国家新型城镇化规划（2014—2020年）》提出提高户籍城镇化率发展目标。到现在为止，户籍城镇化率和常住人口城镇化率之间的差距还没有缩小的趋势。2017年常住人口城镇化率与户籍城镇化率之间的差距为16.17个百分点，比2010年15.78个百分点的差距略微有所提高。户籍城镇化对农民吸引力不强，有以下几点解释：

一是户籍城镇化会剥夺农民保留土地承包权等利益。户籍制度具有与身份相联系的公共服务资源。长期以来，农民工难以融入城市的根本原因就在于非本地户籍造成的制度歧视。但另外，附着在农村户籍上面的土地承包权、参与村集体收益分配权、农村宅基地处置等权力，是农民重要的生活保障。这形成了中国特有的农村劳动力转移"钟摆现象"，即先进城务工，后返乡务农（务工）。在新一轮农村发展战略下，附着在农村户籍上的土地权益得到进一步的保障，农户进城不转户的倾向越来越高。一项全国调查显示，只有11%的农民工愿意交回承包地实现户籍非农化（张翼，2011）；2012年重庆对294个农民转城镇身份的人口进行调研，也只有7.82%的农户在转为非农户籍时退出了承包地（梁潇，2013）。对农民而言，不对承包地和林地权属进行变更的前提下，并提供社会保障和城市公共服务的常住城镇化，才符合他们的利益诉求。

二是农民对中小城镇落户或就近落户的意愿不高。户籍城镇化提升带来城市公共服务资金资源的紧张。越是经济发展水平高的大城市，公共服务价格也越高。从这点来说，鼓励农民落户中小城镇是当前经济发展的一种理性选择。然而，对农民工而言，落户大城市才是更好的选择。全国调查显示，只有20%左右的农民工愿意在户籍所在地中小城镇落户，而愿意在其他小城镇落户的比例也只有10%（张翼，2011）。随着科技进步以及要素流动性的增强，中国经济发展差距逐渐表现为不同等级城市间发展差距的扩大。对农民而言，转变户籍身份获取的社会保障和公共服务，也自然是大城市优于中小城镇，而且中国小城镇与乡村之间的差距并不明显，将户口转向小城镇得到的城市户口满足感不高。针对重庆地区就近转户的户籍改革调查显示，79.93%的转户农民依然居住在农村而不是城镇，55.1%的转户农民依然从事农业工作（梁潇，2013）。

三是户籍不代表就业。由于工资上升和产品市场竞争双重压力，我国工业化已经迈入不断升级换代加速自动化、智能化阶段，对低端劳动力的吸纳能力相对下降。与此同时，城镇化的发展也导致人口集中、生活节奏加快、通勤时间增加，加上老龄化和家庭规模缩小，对生活服务的有效需求大幅度增加，特别是对养老、护理的需求，可能比在外就餐和速递服务的需求增长更快。但是，低端劳动力市场供求不协调的状况还没有得到充分关注，针对性的政策还不够有力。

（三）未来发展不确定性影响就业市场稳定

当前，国际需求持续下降，经济增长低迷，美国经济和政治战略调整，加剧了全球政治格局的不稳定；全球债务持续升高，金融市场风险加剧；欧洲政治不确定性，以及英国脱欧带来的分裂风险，使得全球未来经济增长不确定性在不断增强。就中国国内而言，传统投资、出口驱动的经济增长模式出现调整，新一轮信息科技革命驱动创新发展。这导致熟练工和非熟练工、技术型和非技术型劳动力之间的收入差距不断拉大；地区经济不平衡，加大了对未来发展的不确定性的预期，引起对未来就业市场稳定性的担忧。

一是全球经济低迷，导致国内城市经济就业增长预期不明。2008年金融危机之后，全球经济低迷，世界贸易保护兴起，新兴出口产业或"受伤"。虽然中国对出口贸易依赖度较低，但是国内劳动力成本持续上升，导致吸纳就业的低端制造业纷纷转战东南亚发展中小国。加上国内进行供给侧改革，清理过剩产能，使得就业市场不稳定性加剧。近几年，东南沿海地区招工难问题开始突出；另外，乡村战略实施，加速农村地区要素集中，返乡创业农民工在增加。在这样的背景下，城市就业增长并不稳定，加上城市公共福利等政策制约，农村劳动力持续向城市转移的动力开始减弱。

二是人工智能、机器人的就业替代。在人力资本提升驱动经济发展的同时，也增加了农村劳动力就业难度。东南沿海制造业引进机器人生产线的比重日益增加，正不断提高一般劳动力的替代水平；农民工人力资本水平普遍较低，其就业转移能力弱，而且农民工年龄构成也在老化。2017年21～30岁农民工占比为27.3%，比2013年下降了3.5个百分点；而50岁及以上年龄的农民工占比则从2013年的15.2%提高到2017年的21.3%。在经济转型升级的过程中，本地和外来人员不对等的社会保障体系，使得不断变老的农村劳动力不仅得面对就业市场的筛选，还面临劳动力代际替代。

三是城市就业格局内部分化日益显著。2015年的1%抽样调查显示，全国总体失业率不高，只有5.23%，但是城市层面失业率已经达到6.69%，镇级失业率为 5.88%，乡村只有 3.88%。经济高度集聚的大城市就业状况非常好，北京和上海的失业率只有 3.5%，但是正处于转型升级的中西部地区发展形势较为严峻。据估算，城市失业率超过 10% 的地级市有 98 个，超过 15% 的地级市有 26 个，超过 20% 的地级市也有 8 个。就业形势内部分化形势严峻，高失业率打击劳动者的就业信心。国际发展形势不明朗，外部经济对中国国内经济的冲击，使得国内二、三线城市吸纳农村劳动力的能力在减弱。未来推动中小城镇发展，盘活小城市经济，增强其就业创造能力是城市发展的重要内容。

四、启示与政策建议

在新的历史发展阶段，有关农村劳动力配置的政策和实施机制是实现转型的重要突破口。改变传统农业生产方式，引进现代农业，将现代工业和服务业作为农村常住劳动力的主要生计来源。同时，传统农村分散式的地域生活方式，转向以现代乡村治理、近似城市社区建设的生活模式，这些都是未来城乡一体化发展的基本格局。尤其是在农村转移人口潜力不断下滑、农村老龄化程度较高的背景下，片面追求城镇化率来推动经济增长，本身就存在巨大的经济和社会风险。因此，要共同推进以农业现代化发展为基础的农村人口"内销"，以及以人为本城镇化的农村人口外转，实现城乡统筹一体化发展以及国家现代化建设。

（1）推进人口城镇化，剥离户籍关联福利。深入推进户籍制度改革，废除公民民事登记变更制度，改为常住地变更的义务登记制。建立全国统一的人口管理体制，把改革户籍制度和公共福利制度改革相结合，对中华人民共和国居民身份证、教育学历、社会保障、纳税、驾照、护照、住房、就业、信用等信息进行整合，建立统一的居民个人信息管理系统，建立覆盖全民的社会保障个人账户，并与居民登记制度相统一，推动不受公民民事登记制度影响的自由择业制度。淡化历史原因造成的城乡二元结构影响。以人口居住登记作为人口公共服务管理的基础，建立常住地人口公共服务管理档案。对农村居民而言，允许农民工在保留农村承包地的情况下落户城镇并享受城镇人口的同等福利，提高他们进城落户的意愿。

（2）完善国民福利顶层设计，改进财税政策，推动县域城乡经济一体化发展。常住人口规模决定一个城市生产能力、消费水平。建议理顺中央、地方的财税关系，由中央政府建立面向全体居民的一体化制度框架，向全体国民提供同等的中央层级类的国民福利。地方根据自身发展能力向区域内常住人口提供区域层面的居民福利。建议在县域层面率先构建全体居民一体的制度框架，向县域内全体居民提供同等的居民福利。鼓励农村劳动力在县域内自由流动，推进县域内社会保障制度、劳动力市场制度、教育制度、土地制度、住房等经济社会制度的一体化，统筹城乡发展，推动县域内资源的优化配置。改革县级财政政策，推动县域内城乡一体化发展。通过合理布局县域产业，培育产业集群，以产业集聚带动县域人口集中，增强城镇经济的支撑能力。调整县镇发展的建设用地规划，在县域内优化配置土地资源，主要用于产业集聚发展，向农村劳动力提供有效的住房保障，方便农民就近转移就业。

（3）大力发展城镇生活服务业，提高城市服务发展质量，提高城市就业创造能力。城镇生活服务业的发展应当适应人口年龄结构和家庭结构的变化，适应城镇规模和经济发展带来的市场需求，以满足城市居民不断增长的需要。与此同时，城镇生活服务业的发展必然大幅度增加对低端劳动力的需求，从而为农村尚存的潜在可转移劳动力提供现实的出路。作为新兴的产业，以养老、护理和速递为代表的生活服务业需要不断规范，还应当加大专业培训。建议鼓励高等学校、中等职业学校增设家庭、养老、健康等生活性服务业的相关专业，扩大人才培养规模。鼓励依托各类职业院校、职业技能培训机构，来加强实训基地建设，实施从业人员的专项培训。鼓励和规范家庭服务企业以员工制的方式来提升管理和服务，实行统一标准、统一培训、统一管理。此外，改善全民消费环境，要推动生活性服务业企业信用信息共享，要实行联合惩戒，逐步建立以诚信为核心的生活性服务业监管制度。要完善日用消费品等质量监督检查制度，建立健全网络商品和服务的质量担保、损害赔偿、风险监控、网上抽查、源头追溯、属地查处、信用管理等制度。要依法查处垄断和不正当竞争行为，严厉打击居民消费领域的乱涨价、乱收费、价格欺诈、制造假冒伪劣产品等违法犯罪行为，创造一个良好的消费环境。要继续加大养老、健康、家庭等生活服务业用地政策的落实力度。

（4）推动农业企业化经营，推进农业现代化进程。完善土地质押融资制度，鼓励农民采用要素入股的形式，组成合作社或协会等。科学编制乡镇建设规划，合理调整村镇建设空间布局，实现集约、节约用地，推动宅基地整理和居民点的优化。建立现代化组织管理方式，明晰产权，推进产供销一体化的产业链形成，为农民提供更多就地参与非农工作的机会。扶持乡镇企业农产品加工园区、科技园区、生态园区等产业园区建设和发展，推动乡镇企业集聚式发展。对乡镇企业的集聚式发展给予税收、信贷、融资等政策支持，深化大农业专业化分工，推动农业产业化。合理布局城镇和产业体系布局，形成大中小城市合理分工、协调发展的城镇空间格局，按照主体功能区划的要求，明确县城和城镇的产业定位，提高城镇综合承载能力，促进产业在区域内合理分工，推动专业化城镇体系的形成。

（5）结合乡村振兴战略的实施推进乡村的融合。无论是公共服务还是市场化的服务，与定居点位置、规模相关的市场规模都是决定成本和效率的重要因素。没有一定的规模就不可能产生劳动分工，既不能提供就业和收入，也不能满足潜在需求，因而乡村服务业的发展必然依赖乡村规模的扩大。实际上，在城镇化不断向前推进的大背景下，乡村劳动力和人口不断减少，实现振兴乡村的战略本身也需要乡村的合并、融合，才能为不断减少的农村人口提供充分的就业机会和良好的生活环境，以及更多、更好的公共服务和市场服务。

参考文献

[1] Cai Fang, Du Yang, "Wage Increase, Wage Convergence, and the Lewis Turning Point in China", *China Economic Review*, 2011（22）：601-610.

[2] Jane Golley, Xin Meng, "Has China Run Out of Surplus Labour", *China Economic Review*, 2011（22）：555-572.

[3] John Knight, QuhengDeng, Shi li, "The Puzzle of Migrant Labour Shortage and Rural Labour Surplus in China", *China Economic Review*, 2011（22）：585-600.

[4] Shen M., Rozelle S., Zhang L., et al., "Farmer's Professional Associations in Rural China: State Dominated or New State-Society Partnerships?", *The Comments of Studies in Surface Science & Catalysis*, 2006, 154（4）：1598-1605.

[5] Zhang Xiaobo, Yang Jin, Wang Shenglin, "China Has Reached the Lewis Turning Point", *China Economic Review*, 2011（22）：542-554.

[6] 蔡昉、王德文：《中国经济增长的可持续性与劳动贡献》，《经济研究》1999年第10期，第62-68页。

[7] 蔡昉、王美艳：《农村劳动力剩余及其相关事实的重新考察——一个反设事实法的应用》，《中国农村经济》2007年第10期，第4-12页。

[8] 蔡昉：《破解农村剩余劳动力之谜》，《中国人口科学》2007年第2期，第2-7页、第95页。

［9］陈吉元、胡必亮：《中国的三元经济结构与农业剩余劳动力转移》，《经济研究》1994年第4期，第14-22页。

［10］董文柱：《我国农村劳动力转移途径的再思考》，《中国农村经济》2003年第9期，第65-68页。

［11］胡鞍钢、吴群刚：《农业企业化：中国农村现代化的重要途径》，《农业经济问题》2001年第1期，第9-21页。

［12］梁潇：《户籍制度改革"半城镇化之痛"的现状、问题及法律对策——来自重庆"一圈两翼"地区294户农民的调查》，《社科纵横》2013年第4期，第24-27页。

［13］陆杰华、韩承明：《论小城镇与我国的城镇化发展道路》，《中国特色社会主义研究》2013年第1期，第98-104页。

［14］陆铭：《建设用地指标可交易：城乡和区域统筹发展的突破口》，《国际经济评论》2010年第2期，第6页、第137-148页。

［15］向晶、钟甫宁：《中国城乡迁移和流动人口规模重新估计——基于农村整村调查的分析》，《劳动经济研究》2017年第2期，第3-18页。

［16］于立、姜春海：《中国乡镇企业吸纳劳动就业的实证分析》，《管理世界》2003年第3期，第76-82页、第106页。

［17］张翼：《农民工"进城落户"意愿与中国近期城镇化道路的选择》，《中国人口科学》2011年第2期，第14-26页、第111页。

［18］钟宁桦：《农村工业化还能走多远？》，《经济研究》2011年第1期，第18-27页、第56页。

第三章　工资决定机制的转变与劳动力成本变化

在过去几十年我国的经济发展过程中，经济增长在很大程度上依靠劳动力的绝对数量和低廉的成本带来的人口红利，以及源于就业从农业转移到非农业部门推动的制造业特别是其中劳动密集型产业的快速发展（Gary H. Jefferson，2006；Shenggen Fan，1999）。以此带来的人口红利使得制造业依靠低成本的劳动力拉动了整个中国经济的快速增长（Cai and Du，2011）。本章旨在以经济发展阶段从二元经济向新古典经济转化的这一重大转变为出发点，从工资决定机制和劳动力成本变化的角度，回顾我国改革开放40年以来伴随着劳动力供求状态的重大转变以及相应的工资快速上涨背景下经济发展的主要脉络，并且特别关注在过去40年经济发展中依靠低廉的劳动力成本做出重大贡献的制造业的发展特点以及相应的路径。

一、工资决定机制的变化

在计划经济时代，中国建立和形成了特定的等级工资制度，这是主流工资理论未能涵盖的工资体制。这项制度构成了我国工资制度变革的历史起点。在整个改革阶段，工资制度改革循着国有企业改革和非国有部门工资形成等方面渐次展开。[①] 中国等级工资制度形成于1956年的工资制度改革。此前的工资制度多种形式并存，有货币工资制度（薪金制）、实物工资制（供给制）等。1956年6月，国务院颁布了《关于工资改革的决定》，对当时的多种形式工资制度实行统一标准。这次改革所建立的等级工资制度，奠定了计划经济时期工资制度的基础。

工资制度改革一直是国有企业改革的重要内容。在这个过程中，工资制度改革作为国有企业的分配自主权改革，也经历了从扩大分配自主权到建立

---

① 蔡昉主编：《劳动与社会保障体制30年》，社会科学文献出版社2008年版。

市场化工资形成制度的改革过程。2000年以来，全面建立现代企业制度对国有企业工资收入分配改革提出了新的要求，即必须建立市场化的工资形成机制。1999年，党的十五届四中全会通过了《中共中央关于国有企业改革和发展若干重大问题的决定》，提出建立与现代企业制度相适应的收入分配制度。2000年，劳动和社会保障部印发《进一步深化企业内部分配制度改革的指导意见》，提出"市场机制调节、企业自主分配、职工民主参与、国家监控指导"的工资改革目标模式，并在这个模式指导下，中国对国有企业工资分配制度进行了一系列改革。[①]

与此同时，在市场化改革过程中，非国有部门经历了一个从无到有、从小到大的发展过程。在非国有部门不断壮大过程中，市场机制在工资形成过程中发挥着主导作用，对劳动力市场的一体化做出了积极的贡献。[②]因此，当前的工资体制更多地体现了市场化的特点，特别是体现了经济发展阶段和劳动力市场态势变化的相应特征，即伴随着从刘易斯发展阶段到新古典发展阶段，工资的形成机制逐步体现了生存工资决定到边际生产率工资决定。

中国改革开放40年来，依赖低廉充足的劳动力供给，沿海地区制造业特别是劳动密集型产业的快速成长，经济获得了高速增长。中国目前已成为中等收入国家的一员。综观历史，随着经济的发展，工资等要素价格逐渐上升。在二元经济条件下，工资长期处于生存水平，当现代经济部门的扩大把农业中剩余劳动力吸收殆尽时，如果前者继续产生对劳动力的需求，工资则必须上涨。也就是说当经济中出现劳动力从无限供给到短缺的刘易斯转折点，会引起工资水平的上升（蔡昉，2007）。图3-1显示，1978年以来，无论是名义工资还是实际工资都获得了很大程度的提高，其中名义工资从1978年的615元提高到2016年的67569元，实际工资增长到8924元。

过去几十年中国的经济增长在很大程度上依靠制造业特别是劳动密集型产业的长足发展并成为中国经济的主要支柱。其中传统制造业的快速发展很大程度上得益于充足的劳动力带来的人口红利，以及源于二元经济阶段农村劳动力向城市工业部门转移带来的配置效率。然而，随着劳动年龄人口的增长放缓，传统的人口红利日渐式微，制造业特别是劳动密集型产业的普通工人工资水平已经开始提高。我们看到，近年来沿海甚至内陆地区不断出现"用工荒"现象（蔡昉，2010；Zhang et al., 2011），普通工人的工资持续上

[①②] 蔡昉主编：《劳动与社会保障体制30年》，社会科学文献出版社2008年版。

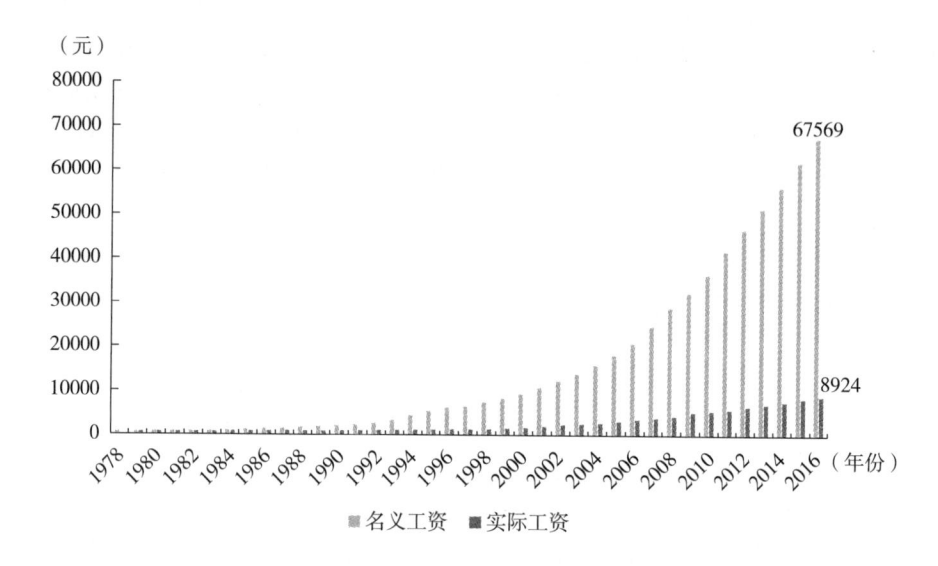

```
(元)
80000
70000                                                    67569
60000
50000
40000
30000
20000
10000                                                     8924
    0
     1978 1980 1982 1984 1986 1988 1990 1992 1994 1996 1998 2000 2002 2004 2006 2008 2010 2012 2014 2016 (年份)
                            ■ 名义工资    ■ 实际工资
```

图 3-1　改革开放以来名义工资与实际工资水平

资料来源：依据《中国统计年鉴》（历年）及《新中国 55 年统计资料汇编》相关数据整理。

涨，也就是说我国经济在步入中等收入国家行列的同时也到达了刘易斯转折点。这时就为我国产业结构的演化以及经济发展新的动力源泉提出了挑战。图 3-2 显示，无论是实际工资还是名义工资，从 2004 年的刘易斯转折点前后开始出现了大幅上涨，工资的增长率约在 2008 年达到顶点。那么，在中等收入阶段和人口态势发生重大转变的背景下，经济的发展能否顺应新的形势变化则至关重要，在面临劳动力成本上涨的前提下提高生产率以保持竞争力，并继续成为支撑经济增长的动力成为重要的学术课题和政策要点（蔡昉，2013）。我们知道，沿海地区具有便利的地理条件方面的优势，因而成为中国制造业发源地。在过去的几十年里，依靠交通、外资、政策扶植等方面的便利条件，同时依赖源源不断的充足低廉的劳动力的供给，我国东部沿海的劳动密集型产业逐渐发展壮大。然而，在制造业特别是劳动密集型产业日益发展的同时，我国的农村剩余劳动力已接近转移殆尽，这时劳动力的供给开始不再是无限的。那么本章接下来的部分重点关注在劳动力供求态势快速变化、工资水平快速上涨的背景下，制造业的发展在刘易斯转折点前后的各项特征，包括区域发展特点、劳动力使用密集程度不同类型产业的各自发展特征以及产业升级的脉络等方面。

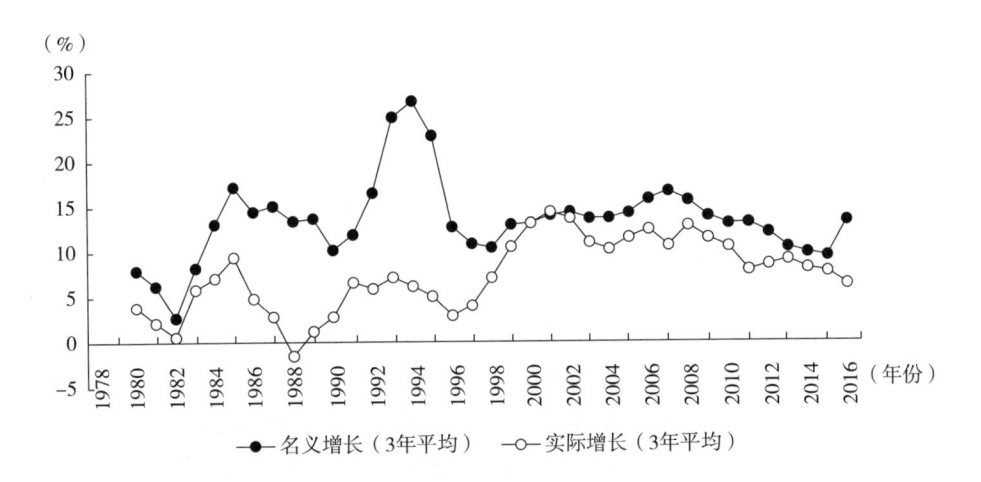

图 3-2　工资增长率

注：为了平滑个别年份的波动，本图采用了三年移动平均值。
资料来源：依据《中国统计年鉴》（历年）及《新中国 55 年统计资料汇编》相关数据整理。

二、制造业单位劳动力成本变化的总体趋势

（一）工资和劳动力成本态势对特定经济发展阶段的意义

对于中国这样一个具有二元经济特点的国家而言，当前经济发展阶段的一个重要方面的变化就是劳动力供求态势的转变。即伴随着我国制造业尤其是劳动密集型产业的快速发展，农村剩余劳动力逐渐向城市现代经济部门转移殆尽，这时劳动力价格（工资水平）快速上涨，劳动和资本两种基本生产要素的相对价格发生改变，这些都要求经济增长方式的转变以及产业结构的调整来迎合这些方面的变化。

对于近些年中国劳动力成本上涨的态势，随着各种事实性的特征日益显著，关注的焦点已更多集中在"这样的上涨是否合理？"以及"这些变化可能产生的结果是什么？"（蔡昉等，2016；都阳，2016）周宇（2014）的研究发现 2009 年以来单位劳动力成本从下降转为上升趋势。作为最主要的生产要素之一，劳动力价格的持续上涨，将是诱致技术变迁的重要推动力。虽然我们观察到劳动力成本在近年有大幅度的增长，然而这种快速的工资增长

是否合理，是否真正带来了单位劳动力成本的提高，需要用一个客观的指标来看待，即把劳动力的报酬同劳动力创造的贡献对照起来、比较两者的关系才可以认定。如果劳动生产率的增长快于劳动力成本的上涨，那么劳动力成本的上涨就有了合理支撑，相应的产业竞争力也并未得到实际的削弱。因此，只有观察劳动力成本变化与生产率变化之间的相对关系，即测算单位劳动力成本（劳动力成本与劳动生产率的比值）才可以真实地反映中国制造业的竞争力变化，并让我们更准确地观察生产要素价格信号何时开始对经济结构的转型产生影响。已有部分学者尝试使用宏观加总数据进行了相关的测算（魏浩等，2013），然而只有采用微观企业层面的数据才可以依据工资和边际劳动生产率的关系得到对于单位劳动力成本更准确的衡量。①

在我国人口红利式微、劳动力成本上升的背景下，提升生产率成为提高竞争力的关键所在。即伴随着经济结构的深化变革，更高级的产业结构和具有更高人力资本水平的高素质劳动力，成为提高我国制造业生产率和竞争力的战略重点。任志成等（2015）的研究发现劳动力成本上升对出口企业转型升级存在一定的"倒逼"作用。因此，探析我国制造业的劳动力成本状况的变化，同时考察劳动力成本和劳动生产率两个方面，并在此基础上讨论如何克服人口红利式微、劳动力成本上升的传统有利因素的丧失，在新的发展阶段下获取新的竞争力源泉，具有一定的理论和现实意义。

（二）数据和方法说明

准确地测算劳动力成本和劳动生产率的相关表现以及在近年来的变化态势，特别是了解2004年前后劳动力态势发展改变之后，以及2009年全球金融危机前后我国制造业的劳动力成本状况，成为探讨近来和今后制造业劳动力成本优势和竞争力的关键所在。其中单纯的劳动力成本方面的度量相对简单。而度量劳动生产率的指标通常有两个：一个是平均劳动生产率（APL），它是每单位劳动力创造出的产出（即总产出除以劳动力数量）；另一个是边际劳动生产率（MPL）。边际劳动生产率的测度相对复杂，它需要通过大样本的微观数据来得到企业的生产函数，再由估计出来的生产函数中的劳动弹性得到边际劳动生产率。

这里我们采用微观企业层级的数据，即中国规模以上工业企业数据来测算企业的劳动力成本以及其在产业区域特点等方面的表现。这套数据包含采

---

① 更详细的阐述参见数据和方法说明部分。

矿业、制造业、电力、热力、燃气及水生产和供应业所有的国有企业和年销售收入在500万元以上的非国有企业，我们摘取其中的制造业企业部分。关于此套数据的特点和介绍，可参见聂辉华（2012）以及 Brandt（2012）等。这套数据指标十分丰富，当前可得的数据年份涉及1998~2012年，其中2000~2009年和2012年的数据指标基本涵盖我们探析劳动力成本方面所需要的各项指标，同时样本涵盖的年份阶段刚好是我国经济高速发展以及制造业快速成长的时期，这期间我国历经了国有企业改革的基本完成以及产业发展成熟的过程，同时这套数据跨越了一般所认为的2004年前后的刘易斯转折点，并涵盖了2009年全球金融危机爆发后的一段时间，因此非常有利于我们考察工业企业的多个发展历程里的特征、刘易斯转折点以及金融危机前后劳动力成本态势发生重大变化对制造业特别是其中劳动密集型制造业产生的影响。

这套数据涵盖30个两位数行业[①]、31个省份[②]。本章对劳动生产率的计算是通过估计企业的生产函数（柯布—道格拉斯形式），再根据估计出的生产函数、相应的产量和劳动力数量计算出企业的边际劳动生产率。具体计算方法为：

（1）估计生产函数。

$\ln y = \alpha \ln k + \beta \ln l + \gamma_1 dum\_hy + \gamma_2 dum\_dq + c$

其中 y 为工业产值；k 为资产数量；l 为就业人数；dum_hy 为行业虚拟变量（两位数行业）；dum_dq 为地区虚拟变量（31个省、自治区、直辖市）。

（2）再根据 $MPL = \dfrac{\beta \times y}{l}$ 计算边际劳动生产率。

我们依据这样的方法分别对中国制造业总体单位劳动力成本、分行业和

---

① 分别为：13—农副食品加工；14—食品；15—饮料；16—烟草制品；17—纺织业；18—纺织服装鞋帽；19—皮毛羽毛制品；20—木材加工；21—家具制造；22—造纸；23—印刷业；24—文教体育用品；25—石油加工炼焦；26—化学原料制品；27—医药；28—化学纤维；29—橡胶制品；30—塑料制品；31—非金属矿物制品；32—黑色金属冶炼；33—有色金属冶炼；34—金属制品业；35—通用设备；36—专用设备；37—交通运输设备；39—电气机械器材；40—通信设备计算机；41—仪器仪表；42—工艺品；43—废弃资源材料回收加工。篇幅所限，仅列出2000年和2012年的取值，如有需要可向笔者索取其他年份数据。

② 分别为：北京市、天津市、河北省、山西省、内蒙古自治区、辽宁省、吉林省、黑龙江省、上海市、江苏省、浙江省、安徽省、福建省、江西省、山东省、河南省、湖北省、湖南省、广东省、广西壮族自治区、海南省、重庆市、四川省、贵州省、云南省、西藏自治区、陕西省、甘肃省、青海省、宁夏回族自治区、新疆维吾尔自治区。

分劳动密集型和非劳动密集型两大类产业的单位劳动力成本表现,以及不同省份以及东、中、西三个区域的单位劳动力成本的演化进行了测算,并据此探讨了面临劳动力成本制造业的资本深化的表现。

(三) 估算生产函数

如前所述,度量边际劳动生产率需要估计企业的生产函数:

$$\ln y = \alpha \ln k + \beta \ln l + \gamma_1 dum\_hy + \gamma_2 dum\_dq + c$$

从表3-1给出的对1998~2009年以及2012年各年两种类型生产函数的估计结果中可以看出,生产函数模型的拟合优度约为60%。我们分年份估计了1998~2009年以及2012年的制造业生产函数,同时也不分年份估算了这段时间的制造业总体生产函数(见表3-1最后一行,即控制年份虚拟变量)。那么从不分年估算的生产函数上,我们可以看到,资本项的系数约为0.510,劳动项的系数约为0.325,而从分年份估算的结果上看,资本项和劳动项的系数在年份间有一定的波动和变化,而引起我们注意的有以下几个波动:首先我们看到在2007年之后,劳动项系数首先出现较大的回升,其中劳动项的系数在2008年和2009年达到最高即0.384~0.388,然而随后样本即2012年的劳动项系数则出现了大幅的下降,取值为0.217。这样的情况使我们考虑,在2008年和2009年全球金融危机的冲击下,制造业削减了就业雇佣,而余下就业则在生产过程发挥了愈发重要的作用,体现出劳动的贡献(劳动项系数)较大。然而随着近年来劳动年龄人口比重以及绝对数量上的式微和劳动力成本的上升,制造业开始并加快了产业转型的节奏,在这样的转型过程中,劳动的贡献开始出现一定的下降趋势,体现为2012年劳动项系数的降低。

表3-1 生产函数估计结果

年份	$\ln k$	$\ln l$	γ_2_a	N
1998	0.464** (0.004)	0.313** (0.004)	0.557	131209
1999	0.439** (0.004)	0.392** (0.005)	0.547	134404
2000	0.482** (0.003)	0.364** (0.004)	0.581	141902
2001	0.470** (0.003)	0.369** (0.004)	0.583	150755
2002	0.461** (0.003)	0.380** (0.004)	0.576	162377
2003	0.495** (0.003)	0.358** (0.003)	0.61	178115

续表

年份	ln$k$	ln$l$	γ_2_a	N
2004	0.514** (0.002)	0.337** (0.003)	0.643	253769
2005	0.526** (0.002)	0.318** (0.002)	0.633	249459
2006	0.542** (0.002)	0.298** (0.002)	0.636	276721
2007	0.532** (0.002)	0.307** (0.002)	0.637	311359
2008	0.504** (0.002)	0.384** (0.002)	0.656	381731
2009	0.470** (0.002)	0.388** (0.002)	0.635	319700
2012	0.513** (0.001)	0.217** (0.002)	0.527	308437
1998~2012	0.510** (0.0005)	0.325** (0.0006)	0.650	2999938

注：括号内为标准差，**代表95%的置信区间。
资料来源：笔者根据1998~2009年以及2012年制造业规模以上企业数据估算和测算。

（四）单位劳动力成本的总体表现

进一步地，我们根据估计生产函数结果以及相关的各项指标计算了几种测算年均工资、平均劳动生产率以及边际劳动生产率的指标（见表3-2）。我们采用分年估算的生产函数中劳动项系数在各年的取值和不分年的生产函数中统一的劳动项系数分别计算得出了边际劳动生产率MPL1和MPL2。我们看到，由于模型劳动项系数在年份间的不稳定表现，据此测算的边际劳动生产率（MPL1）波动较大，特别是在2012年，MPL1和MPL2的差别更大。

表3-2　制造业年均工资和劳动生产率　　　单位：千元/人

年份	年均工资	APL	MPL1	MPL2
1998	—	116.77	36.55	37.97
1999	—	131.75	51.65	42.84
2000	9.11	164.33	59.81	53.44
2001	10.34	188.81	69.67	61.40
2002	11.02	214.05	81.34	69.61
2003	12.10	259.98	93.07	84.54
2004	13.97	320.98	108.17	104.38
2005	15.72	365.61	116.26	118.89

续表

年份	年均工资	APL	MPL1	MPL2
2006	18.29	434.36	129.44	141.25
2007	22.18	516.79	158.66	168.06
2008	26.85	574.38	220.56	186.78
2009	—	628.40	243.82	204.35
2012	42.67	845.87	183.55	275.07

注：1998年、1999年和2009年数据缺乏工资方面的指标因而空缺。

资料来源：笔者根据1998~2009年以及2012年制造业规模以上企业数据估算和测算。

接下来，我们根据年均工资和两种边际劳动生产率MPL1和MPL2就可以分别计算两种单位劳动力成本（年均工资/边际劳动生产率）的指标UCL1和UCL2（见图3-3）。可以发现，即便是采用不同的方法，测算出来的单位劳动力成本的基本趋势基本是一致的（即U形变化），也就是在2000~2012年，制造业的单位劳动力成本呈现先下降后上升的趋势，具体体现在，在2000年单位劳动力成本约为（UCL1）0.15和（UCL2）0.17，而在2004年降为0.13左右，随后开始逐渐出现上升的趋势，在2012年达到0.23（UCL1）和0.16（UCL2）。

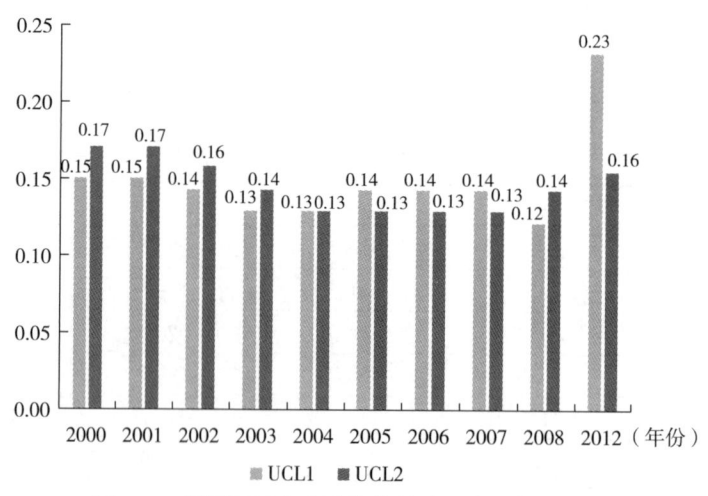

图3-3 根据不同方式计算的制造业单位劳动力成本

资料来源：笔者根据2000~2012年制造业规模以上企业数据估算和测算，其中2009年、2010年、2011年数据缺失。

三、分产业的单位劳动力成本

我们看到，测算出的我国制造业总体劳动力成本在 2000~2012 年似乎出现了 U 形的先下降后上升的总体趋势。那么进一步地，我们需要采用同样的方法测算边际劳动生产率并分别计算不同行业（两位数），特别是其中劳动密集型产业和非劳动密集型产业各自的单位劳动力成本情况。①

（一）分行业单位劳动力成本

首先，我们分行业（两位数）估算了各行业的生产函数，并根据各行业生产函数的劳动项系数计算了每个具体行业的单位劳动力成本（见表 3-3）。可以看到，在各行业间单位劳动力成本的差异很大。如果以 2000 年的情况看，单位劳动力成本最高的可以达到 0.3 左右（行业 33），而最低的则只有 0.070（行业 25）；以 2012 年的情况看也类似（因为总体上单位劳动力成本经历了 U 形的变化，因而首尾年份的取值相差不太大），最高的达到 0.275 左右（行业 41），最低的约为 0.060（行业 25）。②

表 3-3　制造业分行业单位劳动力成本（2000 年和 2012 年）

行业代码	2000 年	2012 年	行业代码	2000 年	2012 年
13	0.086	0.075	24	0.245	0.271
14	0.124	0.114	25	0.070	0.060
15	0.117	0.116	26	0.179	0.116
16	0.075	0.115	27	0.149	0.146
17	0.193	0.169	28	0.115	0.102
18	0.222	0.257	29	0.182	0.132
19	0.228	0.264	30	0.170	0.177
20	0.124	0.102	31	0.231	0.131
21	0.145	0.162	32	0.192	0.095
22	0.150	0.122	33	0.292	0.136
23	0.272	0.231	34	0.188	0.172

① 分别估计各行业在各年的生产函数。
② 分行业的边际劳动生产率和年均工资水平可参见附表 3-1 和附表 3-2。

续表

行业代码	2000年	2012年	行业代码	2000年	2012年
35	0.244	0.155	40	0.126	0.194
36	0.251	0.196	41	0.244	0.275
37	0.170	0.141	42	0.237	0.181
39	0.168	0.175	43	—	0.092

注：各行业代码和名称对照如下：13—农副食品加工；14—食品；15—饮料；16—烟草制品；17—纺织业；18—纺织服装鞋帽；19—皮毛羽毛制品；20—木材加工；21—家具制造；22—造纸；23—印刷业；24—文教体育用品；25—石油加工炼焦；26—化学原料制品；27—医药；28—化学纤维；29—橡胶制品；30—塑料制品；31—非金属矿物制品；32—黑色金属冶炼；33—有色金属冶炼；34—金属制品业；35—通用设备；36—专用设备；37—交通运输设备；39—电气机械器材；40—通信设备计算机；41—仪器仪表；42—工艺品；43—废弃资源材料回收加工。篇幅所限，仅列出2000年和2012年的取值，如有需要可向笔者索取其他年份数据。2002年的行业代码有所调整，2000年的数据中没有相应的"43—废弃资源材料回收加工"行业。

资料来源：笔者根据2000~2012年制造业规模以上企业数据估算和测算。

（二）劳动密集型产业和非劳动密集型产业单位劳动力成本

这样细分行业的结果虽然给出了每个行业的具体单位劳动力成本情况，但不容易更清晰地把握其中产业特点方面的特征，因而我们进一步尝试把所有的两位数行业分为劳动密集型和非劳动密集型两个大类分别测算相应的单位劳动力成本。劳动密集型产业是指企业在使用生产资本和劳动两种要素来进行生产时采用较多的劳动较少的资本的行业，因而它是一个相对情况的比较，我们根据中国的情况和国际通用标准，选择12个同时符合两个标准都认定为是相对劳动密集型的产业。[①]

那么劳动密集型产业和非劳动密集型产业在单位劳动力成本上的差别主要来自劳动力成本和生产率水平的哪个方面呢？我们发现一个有意思的事情，如表3-4所示，对于我们分类的劳动密集型产业和非劳动密集型产业而言，其在劳动力成本上的差别并不显著，也就是说对于这样分大类的制造业而言，其对雇用工人所支付的报酬几乎是相同的。而显现出的单位劳动力成

---

① 具体的划分请参见曲玥等（2013）。12个劳动密集型产业分别为：纺织服装鞋帽（18）、皮毛羽毛制品（19）、木材加工（20）、家具制造（21）、文教体育用品（24）、塑料制品（30）、金属制品业（34）、通用设备（35）、专用设备（36）、电气机械器材（39）、通信设备计算机（40）、仪器仪表（41）。

第三章 工资决定机制的转变与劳动力成本变化

本差异主要是体现在其劳动生产率的差别上。我们看到,在1998~2012年,在劳动力成本方面,其在非劳动密集型产业和劳动密集型产业间的差别仅在几百元,这期间的增长率的差异也不大,分别增长342%和286%。而在劳动生产率上的差别则非常显著,不仅在绝对水平上劳动密集型产业明显较低,增长率的差异也很显著,非劳动密集型产业劳动生产率提高了752%,而劳动密集型产业仅提高430%。

表3-4 不同类型产业劳动力成本与生产率的变化

年份	非劳动密集型 年均工资	非劳动密集型 劳动生产率	劳动密集型 年均工资	劳动密集型 劳动生产率
1998	—	39.27	—	37.93
1999	—	43.88	—	43.29
2000	8.80	54.97	9.61	52.71
2001	10.35	63.57	10.31	59.70
2002	10.72	72.83	11.47	66.69
2003	11.85	91.36	12.45	78.28
2004	13.87	118.93	14.10	89.47
2005	15.66	137.37	15.80	100.13
2006	17.94	165.57	18.69	116.60
2007	21.61	203.55	22.80	133.59
2008	26.37	234.10	27.33	143.22
2009	—	252.89	—	159.15
2010				
2011				
2012	38.89	334.54	37.12	200.98
增长率	3.42	7.52	2.86	4.30

注:其中增长率对于劳动力成本指标为2000~2012年的增长率,对于劳动生产率则为1998~2012年的增长率;年均工资和劳动生产率的单位为千元/人。部分年份数据缺失。

资料来源:笔者根据1998~2012年制造业规模以上企业数据估算和测算。

由图 3-4 测算的劳动密集型和非劳动密集型两类产业的单位劳动力成本的结果我们看到，劳动密集型产业和非劳动密集型产业在单位劳动力成本的变化趋势上虽然都有一定的 U 形趋势，但两者具体的变化轨迹仍然有很大的差异。其中劳动密集型产业单位劳动力成本的 U 形轨迹更为显著，体现在单位劳动力成本在 2000 年后逐年下降，到 2004 年和 2005 年之后，鉴于其受到劳动力成本上涨的冲击更大，开始呈现快速的提高，到 2008 年便达到 0.19。而对于非劳动密集型产业，其单位劳动力成本在从 2000 年的 0.16 下降到 0.11 后，虽然也开始有所上升，但上升的幅度并不大，在 2012 年也只提高到 0.12 而已。而其中更加引起我们注意的是，劳动密集型产业在面临单位劳动力成本快速提高后，在 2012 年再次有所回落（2008 年为 0.19，2012 年为 0.18），这样的情况可能意味着企业开始逐渐遵循新的要素价格信号，开始调整要素使用比例和相应的产业结构，因而在一定程度上实现了产业转型的初步形态。

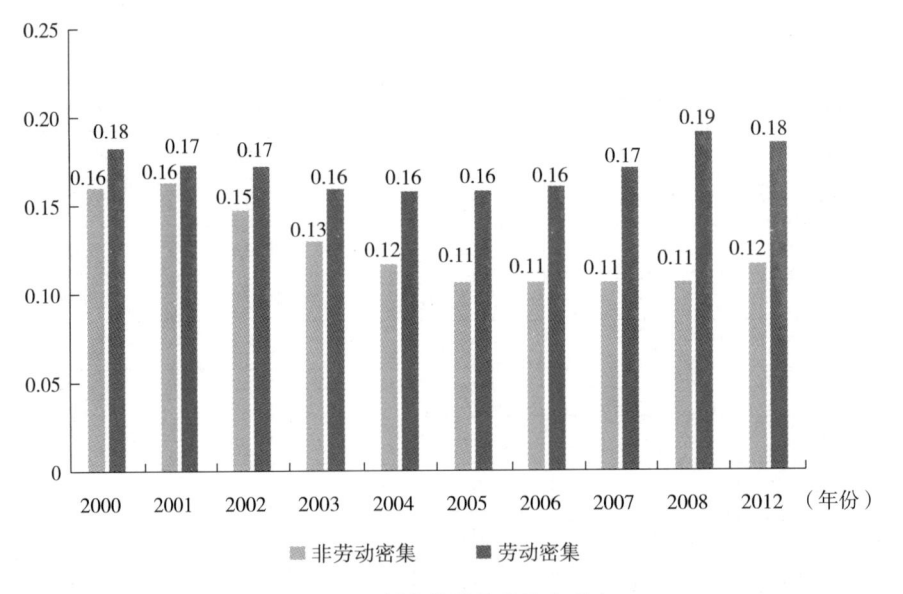

图 3-4 制造业单位劳动力成本

资料来源：笔者根据 2000~2012 年制造业规模以上企业数据估算和测算，其中 2009 年、2010 年、2011 年数据缺失。

四、分省份和分区域的单位劳动力成本

我国区域间发展程度存在很大的差异，其中包含了产业结构的不同以及劳动力成本状况的差别等方面。总体而言，东部沿海地区在改革开放初期依靠便利的地理、外资和政策等方面的条件集聚起了传统的劳动密集型产业（蔡昉等，2009；曲玥等，2013；路江涌等，2006），而随着我国经济的逐渐发展、产业结构的演化，产业在东中西部地区的进一步布局开始逐渐显现。因此探讨不同区域的劳动生产率和劳动力成本状况成为讨论我国产业经济的特点以及单位劳动力成本态势变化的重要方面。

（一）各省份单位劳动力成本

鉴于各地区由于各自的资源情况、制度环境以及发展程度的差异，其制造业的生产函数也因此会有所不同，所以在这一部分我们将企业数据按地区分类，对不同的地区（31个省、自治区、直辖市）分别估计生产函数，再根据某地区的生产函数来计算该地区的劳动生产率。据此测算出的各地区的劳动生产率表现和人均工资水平可参见附表3-3和附表3-4）。[①]

从估计和计算的结果上看（见表3-5以及附表3-3和附表3-4），同样各地区的人均工资和边际劳动生产率的水平和增长程度均有所不同。各地区的边际劳动生产率水平（2012年的情况）大都处于20万~60万元，年均工资水平则在3万~8万。值得关注的是，像北京、上海这样的大城市，单位劳动力成本处于各省份（直辖市）中最高（在2012年分别为0.26和0.25），具体来看是源于其制造业总体的工资水平遥遥领先于其他地区，工资水平分别达到7.46万元和5.86万元，然而其劳动生产率的表现并不显著，在各地区中处于中等甚至偏下的水平（分别为28万元和不到24万元），这就造成了这样的大城市在制造业方面的单位劳动力成本偏高，在劳动力成本方面并不具备相应的优势。综合来看，在2000年各地区的单位劳动力成本约在0.1~0.25（西藏除外），2012年这一指标在部分地区已经低于0.1（如江西、山东和河南这样的内陆地区），相比与北京、上海等东部地区的大城市发生了更大的分化。

[①] 计算方法同上。即分别估计各地区的生产函数，再由各地区总体的产出和劳动水平以及其生产函数劳动项系数计算该地区的边际劳动生产率。

表 3-5 分省份单位劳动力成本（2002 年和 2012 年）

地区	2000 年	2012 年	地区	2000 年	2012 年
北京	0.1917	0.2619	河南	0.1682	0.0998
天津	0.1055	0.0947	湖北	0.1421	0.1065
河北	0.1546	0.1067	广东	0.1722	0.2128
山西	0.2160	0.1301	广西	0.1724	0.1015
内蒙古	0.1786	0.0943	海南	0.1144	0.0903
辽宁	0.1793	0.1096	重庆	0.1897	0.1550
吉林	0.1331	0.0892	四川	0.2602	0.1698
黑龙江	0.1689	0.1246	贵州	0.1612	0.1271
上海	0.2235	0.2485	云南	0.2053	0.1589
江苏	0.1497	0.1632	西藏	0.3621	0.1453
浙江	0.1593	0.1585	陕西	0.2207	0.1257
安徽	0.1740	0.1279	甘肃	0.2354	0.1461
福建	0.1528	0.1482	青海	0.1822	0.1202
江西	0.1775	0.0912	宁夏	0.2465	0.1665
山东	0.1304	0.0891	新疆	0.1992	0.1552

注：由于篇幅所限，仅列出 2000 年和 2012 年的取值，如对其他年份数据有需要可向笔者索取。
资料来源：笔者根据 2000~2012 年制造业规模以上企业数据估算和测算。

（二）东中西部单位劳动力成本

那么我们再把所有省份依据东中西部进行分类来特别关注一下三类地区单位劳动力成本的表现。从图 3-5 中可以发现，在 2000 年东部地区和中部地区的单位劳动力成本水平相当，都在 0.16 左右，而西部地区的单位劳动力成本明显更高，约为 0.21。而在 2000~2012 年，三类地区的单位劳动力成本分别经过具体轨迹不同的 U 形变化，到 2012 年三者的情况比较已经发生了重大的变化。我们看到东部地区的单位劳动力成本在这期间的 U 形变化中，下降的过程相对平缓，而在 2005 年之后开始逐渐提高；而西部地区的单位劳动力成本则在 2000~2007 年始终快速下降，直到 2008 年之后才略有上升。最终形成了近年来东中西部地区的制造业在劳动力成本方面表现的新的格局,即东部地区的单位劳动力成本超过了中西部内陆地区。

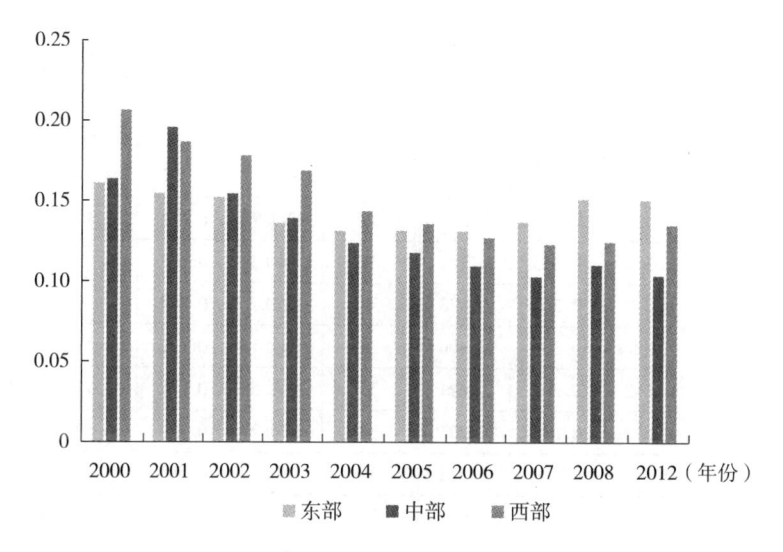

图 3-5 东中西部制造业单位劳动力成本

注:东部地区包括北京、天津、河北、上海、江苏、浙江、福建、山东、广东、海南;中部地区包括山西、内蒙古、辽宁、吉林、黑龙江、安徽、江西、河南、湖北、湖南、陕西;西部地区包括广西、重庆、四川、贵州、云南、西藏、甘肃、青海、宁夏、新疆。

资料来源:笔者根据2000~2012年制造业规模以上企业数据估算和测算。部分年份数据缺失。

五、劳动力成本上涨与产业升级和资本深化

经济学的一般理论告诉我们,企业会根据生产要素价格的变化调整不同生产要素的使用数量。假定企业采用资本和劳动两种生产要素,那么伴随着劳动力价格的变化,即工资和劳动力成本的上涨,企业就会逐渐开始转变技术结构,采用更多的资本和更少的劳动来适应要素这种相对价格的变化。而事实上我们也的确发现了这样的变化,从30个两位数行业的具体情况上可以看到(见表3-6),各行业在2000~2004年、2005~2008年以及2009~2012年三个时段均有不同程度的显著的资本深化表现。

表 3-6 分行业（两位数）的资本深化程度

行业代码	2012年资本密集度	2000~2004年资本深化	2005~2008年资本深化	2009~2012年资本深化	行业代码	2012年资本密集度	2000~2004年资本深化	2005~2008年资本深化	2009~2012年资本深化
13	448.0	0.437	0.359	0.122	28	1012.2	0.292	0.290	0.220
14	444.7	0.409	0.277	0.173	29	504.6	0.353	0.406	0.411
15	693.1	0.449	0.375	0.217	30	317.1	0.230	0.145	0.086
16	4083.4	1.021	0.398	0.575	31	499.9	0.529	0.459	0.237
17	310.9	0.303	0.355	0.181	32	1560.9	0.601	0.631	0.197
18	188.3	0.040	0.349	0.423	33	1850.8	0.571	—	0.599
19	179.3	-0.053	0.300	0.400	34	394.1	0.272	0.376	0.176
20	239.1	0.142	0.305	0.021	35	506.5	0.542	0.413	0.134
21	262.0	0.033	0.315	0.225	36	600.2	0.683	0.525	0.222
22	638.1	0.452	0.384	0.212	37	943.3	0.595	0.412	0.238
23	357.1	0.447	0.219	0.042	39	591.2	0.837	0.310	0.336
24	161.7	0.067	0.309	0.223	40	578.4	0.813	-0.014	0.285
25	2119.0	0.277	0.548	0.353	41	458.6	-0.408	0.315	0.220
26	907.9	0.904	0.424	0.289	42	316.8	-0.401	0.446	0.632
27	747.5	0.478	0.166	0.281	43	586.9	2.549	0.297	-0.087

注：资本密集度单位为"千元/人"，资本深化速度为资本密集度的增长率，这里我们分别计算了2000~2004年、2005~2008年、2009~2012年三个时段的情况；各行业代码和名称对照如下：13—农副食品加工；14—食品；15—饮料；16—烟草制品；17—纺织业；18—纺织服装鞋帽；19—皮毛羽毛制品；20—木材加工；21—家具制造；22—造纸；23—印刷业；24—文教体育用品；25—石油加工炼焦；26—化学原料制品；27—医药；28—化学纤维；29—橡胶制品；30—塑料制品；31—非金属矿物制品；32—黑色金属冶炼；33—有色金属冶炼；34—金属制品业；35—通用设备；36—专用设备；37—交通运输设备；39—电气机械器材；40—通信设备计算机；41—仪器仪表；42—工艺品；43—废弃资源材料回收加工。

资料来源：根据2000~2012年制造业规模以上企业数据测算。

此外，我们再次专门观测劳动密集型和非劳动密集型两个大类产业的情况，可以发现，更值得我们注意的是，虽然根据计算，劳动密集型产业和非劳动密集型产业职工工资（水平）并无明显差异，增长的情况也基本一致，但是我们知道在面临同样的工资上涨的情况下，劳动密集型产业因其使用了更多的劳动力而受到的影响会相对更大。我们同时看到，虽然受到了更大的冲击，但劳动密集型产业资本深化的速度在2009年前的大部分年份始终都远低于非劳动密集型产业（见表3-7，第5列取值低于第4列），这是因为对于业已形成的传统劳动密集型产业，其采用资本替代劳动的过程相对是艰难的（传统成熟产业内的升级始终有限）。然而，在我们观测到的样本的最后几年，即2009~2012年，劳动密集型产业的资本深化开始超过了非劳动密集型产业，这样的情况可能意味着传统劳动密集型产业的艰难升级已经出现端倪。

表3-7 劳动密集型产业和非劳动密集型产业的资本密集度和资本深化程度

年份	资本密集度		资本深化	
	非劳动密集	劳动密集	非劳动密集	劳动密集
1998	182.7	144.4	—	—
1999	200.5	160.6	0.0973	0.1125
2000	225.9	178.5	0.1268	0.1116
2001	248.7	191.4	0.1007	0.0720
2002	264.0	200.6	0.0616	0.0479
2003	295.4	216.3	0.1192	0.0784
2004	338.7	225.6	0.1466	0.0428
2005	366.3	239.5	0.0814	0.0615
2006	416.0	260.0	0.1358	0.0859
2007	480.4	287.2	0.1548	0.1044
2008	528.2	304.2	0.0995	0.0592
2009	595.0	340.3	0.1263	0.1187
2010	—	—	—	—
2011	—	—	—	—
2012	746.3	437.8	0.2544	0.2868

注：资本密集度单位为"千元/人"；资本深化速度为资本密集度的增长率，其中1999~2009年的资本深化分别为对比上年的资本密集度增长率，其中2012年对应的资本深化是2009~2012年的资本劳动比增长率。

资料来源：根据1998~2012年制造业规模以上企业数据测算。

前面我们已经初步发现，导致2004年刘易斯转折点之后劳动密集型和非劳动密集型产业的单位劳动力成本的变化态势发生的分化主要源于两者各自劳动生产率情况的不同（如前文，见表3-4）。也就是说，如果工资的上涨在一定程度上可以被劳动生产率的快速提高所吸收，那么单位劳动力成本不会大幅上涨，对于非劳动密集型产业就是这种情况（如前文，见图3-2）。而劳动密集型产业则表现出在2004年之后，劳动生产率的提高未能赶上劳动力成本上涨的幅度，故而其单位劳动力成本开始下降。那么面对劳动力成本上涨的时候，劳动生产率能否得到强劲的增长则成为企业是否保持竞争力及盈利能力的重要方面。结合前文的表3-4、图3-2以及表3-7关于两大类产业的资本密集度、工资和生产率的变化以及单位劳动力成本的表现可以看到，在2009~2012年，劳动密集型产业的资本深化程度已有所强化，劳动生产率的增长速度也有提升，最后看到的单位劳动力成本也出现了小幅下降。从这个角度上看，在工资等劳动力成本日益显著上升的今天，实现产业的结构升级和转型以保持制造业竞争优势虽任务艰巨但仍可望且可即。

六、结论与政策含义

本章回顾了我国改革开放40年来工资的决定机制以及相对应的工资决定理论基础，探索了经过40年的发展历程，经济发展阶段逐渐从二元经济结构转换为新古典发展阶段，伴随着这样的转变，由低廉的生存工资转为边际生产力决定的工资，期间经历了工资水平的大幅度上涨。那么伴随着工资决定机制的变化和劳动力成本态势的重大转变，我国经济特别是制造业的发展也显示了独特的阶段性特征。

本章进一步利用我国制造业规模以上企业数据，重点关注在过去几十年里依靠低工资的劳动力发展起来并带动了整体经济腾飞的制造业发展状况，并特别分析了在面临工资快速上涨的情况下，其发展轨迹和路径。具体估算了与中国制造业部门单位劳动力成本相关的一些方面的变化情况。估计的结果表明，在此期间，2004年前中国制造业的劳动力成本逐步下降，但约在2004年以后，劳动力成本的增长速度快于生产率的增长速度，总体上单位劳动力成本在这个期间呈现了U形变化；从分产业的情况上看，劳动密集型产业和非劳动密集型产业的工资水平并无大异，非劳动密集型产业更高的生产率和更快的生产率增长使得其单位劳动力成本的U形趋势的上升部分更平缓；从分区域的情况上看，东部地区的单位劳动力成本缓慢下降后于2005年之后开始逐渐提高，而西部地区的单位劳动力成本则表现为2007年前快速下降，直到2008年之后略有上升，最终形成了近年东中西部地区的制造业在劳动力成本方面从东部远低于西部转变为东部高于中西部的新格局。

而与此同时，值得注意的是，面对劳动力供求变化带来的由生存工资水平向边际生产力工资水平转变的工资和劳动力成本的快速上涨,我国经济特别是制造业也开始了资本替代劳动的资本深化的技术选择,其中劳动密集型产业受劳动力上涨的影响更大,但其采用资本替代劳动的过程相对艰难(传统成熟产业内的升级始终有限),然而我们观测2009~2012年的样本,劳动密集型产业的资本深化开始超过了非劳动密集型产业,这样的情况可能意味着传统劳动密集型产业的艰难升级已经初现端倪。总之,近年来劳动力成本快速上升的态势,需要微观企业依据要素价格的信号灵活地调整技术结构,实现资本和技术对劳动力的逐步替代来升级传统的产业结构,并将这些富余的劳动力转移到就业吸纳空间更大的现代服务业领域。而在总体产业结构升级和调整的路径上,更要考虑顺应不同区域的比较优势,快速实现东部地区产业升级,同时利用中西部地区相对富足的劳动力优势承接传统产业的转移。相应的政策含义也是明确的,即积极顺应面临劳动力成本上涨的价格信号的企业反应,为企业提供更加灵活公平的要素市场等制度环境,促使产业的转型和相应的劳动生产率提升同步实现,以此带来新的一轮质量和效益更好的经济增长。

参考文献

[1] Carl-Johan Dalgaard & Claus Thustrup Kreiner Source, "Is Declining Productivity Inevitable?", *Journal of Economic Growth*, 2001, 6 (3): 187-203.

[2] Gary H. Jefferson & Jian Su, "Privatization and Restructuring in China: Evidence from Shareholding Ownership", *Journal of Comparative Economics*, 2006, 34 (1): 146-166.

[3] Loren Brandt, Changtai Hsieh & Xiaodong Zhu, "Growth and Structural Transformation in China", *China's Great Economic Transformation* (edited by Loren Brandt and Thomas G. Rawski), Cambridge University Press, New York, 2008: 683-728.

[4] Loren Brandt, Johannes Van Biesebroeck & Yifan Zhang, "Creative Accounting or Creative Destruction: Firm Level Productivity Growth in Chinese Manufacturing", *Journal of Development Economics*, 2012, 97 (2): 339-351.

[5] Shenggen Fan, Xiaobo Zhang & Sherman Robinson, "Past and Future Sources of Growth for China", *EPTD Discussion Pape*, 1999, No. 53.

[6] Zhang Xiaobo, Jin Yang and Shenglin Wang, "China Has Reached the Lewis Turning Point", *China Economic Review*, 2011, 22 (4): 542-554.

［7］蔡昉：《"民工荒"现象：成因及政策涵义分析》，《开放导报》2010年第2期，第5-6页。

［8］蔡昉、王美艳：《劳动力成本上涨与增长方式转变》，《中国发展观察》2007年第4期，第14-16页。

［9］蔡昉、都阳：《积极应对我国制造业单位劳动力成本过快上升问题》，《前线》2016年第5期，第24-25页。

［10］蔡昉、王德文、曲玥：《中国产业升级的大国雁阵模型分析》，《经济研究》2009年第9期，第4-14页。

［11］蔡昉：《理解中国经济发展的过去、现在和将来》，《经济研究》2013年第11期，第4-16页、第55页。

［12］〔美〕大卫·李嘉图：《政治经济学及赋税原理》，商务印书馆1976年版。

［13］都阳：《就业政策的阶段特征与调整方向》，《劳动经济研究》2016年第4卷第4期，第53-72页。

［14］杜阁：《关于财富的形成和分配的考察》，商务印书馆1961年版。

［15］〔美〕克拉克：《财富的分配》，商务印书馆1959年版。

［16］路江涌、陶志刚：《中国制造业区域聚集及国际比较》，《经济研究》2006年第3期，第103-114页。

［17］〔德〕马克思、恩格斯：《马克思恩格斯选集（第1卷）》，人民出版社1972年版。

［18］〔德〕马克思、恩格斯：《马克思恩格斯选集（第2卷）》，人民出版社1972年版。

［19］〔美〕马歇尔：《经济学原理》，商务印书馆1965年版。

［20］聂辉华、江艇、杨汝岱：《中国工业企业数据库的使用现状和潜在问题》，《世界经济》2012年第5期，第142-158页。

［21］曲玥、蔡昉、张晓波：《"飞雁模式"发生了吗?》，《经济学（季刊）》2013年第12卷第3期，第757-776页。

［22］任志成、戴翔：《劳动力成本上升对出口企业转型升级的倒逼作用——基于中国工业企业数据的实证研究》，《中国人口科学》2015年第1期，第48-58页。

［23］〔英〕威廉·配第：《赋税论献给英明人士货币略论》，商务印书馆1978年版。

［24］魏浩、郭也：《中国制造业单位劳动力成本及其国际比较研究》，

《统计研究》2013年第8期,第102-110页。

[25]〔英〕西尼尔:《政治经济学大纲》,商务印书馆1977年版。

[26]〔美〕亚当·斯密:《国民财富的性质和原因的研究》,商务印书馆1974年版。

[27]杨汝岱:《中国制造业企业全要素生产率研究》,《经济研究》2015年第2期,第61-74页。

[28]〔美〕约翰·穆勒:《政治经济学原理及其在社会哲学上的若干应用》,商务印书馆1991年版。

[29]〔美〕詹姆斯·穆勒:《政治经济学要义》,商务印书馆1993年版。

[30]周宇:《中国是否仍然拥有低劳动力成本优势》,《世界经济研究》2014年第10期,第3-8页、第33页。

附表3-1 分行业边际劳动生产率

行业代码	1998年	1999年	2000年	2001年	2002年	2003年	2004年	2005年	2006年	2007年	2008年	2009年	2012年
13	62.2	65.3	76.5	84.8	95.0	116.9	146.7	163.0	185.5	229.4	262.9	295.2	339.2
14	45.8	51.5	64.3	73.8	81.6	92.6	107.1	126.2	150.7	184.8	204.2	237.9	285.2
15	58.7	63.3	71.6	80.5	91.9	105.2	126.8	140.9	170.1	211.8	229.5	269.6	344.4
16	210.5	224.3	248.1	303.2	388.5	466.2	622.3	615.8	701.9	844.0	997.7	1122.9	1999.9
17	25.6	29.0	35.8	39.5	44.6	51.9	60.4	71.1	83.2	97.5	110.0	125.2	164.4
18	32.0	34.1	38.4	39.6	39.7	42.9	42.4	51.6	59.5	66.5	74.4	86.0	120.8
19	31.9	35.1	37.6	39.0	40.2	43.3	41.3	47.5	53.3	63.5	67.9	80.6	110.6
20	40.3	46.2	52.2	57.5	63.7	61.9	73.2	86.9	104.2	132.5	145.4	184.4	218.3
21	50.1	52.5	59.6	63.5	67.2	72.3	79.2	85.1	98.8	116.0	127.9	153.5	183.6
22	33.8	38.6	49.6	56.1	64.0	78.4	92.6	111.8	131.8	162.0	183.4	196.4	241.2
23	26.3	29.1	35.8	43.0	48.1	56.1	62.2	69.7	81.1	95.6	106.1	117.4	139.2
24	33.7	35.5	36.4	39.0	39.7	42.6	44.2	51.5	59.0	67.6	72.8	82.0	110.0
25	91.7	111.8	206.5	221.2	246.3	309.4	413.9	480.4	589.1	672.9	780.9	816.4	1141.0
26	33.6	37.8	47.5	58.8	66.7	85.1	118.4	138.7	165.9	201.0	239.8	244.7	327.1
27	55.6	61.6	74.9	83.0	94.3	104.9	115.3	143.9	163.2	195.5	218.5	252.0	344.9
28	56.9	69.5	98.3	86.1	100.9	143.7	180.7	208.0	254.9	318.2	308.3	323.5	402.9
29	35.2	36.8	41.5	49.3	58.3	71.7	76.5	92.3	110.8	133.4	147.6	166.2	253.0
30	41.2	45.4	53.3	57.0	60.0	68.0	77.2	85.7	99.8	112.9	121.2	136.0	155.4
31	22.8	25.5	29.9	34.1	39.1	47.5	60.2	72.7	91.4	115.8	140.0	168.8	209.9

续表

行业代码	1998年	1999年	2000年	2001年	2002年	2003年	2004年	2005年	2006年	2007年	2008年	2009年	2012年
32	45.1	50.0	61.7	78.1	92.6	133.5	228.5	261.3	292.8	378.8	488.2	464.1	607.7
33	26.2	26.8	37.7	42.4	46.4	61.1	90.3	111.3	171.2	212.3	216.8	202.2	458.4
34	36.4	39.5	46.3	51.1	56.1	66.7	73.5	86.7	103.6	125.7	136.0	152.4	178.2
35	25.1	28.9	35.4	42.6	53.1	66.7	84.3	99.1	119.7	145.6	165.8	187.7	219.9
36	22.9	26.8	32.3	38.6	48.2	56.9	73.0	84.4	103.8	126.2	147.2	175.1	205.3
37	46.2	53.4	63.7	85.5	102.5	130.9	155.6	163.0	198.6	242.4	267.5	326.2	391.9
40	83.6	98.2	123.1	143.1	157.6	185.5	196.9	194.7	210.2	214.1	211.1	218.6	279.4
41	28.2	31.6	42.7	46.8	52.7	62.9	75.2	85.9	100.6	112.8	118.7	123.8	160.5
42	27.4	29.0	30.5	33.2	34.4	38.7	40.5	48.5	56.9	75.3	86.3	101.5	173.2
43	—	—	—	—	0.0	86.9	123.5	163.8	179.9	241.6	236.4	309.8	286.0

注：劳动生产率的单位为"千元/人"；各行业代码和名称对照如下：13—农副食品加工；14—食品；15—饮料；16—烟草制品；17—纺织业；18—纺织服装鞋帽；19—皮毛羽毛制品；20—木材加工；21—家具制造；22—造纸；23—印刷业；24—文教体育用品；25—石油加工炼焦；26—化学原料制品；27—医药；28—化学纤维；29—橡胶制品；30—塑料制品；31—非金属矿物制品；32—黑色金属冶炼；33—有色金属冶炼；34—金属制品业；35—通用设备；36—专用设备；37—交通运输设备；39—电气机械器材（缺失数据）；40—通信设备计算机；41—仪器仪表；42—工艺品；43—废弃资源材料回收加工。

资料来源：根据1998~2012年制造业规模以上企业数据测算。

附表3-2 分行业年均工资

行业代码	2000年	2001年	2002年	2003年	2004年	2005年	2006年	2007年	2008年	2009年	2012年
13	6.6	6.9	7.4	8.2	10.1	11.8	13.5	17.2	21.3	25.5	25.5
14	8.0	8.7	9.8	10.7	13.1	14.6	15.6	19.6	24.4	32.5	32.5
15	8.4	9.4	9.9	10.8	13.1	15.2	16.9	21.1	25.3	40.1	40.1
16	18.7	23.5	28.8	34.5	48.0	49.3	54.5	63.1	75.9	231.0	231.0
17	6.9	7.3	8.0	8.7	10.2	11.6	13.4	15.5	20.1	27.8	27.8
18	8.5	8.9	9.4	10.5	11.7	12.2	15.0	18.2	21.7	31.1	31.1
19	8.6	8.8	9.5	10.0	11.1	12.8	14.5	18.2	20.7	29.2	29.2
20	6.5	6.9	7.5	7.8	9.6	10.9	12.8	15.9	19.8	22.3	22.3
21	8.6	9.1	9.5	10.5	12.1	13.7	16.6	20.1	23.5	29.7	29.7
22	7.4	23.1	8.9	9.4	11.7	12.9	15.2	18.4	22.4	29.5	29.5
23	9.7	11.3	12.3	13.1	14.9	16.1	18.2	21.9	25.5	32.1	32.1

续表

行业代码	2000年	2001年	2002年	2003年	2004年	2005年	2006年	2007年	2008年	2009年	2012年
24	8.9	9.3	10.2	10.6	11.6	13.2	15.5	19.0	20.8	29.8	29.8
25	14.5	16.7	17.6	18.8	20.3	22.9	25.5	31.0	35.1	68.3	68.3
26	8.5	9.9	10.9	12.6	14.8	18.6	20.7	24.5	30.9	37.9	37.9
27	11.1	12.2	13.2	14.5	15.8	17.5	19.8	23.1	29.1	50.5	50.5
28	11.3	10.3	11.5	12.2	14.0	14.4	16.9	20.7	25.2	40.9	40.9
29	7.6	8.6	9.2	10.6	12.2	13.6	15.6	18.6	23.2	33.4	33.4
30	9.1	9.6	9.9	11.1	12.7	14.1	16.4	19.8	24.2	27.6	27.6
31	6.9	7.5	8.0	8.9	10.9	11.9	14.1	17.3	22.0	27.5	27.5
32	11.9	13.6	15.3	17.0	20.4	22.7	25.8	30.2	37.0	58.0	58.0
33	11.0	11.3	11.8	13.0	15.2	17.2	20.8	26.5	29.9	62.2	62.2
34	8.7	9.6	10.2	11.1	13.0	14.7	17.4	21.2	25.7	30.6	30.6
35	8.6	9.6	10.9	12.4	14.4	15.9	18.4	22.2	26.8	34.0	34.0
36	8.1	9.5	10.8	12.5	15.0	17.0	20.6	24.0	28.6	40.2	40.2
37	10.9	12.6	14.6	15.8	17.7	19.5	22.8	27.4	31.4	55.4	55.4
39	10.3	11.3	12.0	12.9	14.6	16.1	19.5	24.1	28.7	39.7	39.7
40	15.5	15.5	17.4	18.6	19.4	21.4	25.4	30.5	38.0	54.2	54.2
41	10.4	11.9	18.6	13.5	16.1	18.3	22.7	27.2	30.0	44.2	44.2
42	7.2	8.2	9.1	9.5	11.6	12.8	14.5	17.6	21.2	31.4	31.4
43	—	—	—	12.3	13.3	15.3	18.5	24.3	26.3	26.2	26.2

注：年均工资的单位为"千元/人"；各行业代码和名称对照如下：13—农副食品加工；14—食品；15—饮料；16—烟草制品；17—纺织业；18—纺织服装鞋帽；19—皮毛羽毛制品；20—木材加工；21—家具制造；22—造纸；23—印刷业；24—文教体育用品；25—石油加工炼焦；26—化学原料制品；27—医药；28—化学纤维；29—橡胶制品；30—塑料制品；31—非金属矿物制品；32—黑色金属冶炼；33—有色金属冶炼；34—金属制品业；35—通用设备；36—专用设备；37—交通运输设备；39—电气机械器材；40—通信设备计算机；41—仪器仪表；42—工艺品；43—废弃资源材料回收加工。

资料来源：根据2000~2012年制造业规模以上企业数据测算。

附表3-3 分省份劳动生产率

省份	1998年	1999年	2000年	2001年	2002年	2003年	2004年	2005年	2006年	2007年	2008年	2009年	2012年
北京	45.6	53.4	77.0	92.0	99.7	128.3	169.9	191.2	220.0	250.7	261.3	287.9	284.7
天津	69.8	80.5	104.2	115.1	132.0	167.7	226.9	246.6	328.1	372.1	431.1	460.0	552.6
河北	32.5	36.9	44.6	48.1	58.0	76.0	110.2	129.4	153.7	194.4	249.6	266.6	330.9

续表

省份	1998年	1999年	2000年	2001年	2002年	2003年	2004年	2005年	2006年	2007年	2008年	2009年	2012年
山西	24.8	27.5	32.6	37.5	44.7	64.4	91.4	107.9	124.6	177.8	228.3	196.0	315.1
内蒙古	25.3	28.6	38.5	46.0	56.6	71.6	100.1	126.6	162.2	216.5	291.4	327.5	412.6
辽宁	31.1	36.3	47.9	59.6	66.9	88.2	119.2	132.9	159.4	193.8	235.8	255.1	338.2
吉林	34.6	42.7	57.8	73.3	91.8	115.2	143.7	160.4	192.6	256.2	287.5	341.8	479.5
黑龙江	25.0	28.6	45.4	49.6	58.6	70.2	92.4	120.9	140.8	160.3	183.1	223.4	285.2
上海	58.2	66.0	76.4	82.7	93.6	118.2	148.0	146.7	167.0	188.6	202.0	216.8	235.7
江苏	44.1	51.4	62.6	71.0	81.2	98.5	115.3	141.5	168.5	190.8	182.7	213.6	258.7
浙江	49.0	55.6	66.4	69.7	76.6	86.2	96.4	106.0	119.9	136.6	156.2	160.6	185.7
安徽	28.9	31.8	38.4	44.5	51.5	64.8	91.4	105.8	127.7	157.7	181.7	202.3	242.8
福建	55.9	62.6	69.7	75.1	84.1	90.9	99.0	109.1	123.6	142.6	156.0	174.7	236.5
江西	24.3	24.9	36.9	42.9	51.8	65.3	90.8	106.5	136.5	176.6	189.7	214.9	331.4
山东	40.7	45.6	54.0	61.1	70.0	89.5	109.9	136.4	161.5	199.5	231.0	260.6	343.0
河南	26.9	28.9	34.5	39.2	45.2	58.9	77.1	96.3	128.2	176.6	209.0	216.4	255.4
湖北	35.2	40.3	47.7	54.9	63.3	73.6	101.8	113.7	133.4	163.9	200.1	205.9	318.3
湖南	26.4	31.0	40.6	49.2	57.4	67.5	90.8	108.3	134.6	178.4	215.1	225.4	—
广东	55.0	58.5	67.4	75.8	79.5	91.1	92.9	99.9	115.4	129.4	133.9	145.0	186.4
广西	35.5	38.6	46.0	50.6	62.2	74.4	94.9	108.7	140.8	175.4	219.5	240.3	353.5
海南	70.2	70.3	78.5	87.7	91.2	127.5	161.2	163.8	218.9	371.2	219.7	395.4	519.0
重庆	25.4	29.5	41.2	48.6	57.0	69.5	89.0	97.2	121.6	142.9	161.4	173.3	289.8
四川	27.7	29.4	35.6	42.0	50.6	60.5	83.5	99.4	121.0	154.1	176.7	206.2	287.6
贵州	33.8	38.5	47.2	55.4	61.2	75.2	98.5	116.4	142.8	180.6	228.2	244.7	414.8
云南	43.5	44.3	52.1	60.5	70.4	80.7	118.9	130.0	162.7	187.6	226.9	212.4	337.2
西藏	6.4	14.0	30.9	32.7	42.0	47.9	79.1	88.8	101.8	134.3	162.2	200.3	283.7
陕西	25.4	28.1	33.6	42.8	47.1	57.9	78.2	95.5	123.9	160.7	205.5	224.3	366.6
甘肃	21.5	23.4	30.4	36.9	40.6	48.8	81.6	101.6	125.2	173.3	188.5	194.0	387.1
青海	26.6	30.7	40.7	52.3	61.6	68.6	92.5	120.2	159.9	181.1	248.6	180.6	500.6
宁夏	21.2	23.8	34.5	37.1	43.7	53.5	70.4	82.1	106.7	132.1	169.9	163.3	271.5
新疆	25.0	27.1	44.3	59.3	64.8	81.7	114.7	128.9	168.1	180.4	251.3	272.9	354.6

注：劳动生产率的单位为"千元/人"。

资料来源：根据1998~2012年制造业规模以上企业数据测算。

附表 3-4 分省份年均工资

省份	2000年	2001年	2002年	2003年	2004年	2005年	2006年	2007年	2008年	2012年
北京	14.8	17.0	18.0	20.6	24.0	25.9	29.8	33.4	36.5	74.6
天津	11.0	11.5	13.4	15.2	16.2	18.7	23.0	24.4	28.8	52.3
河北	6.9	7.7	8.3	9.1	11.7	12.8	14.3	16.2	20.7	35.3
山西	7.0	7.4	8.1	9.3	11.2	12.7	14.1	18.3	22.3	41.0
内蒙古	6.9	7.4	8.3	10.0	13.0	15.9	19.4	25.1	28.7	38.9
辽宁	8.6	10.2	11.3	12.6	15.0	15.8	17.7	24.4	28.3	37.1
吉林	7.7	9.0	10.9	11.4	13.4	14.7	18.4	23.5	26.3	42.8
黑龙江	7.7	7.9	9.4	10.6	12.0	13.8	16.2	17.5	23.8	35.5
上海	17.1	17.7	19.1	21.3	23.6	25.0	27.5	30.8	35.3	58.6
江苏	9.4	10.3	11.3	12.3	14.4	16.7	19.4	23.0	28.9	42.2
浙江	10.6	11.2	12.1	12.7	13.8	14.6	16.2	18.5	22.8	29.4
安徽	6.7	7.5	8.2	9.5	11.3	12.7	15.1	18.0	23.5	31.1
福建	10.6	10.9	11.3	11.8	13.4	14.1	17.4	22.1	24.7	35.0
江西	6.5	7.6	8.7	9.4	11.0	11.2	12.3	14.9	24.3	30.2
山东	7.0	7.5	8.0	9.1	11.1	13.7	14.9	18.6	22.3	30.6
河南	5.8	13.5	7.0	8.2	9.6	10.7	12.2	13.6	16.8	25.5
湖北	6.8	8.6	9.8	11.0	13.4	16.1	17.5	20.3	26.3	33.9
湖南	7.7	8.6	9.6	10.5	12.9	14.7	17.4	26.3	29.4	—
广东	11.6	12.1	13.7	14.0	14.9	17.7	22.0	27.6	32.5	39.7
广西	7.9	8.9	10.0	10.7	12.9	13.7	14.8	18.0	20.6	35.9
海南	9.0	9.4	8.5	10.9	14.5	14.5	15.9	19.3	23.4	46.9
重庆	7.8	9.1	10.2	11.3	13.3	14.2	16.5	17.9	24.0	44.9
四川	9.3	8.7	9.8	11.1	12.5	14.1	17.4	22.3	26.9	48.8
贵州	7.6	8.4	9.7	11.1	13.1	15.0	16.9	20.7	22.8	52.7
云南	10.7	12.0	13.4	14.2	16.1	17.9	19.3	22.8	27.6	53.6
西藏	11.2	6.6	8.2	8.9	13.9	13.5	17.7	20.6	25.2	41.2
陕西	7.4	8.5	9.6	11.1	13.4	14.5	18.1	20.6	30.1	46.1
甘肃	7.2	8.2	8.1	11.2	14.7	16.3	19.3	24.5	29.7	56.5
青海	7.4	9.5	10.1	10.7	12.8	15.0	17.0	19.6	21.9	60.2

续表

省份	2000年	2001年	2002年	2003年	2004年	2005年	2006年	2007年	2008年	2012年
宁夏	8.5	9.1	9.8	10.7	11.9	13.4	15.5	18.6	21.2	45.2
新疆	8.8	10.1	11.2	12.5	14.3	15.2	18.4	21.4	25.8	55.0

注：年均工资的单位为"千元/人"。

资料来源：根据2000~2012年制造业规模以上企业数据测算。

第四章　中国的最低工资制度

　　最低工资是指劳动者在法定工作时间或依法签订的劳动合同约定的工作时间内提供了正常劳动的前提下，用人单位依法应支付的最低劳动报酬。最低工资制度作为一项典型的劳动力市场制度已经有100多年的历史。最低工资制度最早产生于19世纪90年代的新西兰和澳大利亚，英国也于1909年设立了最低工资制度。最低工资制度设立之初，主要是为了保障劳动力市场中议价能力较低的女性和青年劳动力的利益。随着时间的推移，最低工资制度也逐渐覆盖到低收入职业中的男性劳动力。1938年，美国国会通过了《公平劳动标准法案》（Fair Labor Standard Act），并正式确立了最低工资制度。此后，一些发达国家也纷纷确立了最低工资制度。第二次世界大战以后，一些发展中国家也尝试设立最低工资制度。根据国际劳工组织（International Labor Organization，ILO）提供的数据，截至2017年底，世界上有160个国家和地区设立了最低工资制度。可以说，通过最低工资立法，建立并实施最低工资保障制度，已成为世界各国政府的通行做法，并成为各国劳动力市场制度的重要组成部分。

　　最低工资制度的中心目的是保证劳动者所获得的最低工资能够满足其家庭成员的基本生存需要。尽管学术界对于设立最低工资的目的没有大的争议，但却对于最低工资制度是否达到了上述目标或者在实施最低工资制度的过程中是否会对就业产生负面的影响存有巨大的争议。

　　中国自20世纪90年代初正式实施最低工资制度以来，迄今已经有25年的历史。随着中国特色社会主义法律体系的形成，中国的最低工资立法也逐渐完善。本章的安排如下：第一部分回顾中国最低工资制度的立法过程；第二部分讨论中国最低工资标准的水平及调整情况；第三部分分析中国最低工资制度的执行情况；第四部分提出最低工资制度的改革方向。

一、中国最低工资制度的立法过程

中国的最低工资立法始于 1993 年。① 2004 年 11 月 1 日，西藏自治区人民政府发布公告开始实行最低工资制度。至此，中国大陆的 31 个省级行政区域都实施了最低工资制度。②

（一）国际公约

国际劳工局理事会（Governing Body of the International Labor Office）召集的国际劳工组织第十一届会议于 1928 年 6 月 16 日通过了《制定最低工资确定办法公约》(Convention Concerning the Creation of Minimum Wage – Fixing Machinery)（以下简称《公约》），作为国际劳工组织的第 26 号公约③，并于 1930 年 6 月 14 日正式生效。截至 2017 年 12 月 31 日，有 104 个国家加入了该公约④。中华民国政府于 1930 年 5 月 5 日正式加入该公约，中华人民共和国政府在 1984 年 5 月 30 日重新认定了该《公约》。尽管如此，在相当长的一段时间内（1984~1992 年），中国并没有一个官方的最低工资标准。

（二）企业最低工资规定

1985 年，国家对企业工资制度进行重大改革，取消了全国统一的企业工

---

① 中华民国政府于 1936 年 12 月 23 日公布了 23 条的《最低工资法》，其中规定成年工的最低工资率"以维持其本身及足以供给无工作能力亲属二人之必要生活为准"。但由于抗日战争和国共内战等因素，该法实际上并未施行。1986 年 12 月 3 日，该法在台湾地区立法行政机构被正式废止。

② 香港特别行政区立法会于 2010 年 7 月 17 日表决通过了《最低工资条例》（以下简称《条例》），该《条例》自 2011 年 5 月 1 日起正式实施。该《条例》规定，依据该《条例》成立的最低工资委员会须每两年就法定最低工资水平向行政长官会同行政会议至少作出建议报告一次，并因应报告调整最低工资的水平。香港特别行政区现行的最低工资标准为每小时 34.5 港币（自 2017 年 5 月 1 日起生效）。截至 2017 年 12 月 31 日，澳门特别行政区尚无覆盖全体雇员的最低工资标准，但其于 2016 年 1 月 1 日起生效实施了《物业管理业务的清洁及保安雇员的最低工资》。台湾地区于 1968 年发布《基本工资暂行办法》，1988 年又发布了《基本工资审议办法》，这里的基本工资与最低工资的概念相当。台湾地区现行的基本工资标准为每月新台币 22000 元、每小时新台币 140 元（自 2018 年 1 月 1 日起生效）。

③ 该公约于 1951 年和 1970 年分别被第 99 号公约（Convention Concerning Minimum Wage Fixing Machinery in Agriculture）和第 131 号公约（Convention Concerning Minimum Wage Fixing, with Special Reference to Developing Countries）修订。

④ 其中，英国曾加入该《公约》，但随后又宣布退出了该《公约》。

资等级标准,开始实行工资与绩效挂钩的办法,企业开始享有内部分配自主权。1989年,广东省珠海市率先制定了当地的最低工资标准。1992年,国务院颁布《全民所有制工业企业转换经营机制条例》,进一步明确了企业享有工资、奖金分配权,赋予企业在国家规定提取的工资总额内有权自主使用、自主分配工资和奖金的权利。1992年,深圳市开始实行最低工资制度。

1993年,原劳动部正式发布了一个《企业最低工资规定》(劳部发〔1993〕333号),对最低工资的内涵、确定调整办法、管理制度等做了详细规定。这是中国最低工资保障制度方面的第一个规章,是中国实施最低工资保障制度最主要的规章依据。这个规定要求中国境内的所有企业均应遵守《企业最低工资规定》,但对乡镇企业是否适用最低工资则由各省、自治区、直辖市人民政府自行决定,而政府机关、事业单位、社会团体和个体工商户等则不需要实施最低工资制度。

由于中国幅员辽阔,各地经济发展水平差异较大,无法制定全国统一的最低工资标准。因此,《企业最低工资规定》授权各省级人民政府劳动行政主管部门负责对辖区内的最低工资标准进行调整,调整时需参考当地就业者及其赡养人口的最低生活费用、职工的平均工资、劳动生产率、城镇就业状况和经济发展水平等因素,并应征求工会和企业家协会的意见。该规定同时限制了最低工资的调整频率每年不超过一次。这使得省级政府在调整最低工资方面具有很大的灵活性,一些省份为了吸引外商投资以发展经济很少调整最低工资标准(Wang and Gunderson,2011)。

《企业最低工资规定》还规定了最低工资率一般按月确定,并可在不同行业和区域实行不同的最低工资标准。但在实际操作中,大部分省份只分区域公布最低工资标准,仅有极个别的省份在最低工资制度实施初期公布过行业最低工资标准。[①]《企业最低工资规定》还规定了最低工资应该剔除的项目:

(一) 加班加点工资;
(二) 中班、夜班、高温、低温、井下、有毒有害等特殊工作环境、条

[①] 现在,只有山西省针对煤矿下井工人公布月最低工资标准和小时最低工资标准,北京市还公布了一个单独的法定节假日非全日制用工小时最低工资标准。中华全国律师协会曾于2014年5月26日发布了《关于律师事务所贯彻落实〈中华人民共和国劳动合同法〉保障律师最低工资权益的指导意见》(以下简称《意见》),要求律师事务所保障广大律师特别是青年律师和新入行律师的最低工资权益,但该《意见》并未发布最低工资标准。

件下的津贴；

（三）国家法律、法规和政策规定的劳动者保险、福利待遇。

由于在中国现行的工资构成中基本工资的比重过小，因此《企业最低工资规定》中没有把奖金排除在最低工资的组成部分之外。《企业最低工资规定》还规定了企业违反该规定时应赔偿劳动者所欠工资的20%~100%。《企业最低工资规定》公布以后，各省级政府也出台了相应的最低工资规定。

（三）劳动法

1994年7月5日，第八届全国人民代表大会常务委员会第八次会议通过了《中华人民共和国劳动法》（以下简称《劳动法》），决定自1995年1月1日起开始实施。《劳动法》第五章第四十八条规定：

国家实行最低工资保障制度。最低工资的具体标准由省、自治区、直辖市人民政府规定，报国务院备案。

用人单位支付劳动者的工资不得低于当地最低工资标准。

这一规定，进一步确立了国家建立最低工资保障制度的法律依据。《劳动法》第五章第四十九条规定了确定和调整最低工资标准应当参考的因素：

（一）劳动者本人及平均赡养人口的最低生活费用；
（二）社会平均工资水平；
（三）劳动生产率；
（四）就业状况；
（五）地区之间经济发展水平的差异。

《劳动法》第十二章第九十一条还规定了用人单位违反最低工资规定的法律责任：

用人单位有下列侵害劳动者合法权益情形之一的，由劳动行政部门责令支付劳动者的工资报酬、经济补偿，并可以责令支付赔偿金：

……

（三）低于当地最低工资标准支付劳动者工资的。

为保证《劳动法》的贯彻实施，原劳动部又于1994年10月8日下发了《关于实施最低工资保障制度的通知》（劳部发〔1994〕409号），对全国各省、自治区、直辖市建立最低工资保障制度提出了具体意见和要求，并对《企业最低工资规定》的有关内容做了修正和补充。按照该通知的要求，大部分省份在1995年前后正式公布了第一个月最低工资标准。

（四）最低工资规定

2004年，原劳动和社会保障部公布了一个更加一般化的《最低工资规定》（劳动和社会保障部令第21号），以取代1993年的《企业最低工资规定》。新的《最低工资规定》将最低工资的实施范围扩大为所有的"用人单位"，除企业外，民办非企业单位、个体工商户、国家机关、事业单位和社会团体都应执行最低工资制度。《最低工资规定》进一步强调了各省级劳动保障行政部门在确定最低工资方面的作用：

最低工资标准的确定和调整方案，由省、自治区、直辖市人民政府劳动保障行政部门会同同级工会、企业联合会/企业家协会研究拟订，并将拟订的方案报送劳动保障部。方案内容包括最低工资确定和调整的依据、适用范围、拟订标准和说明。劳动和社会保障部在收到拟订方案后，应征求全国总工会、中国企业联合会/企业家协会的意见。

新的《最低工资规定》还扩展了最低工资标准的形式：

最低工资标准一般采取月最低工资标准和小时最低工资标准的形式。月最低工资标准适用于全日制就业劳动者，小时最低工资标准适用于非全日制就业劳动者。

但在实际操作中，真正适用非全日制小时最低工资标准的劳动力仅占全部劳动力的很小比例。同时，实施两种类型的最低工资标准增加了执法的难度。本章后文将对这一问题进行专门讨论。

《最低工资规定》还首次提出在确定和调整月最低工资标准时，应参考

"城镇居民消费价格指数、职工个人缴纳的社会保险费和住房公积金",在确定和调整小时最低工资标准时,应考虑"非全日制劳动者在工作稳定性、劳动条件和劳动强度、福利等方面与全日制就业人员之间的差异"。最低工资标准的调整频率也由之前的每年不超过一次修改为每两年不少于一次,企业违反最低工资规定的处罚也由所欠工资的 20%~100% 增加到了 100%~500%。《最低工资规定》还对计件工资或提成工资等特殊工资形式下实施最低工资的情形做出了规定。《最低工资规定》发布后,大部分省级政府对最低工资规定做了相应的修改,并开始公布小时最低工资标准。

2005 年 4 月 5 日,劳动和社会保障部办公厅发布《关于进一步贯彻实施最低工资规定的通知》(劳社厅函〔2005〕104 号),对于最低工资调整、小时最低工资标准的制定以及最低工资标准宣传等都提出了明确要求。

(五)劳动合同法

2007 年 6 月 29 日,第十届全国人民代表大会常务委员会第二十八次会议通过了《中华人民共和国劳动合同法》(以下简称《劳动合同法》),决定自 2008 年 1 月 1 日起施行。为了贯彻实施《劳动合同法》,2008 年 9 月 3 日第 25 次国务院常务会议通过了《中华人民共和国劳动合同法实施条例》(以下简称《劳动合同法实施条例》),2008 年 9 月 18 日中华人民共和国国务院令第 535 号公布,自公布之日起施行。《劳动合同法》中包含多个关于最低工资的条款。其中,第二章第二十条规定了劳动者在试用期的工资水平与最低工资的关系:

劳动者在试用期的工资不得低于本单位相同岗位最低档工资或者劳动合同约定工资的百分之八十,并不得低于用人单位所在地的最低工资标准。

《劳动合同法》第五章第五十五条还规定了集体合同中劳动报酬与最低工资的关系:

集体合同中劳动报酬和劳动条件等标准不得低于当地人民政府规定的最低标准;用人单位与劳动者订立的劳动合同中劳动报酬和劳动条件等标准不得低于集体合同规定的标准。

《劳动合同法》第五章第五十八条还规定了劳务派遣合同中最低工资的

适用：

劳务派遣单位应当与被派遣劳动者订立二年以上的固定期限劳动合同，按月支付劳动报酬；被派遣劳动者在无工作期间，劳务派遣单位应当按照所在地人民政府规定的最低工资标准，向其按月支付报酬。

《劳动合同法》第五章第七十二条还规定了非全日制用工情形下的最低工资适用：

非全日制用工小时计酬标准不得低于用人单位所在地人民政府规定的最低小时工资标准。

《劳动合同法》第六章第七十四条还授权县级以上地方人民政府劳动行政部门对用人单位执行最低工资标准的情况进行监督检查：

县级以上地方人民政府劳动行政部门依法对下列实施劳动合同制度的情况进行监督检查：

……

（五）用人单位支付劳动合同约定的劳动报酬和执行最低工资标准的情况。

《劳动合同法》第七章第八十五条还规定了用人单位违反最低工资规定的法律责任：

用人单位有下列情形之一的，由劳动行政部门责令限期支付劳动报酬、加班费或者经济补偿；劳动报酬低于当地最低工资标准的，应当支付其差额部分；逾期不支付的，责令用人单位按应付金额百分之五十以上百分之一百以下的标准向劳动者加付赔偿金：

……

（二）低于当地最低工资标准支付劳动者工资的。

《劳动合同法实施条例》第二章第十四条还规定了劳动合同履行地与用人单位注册地不一致情形下的最低工资的适用：

劳动合同履行地与用人单位注册地不一致的，有关劳动者的最低工资标准、劳动保护、劳动条件、职业危害防护和本地区上年度职工月平均工资标准等事项，按照劳动合同履行地的有关规定执行；用人单位注册地的有关标准高于劳动合同履行地的有关标准，且用人单位与劳动者约定按照用人单位注册地的有关规定执行的，从其约定。

（六）其他最低工资相关规定

2006年1月31日，国务院在《关于解决农民工问题的若干意见》（国发〔2006〕5号）中提出：

各地要严格执行最低工资制度，合理确定并适时调整最低工资标准，制定和推行小时最低工资标准。……用人单位不得以实行计件工资为由拒绝执行最低工资制度，不得利用提高劳动定额变相降低工资水平。……国务院有关部门要加强对地方制定、调整和执行最低工资标准的指导监督。

2007年6月12日，劳动和社会保障部发布《关于进一步健全最低工资制度的通知》（劳社部发〔2007〕20号）（以下简称该《通知》），要求继续加大调整最低工资标准的力度，并加强对最低工资制度执行情况的监督检查。该《通知》同时指出了最低工资制度执行过程中存在的一些问题：

但实施中也存在一些问题，主要是一些地区最低工资标准确定不够科学合理，部分企业按照最低工资标准支付职工工资，少数企业采取延长劳动时间、随意提高劳动定额、降低计件单价等手段变相违反最低工资规定。

2008年8月，人力资源和社会保障部发布了《关于进一步做好失业保险和最低工资有关工作的通知》（人社部发〔2008〕69号），该通知要求：

各地区要继续调整并严格执行最低工资标准。今年尚未调整最低工资标准的地区，下半年应及时调整。在调整最低工资标准时，要综合考虑本地区经济发展水平、职工平均工资、城镇居民消费价格指数和就业状况等相关因素，尤其是要充分考虑物价上涨给低收入职工生活带来的影响，合理确定并适度调整最低工资标准，使最低工资标准的调整幅度不低于当地城镇居民消费价格指数上涨幅度。上半年已调整最低工资标准的地区，也要认真分析物价上涨对本地区低收入职工生活的影响，在明年对最低工资标准及时进行调整。

但就在2008年底，为了应对国际金融危机的挑战，人力资源和社会保障部在《关于应对当前经济形势做好人力资源和社会保障有关工作的通知》（人社部明电〔2008〕25号）中要求，为了控制企业人工成本、稳定就业岗位，近期各地应"暂缓调整企业最低工资标准"，并允许有条件的地区降低基本医保和工伤保险费率。这一通知得到了各省份的积极响应，一些原本应于2009年调整最低工资标准的省市选择暂缓调整，尽管这一做法涉嫌违反《最低工资规定》。但随着金融危机影响的退去，各省份在2010年又开始了新一轮最低工资调整。2010年，31个省份中有30个上调了最低工资标准，平均调整幅度为23%；2011年，24个省份上调了最低工资标准，平均调整幅度为22%；2012年，24个省份上调了最低工资标准，平均调整幅度为20%；2013年，26个省份上调了最低工资标准，平均调整幅度为20%；中国的"十二五"规划也提出要"完善最低工资和工资指导线制度，逐步提高最低工资标准"；2013年2月，国务院批转的发展改革委等部门《关于深化收入分配制度改革的若干意见》（国发〔2013〕6号）中提出要"根据经济发展、物价变动等因素，适时调整最低工资标准，到2015年绝大多数地区最低工资标准达到当地城镇从业人员平均工资的40%以上"。

（七）关于最低工资立法的新动向

中国经济进入新常态后，激活企业活力、降低实体经济成本成为政府工作的重要内容。进入"十三五"时期以来，按照"十三五"规划纲要中"降低实体经济企业成本"一节中"合理确定最低工资标准，……降低企业人工成本"和"完善初次分配制度"一节中"完善最低工资增长机制"的要求，以及供给侧结构性改革和"三去一降一补"等具体工作要求，一些省份将最低工资制度看成可能增加企业人工成本的一个重要因素，因而对于最低工资制度的立法趋于保守。

如国务院《关于印发降低实体经济企业成本工作方案的通知》（国发〔2016〕48号）中就提出，要"统筹兼顾企业承受能力和保障劳动者最低劳动报酬权益,指导各地合理确定最低工资标准调整幅度和调整频率"。广东省在《关于印发广东省降低实体经济企业成本工作方案的通知》(粤府〔2017〕14号)中提出,"将现行最低工资标准由两年至少一调改为原则上三年至少一调"。安徽省在2016年12月9日发布的《安徽省最低工资规定》(安徽省人民政府令第272号)中也提出,"最低工资标准每两至三年至少调整一次"。广东和安徽近期的实践均与2004年《最低工资规定》中"最低工资标准每两年至少调整一次"的规定不符。

二、中国最低工资标准的水平

与大多数发达国家不同,中国没有设立一个全国统一的最低工资标准,而是由各省级政府自行确定本行政区域内的最低工资标准,《最低工资规定》还允许各省根据省内不同区域的经济发展情况实行差异化的最低工资标准。为了计算全国历年最低工资标准,我们首先根据各省份历次最低工资标准的调整情况计算了历次调整的平均最低工资;其次,对于未调整最低工资标准的年份,以上一次最低工资标准调整的平均值作为本年度实行的平均最低工资标准;再次,对于一年内有多个最低工资标准执行的情况,以各个最低工资标准的实际执行天数为权重计算该年度内的加权平均最低工资标准;最后,以各省份历年城镇从业人员数量为权重计算全国历年最低工资标准。

图4-1给出了1995~2017年中国最低工资标准的变动趋势。可以发现,自1995年以来,中国名义最低工资与实际最低工资均呈现不断上升的趋势。名义最低工资由1995年的181元/月提高到2017年的1484元/月,增幅超7倍。实际最低工资(以1995年为基期)由1995年的181元/月提高到2017年的923元/月,增幅近4倍。截至2017年12月31日,名义最低工资最高的为上海,为2300元/月,名义最低工资最低的为广西和西藏,为1400元/月(以最高一档为例)。

如果以相对水平来衡量最低工资标准(最低工资与平均工资的比值,下文简称"最低工资占比"),中国的最低工资标准却呈现下降的趋势。如图4-2所示,中国的最低工资占比由1995年的41%下降到了2017年的27%。与此同时,OECD国家的平均最低工资占比由1995年的36%缓慢上升到了2016年的41%。可以发现,与OECD国家相比,中国的最低工资还处于一个相对较低的水平。

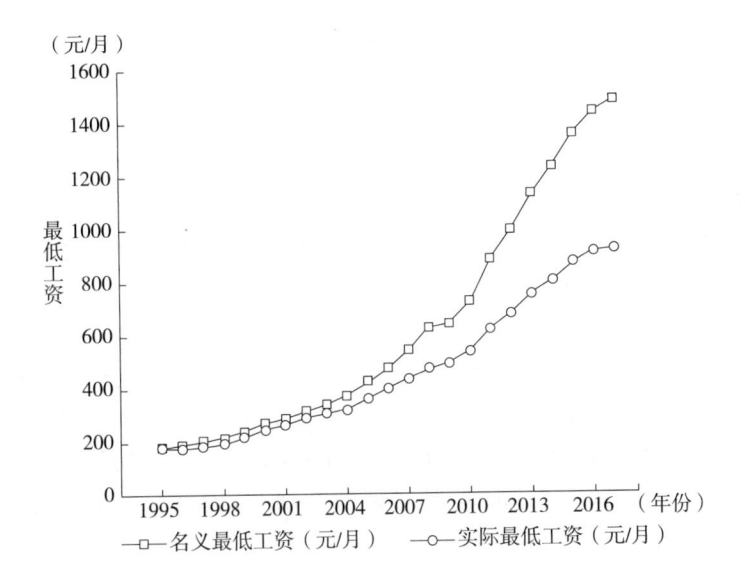

图4-1　中国最低工资标准的变动情况（1995~2017年）

注：实际最低工资使用消费者价格指数（CPI）进行了调整，以1995年为基期。

资料来源：根据中国最低工资数据库计算得到（http://www.chinaminimumwage.org）。

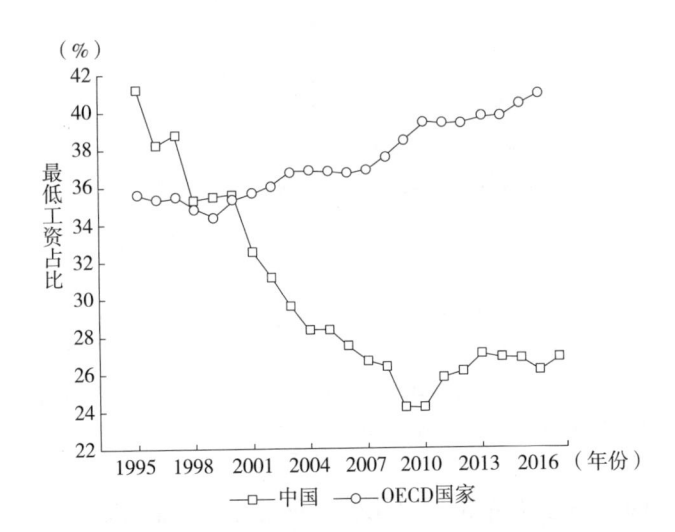

图4-2　中国及OECD国家最低工资占比变动情况（1995~2017年）

注：OECD国家2017年的最低工资占比数据缺失。

资料来源：中国最低工资数据来自中国最低工资数据库（http://www.chinaminimumwage.org），OECD国家最低工资数据来自OECD统计数据库（https://stats.oecd.org）。

由于缺乏较长时间段的劳动力工资调查数据,这里在计算最低工资占比时使用了国家统计局官方公布的平均工资数据。但都阳和王美艳(2008)认为国家统计局公布的平均工资是基于城镇劳动力调查制度计算得到的,而该报表制度不能准确反映外来劳动力和非正规部门的状况。在劳动力市场供求关系没有实现根本转变之前,农民工和非正规部门的工资水平,要明显低于城市单位就业的平均工资,因此,基于此数据,就业人员的平均工资被高估了,最低工资占比则可能被低估。

实际上,如果我们使用中国城市劳动力调查(China Urban Labor Survey, CULS)四轮数据中的平均工资来计算最低工资占比,就会发现中国的最低工资占比已经处在一个比较高的水平,已经达到甚至超过了《关于深化收入分配制度改革的若干意见》中提出的"到2015年达到城镇从业人员平均工资的40%"的目标(见图4-3)。这一指标也达到甚至超过了OECD国家的平均水平。

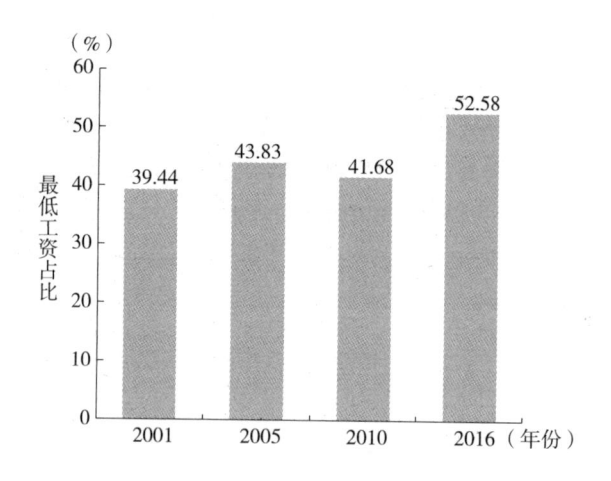

图4-3 中国最低工资占比变动情况(住户调查)

注:最低工资占比为最低工资占平均工资的百分比。
资料来源:最低工资数据来自中国最低工资数据库(http://www.chinaminimumwage.org),平均工资数据来自中国城市劳动力调查(CULS)数据。

为了进行最低工资标准的国际比较,我们还收集整理了世界150个国家和地区最新一次的最低工资标准,并计算了最低工资占人均GDP的百分比,如表4-1和图4-4所示。从国际经验来看,最低工资与人均GDP呈现比较明显的负向关系:人均GDP比较低的国家,最低工资标准需要设置在一个比较高的水平上才能保障劳动力的基本生活水平,因此最低工资占比也较高；相反，在人均GDP比较高的国家，生活必需品支出仅占到工资水平的较小部分，因此最低工资占比相对较低。

表4-1 不同收入水平国家的最低工资标准

收入分组	最低工资/人均GDP（%）
低收入国家	104.76
中等收入国家：低端	64.78
中等收入国家：高端	39.83
高收入国家：非OECD国家	28.19
高收入国家：OECD国家	39.31
中国	39.4

注：中国属于"中等收入国家：高端"一组。

资料来源：人均GDP数据来自世界银行World Development Indicator（WDI）数据库，各国最低工资数据来自维基百科条目"List of Minimum Wages by Country"。

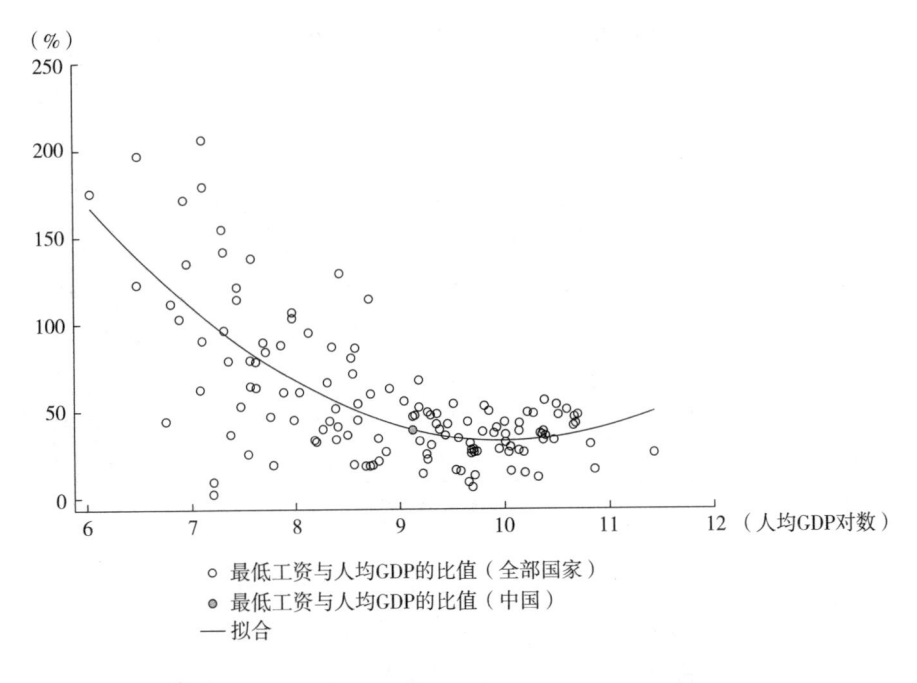

图4-4 世界部分国家最低工资与人均GDP的关系

注：最低工资和人均GDP均使用世界银行购买力平价（PPP）指数进行了调整。

资料来源：人均GDP数据来自世界银行World Development Indicator（WDI）数据库，各国最低工资数据来自维基百科条目"List of Minimum Wages by Country"。

从图 4-4 中可以发现，中国正好处于这条拟合的曲线之上。如果最低工资和经济发展水平之间的这种关系有内在合理性的话，那么很显然，随着中国的经济增长，最低工资增长速度至少应该不高于人均 GDP 的增长速度。

由以上的分析可以发现，无论是从最低工资的绝对标准还是从国际经验来看，就中国目前的经济发展阶段和经济发展水平而言，最低工资标准已经处在一个比较高的水平。

三、中国最低工资制度的执行情况

根据中国社会科学院人口与劳动经济研究所 2016 年下半年在全国六个城市进行的中国城市劳动力调查（第四轮）数据，7.13% 的城镇职工工资低于当地月最低工资标准（见表 4-2），与 2010 年中国城市劳动力调查（第三轮）时 11.45% 的比例相比有所下降。

表 4-2 最低工资的执行情况（2016 年）

单位：%

城市	月最低工资			小时最低工资		
	总体	本地劳动力	迁移劳动力	总体	本地劳动力	迁移劳动力
沈 阳	11.25	11.79	8.51	13.19	12.97	14.29
上 海	5.88	5.99	5.72	9.04	6.72	12.48
福 州	3.27	3.45	2.38	4.88	4.35	7.42
武 汉	11.32	9.33	16.75	13.50	11.36	19.34
广 州	6.00	6.61	5.41	11.46	9.97	12.91
西 安	4.09	4.65	2.42	8.56	7.53	11.65
总 体	7.13	7.32	6.79	10.60	9.08	13.38

资料来源：根据中国城市劳动力调查（第四轮）数据测算。

分本地劳动力和迁移劳动力来看，如果以月最低工资标准来度量，分别有 7.32% 和 6.79% 的本地劳动力和迁移劳动力未被最低工资制度覆盖，最低工资制度在迁移劳动力中的执行情况好于本地劳动力。但如果以小时最低工资来度量（小时最低工资是根据月最低工资按每月 174 小时工作时间计算得到的），则本地劳动力和迁移劳动力分别有 9.08% 和 13.38% 未被最低工资制度覆盖，最低工资制度在迁移劳动力中的执行情况要差于本地劳动力。这说明，迁移劳动力的工作强度（时间）明显高于本地劳动力。

分地区来看，最低工资制度在不同地区的执行情况也存在比较大的差异。以月最低工资为例，福州和西安的最低工资制度执行情况较好，分别仅有 3.27% 和 4.09% 的职工工资水平在最低工资标准以下，而沈阳和武汉的最低工资制度执行情况较差，这一比例分别为 11.25% 和 11.32%。

在当前各地方政府主要以月最低工资作为最低工资制度执行方式的情况下，企业容易通过延长职工工作时间来规避最低工资标准上调的影响，最低工资制度的覆盖情况被高估。同时，最低工资制度执行的地区差异也应该得到重视。

国际比较表明，最低工资在发达国家的覆盖情况较好：根据美国劳工统计局（Bureau of Labor Statistics, 2013）报告，2012 年美国以小时计工资的劳动力中仅有 2.6% 低于联邦最低工资，Machin 等（2003）针对英国的研究也表明仅有 1% 的劳动力工资低于最低工资标准。然而，在存在大量非正规就业的发展中国家，最低工资的覆盖问题值得特别关注：在巴西，正规部门和非正规部门中低于最低工资的劳动力比例分别在 5%～10% 和 15%～30%（Lemos, 2004; Lemos, 2009），洪都拉斯的这一比例在 30% 左右（Gindling & Terrell, 2010），墨西哥为 16%（Bell, 1997），秘鲁为 24%（Baanante, 2004）。中国的最低工资制度在发展中国家中属于较好的。

对于劳动力市场的监管者而言，在执行最低工资制度时，什么样的人未能被制度覆盖也非常重要。因此，观察劳动力市场上具有不同个人特征群体的最低工资覆盖情况，了解岗位特征与最低工资覆盖之间的关系，对于瞄准最低工资制度执行的人群，完善最低工资制度执行的措施具有直接的政策含义。使用中国城市劳动力调查数据的研究表明（贾朋、都阳，2015），女性和低教育程度的劳动者最低工资的覆盖程度最低，是城市劳动力市场上最低工资制度覆盖所应该关注的主要人群。

虽然最低工资的覆盖程度是最低工资执行结果的一个体现，但我们不能简单地将两者等同起来，因为，随着劳动力市场的不断变化，影响执行和覆盖的因素纷繁复杂。首先，最低工资标准的高低，直接决定了制度执行的难易。显然，最低工资标准高于市场均衡工资水平的比例越大，最低工资所应该覆盖的范围也越大，制度执行的难度也越大。

其次，劳动力市场供求关系的变化趋势，也影响着最低工资执行的难易程度。尤其是近年来，由于人口转变的影响和劳动力市场的强劲需求，普通劳动力的短期日益频繁，其工资水平也迅速上扬。农民工与城市本地工人的工资趋同趋势也日益明显（Cai and Du, 2011）。在这样的背景下，即便对最低工资制度的执行不作监管，劳动力市场的自发效应也会改善最低工资的覆盖情况。

再次，最低工资的执行也与经济结构的动态变化、产业组织方式的变化以及其他劳动力市场制度的完善程度息息相关。例如，制造业大多以工厂化的方式组织生产，雇主与雇员之间更容易形成明确的劳动关系，监管者对雇主是否履行最低工资制度也更容易监督。而其他劳动力市场制度的完善，更直接地影响了最低工资制度的执行。例如，《劳动合同法》执行的力度越大，执行最低工资标准的可能性也越大；集体谈判在合约形成中所占比例越高，对最低工资监管的难度也会越低。

最后，在失业与低工资水平之间的选择可能有自愿的成分，因此，最低工资的执行与否并不必然表明劳动者效用恶化与否。尤其随着社会保护水平的提高，劳动者的保障来源趋于多元化，社会保护也会部分地替代工作收入给工人带来的效用。在这种情况下，就有可能出现对低工资水平的自愿选择。

四、中国最低工资制度的改革方向

（1）建立与经济发展水平相适应的最低工资标准调整机制，依法调整最低工资标准。综合考虑生活成本变化、劳动力成本增加、劳动生产率提高和劳动力市场动态变化，建立保持经济社会发展和劳动力市场竞争性相统一的最低工资标准调整机制，防止由单方面或利益集团主导的最低工资调整（或不调整）。更加重视最低工资上调对于低收入群体收入增长的作用。总结《最低工资规定》颁布十多年以来各地在实施过程中的经验教训，适时修订《最低工资规定》，进一步明确最低工资标准的测算依据、调整频次、实施方式、监督执行等，依法实施最低工资制度。

（2）完善最低工资制度实施方式，试点以小时最低工资标准为主的最低工资制度执行方式，真正提高最低工资的覆盖率。小时最低工资标准是西方发达国家实施最低工资制度的主要方式。中国《最低工资规定》虽然也规定了小时最低工资标准，但只适用于非全日制就业劳动者。实施月最低工资标准增加了企业滥用最低工资制度的动机，高估了最低工资的覆盖情况，也增加了政府监管的难度和复杂性，提高了行政管理和治理成本。建议有条件的地区试点以小时最低工资标准为主的最低工资制度执行方式，真正提高最低工资的覆盖率。

（3）设立最低工资委员会，加强最低工资制度评估，增强决策的科学性。建议在国家层面成立由人力资源和社会保障部、全国总工会、国家统计局、专家学者、企业和职工代表等组成的国家最低工资委员会,以国家统计局月度劳动力市场调查、企业调查、农民工监测调查、其他专项调查等数据为基础,对最低工资制度的执行情况以及对经济社会可能产生的影响进行评估,适时提出调整最低工资标准的建议,增强决策的科学性,避免根据惯例和竞争性攀比调整最低工资标准。各省份也可以根据实际情况成立省一级最低工资委员会,履行相应职责。

参考文献

[1] Miguel Baanante, "Minimum Wage Effects under Endogenous Compliance: Evidence from Peru", *Económica*, 2004, 50 (1-2): 85-123.

[2] Linda Bell, "The Impact of Minimum Wages in Mexico and Colombia", *Journal of Labor Economics*, 1997, 15 (S3): S102-S135.

[3] Bureau of Labor Statistics, "Characteristics of Minimum Wage Workers: 2012", http://www.bls.gov/cps/minwage2012.htm, 2013.

[4] Cai Fang & Du Yang, "Wage Increases, Wage Convergence, and the Lewis Turning Point in China", *China Economic Review*, 2011, 22 (4): 601-610.

[5] Gindling Tim & Katherine Terrell, "Minimum Wages, Globalization, and Poverty in Honduras", *World Development*, 2010, 38 (6): 908-918.

[6] Sara Lemos, "The Effects of the Minimum Wage in the Formal and Informal Sectors in Brazil", *IZA Discussion Paper*, 2004, No. 1089.

[7] Sara Lemos, "Minimum Wage Effects in a Developing Country", *Labour Economics*, 2009, 16 (2): 224-237.

[8] Stephen Machin, Alan Manning & Lupin Rahman, "Where the Minimum Wage Bites Hard: Introduction of Minimum Wages to a Low Wage Sector", *Journal of the European Economic Association*, 2003, 1 (1): 154-180.

[9] Wang Jing & Morley Gunderson, "Minimum Wage Impacts in China: Estimates from a Prespecified Research Design, 2000-2007", *Contemporary Economic Policy*, 2011, 29 (3): 392-406.

[10] 都阳、王美艳:《中国最低工资制度的实施状况及其效果》,《中国社会科学院研究生院学报》2008年第6期,第56-62页。

[11] 贾朋、都阳:《中国的最低工资制度:标准与执行》,《劳动经济研究》2015年第1期,第67-95页。

第五章 户籍制度改革

迄今为止，围绕着户籍制度，对很多处在外围的配套政策的改革已经得到推进，户籍制度已不再成为阻碍劳动力流动并在城市居住的障碍。但改革越来越需要进入户籍本身改革这个核心问题上。以农业转移人口"市民化"为核心的户籍制度改革，可以起到一石三鸟、立竿见影的效果。第一可以提高潜在增长率，第二可以提高居民的消费，第三可以保障社会的长期稳定，甚至在短期内就能见效。但这个改革红利是在中国经济整体上所表现出来的，而改革的成本则是要每一个地方政府直接面对。因此，会产生中央政府和地方政府在户籍制度改革问题上的"激励不相容"问题，打破"激励不相容"需要合理分担改革成本。因而户籍改革30多年历程，需要正确把握户籍改革的方向，正确认识全面户籍制度改革的成本，充分认识户籍制度改革所带来的经济收益。由于户籍制度改革的收益与分担改革的成本在城市层面不能一一对应，那么中央政府为推进户籍制度改革而承担更多成本就至关重要，按照自上而下的顶层设计推动户籍制度改革。

一、户籍制度改革的发展历程

从社会主义建设时期直至改革开放以前，这套户籍制度将人口划分为农村和城市居民主要两个部分进行管理。改革开放后，早期的户籍制度越发制约着城市发展和经济运行。从20世纪80年代开始，户籍制度改革不断深入，并不断推动农村剩余劳动力向城市劳动力市场转移，尤其对重新配置我国劳动力资源、促进劳动力市场发育有着重要作用。不过，直至今天，也就是改革开放后的40年，我们可以说已有的户籍制度改革并没有最大限度地开发我国劳动力资源，尤其体现在中国经济遇见"刘易斯拐点"后，"民工荒"与农村剩余劳动力并存的现实状况。回顾户籍制度改革的时序历程，利于认识这一渐进式改革的历史作用以及不足，对于进一步推进改革深入有着重要意义。

第五章　户籍制度改革

(一) 中国城乡二元户籍制度的建立 (1949~1978年)

迁徙作为人类生存和发展的基本技能，始终存在于人类社会的全过程。1949年中华人民共和国成立前人民政协通过的"临时宪法"——《中国人民政治协商会议共同纲领》以及1954年颁布的中国第一部宪法都保障了公民自由迁徙的权利。这也应是户籍制度建立的法律基础。1951年7月，公安部公布《城市户口管理暂行条例》后基本实现了城市户口登记管理。1953年6月国务院组织第一次人口普查，填补了农村户口登记的空白。基于前期得到的全国户口登记信息，中共中央和国务院落实"统购统销"的供给与分配制度，通过对生活必需品的统购统销有效区分城镇和农村居民。1955年和1956年，国务院相继出台《关于建立经常户口登记制度的指示》《关于农村户口登记、统计工作和国籍工作依归公安部门接办的通知》，正式统一管理城乡户籍，并将户籍管理工作移交公安部门。1956年3月，在第一次全国户口工作会议上，直接为户口职能定性，简略来说，即：证明工作身份，统计人口数据，识别和规范反革命和违法犯罪分子，配合阶级斗争。统观中华人民共和国成立初期的户口工作，更多的是进行人口管理和统计，并没有完全限制公民自由迁徙的权利。

从1956年底到1957年底，国务院相继发布《关于防止农村人口盲目外流的指示》《关于防止农村人口盲目外流的补充指示》《关于制止农村人口盲目外流的补充指示》《关于各单位从农村中招用临时工的暂行规定》四例法规，法规依顺序逐渐限制了农村人口进入城市谋生的自由。该时期，国家将稀缺的资源投入产出效率更高的重工业，但重工业的对劳动力的吸纳能力远没有轻工业强，优先发展重工业就意味着扩大再生产无法吸纳更多的就业。与此同时实行"工农业产品价格剪刀差"的政策，即通过转移农业生产剩余来维护城市重工业发展的政策，来实现国家资本的原始积累。"剪刀差"政策就必然导致对农业生产的挤压，使得农业人口大量地投向福利更优的城市就业。为了稳定原本的农业生产、缓解城市就业压力、维持城市基本生活品和最低社会福利的供给，不光政策上要单向地防止农村人口大规模流入城市，而且户籍制度设计上也要与之配套。1958年1月，全国人大常委会通过《中华人民共和国户口登记条例》，正式为二元城乡分割的户籍制度定调。同年8月，中共中央通过了《关于在农村建立人民公社问题的决议》，自此，计划经济的"三驾马车"（"统购统销"、"户籍制度"和"人民公社"）都已就位。户籍制度为农村人民公社运动和粮食、日用品生产分配提供划分基础；人民公社运动通过政治运动和组织化生活对农村人口进行有效管理，防止其向城市流动；而"统购统销"制度又通过票证制度让农业人口固定在公社内，同时也无法进入城市生活，起到了稳定农业人口的作用。计划经济时代的"三驾马车"，如同一个稳定的三角形，极大地实现了对人口的掌控。此时的户籍制度也被赋予了其他职能，即其他地区的人无法享受本地居民的就业、医疗、养老、教育、住房等排他性城市福利。人民公社和统购统销分别在20世纪80年代初和90年代初废止，而户籍制度及其背后涉及的社会福利分割延续至今。

作为《共同纲领》和"五四宪法"保护的公民居住和自由迁徙的基本权利，从"七五宪法"后，就被删去，至今未被增设。在改革开放后的一段时间里，户籍制度依旧能控制人口流向和流量。当时城市和农村不平等现象恶化，部分城市的社会福利依旧存在排他性的根源。

（二）户籍制度的阶段调整（1979~2002年）

改革开放后，政治平反、下乡青年回城等农村人口流入城市的问题亟待解决，为原来严控农村人口单向流动政策打开了豁口。80年代开始，我国逐渐脱离计划经济时代的"追赶战略"，乡镇企业和民营企业大发展，而这些企业多以轻工业为主，城市非农产业对劳动力的需求愈发强烈。80年代初，家庭联产承包责任制逐步替代人民公社的生产方式后，农业生产效率大幅度提高，农村出现大量剩余劳动力。而且家庭联产承包责任制又没有在组织形式以及政治运动方面管理村内居民，农村居民行动相对改革开放前较为自由，农村地区出现了向城市迁徙务工的意愿。1984年1月，在《中共中央关于一九八四年农村工作的通知》中，指出"1984年，各省、自治区、直辖市可选若干集镇进行试点，允许务工、经商、办服务业的农民自理口粮到集镇落户"。同年10月，国务院发布《关于农民进入集镇落户问题的通知》规定，凡申请到集镇（指县以下集镇，不是城关镇）务工、经商和办服务业的农民及其家属，在城镇有固定住所，有经营能力，或在乡镇企事业单位长期务工的，公安部门应准予落常住户口，发给《自理口粮户口簿》，统计为"非农业人口"。两则通知正式打开中国户籍制度调整的序幕，结束了城乡户籍的完全分割的时代。1985年7月，公安部实行《暂住证》《寄住证》制度，同年全国人大常委通过《中华人民共和国居民身份证条例》。管理非户籍地居民落实到人而非户，同时流动人口在非户籍地居住的合法性也有了相对的保障。但《暂住证》和《寄住证》制度并不能使流动人口享有与城市户籍挂钩的社会福利。

第五章 户籍制度改革

1992年,"统销统购"正式退出历史舞台,粮油与日用品的票证制度也被逐步取消。1984年发布的《关于农民进入集镇落户问题的通知》中有关对去往集镇谋生的农村人口要求应自理口粮,即自备生活所需的相关票证。1992年后,显然该则通知就失去了现实基础。1992年,公安部发布《关于实行当地有效城镇居民户口制度的通知》(以下简称《通知》),《通知》限定实施区域为小城镇和各类经济开发区,新进外来人口和原来的"自理口粮户"可办理当地有效城镇居民户口,也就是所谓的"蓝印户口"。《通知》中还规定了"蓝印户口"对于外来人口享有部分城镇居民享有的权利。

1997年6月,公安部发布《小城镇户口管理制度改革试点方案和关于完善农村户籍管理制度的意见》,农村人口转移居住生活的范围从集镇扩大到县一级的试点,可转移的人员包括:进小城镇务工或者兴办第二产业、第三产业的人员;小城镇的机关、团体、企业、事业单位聘用的管理、专业技术人员;在小城镇购买了商品房或者已有合法自建房的居民;在小城镇范围内居住的农民,土地已被征用,需要依法安置的,可以办理城镇常住户口;外商、华侨和港澳同胞、台湾同胞在小城镇投资兴办实业、经批准在小城镇购买了商品房或者已有合法自建房的;以及以上人员的直系亲属都可以进入小城镇落户。投资缴费等方式成为获得城镇户口的方式被学者称为"户籍赎买",是城镇降低准入门槛的重要方式。2001年3月,国务院批转了公安部《关于推进小城镇户籍管理制度改革的意见》(以下简称《意见》),《意见》确定"小城镇户籍管理制度改革的实施范围是县级市市区、县人民政府驻地镇及其他建制镇。凡在上述范围内有合法固定的住所、稳定的职业或生活来源的人员及与其共同居住生活的直系亲属,均可根据本人意愿办理城镇常住户口"。从2001年开始,外来人口在全国城镇推行户籍制度改革。

1998年国务院出台了《关于解决当前户口管理工作中几个突出问题意见的通知》(以下简称《通知》)。《通知》并没有统一大中城市户籍改革的标准,而是给予大中城市政府管理城市外来人口户籍的自主权。中型城市以河北省会石家庄市为例,2001年,《关于贯彻落实我市户籍管理制度改革意见的实施细则》在石家庄实施,该细则显著降低了准入条件。事实上,从1977年户籍制度开始出现松动时,国务院就已经对特大城市的人口流入做出严加控制的批示。以特大城市北京市为例,20世纪90年代中后期,北京市同全国多数城市一样出现就业形势恶化,北京市将外来人口作为本地劳动力的竞争者,并利用法规对外地劳动者进行严格的控制和管理,并限制企业雇用外地劳动力的工种和岗位。总结这一时期的户籍制度调整,多为中小城镇户籍制度的调整，涉及大中城市，甚至是如北上广这样特大城市的调整也并不充分。2000年以前的户籍制度改革力度可划分为三种改革模式：小城镇户籍制度以"最低条件、全面放开"为特点；大中城市以"取消限额，条件准入"为特点；特大城市以"筑高门槛，开大城门"为特点。另外，90年代就业冲击背景下，政府构建了基本的社会保障体系。此类服务城镇居民的基本城市福利在此阶段是完全排除农村迁移人群的。

（三）21世纪的户籍制度创新（2003年至今）

2004年，东部沿海发达地区劳动力市场由过去的"民工潮"到出现"民工荒"，劳动力工资价格低廉、劳动无限供给的现象不复存在，中国二元经济结构开始转换。要维持我国劳动力相对廉价的供给，就要让"撤回"的外来人口返回城市就业：一方面，由于户籍制度要维持城市居民就业优先以及保证排除外地人口的公共服务供给，使得占劳动力整体大部分的农民工群体面临着恶劣的城市工作、生活的环境。典型地，农民工工资拖欠问题、农民工子女上学难问题、农民工工作条件差、得不到应有的社会保护等问题长期盘踞新闻热点板块，而这些问题恰恰是户籍制度分割造成的。另一方面，小城镇城市公共资源供给已经和乡村差异不大，小城镇户籍已经对农村外来劳动力没有吸引力。而大中城市尤其是东部沿海城市担心外来人口挤压本地就业和抢占城市公共资源，无意进行户籍制度改革甚至有限制外来劳动力的政策倾向，如果这种倾向持续，以农民工为代表的外来人口很难在城市谋生，农民工返乡并减少进入城市次数甚至不进入城市，造成内地劳动力大量剩余，不参与到城市劳动力市场中，与东部沿海之间的人均收入和福利水平差距被拉大。中共中央、国务院在《关于做好2002年农业和农村工作的意见》中提出对待进城务工农民的"十六字方针"："公平对待，合理引导，完善管理，搞好服务。"中央用政策引导谋求稳定和公平，给地方政府接纳农民工及外来人口迁移做好思想准备。事实上，中央的思想方针依旧要靠地方政府进行推动。由于大中城市有限制外来人口的倾向，研究不同城市的户籍制度改革就显得尤为有意义。

1. 郑州模式

郑州是较早探究突破二元城乡户籍制度的城市，经过对浙江省奉化县多年的调研，郑州在2001年11月开始实行《郑州市人民政府关于进一步完善和落实户籍制度改革政策的通知》，《2001年通知》将准入落户的人群分为五类，即亲属投靠；购房；投资纳税；工作入户；大中专院校毕业生入户。

2003年，郑州市政府出台《郑州市人民政府关于户籍管理制度改革的通知》，《2003年通知》不光在限制门槛上比2001年低，同时郑州市地方政府对户籍审批要较之前放松，这两方面原因导致2003~2004年郑州市办理落户手续人口超过15万人。也就是在这一年，郑州市城市公共服务无法支撑激增的城市居民。2004年8月，落户门槛又提回到了2001年的水平。

总结来说，郑州模式就是户籍准入的低门槛模式，在一定程度上，郑州降低户籍准入门槛的措施是失败的，这也是诸多大中型城市一直引以为戒不肯较大幅度降低落户准入门槛的原因。事实上，不管是郑州借鉴的奉化市还是与奉化市同省的湖州市，以及同为人口大省省会的石家庄市，都确切通过降低入户门槛可控地实现外来人口落户。以奉化和湖州为例，由于并非是省会城市，且城市规模较小，又地处长三角地区，受上海、杭州、宁波等城市影响，吸纳外来人口数量较少。同理，即使作为省会城市，石家庄地处京津冀地区，省内人口可迁往吸引力更强的北京和天津，石家庄的户籍准入压力就远不如郑州这样一个中原中心城市大。

2. 成都模式

2007年，成都获得全国统筹城乡综合配套改革措施。2010年11月，成都市出台《关于全域成都城乡统一户籍实现居民自由迁徙的意见》（以下简称《意见》）。《意见》的目的为成都全市域实现自由迁徙，破除城乡二元结构、统筹城乡发展。事实上，国内媒体和学者大多关注农村人口迁移到城市的制度和福利阻碍，很少关注城市居民无法进入农村集体获得土地从事农业活动。《意见》从基础上破除了农村和城市居民互相流动的精神障碍，并给予足够的创新指导。《意见》在2004年将"农业户口"和"非农业人口"统一登记为"城乡居民"的基础上，提出户籍与住址应一致，推进公民身份认证管理，推动城乡公共服务与公民个体相结合，进一步完善城乡失业登记、分区域统一的住房和社保，以及教育公平等工作，逐渐摆脱城乡服务对户籍管理的裹挟。

事实上，2004年仅统一户籍登记，并不改变农村人口的生活、生产方式。而全域成都概念的提出，恰恰是改造成都农业发展方式、建设新农村、实现城乡统筹发展的现实要求。成都市各郊县通过土地确权颁证、整合现有土地，通过农业产业化发展以及乡村社区化基础设施建设实现城市化，并通过土地整合以及农业产业化发展红利购买与城市均等的公共服务。另外，成都市农业人口转移到城市落户后，原有土地并不会被收回，摆脱了以土地换社保，以土地换户籍的习惯性做法。整体上看，全域成都的统筹城乡发展，既实现了通过均等城市福利实现非农劳动力市场资源配置，又通过合理的土地政策和户籍流动政策让农村有地可耕、有人耕种，并实现成都现代化农业的发展。

3. 上海模式

上海在实行积分落户以前采用的是所谓的居住证制度，即为长期在上海工作生活的外来人口颁发"居住证"，为外来人口在沪工作、生活让渡部分本地居民才能享有的城市福利。2004年以前，上海相关的居住证落户政策多用于引进外来优秀人才，激发城市发展的创造力。2004年10月1日，《上海市居住证暂行规定》（以下简称《暂行规定》）开始实施，申领对象从原来的"规定优秀人才"转变成为在沪有稳定工作和住所的在沪外来人员，让更多的人享有部分城市公共福利。相比引进人才的居住证制度，2004年实施的《暂行规定》规定能拿到居住证的居民可享有城市公共福利要少于通过"引进人才"通道进入上海的外地人。户籍人口、居住证人口以及无证外来人口福利比较如表5-1所示。

表5-1 户籍人口、居住证人口以及无证外来人口福利比较

人口类别/政策措施	户籍居民	正式人才居住证	普通居住证	短期居住或无居住证的流动人口
养老、医疗和失业等社会保险	城镇职工基本医疗和养老保险以及失业保险或者小城镇社会保险、最低生活保障	城镇职工社会保险或综合保险	综合保险	无任何社会保险
教育资源和权利	享有义务教育资源以及参加上海高考的权利	子女可以申请接受义务教育，获得高中毕业文凭可参加本市统一高考	子女可以申请接受义务教育，但不可参加高考	是否可以申请接受义务教育不确定，且不可参加本地高考
培训和就业	包括下岗再就业培训在内的各种公益性技能培训、公务员及事业单位和企业招工都具有优先性。对就业特殊困难群体具有"协保"等照顾性安置政策	以短期项目聘用方式接受行政机关聘用，以技术入股投资等方式创办企业，进行职业资格评定和考试	职业资格评定和考试按规定参加各类非学历教育和职业技能培训，参加劳动模范和其他先进评选	不确定

续表

人口类别/ 政策措施	户籍居民	正式人才居住证	普通居住证	短期居住或无居住证的流动人口
住房保障	享有参加住房公积金和住房补贴的权利。享有经济适用房和廉租房政策待遇	按规定缴存和使用住房公积金	无住房保障安排	无住房保障安排
其他福利制度	享有居住证持有者所有享有待遇之外的诸如意外伤残赔偿和住房动拆迁补偿安置等多方面的特殊权益	国家规定的基本项目的计划生育技术服务，可以办理因私出国商务手续，申请机动车驾驶证	国家规定的基本项目的计划生育技术服务，申请机动车驾驶证	国家规定的基本项目的计划生育技术服务

2009年2月，《持有〈上海市居住证〉人员申办本市常住户口试行办法》施行（以下简称《办法》）。该《办法》打通了居住证到常住人口的转换路径，符合规定的外来人口可通过持有《上海市居住证》办理上海市常住户口，《办法》对持"居住证"时间、参与社会保险时长、缴纳所得税、职业资格和专业工种以及无计划生育和治安管理处罚记录都有所规定，其中要求外来农民工取得相应的职业资格和专业工种的规定将绝大多数农民工排除在外。等同地，此规定也在激励农民工提高自身人力资本水平，直到符合《办法》的要求。

2014年7月，国务院发布《关于进一步推进户籍制度改革的意见》（以下简称《意见》），该《意见》指出要全面实施居住证制度。2015年11月，国务院发布《居住证暂行条例》，规定办理居住证的最高条件，以及享有的就业、参与社会保险和公积金等公共服务的权利。

4. 广东模式

广东模式，具体来说就是积分落户的户籍改革模式。积分落户最早试行于广东省中山市，在此之前广东省地方城市主要实行的是居住证制度。2009年10月，积分落户制度在中山市开始试行，次年广东省政府实施《关于开展农民工积分制入户城镇工作的指导意见（试行）》（以下简称《指导意见》），标志积分落户制度在广东全境开始落地。《指导意见》中将可落户对象限定在城市办理居住证、缴纳税款和社会保险，并已有就业登记记录的广东省内农村人口。广东省通过统筹并分配全省可入户人口数指标，指标下放到地市后再由地市政府根据当地情况统一派发；而积分打分制度也依靠省内公共标准和地市标准两部分组成，既能体现引导外来人口落户的精神，又能结合地方治理的基本需要，同时也向民众展示；积分制度更能体现灵活性质的是划线入户，通过各地制定相应的落户标准线，调控各地区落户人数。广东省全省人均收入处在全国前列，但是广东省内部也存在着不均衡，珠三角地区相对于内陆地区的户籍对农村人口来说更有吸引力，同样珠三角地区较内陆地区的积分准入线也更高。积分落户的户籍改革方式由于其灵活且较为透明的准入方式，现已在全国多个大中城市开始推广，服务对象已不局限于农村地区人口，更多的是面向全国各地的外来人口。

户籍制度自建立以来，不光对人口进行长期、高效地管理，也制约着我国劳动力市场的成熟以及进一步的城市化发展。改革开放40年来，中国户籍制度调整和改革始终由中央出保底政策和改革精神，地方结合自身发展需要和财税等治理能力再进行改革。目前，农村户籍人口落户小城镇已无障碍，大中城市由于谋求城市稳定发展仍对农村户籍人口进行限制。大中城市作为其所在区域的重要城市，其劳动力市场的发展对整个区域内部劳动力的重新配置显得尤为重要。在本章中讨论的四个城市的户籍制度创新，符合因地制宜的治理原则，也相应地为中央发布普适性的改革措施提供借鉴范本。2003~2006年的大中城市（非省会或特大城市）的户籍制度改革在引导农民工流动方面的作用有限。而近年来一些特大或省会城市如天津、武汉、西安落户门槛一旦降低，引来了大量外来人口申请落户，短期效应可见一斑。改革一直在进行，我们有必要认识到户籍制度改革始终是长期改革。

二、党的十八大以来户籍制度改革进展

2013年12月13日"中央城镇化工作会议"明确要求要以人为本，推进以人为核心的城镇化，提高城镇人口素质和居民生活质量，把促进有能力在城镇稳定就业和生活的常住人口有序实现市民化作为首要任务。这对实现真正意义的"人的城镇化"具有重要的指导意义和作用。首先，会议这一要求是实现真正稳定城镇化的基础。农村劳动力及其家属向城市流动就业和居住，推动了中国整体的城镇化水平。按照统计定义，农业转移人口在城市居住超过六个月，就成为城市常住人口，但这只是在统计意义上推动了中国的城镇化，即城市临时性就业人口的扩张而非城市户籍人口的增长，造成了中国现在这种常住人口城镇化率与户籍人口城镇化超过16%差距的不稳定城

化现状。会议提出常住人口有序实现市民化，就是推进实现稳定的城镇化。其次，把促进有能力在城镇稳定就业和生活的常住人口有序实现市民化作为首要任务，这是正确和符合实际情况的安排。

2014年3月16日和7月30日，国家分别发布了《国家新型城镇化规划（2014—2020年）》（以下简称《规划》）和《国务院关于进一步推进户籍制度改革的意见》（以下简称《意见》）。按照《规划》和《意见》的目标，到2020年常住人口城镇化率达60%，户籍人口城镇化率与常住人口城镇化率差距缩小两个百分点左右，努力实现1亿左右农业转移人口和其他常住人口在城镇落户。《意见》在一定程度上强调了针对性和操作性。第一，坚持统筹配套、提供基本保障，例如，切实保障农业转移人口及其他常住人口合法权益，统筹推进户籍制度改革和基本公共服务均等化，不断扩大教育、就业、医疗、养老、住房保障等城镇基本公共服务覆盖面。第二，坚持积极稳妥、规范有序。根据现实情况，积极稳妥推进，优先解决存量，比如举家迁移的农民工群体，有序引导增量，合理引导农民工市民化的预期和选择。第三，充分考虑具体城市的经济社会发展水平，根据城市的负担能力，实施差别化落户政策。

2016年1月1日，国务院出台的《居住证暂行条例》（以下简称《条例》）开始施行，在全国范围内迎来实质性推开阶段。居住证是被赋予了"公平"和"发展"双重意义的制度安排，是中央政府出台的落实放宽户口迁移的重要政策措施，有利于推进基本公共服务均等化，消减城乡差别，促进劳动力资源的自由流动和市场配置，推动社会和谐发展，对于个人和国家都具有非常重要的作用。《条例》规定在全国建立居住证制度，推进城镇基本公共服务和福利向常住人口的全覆盖，要求各地积极创造条件，逐步提高居住证持有人享有的公共服务水平。这是解决城镇化难点问题的一项改革举措。居住证一方面是替代暂住证发挥流动人口登记和管理的作用；另一方面，以居住证制度为依托，能够实现基本公共服务向流动人口的扩展。居住证持有人享有与当地户籍人口同等的劳动就业、基本公共教育、基本医疗卫生服务、计划生育服务、公共文化服务、证照办理服务等权利。

《条例》明确，要在全国建立居住证制度，推进城镇基本公共服务和便利常住人口的全覆盖，要求各地积极创造条件，逐步提高居住证持有人所享有的公共服务水平。作为解决城镇化难点问题的一项重要改革举措，居住证一方面替代了暂住证发挥流动人口登记和管理的作用，另一方面能够进一步实现基本公共服务向流动人口的扩展。居住证持有人与当地户籍人口享有同等的义务教育、劳动就业、基本医疗卫生服务、计划生育服务、公共文化体育服务、证照办理服务等权利和福利。应该说，《条例》的出台是户籍制度改革的一种政策渐进性安排。

第一，居住证对人口迁移、人口流动有非常重要的作用，因而对经济增长、社会发展的影响意义重大。根据研究，通过劳动力自由流动提高劳动供给，可以增加劳动力市场和经济的总体规模、提高生产率，"十三五"期间每年能够带来约2%的GDP经济净收益。在我国农村青壮年劳动力转移已经十分充分的情况下，增加劳动力供给只能通过户籍改革提高城镇常住人口比重来实现。

第二，申领条件、所享受公共服务和落户政策是三个主要的制度要点。一直以来，户籍制度改革是以地级城市为主导，逐步试错渐进展开。此次国务院出台的《条例》只是规定了国家层面的整体制度安排，真正在全国推开的实际是各个地级市的《居住证实施细则》。这其中，各地市都将居住、就业和缴纳社保等作为申领居住证的准入条件，而这些准入条件决定了当地的居住证实际能覆盖常住人口的数量。而居住证所能享受的公共服务，各地也基本是按照"梯次渐进式"福利享受机制，存在着一定差异。比如义务教育、住房公积金等公共服务在一些大城市还不能凭居住证享受；在入户制度设计方面，不同城市在居住证基础上实行的"积分落户"门槛高低有所不同，但"设计思路"相似，都是希望通过门槛控制城市落户规模。

第三，大城市、特大城市与居住证相关联的积分落户办法，距离户籍制度改革的目标还存在较大差距。目前，北京、上海、天津、重庆、广州、深圳、武汉、成都、南京、杭州等20多个大城市已发布或实行积分落户制度。例如，按照上海市的规定，积分达到120分的居住证持有者，享受与上海户籍居民基本相同的待遇；北京市影响"积分"的主要指标包括稳定就业、稳定住所、教育背景、居住区域、行业、创新和创业、专业技术职务、纳税、信用记录等，各自对应相应的分值，并附有加减分的规定。尽管各个城市积分的方式和标准存在差异，但基本都设置了较高落户积分门槛。因此，全国各个城市的居住证细则能够在多大程度上推进户籍改革，到底有多少流动人口申请到户籍，以实现"一亿农业转移人口落户城镇"的目标，未来的改革实践将是最有说服力的回答。

从现阶段来看，积分落户作为居住证制度的重要组成部分，承担了相对过多的附加改革任务。一方面，大城市的积分落户附带着很强的区分人群的功能，很大程度上是在承担大城市、特大城市产业疏解、人口疏解的功能。

人口密度的调控实际上更需要在城市空间布局和产业规划布局上进行调整，以减少中心城区与郊区在交通、教育、医疗、商贸流通等方面的差距，尽量使城镇化的速度与公共服务提供的速度相匹配，而不应仅仅关注流动人口本身。

另一方面，居住证与社保等制度改革的相关性还相对较强。比如，目前各地的居住证制度都要求申请者有合法稳定的住所、合法稳定的就业以及缴纳社会保险。而中国相当比例的流动人口就业于私营部门或从事个体经营，他们大多没有签订就业合同，也并未持续缴纳社会保险。同时，租住在低成本的住房中的一部分城市流动人口也很难提供租房合同。他们还无法达到申领居住证的准入条件。在社会保障制度没有实现全国统筹的情况下，居住证申领与社保挂钩还会使一部分正常缴纳社保的申领人出现无法申领的情况。

因此，居住证制度所肩负的改革目的和核心功能，包括了城市流动人口管理、实现基本公共服务由户籍人口向常住人口覆盖、推动户籍制度改革三项功能。户籍制度改革的目标是统筹城乡的社会保障、社会救助和公共服务体系，使其在不同人群之间的差异性最终消除。为此，中央和地方的各级决策者和管理者需要从整体层面考虑如何更快更好地发挥居住证作用。首先，探索居住证公共服务投入财政分配体制机制，解决居住证福利与大城市承载力的改革悖论。户籍改革有利于中国长期经济增长，按照获益更多理应负担更多改革成本的原则，居住证制度中涉及的基本公共服务，财政投入应以中央为主导，形成中央与地方的合理收益分配机制。其次，在未来较长时期内，主要大城市、省会城市通过提高基本公共服务均等化水平仍然是户籍改革的主要途径，依托居住证制度进一步扩大基本公共服务覆盖范围，逐步增加积分制入户的数量，保证户籍人口城镇化率与常住人口城镇化率在"十三五"时期差距逐步缩小。最后，优化调整居住证积分规则，较大幅度提高稳定居住年限（或居住证持有年限）的分值，适当弱化社保缴费、投资纳税等指标的分值。同时，根据流动人口对公共服务需求的优先序，逐步扩大并调整居住证的公共服务供给。比如，流动人口的子女教育应该得以优先保障。

居住证制度是被赋予了"公平"和"发展"双重意义的制度安排，是中央政府出台的落实放宽户口迁移的重要政策措施，有利于推进基本公共服务均等化，对于个人和国家都具有非常重要的作用。推行居住证制度的核心即在于落实居住证所附带的福利。但真正触及户籍制度核心内容的改革举措，是统筹城乡的社会保障、社会救助和公共服务体系，使不同人群之间的差异性最终消除。

三、户籍制度改革的症结

伴随着 30 多年的高速增长,中国常住人口城镇化率在 2017 年升至 58.52%,但具有本地城市户籍的城镇化率只有 42.35%,其差距就是由长期居住在城市却没有城市户籍的流动人口所"贡献"的。2017 年常住人口与户籍人口城镇化率相差超过 16 个百分点,相比 2010 年两者 15% 的差距,说明户籍制度改革尚未使常住人口城镇化率与户籍人口的城镇化率之间的差距缩减,户籍制度改革的任务依然艰巨。这种"不完全城市化"造成了日益严重的经济社会问题。党的十八大报告提出的"提高城镇化质量",党的十九大报告提出的"加快农业转移人口市民化",其基本内涵就是要解决这一现实差距。户籍制度改革是深入推进城市化乃至整个经济社会发展的重大问题。20 世纪 90 年代以来,以地方为主导不时尝试推动户籍改革并偶现亮点,但始终缺乏全国层面的整体设计和统筹安排,以至于"地方化"控制和取向明显,落户准入条件基本成为地方政府的权限,而户籍藩篱至今屹立不倒,改革步伐远滞后于公众预期。

以户口登记和管理为中心的户籍制度不仅是一项基本社会管理体制,也是一项与福利分配和资源配置密切关联的制度。户籍制度也不仅是人口登记、管理制度,而是人口登记、就业管理和社会保护、福利三位一体的制度体系。户籍制度长期发挥着两项扭曲的经济社会职能:一是保护城市劳动者优先获得就业机会,劳动力市场的排斥违反市场经济的要素配置规律,既降低了经济增长绩效也阻碍了城市化的进程;二是保护城市居民享有更多公共服务与福利,几乎完全将流动人口排斥在外。不论是放宽落户条件还是取消农业与非农业户口分类,只要流动人口没有享受到与本地居民同等的基本权利,所谓的改革更多的是一纸空文。

户籍改革的关键在于剥离依附于户籍背后的公共服务和福利,让流动人口在就业、教育、医疗卫生、社会保障等方面享受与本地居民基本相同的权利和待遇,这在学术界和政策部门基本已有了共识,户籍制度的全面改革应该进入系统设计、全面改革、统筹城乡、覆盖全民的阶段。但是,究竟如何剥离?直接强制要求公共服务和福利与现行户籍脱钩,似乎并不能根本解决问题,排他性的社会福利将会继续存在,只不过会转而形成新的障碍。剥离显然不是简单的取消,而是让更多的人更容易享受原本排他性的福利,尤其是与人生存发展最直接关联的基本公共服务和福利。因此,剥离户籍背后的

第五章 户籍制度改革

社会福利不是做"减法",而是做"加法",这就需要更多投入,对于改革者来说就是成本,成本有多大决定了改革的难度,也决定了改革的进程。

户籍制度改革进展滞后于城镇化发展水平的主要症结是正确认识户籍制度改革的本质是基本公共服务和福利均等化,正确认识户籍制度改革的成本与收益问题,解决中央政府和地方政府在户籍制度改革问题上的"激励不相容"问题,打破"激励不相容"需要合理分担改革成本。将户籍价值和改革成本的估算范围明确界定为与户籍直接挂钩、最直接关联的基本权利和福利项目,从全国地级市层面观察户籍改革成本的地区差异,整体评估全国户籍改革成本及其随城市化推进的动态变化,为户籍改革总体思路和方向提供参考,推动更高质量的新型城市化战略实施。因此,在现有的财政分权、地方介入型经济发展特征的格局下,越是户籍含金量高的城市,越是抬高落户门槛,户籍改革越是难以推动。基于基本公共服务和福利均等化的框架,从整体上考量户籍制度改革所需要负担的成本,不仅有利于调动各地方城市的积极性推动户籍改革、探索可行的路径,而且从制度设计和改革内容上与中央政策一致,而不是一味突出难度,竞相抬高实际落户门槛。否则,随着经济和城市化的增长,附着在户籍上的权益和福利会越来越多,导致户籍改革更加难以推动,真正完整的城市化也就无从谈起。

另外,户籍制度改革能带来什么?如果户籍制度得到了及时、全面、彻底的改革,劳动力进一步流动,将能够产生巨大的增长红利。延长人口红利的条件涉及教育制度、就业制度、户籍制度和养老保障制度等多项改革。在各项改革之中,户籍改革是最能产生立竿见影的效果的。第一,从生产供给角度来讲,中国经济增长潜力下降和劳动年龄人口开始负增长有重要关系。中国户籍改革的迫切性源于人口结构的变化,如果能够让1.7亿外出就业农民工获得城市户籍,改变其在40岁左右返乡的情况,就能够在一定程度上实际增加劳动力供给。第二,从消费角度来看,农民工目前是城市里的劳动者,但在有后顾之忧以及一定年龄后返乡预期的情况下,他们不可能成为和城市居民对等的消费者并采用同样的消费模式。研究表明,城市农民工群体在获得同样的工资收入的同时,由于不享受户籍相关的各项社会保障和社会福利,因此其倾向于更多的储蓄、更少的消费。通过户籍制度改革,让以农民工为主的外来人口在获得更高的社会保险和相应福利之后,其消费也会有显著提高,这样会起到拉动消费进而拉动经济增长的效应。第三,中国城市化水平的快速发展与具有城市本地户籍的城市化水平的巨大差距就是由长期居住在城市就业和生活、却没有城市户籍的流动人口所"贡献"的。这种

"不完全城市化"造成了日益严重的经济社会问题,诸如留守儿童、留守老人、农民工社会融入、城市不和谐等。而户籍制度改革可以有效缓解这些社会矛盾和问题,可以保持社会的长期稳定,甚至在短期内就可以见效。

户籍制度改革能创造哪些经济发展红利以促进经济健康、持续发展？这是源自于长期经济增长的全部,基本就是由就业规模的扩大和全要素生产率（TFP）的增长来决定的。户籍制度改革创造的经济红利主要体现以下两方面：第一,促进劳动力供给和劳动力市场规模的扩大。农村劳动力的流入是劳动力市场规模扩大的主要源泉,并对经济增长发挥着重要贡献。一方面,如果户籍制度没有与社会保护剥离,在基本公共服务方面存在明显差异的话,劳动力市场对就业者的选择性会很强,只有那些年轻和受教育程度高的劳动力才能流向城市就业,而推动40岁以上的农村劳动力从城市返回农村。户籍制度改革本身可以带动一部分劳动力转移,增加劳动力供给尤其是40岁以上农民工的供给。另一方面,与户籍制度相连的社会保护制度一体化后,可以提高这部分劳动力的劳动参与程度、降低其保留工资水平。第二,户籍制度改革可以通过提高生产率来增加人均产出水平。许多调查研究表明,农民工的工作时间普遍高于城市本地户籍劳动力,进一步促进劳动力流向城市,可以增加人均工作时间,从而有利于人均产出的增加。劳动力的流动还能促使流入的农民工集中于劳动密集型岗位,而本地劳动力和人力资本水平高的人更多地配置在技能型、知识密集型岗位,这样劳动力能更全面地被利用以及提升生产效率,从而提升经济效率。如果涉及就业和劳动力配置的这些方面得以实现,中国不仅可以避免中等收入陷阱,经济增长的质量也摒弃了传统的要素积累增长模式而更加健康。

四、户籍制度改革的方向

推动户籍改革既要关注现实制度障碍,也要重视客观经济规律,从根本上解决"有人想落户,政策不允许""政策给户口、没人愿意要"的局面。政府决策部门要充分考虑到不同地区、不同城市之间的经济发展水平和户籍福利水平差异,分类有序地推进户籍改革：特大城市要放宽落户限制,增加新增落户数量和规模,确保户籍城镇化率与常住人口城镇化率同步增长,但特大城市由于户籍成本的约束,短期内无法大幅度提高中国整体户籍城镇化率；以省会城市为主的中等城市是实现户籍城镇化率显著提高的关键,需要果断地进一步放宽落户标准,允许常住外来人口根据意愿自由选择是否落户，不再设置附加条件；中小城市和县级城市即便完全放开，依然难以吸引更多的人落户，努力的方向不再是如何放宽门槛，而是如何通过有效的优惠举措吸引外来人口和本地农业人口转移落户。

(一) 有序推进特大城市户籍改革

特大城市要敢于突破思维定式，有序放宽落户限制，抓住改革的窗口期和红利期。特大城市是户籍改革停滞不前的主要阻力，也是户籍城镇化率与常住人口城镇化率差距拉大的主要来源，改革的关键是理念和思路的调整。不管是全国整体还是特大城市独立地深化户籍制度改革，放宽落户门槛，加快人口与劳动力流入，改革的经济收益足以补偿改革为之付出的成本。但是，很多城市在流动人口管理中过于看重短期成本，倾向于设置极高的落户门槛，严格控制落户指标，排除所谓低端劳动力。国际经验和中国实证研究均已表明，任何一个大都市都无法单独依靠高端劳动力维持运转，不同技能劳动者之间存在互补性，一个高技能劳动者大约会带来两个低技能劳动者的需求，在分割和扭曲的劳动力市场上，城市的经济效率无法持续提升。当前户籍改革和新型城镇化建设中，北京、上海、广州等特大城市的任务最艰巨、挑战也最大，的确由于流动人口多、户籍福利水平高，改革带来的成本会很高，但改革的潜在收益也最高。城市的决策者和管理者需要勇于突破思维定式，从成本与收益的两个视角更全面地理解户籍改革，仅仅抓住改革的窗口期和红利期，果断地降低落户门槛，增加新增落户指标和规模，确保户籍人口城镇化率增长不低于常住人口城镇化率步伐。

(二) 加速提高中等规模城市户籍改革

中等规模城市具有较大的人口吸纳能力，进一步放宽和完全放开的改革成本可控，同时落户的吸引力也较强，以省会城市为主的中等城市应该肩负着实现户籍改革发展规模目标的重任。首先，武汉、西安、郑州、合肥等人口近千万的省会城市，人口和经济集聚能力较强，具备良好的就业机会和公共服务能力，尚有较大规模的外地常住人口有意愿在这些城市落户，而这些城市户籍的福利价值也能够弥补农村流动人口放弃宅基地和承包地的机会成本，由此，中等城市通过放宽落户标准吸引外来人口落户目前至少还是可行的。其次，这些中等城市通过放宽或完全放开落户标准，在经济收益上也是可观的，中等城市大多正处在规模经济和要素边际报酬递增的发展阶段，更多人口和人力资源流入将极大改善资源配置效率，提高城市经济效率和活力,这直接带来可观的经济增长和财政收入,足以弥补为之付出的新增公共服务和福利成本。从战略目标上,中等城市的户籍城镇化率步伐要明显赶超常住人口城镇化率的步伐,新增落户城镇规模应该是全国户籍城镇化增长的主要贡献来源。

(三) 有效提升中小城市和小城镇的户籍改革

中小城市和小城镇的战略方向不再是如何放宽门槛,而是如何通过有效的优惠举措吸引外来人口和本地农业人口转移落户。目前现实格局是很多中小城市尤其是小城镇已经完全放开落户政策,但并没有多少外地人口和本地农业人口转移落户,关键在于中小城市和小城镇集聚能力弱、就业机会少、公共服务水平较低。另外,相对于农村宅基地和承包地等集体经济财产收益,农村居民就近实现转移非农化的积极性很低。不可否认,新型城镇化战略方向与现实格局存在矛盾,战略和政策鼓励的人口流动方向,并不符合大多数人的自我意愿,也不符合经济机制的指向,这种偏差源于人口与经济内在的规律,不以人的意志为转移。因此,中小城市和小城镇要敢于直面客观事实,一方面继续全面放开落户政策,允许所有人根据个人意愿选择落户,并且在操作上提供便利,减少操作成本。另一方面,更为重要的是,探索寻找有效的激励举措和优惠政策,从就业、住房、基础设施、公共服务等多个方面着手,吸引更多的人口在本地落户。中央要鼓励和支持地方探索和创新农村宅基地和土地承包地制度,允许在更大范围、以更低交易成本加快土地产权流转,从根本上降低和消除农村转移人口落户城镇的牵绊。

(四) 户籍制度改革推进应"全国推进、兼顾地区差异"

户籍改革成本的地区差异决定了依靠地方为主推动改革的路径不可行。户籍含金量与人口、经济集聚高度关联,户籍价值高的城市经济发达、流动人口多,导致户籍改革成本的地区差异远超过经济发展水平的地区差异,户籍改革成本居前十位的城市累计总成本占到了全国总体近3/4。显然,户籍含金量越高、流动人口规模越大的地方户籍改革成本越高,改革的难度和阻力也就越大。而同时,户籍价值低、流动人口少的城市改革负担也不轻,相对于其经济发展水平、财政负担能力,改革阻力也可能较大。除了户籍制度本身,地方在推动改革中还受到现行制度的约束,财政分权制度、地方竞争模式甚至官员晋升机制等对于地方介入经济、促进增长具有较强激励,而户籍改革的本质不是增长而是分配,是增长成果的再分配。现行制度下"增长"与"分配"的矛盾突出,依靠地方为主推动户籍改革必然举步维艰。因此,全国层面的制度设计和整体推进是户籍改革成败的关键,中央政府承担更大责任则是基本方向。

建立合理的成本分摊机制,中央财政有必要承担主要的户籍改革成本。加快户籍人口城镇化率必须让户籍制度的改革成本能够在中央政府和地方政府,在社会、个人、企业之间合理分担。在推进户籍制度改革中应该依据收益与成本对等原则,在基本公共服务投入中得到中央政府的必要支持。户籍制度改革的潜在收益巨大,但收益的分配并不均等,这其中最大的不均等问题当属中央与地方的收益分配格局,在目前的财税体制下,流动人口创造的GDP和财税收入大部分归属中央,而为流动人口支付的公共服务成本更多由地方承担,现有分配格局下中央政府显然是改革的最大受益者。在全面深化户籍制度改革中,理应遵循收益与成本对等原则,谁能从中获益更多就理应负担更多的改革成本。作为改革主要受益者之一的中央政府有必要发挥应有责任,分摊必要的改革成本,基本的分摊机制思路可以考虑:最基本的公共服务和社会福利可考虑完全由中央政府分担,如教育尤其是义务教育和中等教育、就业、医疗卫生、养老保障、基本的社会保护和救助等随着统筹层次逐步提高,中央财政也应该承担更高比例。在一些准公共服务和投资性福利项目方面,如住房保障、基础设施、文化娱乐、社区服务等,地方政府应当承担主要部分,可根据地方实际情况,进行体制机制创新吸引企业和社会共同投资逐步平稳推进。

从改革推进策略上,应该遵循"全国推进、兼顾地区差异"。基本公共服务和福利均等化的改革思路和方案必须在所有城市(超大城市也不例外)有效落实,全国推进有利于保障改革成本在地区和城市间的合理分摊,若落户标准差异太大,容易引发人口无序流动,造成地方之间户籍改革负担的不平衡,阻碍户籍改革平稳推进。考虑到人口规模、公共资源和财政负担等约束,地区差异化政策是必要的,但是,必须要打破现有的行政区域分割,以城市的实际改革负担能力为基本依据,而不能简单地以大中小城市规模或东中西区域划分,流动人口较少的地区和城市同样也可能存在改革负担,东部地区同样也存在经济和财政能力有限的城市。

(五) 户籍制度改革政策的落实和激励

加快落实户籍制度改革政策,确保符合条件的常住人口尽快落户。尽管新型城镇化战略的配套政策一再强调深化户籍制度改革,加快符合条件的常住居民落户，但实际操作过程中仍然存在诸多障碍，需要加快政策有效落实，除少数人口规模巨大、户籍改革成本很高的特大城市外，其他城市不得采取购买房屋、投资纳税、积分制等方式设置落户限制。根据城市综合承载能力和功能定位，区分主城区、郊区、新区等区域，分类制定落户政策，以具有合法稳定就业和合法稳定住所（含租赁）、参加城镇社会保险年限、连续居住年限等为主要指标，建立完善积分落户制度，重点解决符合条件的普通劳动者的落户问题。特大城市要尽快优化调整居住证积分规则，较大幅度提高稳定居住年限（或居住证持有年限）的分值，适当弱化社保缴费、投资纳税等指标的分值，根据国家人口政策调整改进或取消计划生育政策相关的惩罚性积分规则，明确居住证向本地户籍转换的预期。

研究制定符合城市发展方向的激励政策，鼓励和吸引外来人口落户。各级政府部门要转变思路，明确人口与劳动力是本地经济社会可持续发展的关键资源，树立千方百计争夺日益稀缺的劳动力资源意识，探索符合本地发展方向的人口吸引策略，加快本地基础设施和公共服务建设，创造良好的就业与创业环境，提供完备的住房、教育、社会保障等服务体系，尤其对于中小城市和小城镇，要有很强的人口萎缩紧迫感，创造一切有利条件吸引外地人口落户。中央要鼓励地方大胆探索和创新，允许农村宅基地和承包地在本行政区甚至更大范围内自由流转，通过扩大交易范围、保障农民土地权益，补偿他们落户城镇的潜在成本和风险。

参考文献

[1] 蔡昉：《户籍制度改革与城乡社会福利制度统筹》，《经济学动态》2010年第12期，第4-10页。

[2] 蔡昉：《农民工市民化与新消费者的成长》，《中国社会科学院研究生院学报》2011年第3期，第5-11页。

[3] 蔡昉：《农业劳动力转移潜力耗尽了吗?》，《中国农村经济》2018年第9期，第2-13页。

[4] 蔡昉、都阳、王美艳：《户籍制度与劳动力市场保护》，《经济研究》2001年第12期，第41-49页、第91页。

[5] 曹路：《论中国户籍制度的改革与发展》，《东南大学学报（哲学社会科学版）》2015年第17（S2）期，第96-98页。

[6] 陆益龙：《1949年后的中国户籍制度：结构与变迁》，《北京大学学报（哲学社会科学版）》2002年第2期，第123-130页。

［7］马忠东、张为民、梁在、崔红艳：《劳动力流动：中国农村收入增长的新因素》，《人口研究》2004年第3期，第2-10页。

［8］孙文凯：《中国的户籍制度现状、改革阻力与对策》，《劳动经济研究》2017年第3期，第50-63页。

［9］孙文凯、白重恩、谢沛初：《户籍制度改革对中国农村劳动力流动的影响》，《经济研究》2011年第1期，第28-41页。

［10］汪继业：《从限制到融合：改革开放以来党的农村人口流动政策的演变》，《湖南行政学院学报》2015年第6期，第81-85页。

［11］王美艳：《农民工消费潜力估计——以城市居民为参照系》，《宏观经济研究》2016年第2期，第3-18页。

［12］王瑜、仝志辉：《中国户籍制度及改革现状》，《中国农业大学学报（社会科学版）》2016年第1期，第100-108页。

［13］魏后凯、盛广耀：《中国户籍制度改革的进展、障碍与推进思路》，《经济研究参考》2015年第3期，第6-17页、第41页。

［14］吴贾、姚先国、张俊森：《城乡户籍歧视是否趋于止步——来自改革进程中的经验证据：1989-2011》，《经济研究》2015年第11期，第148-160页。

［15］张焕英、曾晶：《改革开放以来重庆市农村剩余劳动力转移的政策演变及其效应分析》，《贵州大学学报（自然科学版）》2017年第2期，第134-140页。

［16］张晓敏、张秉云、张正河：《人口要素流动门槛变迁视角下的户籍制度改革》，《哈尔滨工业大学学报（社会科学版）》2016年第6期，第68-73页。

［17］赵奉军：《城市让生活更美好——户籍身份变动与居民生活满意度》，《中国农村观察》2016年第4期，第56-71页、第96页。

［18］姚秀兰：《论中国户籍制度的演变与改革》，《法学》2004年第5期，第45-54页。

［19］尹德挺、黄匡时：《改革开放30年中国流动人口政策变迁与展望》，《新疆社会科学》2008年第5期，第106-110页。

第六章　中国收入分配格局变化的回顾与展望

在全球化背景下，中国用短短几十年时间快速走完了发达国家历经上百年的工业化之路。尽管市场经济的基本框架已经建立，但尚未发育成熟，一些遗留的制度性障碍与市场经济体系交错在一起，形成很多收入分配问题。一个时期以来，投资驱动的增长模式决定了资本在收入分配中占有主导地位，劳动报酬份额因此偏低。一般来说，资本要素具有收入集中化倾向，劳动要素具有收入均等化倾向。劳动报酬份额偏低的话，居民之间的收入差距就会拉大。2012年以来，从初次分配来看，我国劳动报酬份额有所提高，但实际工资水平原地踏步的状况并没有发生根本性变化，这是一种对劳动者不利的分配格局。从二次分配来看，居民部门收入占国民收入的份额虽然略有上升，但还远未达到合理水平。从税费负担来看，有将近1/3的居民收入因缴纳税费而变得不可支配，这使得工薪劳动者在分配格局中的不利地位雪上加霜。从居民收入差距来看，我国基尼系数一直在高位徘徊，是经济可持续发展与全面建成小康社会的重要负面因素。建立合理有序的分配秩序，既需要我们在初次分配中充分发挥市场的决定性作用，让各类要素取得合理的回报，又需要我们在二次分配中合理调节收入差距，让改革发展的成果更多更公平惠及全体人民，实现全体人民共同富裕。

一、引言

改革开放以来，我国经济增长非常迅速。2017年，我国人均国内生产总值达59660元，按照人民币兑美元汇率6.3计算的人均国内生产总值达到了9470美元，已经是实实在在的中等收入国家。然而，由于发展阶段和体制机制方面的原因，如何让改革发展成果更多更公平惠及全体人民，如何实现全体人民共同富裕，一直是我们前进路上的难题。

破解这一难题，就是要建立合理有序的收入分配秩序。党的十九大报告提出"坚持按劳分配原则，完善按要素分配的体制机制，促进收入分配更合理、更有序。鼓励勤劳守法致富，扩大中等收入群体，增加低收入者收入，调节过高收入，取缔非法收入。坚持在经济增长的同时实现居民收入同步增长、在劳动生产率提高的同时实现劳动报酬同步提高。拓宽居民劳动收入和财产性收入渠道"。这是近一个时期我们党对收入分配改革方向的总体定位和要求。

近年来，我国的名义工资水平上涨较快，带动了居民收入较快增长，城乡和地区之间的收入差距缩小，违法违规收入遭到清算，基尼系数有所下降，整体收入差距有所减小。不过，从老百姓的切身感受来看，收入改善的程度似乎并不那么明显。究其原因，一方面在于物价水平上涨，尤其是住房、教育、医疗等生活成本增加较快，另一方面也因为个人所得税、社保缴费等各类扣款较多，使工薪劳动者到手的可支配收入不断缩水，还有部分原因是目前的居民收入统计中，有一部分并非是实际发生的收入，比如财产性收入中的自有住房租金，在现实中没有居民会向自己缴纳自有住房的租金。所有这些因素的背后，是我国实际工资水平较低、分配不尽合理的现实情况。目前，社会上关于收入水平"拖后腿""被平均"、个人所得税沦为"工资税""勤劳税"的议论其实就在某种程度上反映了老百姓对收入现状不太满意的现实。

长远来看，建立合理有序的收入分配秩序，必须坚持党的十九大报告中提出的改革目标，把纸面上的政策措施落到实处。要抓住人民最关心、最直接、最现实的利益问题，既尽力而为，又量力而行，一件事情接着一件事情办，一年接着一年干。坚持人人尽责、人人享有，坚守底线、突出重点、完善制度、引导预期，完善公共服务体系，保障群众基本生活，不断满足人民日益增长的美好生活需要，不断促进社会公平正义，形成有效的社会治理、良好的社会秩序，使人民获得感、幸福感、安全感更加充实、更有保障、更可持续。

本章回顾总结改革开放 40 年来我国收入分配格局的变化，从功能性分配和规模性分配的角度，着重分析资本和劳动分配关系、实际工资水平的变化、部门之间分配关系，尤其是居民收入差距的变化，并对收入分配改革进行展望。

二、功能性分配的变化：收入分配格局变动的趋势

改革初期，市场机制尚未形成，价格双轨制以及国有企业面临的预算软约束，使得分配过多向劳动倾斜，从而造成企业经营困难，这实际上也是后来为什么要进行国有企业改革的原因。当时，功能性分配的主要问题是劳动报酬份

额过高、工资严重侵蚀利润的问题。随着改革进程的推进，劳动报酬份额开始逐步下降。这是计划体制向市场机制转变后，工资向合理水平回归的结果。但是，近年来，市场固有和体制转轨所积累的收入分配矛盾凸显，逐步扩大的收入分配差距已经成为经济可持续发展与全面建成小康社会的重要负面因素。其中，功能性分配格局失衡是收入分配不合理的重要原因和源头，其主要表现是劳动报酬份额长期过低，利润侵蚀工资。一般来说，资本要素相对具有收入集中化倾向，劳动要素相对具有收入均等化倾向，劳动报酬水平偏低的话，居民之间的收入差距就会拉大。2012年以来，我国劳动报酬份额虽然有所提高，但水平依然偏低，仍然是一种对劳动者不利的分配格局。作为居民的主要收入来源，劳动报酬份额偏低以及工资水平增长缓慢，都直接影响了居民收入增长。

（一）劳动报酬份额与实际工薪水平变化

劳动报酬份额是指雇员部门劳动报酬总额占雇员部门增加值的比重。由于统计口径不同，我国的劳动报酬份额在和其他国家进行比较的时候往往会引起一些误读。国际上经常使用的统计口径是"雇员劳动报酬占GDP份额"，而我国统计部门公布的劳动报酬数据既包括雇员劳动报酬，也包括自雇部门中通过估算得到的劳动报酬。如果拿两个不同口径的数据进行国际比较往往会出现中国劳动报酬份额似乎并不低的结论。然而，由于自雇部门的劳动报酬是人为估算得到的结果，并不具有真正的收入分配含义，所以，直接使用国家统计部门公布的劳动报酬份额数据并不能真正观察到国民收入分配格局的实际状况。为此，我们分别对雇员经济部门和自雇经济部门进行了国民经济核算，得到了能够真实反映国民收入中要素分配状况的雇员部门劳动报酬份额数据。

传统经济成分也可以被称为自雇经济成分，其特征是要素的贡献难以区分，无法实现按要素贡献进行分配，例如，传统的农户和城乡个体经营户就是典型的自雇经济成分；而现代经济成分则是以公司化、组织化或者产业化生产方式为特征的生产部门，有明确的雇佣劳动关系，资本和劳动的贡献容易区分，能够实现按要素贡献进行分配，现代经济成分也可以被称为雇员经济成分。对于自雇经济成分来说，由于劳动者本身同时是资本的拥有者，区分劳动报酬和资本收入没有实际意义。而雇员经济则不同，在雇员经济成分中资本拥有者和劳动者是分离的，资本拥有者需要得到资本收益，而劳动者需要得到劳动报酬，劳动报酬在总收入中的份额体现了一种明确的分配关系。这种分配关系通常称为功能性分配。劳动报酬份额越高，劳动者分享经济增长的成果就越多。

第六章　中国收入分配格局变化的回顾与展望

雇员经济部门劳动报酬占本部门增加值份额变化状况，才是了解中国要素分配格局变化的有效指标。由于剔除了自雇经济部门，这一指标基本上能代表收入在劳动和资本之间的分配状况。调整后的劳动报酬份额变化如图6-1所示。应该说，图6-1是迄今我们所观察到的、最接近功能性收入分配实际状况的劳动报酬份额变化的曲线。观察该图，以20世纪90年代中期为界，可以划分为两个时期。90年代中期之前的劳动报酬份额呈现从高水平上快速下降的趋势。在这一时期的大部分时间内，劳动报酬份额一直比较高，这样高的比例意味着收入分配格局严重失衡。由于此时正处改革初期，市场机制尚未形成，价格双轨制以及国有企业面临的预算软约束，使得分配过多向劳动倾斜，从而造成企业经营困难，这实际上也是后来为什么要进行国有企业改革的原因。[①] 总体来看，这一时期中国面临的问题，不是劳动报酬份额太低而是过高，是工资严重侵蚀利润的问题。[②③] 随着改革进程的推进，劳动报酬份额的下降趋势，主要是计划体制向市场机制转变后，工资向合理水平回归的结果。

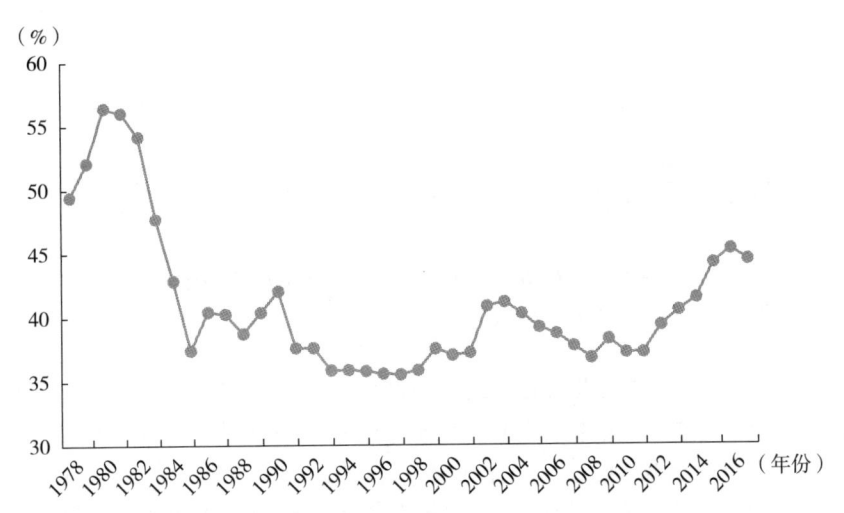

图6-1　1978~2017年雇员经济部门的劳动报酬份额

资料来源：根据历年《中国统计年鉴》计算。

[①] 林毅夫、刘明兴、章奇：《政策性负担与企业的预算软约束：来自中国的实证研究》，《管理世界》2004年第8期，第81-89页、第127页。

[②] 戴园晨、黎汉明：《工资侵蚀利润——中国经济体制改革中的潜在危险》，《经济研究》1988年第6期，第3-11页。

[③] 徐海波：《工资增长形势的估价与分析》，《经济研究》1992年第3期，第40-45页。

加入世界贸易组织之后,我国雇员经济部门的劳动报酬份额先降后升。2001~2011年,雇员经济部门劳动报酬份额下降的主要原因是劳动力供大于求,实际工资水平持续走低。那一时期,我国农村可转移人口数量巨大,他们进城务工之后,我国以劳动密集型产业为主力军的经济发展非常迅速。但是,由于劳动力供大于求,工资水平较低,经济增长的成果大部分归为资本报酬,因此,尽管工薪就业者的数量不断增加、雇员化水平不断提高(见图6-2),但劳动报酬份额一直下降。

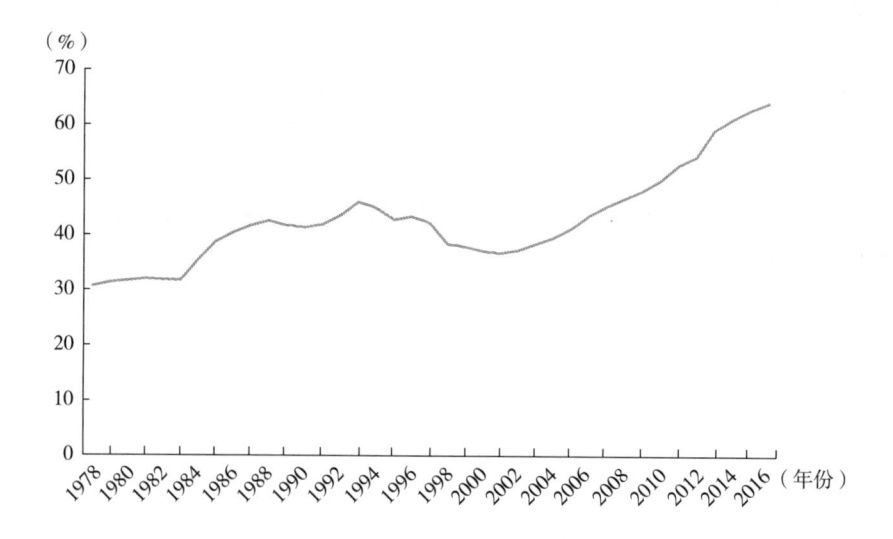

图6-2 1978~2016年我国雇员就业占总就业的比重

资料来源:根据历年《中国统计年鉴》计算。

2008年国际金融危机之后,由于外部出口需求和内部要素结构的双重变化,我国劳动报酬份额逐渐回升。2008年国际金融危机使得发达国家的贸易支付能力受到很大影响,这对我国商品出口的影响非常明显。2006年,在最终消费支出、资本形成总额以及货物和服务净出口三大需求中,货物和服务净出口对国内生产总值增长的贡献率一度达到15.1%,2002~2007年平均达到了5.5%。而到了2009年,货物和服务净出口对国内生产总值增长的贡献率大幅度降到了-42.6%。2010~2016年,货物和服务净出口对国内生产总值增长的贡献率平均为-3.4%。我国出口产业受到巨大冲击,它们逐渐转型,以适应内需的快速扩张。同时,在新一轮科技革命推动下,新产业、新业态、新模式"三新"经济活动层出不穷,新动能不断增强。2016年"三新"经济增加值约相当于GDP的15.3%，而且发展势头旺盛，一定程度上弥补了传统动能减弱带来的影响，对稳定就业发挥了重要的作用。这一时期，我国内部要素结构也发生了变化。2012年前后，新增劳动力数量逐渐缩小，15~64岁人口的数量下降，劳动力市场供求关系有利于普通劳动者一方。内外双重因素都使得压低雇员工资的传统作用力失去了支点。雇员经济部门的劳动报酬份额从2011年的37.2%提高到了2016年的45.3%。在劳动者数量基本稳定、劳动报酬份额上升的情况下，雇员的名义工资水平大幅度上升，雇员的实际工资水平略有上升。

如图6-3所示，以雇员工资和人均GDP的比值作为实际工资水平来看，2003年之后，尽管名义工资在上涨，相对于物价水平的实际工资也在上涨，但相对于经济增长来说，雇员劳动者的工资水平实际上经历了长时间大幅度的下降。也就是说，雇员劳动者所能分享到的经济增长的成果非常有限，而且份额越来越少，经济增长的成果更多地向资本倾斜。2012~2016年，雇员的实际工资水平从0.762上升到了0.825，提高了8.3%。其中，城镇单位雇员的实际工资水平提高了6.7%，其他雇员的实际工资水平提高了7.4%。另外，外出农民工的实际工资水平提高了6.3%。

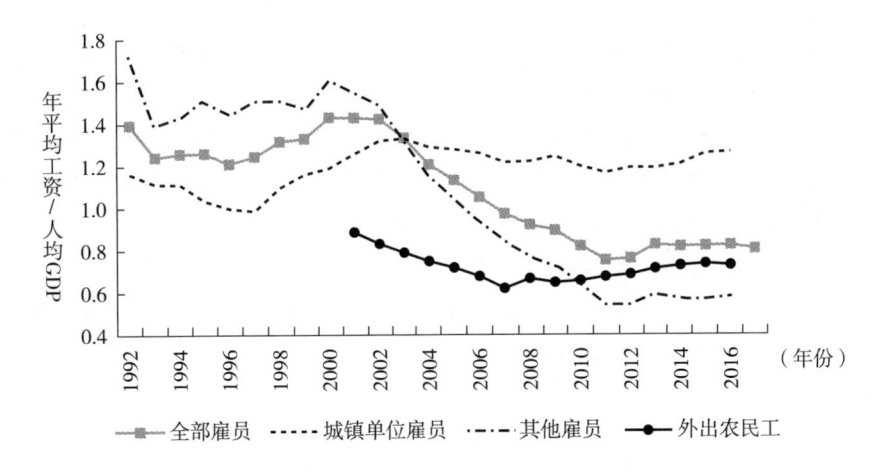

图6-3　1992~2017年雇员工资水平相对于人均GDP的变化

资料来源：根据历年《中国统计年鉴》计算。

2017年，雇员经济部门的劳动报酬份额和雇员实际工资水平都出现了下降。由于劳动力市场的调整速度要滞后于经济形势的变化，在经济加快增长的时期，工资增长的速度偏慢，这就造成了劳动报酬份额和雇员实际工资水平相对下降，2017年就属于这种情况。2017年GDP增长率达到了6.9%，明显要快于前一个时期。其中，第三产业增加值增长了8%，而第三产业是就业最为密集的产业，占我国总就业的45%，因此，滞后效应比较明显。另外，前一个时期的经济刺激政策效应逐渐淡去，国有部门和基础设施建设单位的工资水平增长缓慢，也是2017年雇员经济部门的劳动报酬份额和雇员实际工资水平下降的重要原因。

（二）部门间分配格局的变化

劳动报酬份额的变化，会带来部门间收入分配关系的变化。一般来说，劳动报酬份额提高的时期，主要依靠工资性收入的居民部门的收入份额会提高，企业部门的收入会降低；反之亦然。根据国家统计局公布的资金流量表的数据，可以计算我国1992年以来收入分配格局的变化。从初次分配来看，1992~2008年，政府收入和企业收入都呈现上升趋势，企业部门从17.37%上升到25.26%，上升了7.89个百分点，政府收入则从16.57%上升到17.52%，上升接近1个百分点，而居民部门收入则大幅度下降，由66.06%下降到57.23%，下降了8.83个百分点。初次分配阶段居民收入的下降主要由企业部门收入的上升所解释。

以初次分配收入为起点，各部门经过收入税、社会保险缴款或福利、社会补助以及其他经常性转移等再分配项目调整，形成可支配收入，形成国民收入的再分配。收入税是企业和居民部门向政府缴纳的所得税。社保缴费包括企业和个人缴款两部分，但在国民经济核算中，社保缴费在初次分配阶段被计为劳动者报酬，而在再分配阶段，将企业和个人缴款的总和计入居民部门向政府部门缴纳的社保缴款中。社保福利是政府向居民的转移。由于我国居民社保缴款一直高于政府社保福利支出，故社会保险部分表现为居民部门向政府部门的净转移。社会补助是政府和企业部门对住户进行的转移支付，以政府部门支出为主。

再分配后，国有收入的分配格局仍然表现为企业部门和政府部门的收入占比上升以及居民部门收入的下降。1992~1998年，企业部门份额从11.70%上升到21.60%，上升了9.9个百分点，政府部门从19.96%上升到21.28%，上升了1.32个百分点，居民部门则从68.34%下降到57.11%，下降了11.23个百分点。与初次分配格局相比，再分配使得企业部门收入下降，政府部门收入上升，居民部门收入略有下降。政府部门通过再分配得到了更高的收入份额（见表6-1）。

第六章 中国收入分配格局变化的回顾与展望

表6-1 中国国民收入分配格局变化：初次分配和再分配（1992~2015年）

单位：%

年份	初次分配 企业部门	初次分配 政府部门	初次分配 居民部门	再分配 企业部门	再分配 政府部门	再分配 居民部门	再分配-初次分配 企业部门	再分配-初次分配 政府部门	再分配-初次分配 居民部门
1992	17.4	16.6	66.1	11.7	20.0	68.3	-5.7	3.4	2.3
1993	20.1	17.3	62.6	15.7	19.7	64.6	-4.4	2.4	2.0
1994	17.8	17.1	65.1	14.5	18.5	67.0	-3.2	1.4	1.8
1995	19.5	15.2	65.2	16.2	16.5	67.2	-3.3	1.3	2.0
1996	16.9	16.6	66.5	13.7	17.9	68.4	-3.2	1.3	2.0
1997	16.9	17.1	66.0	13.1	18.3	68.6	-3.8	1.2	2.6
1998	16.2	17.7	66.1	13.5	18.1	68.4	-2.7	0.4	2.3
1999	17.8	17.1	65.0	14.7	18.1	67.2	-3.1	1.0	2.2
2000	19.7	13.1	67.2	17.9	14.5	67.5	-1.8	1.4	0.4
2001	21.4	12.7	65.9	18.9	15.0	66.1	-2.5	2.3	0.1
2002	21.6	13.9	64.5	19.3	16.2	64.4	-2.2	2.3	-0.1
2003	22.3	13.6	64.1	19.9	16.1	64.0	-2.3	2.5	-0.1
2004	25.1	13.7	61.1	22.5	16.4	61.1	-2.6	2.7	-0.1
2005	24.5	14.2	61.3	21.6	17.6	60.8	-2.9	3.4	-0.4
2006	24.7	14.5	60.7	21.5	18.2	60.2	-3.2	3.7	-0.5
2007	25.7	14.7	59.6	22.1	19.0	58.9	-3.6	4.3	-0.7
2008	26.6	14.7	58.7	22.7	19.0	58.3	-3.9	4.2	-0.4
2009	24.7	14.6	60.7	21.2	18.3	60.5	-3.5	3.7	-0.2
2010	24.5	15.0	60.5	21.2	18.4	60.4	-3.3	3.4	-0.1
2011	23.9	15.4	60.7	20.0	19.2	60.8	-3.8	3.8	0.1
2012	22.7	15.6	61.6	18.5	19.5	62.0	-4.3	3.9	0.3
2013	24.1	15.2	60.7	19.8	18.9	61.3	-4.4	3.7	0.6
2014	24.7	15.2	60.1	20.5	18.9	60.6	-4.2	3.6	0.6
2015	24.2	14.9	60.9	19.8	18.5	61.6	-4.3	3.6	0.7

资料来源：国家统计局《中国资金流量表历史资料（1992~2004）》；历年《中国统计年鉴》。

无论是初次分配还是再分配，国民收入分配都表现为居民收入比重的下降。初次分配阶段，国民收入分配主要向企业部门倾斜，企业部门的收入增加解释了居民收入下降的近90%，居民收入下降剩下的10%则由政府部门收入上升所解释。在再分配阶段，政府部门收入进一步上升，企业部门收入下降，居民部门微降，其中在2004年之前，居民部门收入份额在再分配阶段比初次分配阶段有所上升，2004年之后则表现为下降，但下降幅度不大，以2008年为例，政府部门再分配阶段收入的上升主要由企业部门收入下降做解释，因此，再分配阶段，国民收入分配格局主要向政府部门倾斜。

2009~2015年，部门间的初次分配格局大致稳定，再分配向居民部门倾斜。再分配后，企业部门的收入份额变化，由2009年的-3.5%变为2015年的-4.3%，政府部门由3.7%下降为3.6%，居民部门由-0.2%提高到0.7%。除了再分配之外，劳动报酬份额的提高也是居民收入占国民收入的比重提高的重要原因。居民收入的主要来源是劳动报酬。2009年劳动报酬占居民可支配收入的比重约为81%，2015年提高到了84%。同期劳动报酬占全国GDP的份额也从31.2%提高到了34.5%。

综上所述，2009年之前，我国收入分配中存在的最大问题就是居民收入在国民收入中的比重下降，当然，分部门来看，造成居民收入下降的原因在初次分配阶段是因为企业部门收入增加造成的，而从再分配阶段来看是因为收入分配向政府部门倾斜的结果。居民收入在国民收入中的比重不断下降的主要原因在于作为居民部门主要收入来源的劳动报酬占GDP的份额出现了下降。同时，虽然资本要素收入占国民收入的比重在提高，居民部门的资本要素收入却下降了。这是由于资本市场的现有规则不利于资本要素收入转变为居民收入。2012年以来，劳动报酬份额占GDP的比例不断提高，这是居民收入在国民收入中的比重不断提高的主要原因。

（三）个人所得税改革

一般来讲，个人所得税是再分配的内容，与劳动报酬份额关系不大。但是，就目前的阶段来说，有必要将个人所得税和劳动报酬联系起来看待。众所周知，我国劳动报酬份额是长期偏低的。在国民收入分配格局不利于劳动者的情况下，如果资本收益转化为居民收入的渠道通畅，那么，劳动报酬份额偏低其实也不构成太大问题。不过，我国目前的资本市场似乎还难以做到这一点。在我国目前国民收入的分配格局中，劳动报酬约占31%，资本报酬约占36%，间接税约占13%，自雇经济成分约占20%。而在居民收入中，主

第六章 中国收入分配格局变化的回顾与展望

要是劳动报酬收入,劳动报酬占城镇居民收入比重为70%~80%,占农村居民纯收入的比重也在50%左右,而且劳动报酬占农村居民收入的比重呈现不断上升的趋势。在国民收入中占比较高的资本收入在居民收入中的比重却很低,无论是城镇居民还是农村居民,财产性收入占比都很小。居民通过资本市场获得财产性收入的渠道并不通畅,这使得国内生产总值中的资本报酬难以转化为居民收入。由图6-4可以看出,资本报酬占国内生产总值的比例为36%,但居民的财产性收入只占居民收入的8%左右。

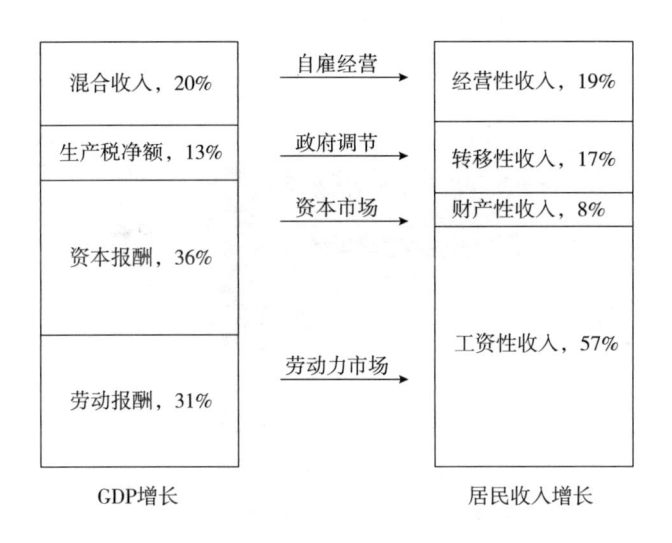

GDP增长		居民收入增长
混合收入,20%	自雇经营 →	经营性收入,19%
生产税净额,13%	政府调节 →	转移性收入,17%
资本报酬,36%	资本市场 →	财产性收入,8%
劳动报酬,31%	劳动力市场 →	工资性收入,57%

图6-4　GDP核算和居民收入之间的对应关系

资料来源:根据《中国统计年鉴(2014)》计算整理。

我国工薪劳动者不仅在国民收入分配格局中处于不利地位,而且税费负担又使他们的不利地位雪上加霜。从全世界来看,我国工薪劳动者的税费负担都属于较重的。我国目前工薪劳动者税费负担包括个人所得税、住房公积金和各项社会保险基金缴费。从名义缴费率来看,用人单位缴纳基本养老保险、基本医疗保险、失业保险、工伤保险和生育保险的费率分别占工资总额的20%、6%、2%、1%、1%左右[①],职工本人缴纳基本养老保险、基本医疗

[①] 国务院决定从2015年10月1日起,将工伤保险平均费率由1%降至0.75%,并根据行业风险程度细化基准费率档次,根据工伤发生率对单位适当上浮或下浮费率。

115

保险和失业保险的费率，分别为本人工资的8%、2%和1%①。住房公积金单位和职工缴存比例在5%~12%。因此从名义上来看，用人单位缴费率在32.5%~36%，个人缴费率在13.5%~17%。如果把单位和个人缴费加在一起，各类扣款占到工资总额的比例在46%~53%，这意味着有一半左右的收入没有办法变成劳动者的可支配收入。

不过，在现实中，实际缴费率并没有达到名义缴费率。例如，2014年，个人所得税占3%，住房公积金占6%，雇员个人缴纳的社保基金占4%，单位缴纳的社保基金占12%，这四项占劳动报酬总额的比重为25%（见图6-5）。即使如此，这依然意味着有1/4的收入变成了劳动者的不可支配收入。

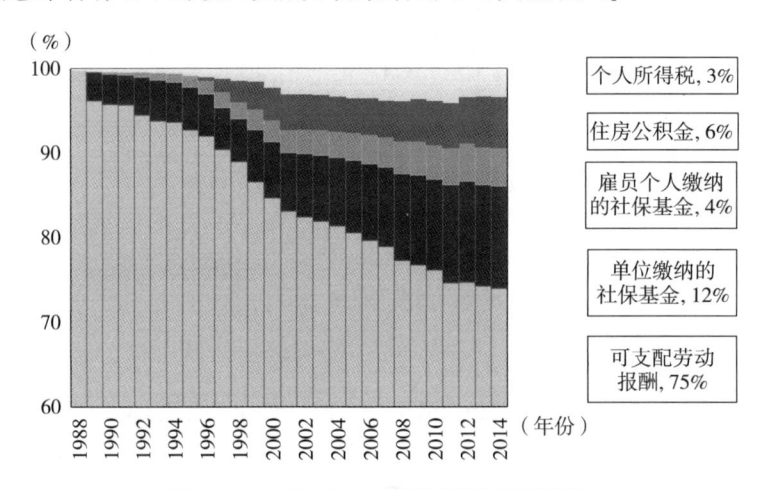

图6-5　1988~2014年我国劳动报酬结构

资料来源：根据历年《中国统计年鉴》计算整理。

分群体来看，劳动者的税费负担并没有平均地分配到每个人头上。如果把工薪劳动者分为城镇单位雇员和其他雇员（主要是农民工群体）两个群体，那么，承担税负最重的则是城镇单位雇员群体，这一群体占全部工薪劳动者的比例不足40%。我们以城镇单位雇员和其他雇员两个群体②的劳动报酬总额分别除以两个群体的人数，可以得到其劳动报酬水平。对比图6-6和

---

① 2015年失业保险费率由现行条例规定的3%统一降至2%，单位和个人缴费具体比例由各地在充分考虑提高失业保险待遇、促进失业人员再就业、落实失业保险稳岗补贴政策等因素的基础上确定。

② 城镇单位雇员是指城镇单位就业人员，包括国有单位、城镇集体单位、股份合作单位、联营单位、有限责任公司、股份有限公司、港澳台商投资单位、外商投资单位的雇员，其他雇员是指私营企业就业和乡镇企业就业者，主体是农民工。

图 6-7 可以发现，2014 年，城镇单位雇员的劳动报酬水平是可支配劳动报酬水平的 1.5 倍，而其他雇员是 1.1 倍。也就是说，城镇单位雇员群体的劳动报酬中，有 1/3 不可支配。其他雇员群体不可支配报酬的比重不到 10%。城镇单位雇员的税负比其他雇员要重得多。

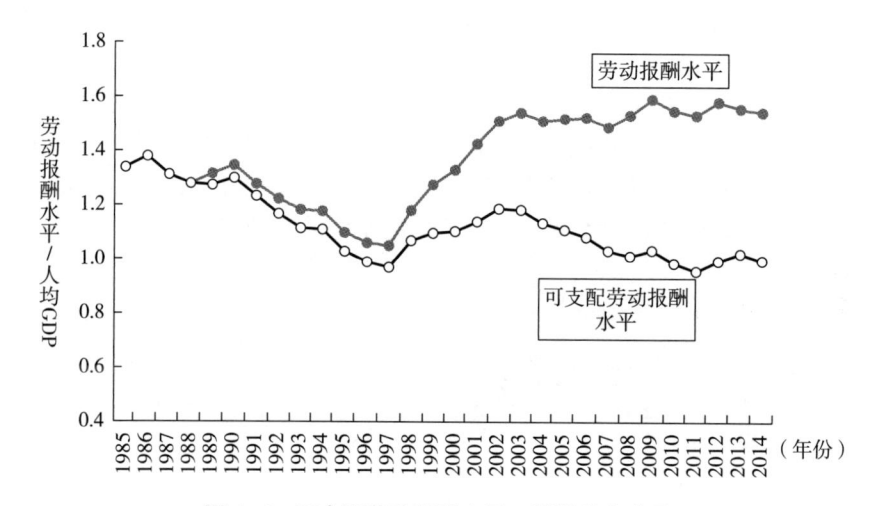

图 6-6 可支配劳动报酬水平（城镇单位雇员）

资料来源：根据历年《中国统计年鉴》计算整理。

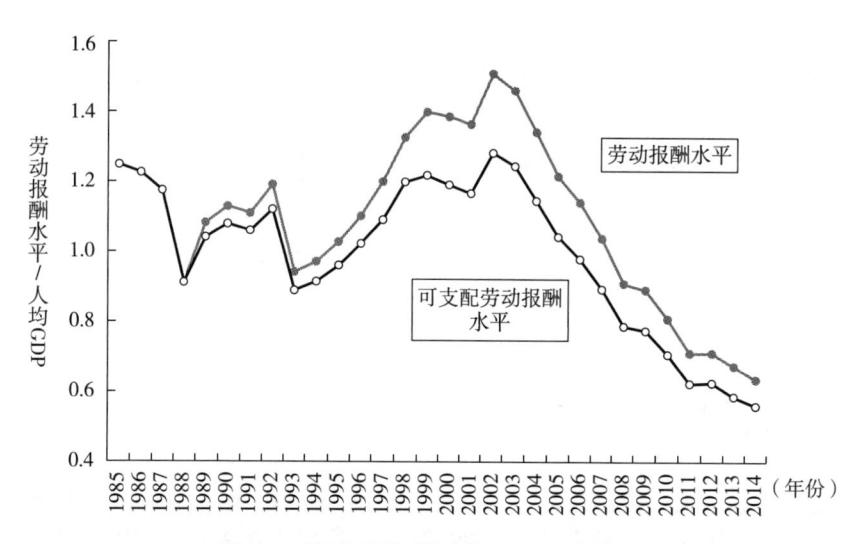

图 6-7 可支配劳动报酬水平（其他雇员）

资料来源：根据历年《中国统计年鉴》计算整理。

如图 6-8 所示,虚线表示个人所得税征收之前的劳动报酬水平,实线表示征收个人所得税后劳动报酬水平。可以发现,城镇单位雇员群体在征收个人所得税前后,劳动报酬水平变化较大。比如 2014 年,征收个人所得税后,劳动报酬水平下降了 7.2%。而其他雇员群体变化较小。2014 年,征收个人所得税后,其他雇员群体劳动报酬水平下降了 1.8%。以上这些情况说明,我国个人所得税制度对工薪所得征缴力度大,而对资本类、财产类所得征缴力度不足,从而使得从工薪所得税占个人所得税比重不断增加,这种状况在我国劳动报酬份额依然偏低的情况下对劳动者就显得更加不公平。个人所得税改革应在实施综合与分类相结合税制的基础上,大幅度提高工薪所得的起征点,减轻工薪劳动者的税负,从而实现更加公平的分配。

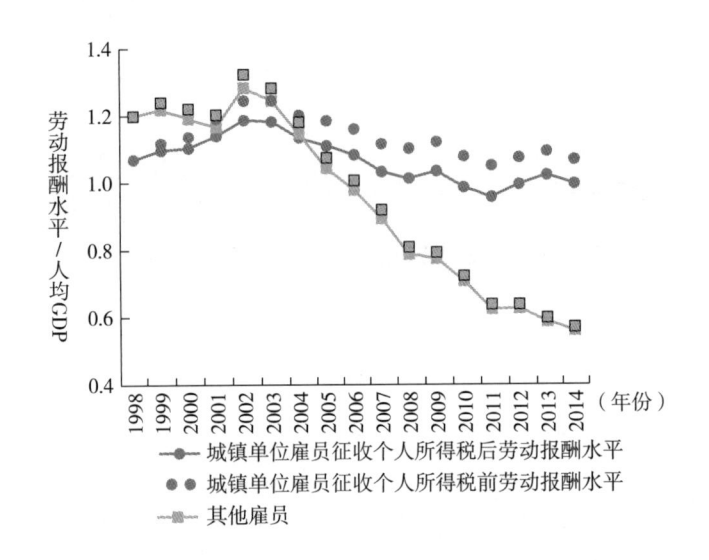

图 6-8 个人所得税负担比较(城镇单位雇员和其他雇员)

资料来源:根据历年《中国统计年鉴》计算整理。

三、规模性分配的变化:基尼系数真的下降了吗?

改革开放以来,我国居民收入差距呈现先大幅提高再小幅下降的走势。改革初期,居民收入差距很小,1978 年基尼系数在 0.3 左右。2008 年上升到 0.491,达到改革开放以来的最高值。基尼系数从 2009 年开始下降,到 2015 年降为 0.462。2016 年虽然又提高到了 0.465,但提高幅度不大。那么,能否认为我国的收入差距已经进入趋势性的缩小阶段了呢？我们认为，虽然城乡收入差距和地区收入差距都出现了缩小，但还不能就此认为我国总体的收入差距已经趋势性缩小，因为导致收入差距缩小的一些因素有些不具有长期持续性，有些影响作用还不足以大到抵消导致收入差距扩大的因素。

（一）基尼系数的变化

规模性分配是指居民（家庭）之间的收入差距。收入差距可以使用基尼系数来衡量。基尼系数介于0~1，基尼系数越大，表示不平等程度越高。根据国际经验，如果一个经济体的基尼系数在0.3以下，可以认为收入差距非常小；如果大于0.4，可以认为收入差距较大，社会矛盾就会比较尖锐。在再分配体系比较健全的西欧、北欧、澳洲、日韩等国家，基尼系数一般维持在0.4以下，社会环境相对和谐稳定。而像拉美地区一些国家，基尼系数多在0.5以上。

按照我国现行的统计办法，一般以居民可支配收入数据来计算基尼系数。在2013年国家统计局发布基尼系数之前，已经有很多民间调查粗算了我国的基尼系数。一般认为，我国改革开放之初，基尼系数很小。20世纪90年代基尼系数开始上升，2000年前后达到了0.4，2008年前后接近了0.5。虽然这些民间调查的调查规模不大，但还是基本反映出了我国收入差距不断增大的事实。这一点在国家统计局公布基尼系数之后得到了印证。根据国家统计局公布的数据，我国2003年以来的基尼系数如图6-9所示。2003年，我国基尼系数达到了0.479。针对收入差距过大，2013年，国务院出台了《关于深化收入分配制度改革的若干意见》，全面细致地部署了收入分配改革任务。在各方推动下，基尼系数从2009年开始微降，2015年全国居民可支配收入的基尼系数为0.462，这是2008年以来的第七年下降，也是2003年以来的最低点。但是到了2016年，基尼系数再次升高到了0.465。

把基尼系数控制在合理范围之内，是一个国家拥有现代治理能力的重要标志。在治理水平较低的拉美一些国家，基尼系数都在0.5以上。虽然我国基尼系数近年来可能有所下降，但和发达国家相比仍处高位。根据OECD网站发布的数据（见图6-10），2012年，大多数OECD国家的基尼系数在0.3左右，比如澳大利亚和意大利为0.33，法国和韩国为0.31，德国为0.29，英国为0.35，美国为0.39。我国的基尼系数和这些国家相比，还显得比较高。

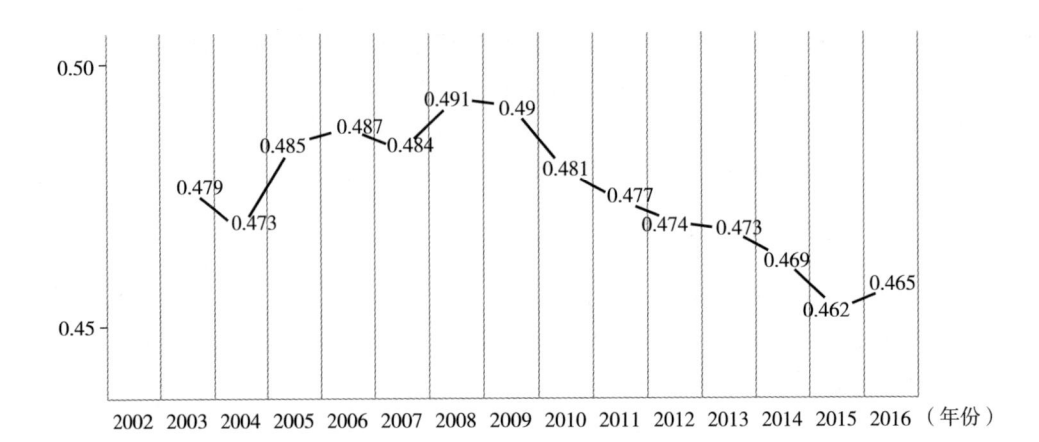

图 6-9　2002~2016 年我国基尼系数

资料来源：国家统计局网站。

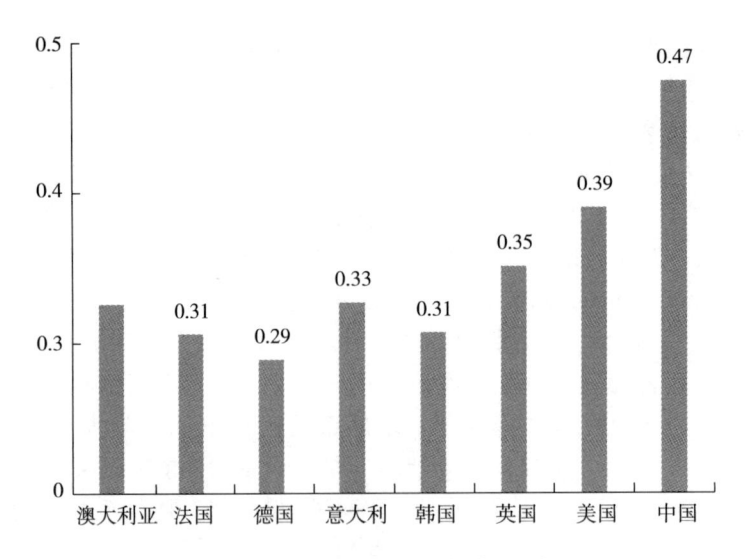

图 6-10　部分国家 2012 年基尼系数

资料来源：国家统计局网站和 OECD 网站。

（二）我国基尼系数下降的解读

近年来，我国着力推进城镇化建设，破除城乡地区间的要素流通障碍，促成城乡地区间的平衡发展。这带来了两种缩小收入差距的作用力，即城乡收入差距和地区收入差距的缩小。但是，发展阶段和体制机制带来的收入差距扩大的作用力并没有消失。抛开这些因素，仅仅是统计体系自身的问题——"统计外收入"大量存在，就已经让我们对目前公布的基尼系数的可靠性提出了疑问。

1. 城乡和地区收入差距

在我国的收入差距中，城乡差距扮演着重要角色。在改革开放初期，城乡收入差距就已经比较大，1978年达到了2.57。农村改革后，农村居民收入迅速提高，城乡收入差距一度缩小到了1.82。但是，城乡分割的二元结构并未破除，这造成了农村改革之后一段时期内农村居民收入增长缓慢，城乡收入差距较大。对此，党和政府采取了多种措施提高农民收入，其中之一是推动农村劳动力进城务工。2000年以后，外出农民工数量平均每年增长3.2%。到2016年全国共有2.7亿农村劳动力在非农行业就业，其中外出农民工总数达到近1.7亿人。外出农民工收入水平不断提高，从2001年的644元提高到2016年的3072元，虽然低于同期GDP增幅，但仍然是农村居民收入中增长幅度最快的，推动了城乡收入差距的缩小（见图6-11）。城乡收入差距从2009年的3.33下降到了2017年的2.71（见图6-12）。

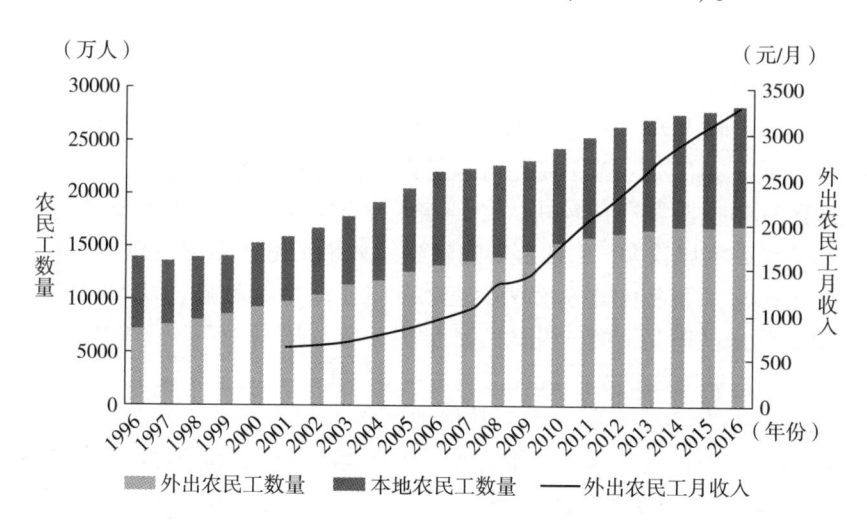

图6-11　1996~2016年农民工数量和收入水平

资料来源：根据国家统计局网站数据整理。

区域发展不平衡是造成居民收入差距的另一个重要因素。将城镇居民人均可支配收入和农村居民人均纯收入以人口数量加权，可以得到不同地区居民的人均收入，然后可以计算不同地区居民收入的基尼系数、变异系数和泰

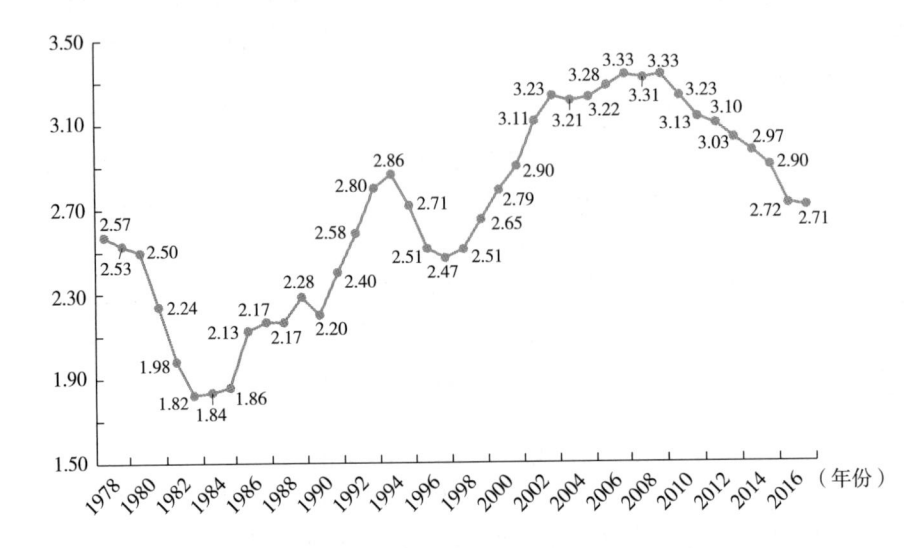

图 6-12　1978~2016 年城乡收入差距

资料来源：根据历年《中国统计年鉴》计算。

尔指数。如图 6-13 所示，几个指数趋势完全一致。从发展趋势来看，90 年代初期，地区收入差距出现了迅速扩大的态势，该过程一直持续到 2006 年。2007 年以后，地区收入差距变化跨越了拐点，进入下行阶段。近些年来，中西部地区有些省份发展比较快，经济增长速度比较高。特别是金融危机以后，东部受影响比较大，中西部影响较小。如果把整个东部沿海地区和中西部地区作比较，不难看出区域收入差距有明显缩小的趋势。以人均 GDP 衡量，2008 年最高的是上海，最低的是贵州，两者比例为 7∶1；2016 年最高的是北京，最低的是甘肃，两者比例为 4.27∶1。

对于 2006 年以来东部地区与其他地区收入差距缩小，可以将其描述为"雁阵模式"，即初级产业从东部地区向其他地区转移引起的地区经济增长速度变化。起初，沿海地区依靠交通、外资、政策扶植等方面的便利条件，依靠源源不断的充足低廉的劳动力供给，成为我国制造业重地。后来，东部地区为了培育更高端产业，需要"腾笼换鸟"，中西部地区就承接了一些原先东部地区的初级产业。从宏观经济层面来看，2008 年以来的国际经济不景气给东部地区带来的冲击最大，也是东部地区与其他地区经济差距缩小的原因。总之，在不考虑统计虚报的情况下，中西部经济增长速度相对提高是不争的事实。

第六章 中国收入分配格局变化的回顾与展望

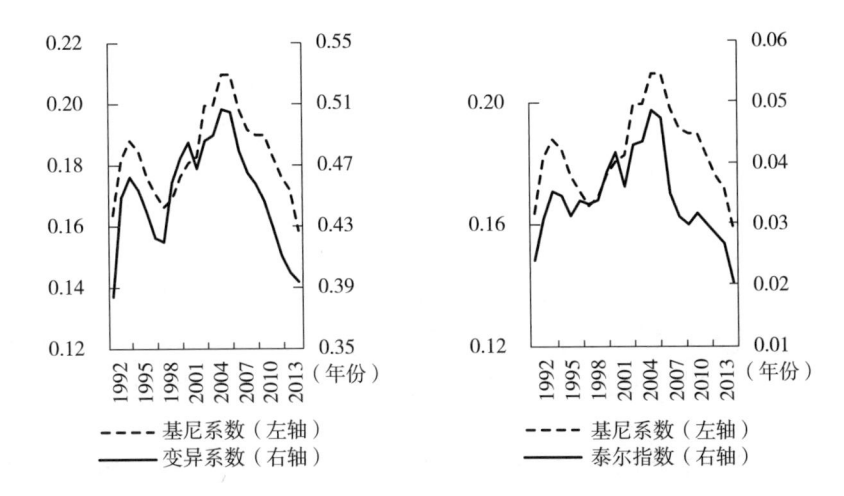

图 6-13 省际居民人均收入差距：基尼系数和泰尔指数

资料来源：转引自张车伟、赵文：《进一步缩小收入差距的挑战与对策》，《社会政策研究》2017年第1期。

2. 如何看待"统计外收入"的影响

那么，是不是能够认为我国已经进入收入差距不断缩小的轨道了呢？我们认为，现在还不能下这个结论。因为导致收入差距缩小的一些因素有些不具有长期持续性，有些其影响作用还不足以大到抵消导致收入差距扩大因素的作用。这些短期因素包括：农产品价格上涨、低技能劳动者工资快速提高、影响收入分配的农村公共政策等。在这些容易被观察到的因素之外，大量的"统计外收入"长期游离于国民收入核算体系之外，使得我国收入分配格局看起来扑朔迷离。

"统计外收入"是指难以被常规的住户调查发现的居民收入，它是社会各界一直比较关注的问题。王小鲁认为被统计遗漏的"隐性收入"为9.26万亿元，占当年GDP的30%多。[①] 甘犁认为统计上的居民收入是实际收入的93%。[②] "统计外收入"大致可分为三个部分：一是合理合法但没有被统计的收入。对此，李实和罗楚亮利用"胡润榜""福布斯榜"以及上市公司高管薪酬信息，估算了高收入群体的收入及其对基尼系数的影响，发现2007年

---

① 王小鲁：《灰色收入与国民收入分配》，《比较》总第48辑，中信出版社2010年版。
② 甘犁：《来自中国家庭金融调查的收入差距研究》，《经济资料译丛》2013年第4期，第41-57页。

123

城镇基尼系数上升了9个百分点，全国基尼系数上升了5个百分点。[1] 白重恩等认为2002~2009年家庭收入的平均遗漏程度为65%，隐性收入规模占我国2002~2009年相应各年GDP的19%~25%；城镇基尼系数为0.5，而非国家统计局公布的0.34。[2] 二是非法非正常收入。这些收入居民不愿意也不敢公开，具有很强的隐蔽性，因而资料的可获性及准确性是相关研究最大的障碍。陈宗胜和周云波利用执法机关公布的资料，对非法非正常收入的规模及其对基尼系数的影响进行了估计，发现1997年全国基尼系数上升了9个百分点。[3] 三是虚拟收入。虚拟收入主要是指居民自有住房服务业产生的财产性收入。研究表明，虚拟租金纳入我国居民收入统计后，居民收入分配差距总体上缩小了。[4]

这些研究都是我们认识"统计外收入"的有益参考。张车伟和赵文利用国家统计局"资金流量表"测算了我国1992~2014年"统计外收入"的规模和结构。[5] 根据最新的统计资料推算，2015年我国"统计外收入"的规模为7.33万亿元，统计遗漏率为19.5%，占全国GDP的比重为10.6%。这部分收入主要是高收入群体的部分收入（见图6-14）。面对如此巨量的"统计外收入"，我们不禁要问，它对全国基尼系数有着怎样的影响？

在没有微观住户调查数据作为研究基础的情况下，基尼系数的重新估计存在着技术上的困难。国家统计局发布的城乡居民分别按收入五等份分组的人均可支配收入数据，可以帮助我们了解"统计外收入"对基尼系数的影响。需要说明的是，按照城乡居民分别按收入五等份分组的人均可支配收入数据，是无法计算出准确的基尼系数的。原因有两点：一是重叠效应。基尼系数的计算要求居民或者居民组按照收入高低排列。但按照城乡居民分别按收入五等份分组的人均可支配收入数据，尽管也能够按照收入高低排列，但高收入组中的低收入群体的收入，不一定比低收入组中的高收入群体的收入

---

[1] 李实、罗楚亮：《中国收入差距究竟有多大？——对修正样本结构偏差的尝试》，《经济研究》2011年第46卷第4期，第68-79页。

[2] 白重恩、唐燕华、张琼：《中国隐性收入规模估计——基于扩展消费支出模型及数据的解读》，《经济研究》2015年第6期，第4-18页。

[3] 陈宗胜、周云波：《非法非正常收入对居民收入差别的影响及其经济学解释》，《经济研究》2001年第4期，第14-23页、第57页。

[4] 杨巧、党琳：《虚拟租金核算的收入分配效应研究——基于微观数据的实证》，《统计与信息论坛》2017年第9期，第78-88页。

[5] 张车伟、赵文：《"统计外收入"及其对居民收入与经济增长同步性的影响——两种统计口径的对比分析》，《劳动经济研究》2018年第6卷第1期，第3-23页。

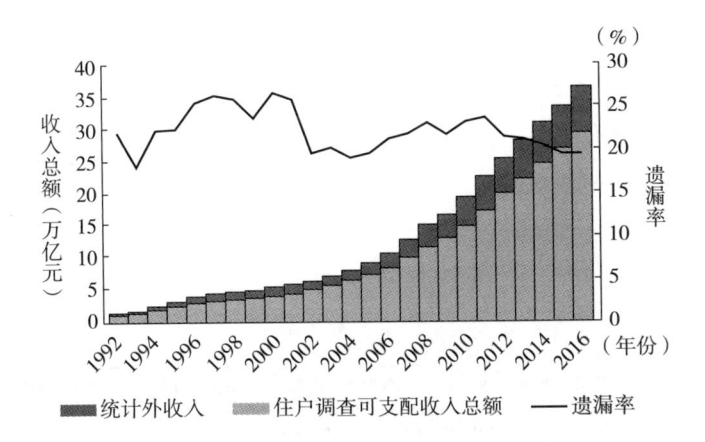

第六章　中国收入分配格局变化的回顾与展望

图 6-14　1992~2016 年居民可支配收入总额、"统计外收入"及遗漏率

注：遗漏率是住户调查结果与"资金流量表"结果的差值占"资金流量表"结果的比重。居民可支配收入总额是"资金流量表"核算的结果。

资料来源：根据历年《中国统计年鉴》计算。

高，即两个收入组中的个体在收入水平上有重叠。如果对各个分组内部的收入结构不了解，那么就很难断定这个收入重叠对总体基尼系数估计误差的影响程度。关于这个问题，可以参照李实的研究。[①] 二是即便不存在收入重叠问题，但仍然难以估计组内收入差距对基尼系数的影响。

如图 6-15 所示，近年来根据十等份分组计算的基尼系数下降较快。这是因为十等份分组的基尼系数忽略了组内差距，还包括了重叠效应。比如，2016 年国家统计局给出的基尼系数为 0.465，十等份分组的基尼系数为 0.382，两者差值 0.083，即组内差距和重叠效应。如果我们假设组内差距和重叠效应对高收入组的收入变化不敏感，则可以把"统计外收入"按照某个比例分摊归并为收入最高的几个组的收入，则组间差距会扩大。把这个扩大的数值加到国家统计局给出的基尼系数上，能够得到某种结果。这一扩大的数值如表 6-2 所示。

我们设计了三种方案来分摊"统计外收入"。结果发现：把"统计外收入"考虑在内后，居民收入差距的基尼系数增大。模拟方案 1："统计外收入"全部归为最高组收入，结果如表 6-2 中 S1 所示。模拟方案 2："统计外收入" 2/3 归为最高组收入，1/3 归为次高组收入，结果如表 6-2 中 S2 所

[①] 李实：《对基尼系数估算与分解的进一步说明——对陈宗胜教授评论的再答复》，《经济研究》2002 年第 5 期，第 84-87 页。

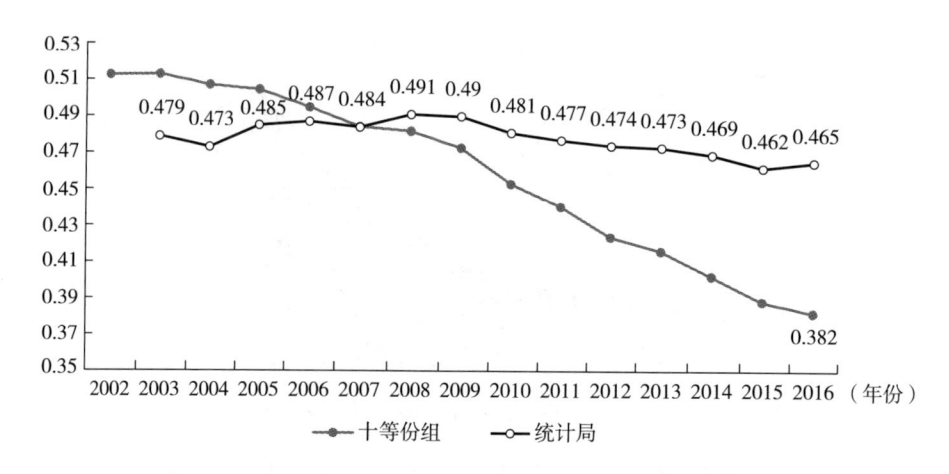

图 6-15　居民按收入十等份分组的人均可支配收入基尼系数

示。模拟方案 3："统计外收入" 1/2 归为最高组收入，1/2 归为次高组收入，结果如表 6-2 中 S3 所示。相对于国家统计局给出的 2016 年 0.465 的基尼系数来说，"统计外收入"提高了基尼系数 9~12 个百分点。而且，"统计外收入"对基尼系数推高的程度不断增加。

表 6-2　"统计外收入"对基尼系数的抬高幅度

年份	S1	S2	S3
2003	0.084	0.067	0.059
2004	0.078	0.062	0.054
2005	0.080	0.064	0.056
2006	0.090	0.072	0.062
2007	0.094	0.075	0.065
2008	0.099	0.079	0.068
2009	0.096	0.076	0.066
2010	0.108	0.086	0.074
2011	0.113	0.090	0.078
2012	0.108	0.086	0.075
2013	0.124	0.099	0.086
2014	0.125	0.100	0.087
2015	0.124	0.099	0.086

把"统计外收入"对基尼系数的抬高部分加入国家统计局公布的基尼系数上,就得到了如图6-16所示的结果。总体来看,基尼系数改变了2009年以来的下降趋势,呈现出一种高位波动的态势。这说明,2009年以来基尼系数的下降可能是高收入群体收入统计遗漏的结果。尽管统计遗漏率2012年略有下降,但是我们并不清楚是哪个收入阶层的统计遗漏率在下降。按照我们的模拟方案,"统计外收入"归于哪个收入阶层,对于基尼系数的测算来说是非常敏感的。从实际操作层面来说,国家统计局在2012年进行的城乡一体化住户调查,主要目的是解决居民可支配收入的统计核算问题,尤其是农民工收入的核算问题。从这个角度来说,有理由推断统计遗漏率自2012年以来的下降并不是高收入阶层的收入统计改善的结果。也就是说,高收入阶层仍然存在着大量的收入统计漏报现象。这一点,从我国个人所得税的增长情况也可以推断出来。因此,我国实际的基尼系数可能仍旧在高位徘徊,还没有出现趋势性的下降。

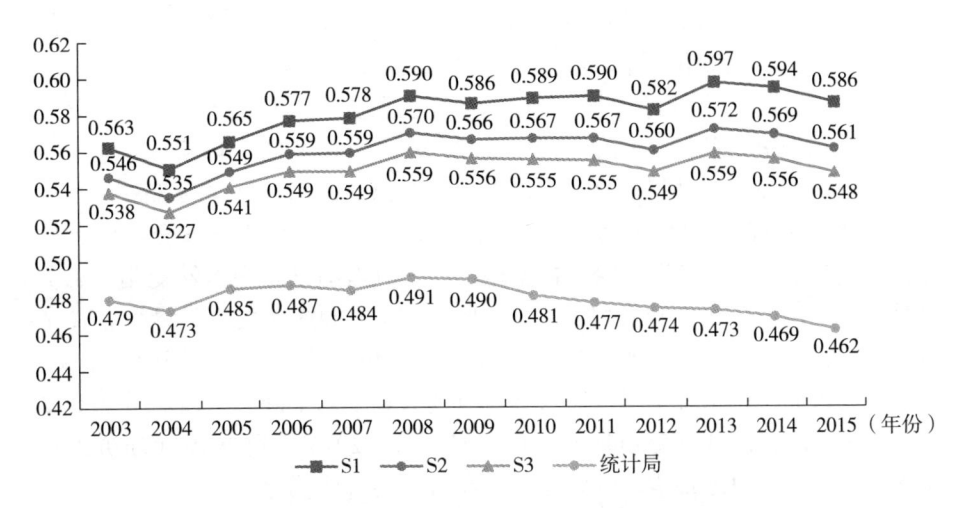

图6-16 "统计外收入"对基尼系数的影响

四、总结与思考

(一) 总结

在全球化背景下,我国用短短几十年时间快速走完了传统资本主义国家历经上百年的工业化之路，工业化进程被压缩得更短，尽管市场经济体制基本框架已经建立，但制度发育尚未成熟，一些遗留的制度性障碍与市场经济体系交错在一起，造成很多收入分配问题。一个阶段以来，我国处在从二元经济向新古典经济转变的工业化中后期阶段，投资驱动的增长模式决定了资本的主导地位，劳动报酬份额偏低、收入差距扩大有其内在必然性。

发达国家在类似我国当前的发展阶段，也经历过这样那样的收入分配问题。在工业化初期，劳动资源丰富甚至大量剩余，而资本非常稀缺，这必然导致低工资率、高资本回报率。要素关系和对经济增长的渴求决定了国民收入的分配格局由资本主导，结果是劳动报酬份额偏低、资本报酬份额偏高。一旦功能性分配出现失衡，规模性分配就避免不了恶化趋势。到工业化中后期，劳动力不再充裕，资本边际报酬出现递减，劳动与资本的博弈形势发生显著变化，劳动相对于资本的地位日渐提高，工资上涨。具有收入均等化作用的劳动报酬份额逐渐提高，具有收入集中化倾向的资本报酬份额趋于下降，整体收入差距趋于缩小。这一经验对于理解我国改革开放 40 年以来的分配格局变化、预测我国未来收入分配格局的走向，都是有帮助的。

功能性分配格局失衡是收入分配不合理的重要原因和源头。从初次分配来看，劳动报酬份额依然偏低，是一种对劳动者不利的分配格局。统计显示，目前我国雇员劳动报酬总额占国内生产总值的比例只有大约 35%，远远低于发达国家 60%～70% 的水平。2012 年以来，尽管劳动报酬份额略有提高，但到目前为止，劳动报酬份额偏低的状况并没有发生根本性变化。工资也是如此。以雇员工资和人均 GDP 的比值来看，2003 年之后，尽管名义工资在上涨，相对于物价水平的实际工资也在上涨，但相对于经济增长来说，雇员劳动者的工资水平实际上经历了长时间大幅度的下降。虽然雇员工资水平在 2012 年和 2013 年略有回升，但好景不长，2014 年到 2016 年雇员工资水平基本上是在原地踏步。也就是说，雇员劳动者所能分享到的经济增长的成果非常有限，而且份额越来越少，经济增长的成果更多地向资本倾斜。作为居民的主要收入来源，劳动报酬份额偏低以及工资水平增长缓慢，都直接影响了居民收入增长。居民部门收入占国民收入的份额约为 54%，虽然近年来略有上升，但还远未达到合理水平。

我国工薪劳动者不仅在国民收入分配格局中处于不利地位，而且税费负担又使他们的不利地位雪上加霜。从全世界来看，我国工薪劳动者的税费负担属于较重的。我国目前工薪劳动者税费负担包括个人所得税、住房公积金和各项社会保险基金缴费。从名义缴费率来看，用人单位缴纳基本养老保险、基本医疗保险、失业保险、工伤保险和生育保险的费率分别占工资总额的20%、6%、2%、1%、1%左右，职工本人缴纳基本养老保险、基本医疗保险和失业保险的费率，分别为本人工资的8%、2%和1%。对于住房公积金，单位和职工缴存比例在5%~12%。因此从名义上来看，用人单位缴费率在32.5%~36%，个人缴费率在13.5%~17%。如果把单位和个人缴费加在一起，各类扣款占到工资总额的比例在46%~53%，这意味着有一半左右的收入没有办法变成劳动者的可支配收入。从实际缴费率看，2014年，个人所得税占3%，住房公积金占6%，雇员个人缴纳的社保基金占4%，单位缴纳的社保基金占12%，这四项占劳动报酬总额的比重为25%。即使如此，这依然意味着有1/4的收入变成了劳动者的不可支配收入。

不合理的分配格局必然带来较大的收入差距。国家统计局公布的基尼系数从2009年开始下降，到2015年降为0.462。2016年虽然又提高到了0.465，但变化幅度不大。那么，能否据此认为我国的收入差距已经进入趋势性的缩小阶段了呢？我们认为，虽然城乡收入差距和地区收入差距都出现了缩小，但还不能就此认为我国总体的收入差距已经趋势性缩小，因为"统计外收入"作为影响基尼系数测算的重要因素，还未被考虑在内。近年来，约有20%的居民可支配收入未能被现有的住户调查覆盖，2015年的统计遗漏率为19.5%。遗漏率最高的是高收入群体的经营性收入和财产性收入。2009年以来基尼系数的下降可能是高收入群体的部分收入被统计遗漏的结果。把"统计外收入"考虑到基尼系数测算中后，我国基尼系数提高了约10个百分点，基尼系数呈现出高位波动而非下降的态势。这意味着我国高收入群体的收入水平比统计数据更高，实际居民收入差距因而更大，调节收入差距所需的政策力度也更大。

（二）对策思考

建立合理有序的分配秩序，既需要我们在初次分配中充分发挥市场的决定性作用，让各类要素取得合理的回报，又需要我们在再分配环节合理调节收入差距，让改革发展成果更多更公平惠及全体人民，实现全体人民共同富裕。实现这一目标，可以从以下几个方面入手：

一是要提高劳动报酬份额，确保工资合理增长。刘易斯拐点后，劳动力市场形势向着更有利于劳动者的方向发展，应该不失时机地让作为市场主体的劳动者和企业去决定工资上涨的水平。同时，需要转变经济增长的方式，破除体制机制障碍，尤其是矫正资本市场要素价格扭曲，完善利率的市场形成机制。要调节行业和部门之间的利益关系，让各个行业，尤其是就业密集型行业、民营企业、下游行业也能得到合理的利润水平，从而为工资上涨创造外部条件。加强劳动保护，推行工资集体谈判制度，增强普通劳动者在工资决定中的话语权。

二是要扩大财产性收入占比，让居民分享资本收益。完善要素市场，加快推进资本市场改革。大力加快市场化改革进程，消除资本市场垄断和行政干预，破除对民间资本的歧视和壁垒，形成一个统一、开放、竞争有序的金融体系，建立公平竞争的市场环境，充分发挥市场在资源配置中的决定性作用，消除非市场机制对于收入分配的影响。完善城乡土地要素市场，理顺国有土地市场交易和收益分配机制，推进农村土地确权，加快建立产权清晰、规范有序的农村土地产权交易市场，形成公平合理的农村土地要素收益分配机制。

三是要减轻居民税费负担，改革我国的个人所得税。改革个人所得税，首先要明确个税在我国经济体系中到底需要发挥什么样的作用。从筹资功能来看，个人所得税并不能成为政府的主要筹资手段。我国是一个以增值税作为政府主要筹资手段的国家。增值税的优点是监管和征税成本低，税源稳定，税收收入可随生产、经济的发展而增加。因此，增值税是适合我国国情的税种。而个人所得税的监管成本高、征缴难度大，纳税人普遍感到负担重，漏税的动机较强。现实中，我国增值税占各项税收的比重在30%左右，是最主要的税收来源。而个人所得税只占各项税收的不到7%，筹资能力偏弱。因此，我国不仅目前不需要也不可能主要依靠个人所得税筹集政府收入，未来也不需要。

从调节分配的功能看，我国需要个人所得税发挥作用。以增值税为代表的间接税，尽管有很多优点，但在调节收入差距上却无能为力。而个人所得税是以所得额或财产额为课税对象，较易适用累进税率，对收入分配能起重要调节作用，符合公平负担原则。在我国收入分配格局不利于劳动者的情况下，应该让个人所得税充分发挥其收入调节功能，纠正一些不合理的收入分配现象。主要的改革方向是建立综合和分类相结合的个人所得税制度，短期的目标应该是大幅度提高个税起征点，并降低工薪所得税的税率，以减轻劳动者的负担。

应该大幅度提高个税起征点，切实降低中低收入者的负担。个税起征点应该和社会平均工资水平挂钩，实现年度动态调节。要认识到工薪所得税早已成为个人所得税的主体部分。在劳动报酬份额偏低、工资增长缓慢的情况下，利用个人所得税的减免，对劳动者进行一些补偿，有利于纠正宏观收入分配格局失衡。应该加速建立健全科学合理的免税制度，以家庭为单位实行免征额改革。根据不同纳税人的具体情况，合理确定基本费用扣除和其他单项扣除，减轻养老育儿负担和大病医疗负担。费用扣除应根据物价的变动而加以调整。

参考文献

［1］白重恩、唐燕华、张琼：《中国隐性收入规模估计——基于扩展消费支出模型及数据的解读》，《经济研究》2015年第6期，第4-18页。

［2］陈宗胜、周云波：《非法非正常收入对居民收入差别的影响及其经济学解释》，《经济研究》2001年第4期，第14-23页、第57页。

［3］戴园晨、黎汉明：《工资侵蚀利润——中国经济体制改革中的潜在危险》，《经济研究》1988年第6期，第3-11页。

［4］甘犁：《来自中国家庭金融调查的收入差距研究》，《经济资料译丛》2013年第4期，第41-57页。

［5］李实：《对基尼系数估算与分解的进一步说明——对陈宗胜教授评论的再答复》，《经济研究》2002年第5期，第84-87页。

［6］李实、罗楚亮：《中国收入差距究竟有多大？——对修正样本结构偏差的尝试》，《经济研究》2011年第46卷第4期，第68-79页。

［7］林毅夫、刘明兴、章奇：《政策性负担与企业的预算软约束：来自中国的实证研究》，《管理世界》2004年第8期，第81-89页、第127页。

［8］王小鲁：《灰色收入与国民收入分配》，《比较（总第48辑）》，中信出版社2010年版。

［9］徐海波：《工资增长形势的估价与分析》，《经济研究》1992年第3期，第40-45页。

［10］杨巧、党琳：《虚拟租金核算的收入分配效应研究——基于微观数据的实证》，《统计与信息论坛》2017年第9期，第78-88页。

［11］张车伟、赵文：《"统计外收入"及其对居民收入与经济增长同步性的影响——两种统计口径的对比分析》，《劳动经济研究》2018年第6卷第1期，第3-23页。

第七章　农村劳动力流动与城乡居民收入差距

一、中国农村劳动力流动的历史沿革

改革开放以前，中国实行严格的计划经济体制，劳动力流动尤其是农村劳动力向城市的流动长期受到严格限制，导致大量劳动力滞留在农村和农业生产上。改革开放以后，中国在农村普遍推行家庭联产承包责任制，提高了农业劳动生产率，农村剩余劳动力进一步显现。随着中国城市经济改革的逐渐推行，城市非国有经济开始发展，就业政策有所松动，产生了对农村劳动力的明显需求。在这一背景下，中国对农村劳动力向城市流动的管制逐渐放松。因此，从20世纪80年代中后期开始，劳动力从农村外流尤其是向城市的流动已成为中国经济中的普遍现象。

从政策演变来看，改革开放以来，伴随城市经济的发展和乡城劳动力流动规模的扩大，中国的乡城劳动力流动政策经历了一个从内到外、由紧到松、从无序到规范、由歧视到公平的过程，按照时间的顺序可以划分为控制流动、允许流动、控制盲目流动、规范流动和公平流动五个阶段。[①]

（1）1979~1983年：控制流动。这一时期还处于改革开放初期，国内食品供给不足，大批知青返城造成城市就业压力大增，加之计划经济时期形成的发展战略和城乡隔绝的体制还没有破除，因此农村劳动力流动受到严格限制的局面并没有根本变化。1980年的全国劳动就业工作会议及其后下发的文件，一方面解开了对城镇职工流动的禁锢，另一方面又加强了对农村劳动力流动的限制。1981年中央在提出城市实行合同工、临时工、固定工相结合的多种就业形式的同时，又进一步强化了对农村劳动力流动的管理。采取的主

[①] 白南生、宋洪远等：《回乡，还是进城——中国农村外出劳动力回流研究》，中国财政经济出版社2002年版。

要措施包括加强户口和粮食管理、严格控制从农村招工、对农村剩余劳动力就地安置等。

(2) 1984~1988年：允许流动。这一时期，由于农村改革使农产品产量大幅增加，城市经济改革全面推进产生了对农村劳动力的大量需求，加之限制农民自主流动的体制性障碍得以部分消除，国家开始允许农村劳动力向城市流动。从1984年开始，国家准许农民自筹资金、自理口粮，进入城镇务工经商。之后，政府又进一步允许和鼓励农村劳动力的地区交流、城乡交流和贫困地区的劳务输出，使农村劳动力的转移和流动进入了一个较快增长的时期。这一阶段采取的主要措施包括：允许农民进城兴办服务业和提供各种劳务；允许企业招用国家允许从农村招用的人员；将劳务输出作为贫困地区劳动力资源开发的重点；允许民间劳务组织、能人进入贫困地区劳务市场。

(3) 1989~1991年：控制盲目流动。这一时期，由于农民大规模流动带来的交通运输、社会治安等方面的负面效应凸显出来，加之由于整顿经济秩序造成了城市与乡镇企业新增就业机会减少，使得政府对前一时期的农村劳动力流动政策进行了局部的调整，加强了对盲目流动的管理。采取的主要措施包括严格控制"农转非"过快增长、建立临时务工许可证和就业登记制度、重点清退来自农村的计划外用工等。

(4) 1992~2000年：规范流动。这一时期，中国农村劳动力流动的政策逐渐从控制盲目流动到鼓励、引导和实行宏观调控下的有序流动，开始实施以就业证卡管理为中心的农村劳动力跨地区流动的就业制度。主要措施包括：建立针对农村劳动力流动就业的用工管理、监察、权益保障等制度；打破统包统配的就业政策，允许劳动者自主择业、自主流动，企业自主用人；建立农业就业服务网络；规范流动就业证卡管理制度等。但是，在1998年以后，由于城市下岗职工的增加，实施再就业工程成为各级政府的重要任务，北京、上海等许多省份出台了各种限制农村劳动力进城及外来劳动力务工的规定和政策。

(5) 2000年以后：公平流动。从2000年下半年开始，国家关于农村劳动力流动就业的政策发生了积极的变化：一是赋予城乡统筹就业以新的具体的含义，即取消对农民进城就业的各种不合理限制，逐步实现城乡劳动力市场一体化；二是积极推进诸多方面的配套改革。采取的主要措施包括：对农民进城务工要公平对待、合理引导、完善管理、搞好服务；清理和取消针对农民进城就业等方面的歧视性规定和不合理限制；开展有组织的劳务输出；解决拖欠农民工工资问题；改善农民工的生产生活条件等。

当前,中国在改革城乡分割体制、推动城乡劳动力市场一体化方面已迈出实质性步伐,劳动力的流动和迁移开始进入一个新的发展时期。

从数量上看,中国农村劳动力流动规模总体呈现不断扩大趋势。尽管由于统计口径的不同,不同的研究得出的农村劳动力流动规模有很大差异,但不同的研究都显示,中国农村劳动力流动的数量十分庞大。大体上看,20世纪80年代初,中国农村外出劳动力规模只有数百万人;但90年代,已经发展到数千万人;进入21世纪以后,中国农村外出劳动力规模更是快速扩大,并很快突破1亿人。2017年,中国外出农民工数量已经达到1.72亿人。相应地,外出农民工占城镇就业的比例,也由20世纪80年代末的20%左右上升到21世纪的40%左右。

大规模的乡城劳动力流动显著促进了中国的经济增长。劳动力的自由流动和迁移,是劳动力市场有效配置社会劳动力资源的根本表现。通过劳动力的乡城流动,大量劳动力从生产率低的农村配置到生产率高的城市,会大大提升整体经济的效率,显著促进发展中国家的经济增长。世界银行估计,劳动力的部门转移可以解释中国16%的国内生产总值增长。[①] 蔡昉和王德文的研究表明,1982~1997年中国劳动力从农业部门向工业部门和服务业部门的转移,对经济增长的贡献额为20.23%。[②]

二、中国农村劳动力流动的现状

(一)中国农村劳动力流动的规模、分布及流向

2017年中国外出农民工1.72亿人,比上年增加251万人,增长1.5%;在外出农民工中,进城农民工1.37亿人(占全部外出农民工的79.65%),比上年增加125万人,同比增长0.9%;在外出农民工中,省内流动农民工9510万人,比上年增加242万人,同比增长2.6%,占外出农民工的55.3%,比上年提高0.6个百分点,自2014年以来占比逐年提高。[③]

从输出地看,中部地区外出农民工数量最多,为6392万人,占全部外

---

① 世界银行:《2005年世界发展指标》,中国财政经济出版社2005年版。
② 蔡昉、王德文:《中国经济增长的可持续性与劳动贡献》,《经济研究》1999年第10期,第62-68页。
③ 国家统计局:《2017年农民工监测调查报告》,http://www.stats.gov.cn/tjsj/zxfb/201804/t20180427_1596389.html,2018年4月27日。

出农民工的37.20%；西部地区外出农民工数量位居第二，为5470万人，占全部外出农民工的31.83%；第三是东部地区和东北地区，外出农民工数量分别为4714万人和609万人，分别占全部外出农民工的27.43%和3.54%。从流动区域看，中部和西部地区外出农民工以跨省流动为主，东部和东北地区以省内流动为主。东部地区省内流动的农民工占82.5%，比上年提高0.3个百分点；中部地区省内流动的农民工占38.7%，比上年提高0.7个百分点；西部地区省内流动的农民工占49%，比上年提高1.2个百分点；东北地区省内流动的农民工占76.4%，比上年下降0.7个百分点（见表7-1）。

表7-1　2017年中国外出农民工地区分布及构成

按输出地分	外出农民工总量（万人）			构成（%）		
	外出农民工	跨省流动	省内流动	外出农民工	跨省流动	省内流动
东部地区	4714	826	3888	100.0	17.5	82.5
中部地区	6392	3918	2474	100.0	61.3	38.7
西部地区	5470	2787	2683	100.0	51.0	49.0
东北地区	609	144	465	100.0	23.6	76.4
合计	17185	7675	9510	100.0	44.7	55.3

资料来源：国家统计局：《2017年农民工监测调查报告》，http://www.stats.gov.cn/tjsj/zxfb/201804/t20180427_1596389.html，2018年4月27日。

从输入地看，在东部地区务工的农民工最多，占全部农民工总量的55.8%；中部地区其次，占农民工总量的20.6%；接下来是西部地区，占农民工总量的20.1%；东北地区最少，占农民工总量的3.2%。[1]

（二）中国农村劳动力流动的特征

第一，以从农村向城市流动为主。对中国来说，农村劳动力流动主要是指农村劳动力由农村向城市、由农业向非农业的转移过程。随着经济发展和劳动力管理体制的改革，农村劳动力的转移形式转变为以就地转移和跨区域转移为主的转移形式。所谓就地转移，是指农村劳动力由农业向本地非农产业的转移。这种转移形式在改革开放之初最为明显，主要原因是农村副业、

---

[1] 国家统计局：《2017年农民工监测调查报告》，http://www.stats.gov.cn/tjsj/zxfb/201804/t20180427_1596389.html，2018年4月27日。

乡镇企业以及城市服务业的发展。所谓跨地区转移，是指农村劳动力由本地向本乡镇以外的地区的转移。跨地区转移是农村劳动力流动的最主要形式。本章所研究的农村劳动力流动就是指农村劳动力的跨地区流动，尤其是农村劳动力从农村向城市的流动。最新数据显示，2017年中国外出农民工总量为1.72亿人，其中进城农民工1.37亿，占79.65%。① 这表明，中国农村劳动力的流动，约八成是从农村向城市的流动。

第二，以男性为主。Zhao利用1995年四川省农村住户调查数据计算出，男性占迁移人口的72%，而农村非迁移人口中男性只有49.6%。进一步的研究发现，女性比男性劳动力迁移的概率低4.7%。②《中国农民工调研报告》的调查显示，男性农民工占全部农民工的66.3%。③ 2010年全国农村固定观察点的数据显示，外出农民工中男性所占的比重为64.6%。④《2017年农民工监测调查报告》的数据显示，外出农民工中男性占68.7%，女性仅占31.3%，而且女性占比比上年下降0.4个百分点。⑤

第三，以青壮年为主。Deng根据2002年全国12个省份的城镇住户和暂住户调查数据分析结果表明，流动人口比城镇人口年龄小将近6岁。⑥《中国农民工调研报告》的数据显示，2006年外出农民工平均年龄只有28.6岁。⑦Zhao使用的调查数据显示，迁移人口的年龄比非迁移人口小将近10岁。⑧2010年全国农村固定观察点数据显示，农村外出就业劳动力的平均年龄为33.8岁。⑨《2017年农民工监测调查报告》的数据显示，外出农民工平均年龄34.3岁，其中40岁及以下所占比重为72.3%，50岁以上所占比重为9.2%。⑩

第四，以初中文化程度者为主体。中国农村外出劳动力受教育程度普遍较低。Deng的研究表明，迁移人口比城镇人口受教育年限低将近三年⑪。《2017年农民工监测调查报告》的数据显示，外出农民工中未上过学者占0.7%，小学文化程度者占9.7%，初中文化程度者占58.8%，高中文化程度

---

①⑤⑩ 国家统计局：《2017年农民工监测调查报告》，http://www.stats.gov.cn/tjsj/zxfb/201804/t20180427_1596389.html，2018年4月27日。

②⑧ Yaohui Zhao, "Labor Mobility and Earnings Difference: The Case of Rural China", *Economic Development and Cultural Change*, vol. 47, 1999: 767-782.

③⑦ 国务院研究室课题组：《中国农民工调研报告》，中国言实出版社2006年版。

④⑨ 来源于2010年全国农村固定观察点数据。

⑥⑪ Deng Quheng, "Earnings Differential between Urban Residents and Rural Migrants", *Chinese Journal of Population Science*, Vol. 2, 2007: 8-16.

者占17.3%，大专及以上文化程度者占13.5%[①]。

（三）中国外出农民工的就业和收入状况

中国外出农民工主要集中在制造业、建筑业等劳动密集型行业，而在金融保险等现代服务业就业较少。数据显示，2017年中国农民工就业最主要集中在制造业，占全部农民工的29.9%；第二是建筑业，占18.9%；第三是批发和零售业，占12.3%；第四是居民服务、修理和其他服务业，占11.3%；第五是交通运输、仓储和邮政业，占6.6%；第六是住宿和餐饮业，占6.2%；其他的行业占比比较低（见图7-1）。若按三次产业划分，农民工在第一产业就业的比例为0.5%，在第二产业就业的比例为51.5%，在第三产业就业的比例为48.0%。

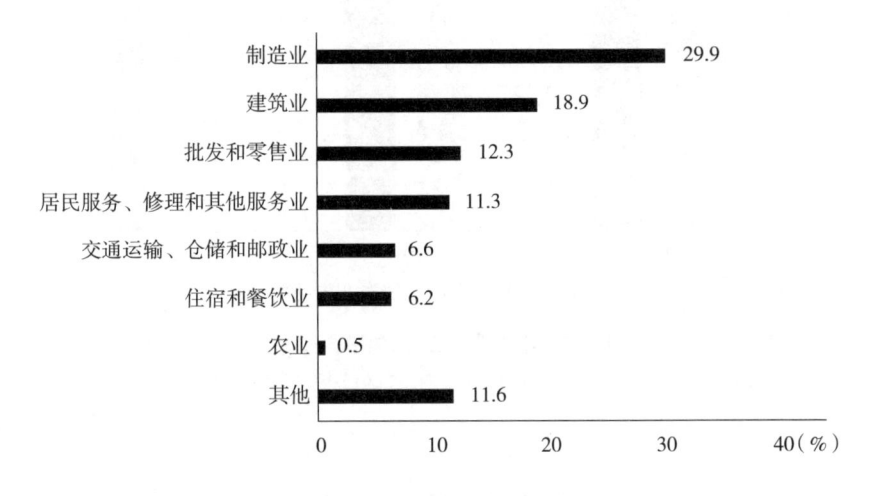

图7-1 中国农民工就业情况

行业	占比（%）
制造业	29.9
建筑业	18.9
批发和零售业	12.3
居民服务、修理和其他服务业	11.3
交通运输、仓储和邮政业	6.6
住宿和餐饮业	6.2
农业	0.5
其他	11.6

注：国家统计局只公布了全部农民工的行业分布而未公布外出农民工的就业分布，因此此处暂用全部农民工代表外出农民工。本报告后面章节将用本课题调查数据分析外出农民工的行业分布。
资料来源：国家统计局：《2017年农民工监测调查报告》，http：//www.stats.gov.cn/tjsj/zxfb/201804/t20180427_1596389.html，2018年4月27日。

数据显示，中国外出农民工月平均收入高于全体农民工约300元。从变

[①] 国家统计局：《2017年农民工监测调查报告》，http：//www.stats.gov.cn/tjsj/zxfb/201804/t20180427_1596389.html，2018年4月27日。

化趋势看，全体农民工和外出农民工的月平均收入都在增长。其中，外出农民工月平均收入由2015年的3359元增长到2016年的3572元和2017年的3805元。外出农民工月平均收入年均增长率在2016年为6.3%，2017年为6.5%（见图7-2）。外出农民工较高的收入水平和较快的收入增长，为缩小城乡收入差距创造了条件。

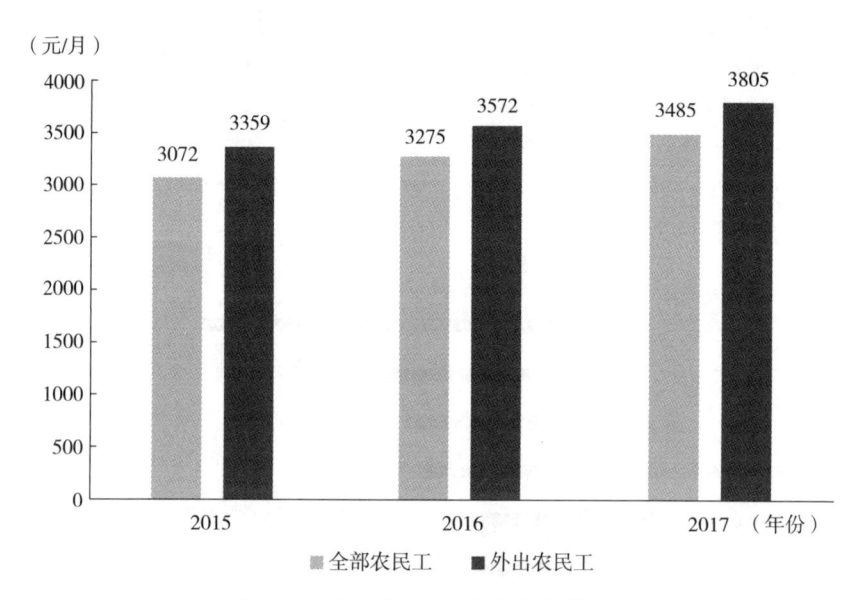

图7-2 中国农民工平均月收入情况

资料来源：国家统计局：《农民工监测调查报告》（2015年、2016年和2017年），国家统计局网站。

三、中国城乡之间的收入差距

对于城乡收入差距的衡量，常用的指标是城乡收入比，即用城镇居民的人均收入与农村居民的人均收入之比来表示。2012年及之前，国家统计局公布的城镇居民人均收入的指标是城镇居民人均可支配收入，农村居民人均收入的指标是农村居民人均纯收入。从2013年起，国家统计局开展了城乡一体化住户收支与生活状况调查，城镇和农村居民人均收入统一用居民人均可支配收入来表示。

数据显示，改革开放以来中国城乡收入差距总体上呈现不断上升、后期持续下降的趋势。具体来看，1978~1984年城乡收入差距呈现下降趋势，

1985~1994年城乡收入差距呈现波动上升趋势，1995~1997年又呈现下降趋势，1998~2009年又呈上升趋势，2010年之后城乡收入差距呈现持续下降趋势（见图7-3）。目前，中国的城乡收入差距为2.71，已经大大低于2009年3.33的峰值，但这个城乡收入差距水平仍然很大，需要进一步缩小。

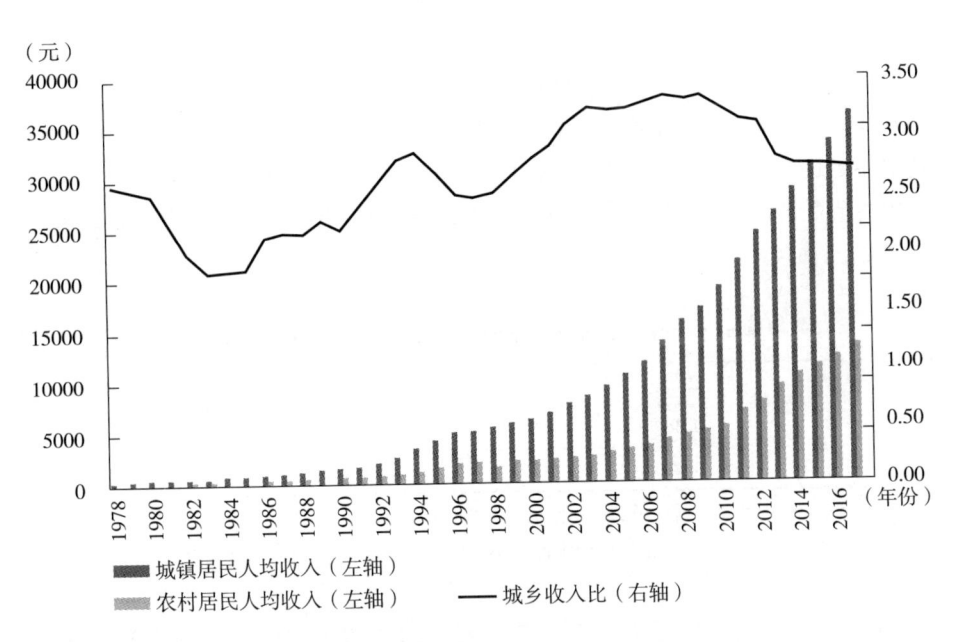

图7-3 中国城乡收入差距变化情况

注：2012年及之前的城镇居民人均收入是指城镇居民人均可支配收入，农村居民人均收入是指农村居民人均纯收入；自2013年起，国家统计局开展了城乡一体化住户收支与生活状况调查，城镇和农村居民人均收入统一为居民人均可支配收入。

资料来源：国家统计局：《中国统计年鉴》（历年）相关数据计算。

当然，由于中国当前城乡居民收入的统计性偏差，图7-3并不一定能完全准确地反映中国的城乡收入差距。研究表明，中国现行的住户调查体系未能有效覆盖进城农民工，造成城镇居民收入的高估和农村居民收入的低估，进而高估了城乡收入差距。城镇住户调查基本没有涵盖举家进城农民工（漏户），并遗漏了在经济上与农村家庭不再连为一体的非举家进城农民工（漏人），使得城乡收入差距被高估13.65%；若再加上农村家庭外出成员收入普遍少记（漏记），则城乡收入差距会被高估约40%；照此推算，2010年中国的城乡收入差距应为 2.29~2.84 倍，小于统计局公布的 3.23 倍。[①] 需要指出，由于漏户、漏记和漏人的问题是系统性统计偏差，所以并不影响我们对中国城乡收入差距发展趋势的判断。

四、中国城乡居民内部的收入差距

经测算，2013~2017 年，中国城镇居民基尼系数从 0.389 下降到 0.381；而农村居民内部的不平等程度呈现扩散，从 2013 年的 0.416 提高到 2017 年的 0.437，增幅为 5%（见表 7-2）。城市内居民收入差距的缩小对降低全国基尼系数的贡献率达到 100%。城乡居民的收入比在不断缩小，2017 年农村居民可支配收入占到城镇居民的 36.9%，比 2013 年的 35.6% 提高了 1.3 个百分点。

表 7-2　2013~2017 年中国城镇和农村居民的基尼系数

年份	2013	2014	2015	2016	2017
城镇	0.389	0.379	0.373	0.375	0.381
农村	0.416	0.427	0.425	0.433	0.437

注：基尼系数是根据五等份分组的居民可支配收入计算而得。
资料来源：国家统计局：《中国统计年鉴（2018）》，中国统计出版社 2018 年版。

从经济发展的一般规律来看，中国已经进入收入分配格局的重要转变阶段，已经具备市场机制下的收入差距转折点的基本条件。目前，中国人均 GDP 已经超过 8000 美元，农村人口比重下降到 50% 以下，农业部门就业比重下降到 30% 以下，这些都是库兹涅茨转折点的积极信号。当一个国家走完工业化道路之后，也就意味着走完了整个库兹涅茨曲线，转折点理论也就不再适用了，中国的发展阶段恰恰正当其时。在几乎没有社会保障等收入再分配调节作用下，收入差距正处在历史上的高峰阶段。我们应该相信：中国已经基本走完库兹涅茨倒 U 形曲线的前半部分（即收入差距扩大阶段），即将进入到倒 U 形曲线的后半部分（即收入差距缩小阶段）。

[①] 高文书：《农村劳动力流动与中国城乡收入差距统计问题研究》，《中国社会科学院研究生院学报》2013 年第 3 期，第 47-52 页。

参考文献

［1］Deng Quheng, "Earnings Differential between Urban Residents and Rural Migrants", *Chinese Journal of Population Science*, Vol. 2, 2007: 8-16.

［2］Yaohui Zhao, "Labor Mobility and Earnings Difference: The Case of Rural China", *Economic Development and Cultural Change*, Vol. 47, 1999: 767-782.

［3］白南生、宋洪远等：《回乡，还是进城——中国农村外出劳动力回流研究》，中国财政经济出版社2002年版。

［4］蔡昉、王德文：《中国经济增长的可持续性与劳动贡献》，《经济研究》1999年第10期，第62-68页。

［5］高文书：《农村劳动力流动与中国城乡收入差距统计问题研究》，《中国社会科学院研究生院学报》2013年第3期，第47-52页。

［6］国家统计局：《2017年农民工监测调查报告》，http://www.stats.gov.cn/tjsj/zxfb/201804/t20180427_1596389.html，2018年4月27日。

［7］国务院研究室课题组：《中国农民工调研报告》，中国言实出版社2006年版。

［8］世界银行：《2005年世界发展指标》，中国财政经济出版社2005年版。

第八章 养老保障改革与展望

经过改革开放 40 年来的不断探索，中国已经建立以城乡居民养老保险制度和城镇职工基本养老保险制度为主体的社会养老保障体系。尤其中共十八大以来养老保险制度改革加快，新型农村居民养老保险与城镇居民养老保险制度统一合并，城镇职工基本养老保险制度与机关事业单位退休制度并轨，基本养老保险制度基本实现省级统筹，城乡之间、地区之间、部门之间逐步实现制度衔接，养老保险覆盖面逐步扩大，养老待遇水平逐步提高。但是，人口结构变化和经济增长放缓对于现收现付制的养老保险体系产生重大挑战，制度的可持续性、公平性与效率损失问题将在"十三五"期间愈演愈烈。

基金收支失衡是养老保险制度的表象问题，制度分割与流动性不足是更深层次的矛盾。养老保险体系暴露出的复杂问题既有中国体制转型不彻底的原因，也有经济发展不平衡的矛盾，亦有保险制度设计自身的缺陷，改革的顶层设计不能仅仅局限于制度本身或系统内部的政策调整，应该放置于劳动力市场和经济改革整体框架之中。一个良好的社会保险体系可以发挥类似于"生产要素"的功能，既能够保障居民基本生活，也有利于促进劳动力市场和经济稳定发展，而中国养老保险体系正与市场经济发展产生严重的摩擦。不管采取何种养老保险模式，未来制度长期稳定运行始终要依靠经济持续发展和生产效率提升，改革基本方向是建立与劳动力市场相协调、统一多层次的养老保险体系，通过完善相关制度规则，理顺养老保险与劳动力市场的关系，消除制度对于资源配置和市场机制造成的扭曲，既从根本上解决保险体系的内在矛盾，又释放出中国经济新阶段的"改革红利"，从而实现养老保障与经济增长的"双赢"。

一、养老保险制度改革进展

（一）改革历程

养老保障体系是经济社会发展的内在要求和结果，也是经济社会持续发展的重要保障。经过几十年的探索和发展，目前中国已经初步建立以养老保险为核心，包括老年人社会救助、老年福利等覆盖城乡的养老保障体系，逐步建立以城镇职工基本养老保险制度、城乡居民养老保险制度为主体的养老保险体系。在市场经济改革和社会保障体系改革背景下，养老保险体系的改革发展大致经历以下四个阶段：

(1) 第一阶段（1978~1992年）：养老保险体系的恢复与探索。1978年，《国务院关于工人退休、退职的暂行办法》与《国务院关于安置老弱病残干部的暂行办法》颁布，对企业职工和机关事业单位工作人员的退休条件和待遇水平做出统一规定，标志着从法规和政策角度让养老保险工作重新回到原有轨道，养老保险体系开始恢复和改革探索。20世纪80年代中期开始，为了配合国有企业改革，城镇社会保障体制改革率先从养老制度入手。1984年启动退休费用社会统筹试点，实行保险费的统一收缴、养老金的统一发放，试点范围从国有企业逐步扩大到城镇各类企业。1991年，国务院发布《关于企业职工养老保险制度改革的决定》，规定实行基本养老保险、企业补充养老保险和职工个人储蓄性养老保险相结合的养老保险制度，费用由国家、企业和个人共同负担。这一时期关于养老保险体系的筹资模式、费用分担等重要议题展开了热烈探讨和积极探索，但是，改革的出发点局限在为国有企业改革提供配套服务，"甩包袱"的思路占据主导，没有从整体社会经济发展的高度通盘设计。

农村养老保险也刚刚起步探索。1986年，国家"七五"计划要求有条件的地区进行农村社会保险的试点探索。随后，民政部启动了近五年的农村养老保险制度改革试点，1991年国务院明确农村养老保险改革由民政部负责，民政部成立了农村社会养老保险管理机构，并选择了山东烟台市等20个县开展试点。

(2) 第二阶段（1993~2000年）：城镇养老保险制度的基本框架确立。1993年，中共十四届三中全会通过了《关于建立社会主义市场经济体制若干问题的决定》，对社会保障改革提出了明确要求和原则规范，要求建立一套社会统筹与个人账户相结合的城镇社会保险体系。1995年，国务院发布《关于深化企业职工养老保险制度改革的通知》，明确规定基本养老保险制度适用于城镇各类企业职工和个体劳动者，鼓励全国各地开展试点。1997年，国务院颁布《关于建立统一的企业职工基本养老保险制度的决定》，提出建立统一的社会统筹和个人账户相结合的养老保险体系，全国统一按职工工资的11%建立个人账户，其中个人缴费逐步从4%提高到8%，其余部分由企业划入，社会统筹部门由企业负担，企业缴费率一般不超过20%。1998年，基本养老保险行业统筹移交地方管理。2000年，国务院出台《关于完善城镇社会保障体系的试点方案》，决定在辽宁全省和其他省份的部分城市试点，旨在解决养老保险制度改革的转轨成本问题，重点是缩小个人账户规模，从工资的11%下降为8%，个人缴费提高到8%，个人账户完全由个人缴费形成，企业的20%缴费率不变，全部形成社会统筹基金。这一时期关于中国养老保险模式的讨论和争论一度非常激烈，决策层在权衡现收现付制和基金积累制的利弊之后，选择了社会统筹与个人账户相结合的独特模式，寄希望于吸收两者优势、弥补各自缺陷，同时考虑到现实压力，在过渡期内允许个人账户空账运行，一定意义上是说，这一独特模式选择是一个大胆创新，但若不能妥善处理矛盾关系，也可能存在风险并遗留问题，之后的现实也正是如此。

农村养老保险改革初见成效并陷入全面停滞状态。1992年，民政部制定了《县级农村社会养老保险基本方案（试行）》，采取个人缴纳为主、集体补助为辅、国家予以政策扶持的筹资模式，建立个人账户积累式的养老保险，被称为"老农保"。到1997年底，全国2008个县、285个地市开展了这项工作，超过57%的乡镇、几乎所有的县、约75%的地市和87%的省份建立了管理机构，全国农村养老保险参保人数一度达到了8000万人。但是，由于政府投入不足，农村集体经济弱化，再加上政府机构调整、基金管理混乱等问题，1998年国务院开始对该项目进行治理和整顿，农村养老保险从民政部转移到劳动和社会保障部，至此之后"老农保"基本处于停滞状态，2000年前后参保人数下降到5000多万人。尽管"老农保"制度以失败告终，但为探索与中国农村经济社会发展相适应的新型农村养老保险制度积累了有益经验。

（3）第三阶段（2001~2010年）：覆盖城乡的养老保险体系改革。进入21世纪之后，社会保障体系作为构建和谐社会的重要内容，改革步伐明显加快，2007年中共十七大提出加快建立覆盖城乡居民的社会保障体系。在辽宁、吉林和黑龙江三省改革试点的基础上，2005年国务院出台《关于完善企业职工基本养老保险制度的决定》，要求扩大基本养老保险范围，逐步做实个人账户，提高养老金筹资和支付能力，针对城镇个体劳动者和灵活就业人员制定参保政策，2006年开始个人账户规模统一由个人缴费工资的11%调整为8%，单位缴费不再划入个人账户。农民工参保办法被单独提出，2009年人力资源和社会保障部出台《农民工参加基本养老保险办法》，规定城镇就业并与用人单位建立劳动关系的农民工应该参保，单位缴费比例为12%，农民工个人缴费比例为4%~8%。随后，将农民工统一纳入城镇职工养老保险体系的呼声逐渐占据上风，以避免造成新的制度分割，加剧碎片化现象。为保证参保人员跨省流动时基本养老保险关系的转移接续，国务院决定自2010年开始实行《城镇企业职工基本养老保险关系转移接续暂行办法》，包括农民工在内的所有参保人员可以在跨省就业时随同转移养老保险关系，个人账户的全部以及部分统筹基金可以转移。养老保险"双轨制"改革呼声加大，但基本格局没有变化。2008年，国务院发布《事业单位养老保险制度改革试点方案》，确定山西、上海、浙江、广东、重庆五个试点省市进行事业单位养老保险制度改革试点，但改革阻碍较大、进展缓慢。

农村养老保险体系改革也迎来新的发展阶段。2002年，中共十六大明确提出在有条件的地方探索建立农村社会养老保险制度，2007年提出要建立以个人账户为主、保障水平适度、缴费方式灵活、账户可随人转移的新型农村养老保险制度和参保补贴机制，当年全国有1905个县（市）不同程度地开展新型农村养老保险试点，各地在探索实践过程中总结出一些有代表性的模式，经验表明，政府应该在农村养老保险制度中承担重要责任。2008年，中共十七届三中全会提出要贯彻广覆盖、保基本、多层次、可持续原则，健全农村社会保障体系，明确了全国"新农保"制度的基本原则和方向。2009年，国务院发布《国务院关于开展新型农村社会养老保险试点的指导意见》，建立个人缴费、集体补助、政府补贴相结合的"新农保"制度，中央财政对中西部地区按中央确定的基础养老金标准给予全额补助，对东部地区给予50%的补助（另外50%由地方政府负担），地方政府对参保人缴费给予补贴，补贴标准不低于每人每年30元。随后，与"新农保"制度框架一致的城镇居民养老保险制度也在全国范围实施，覆盖城乡居民的养老保险体系框架基本建立。

（4）第四阶段（2011年至今）：建立全国统一的社会保险体系。2013年，中共十八届三中全会《关于全面深化改革若干重大问题的决定》提出，建立更加公平可持续的社会保障制度，坚持社会统筹和个人账户相结合的基本养老保险制度，整合城乡居民养老保险制度，推进机关事业单位养老保险制度改革，完善社会保险关系转移接续政策，适时适当降低社会保险费率，研究制定渐进式延迟退休年龄政策。2011年7月正式施行的《中华人民共和国社会保险法》标志着中国社会保险进入法制化阶段，对包括养老保险在内的一些重大问题予以明确。"十二五"期间，城乡养老保险制度进一步深入发展，"新农保"于2013年提前完成制度全覆盖目标，"城居保"在2011年启动试点，在短短两年时间内完成制度全覆盖目标，到2013年底两类保险的参保人数已经接近5亿人。2014年,国务院决定将"新农保"和"城居保"两项制度合并实施,在全国范围内建立统一的城乡居民基本养老保险。随后,为进一步推动城乡之间养老保险制度的衔接,《城乡养老保险制度衔接暂行办法》出台,城镇职工养老保险与城乡居民养老保险,只要满足一定条件即可自由衔接转换,个人账户全部储存额随同转移,累计计算权益。

养老保险"双轨制"改革取得重大突破,企业职工与机关事业单位人员将适用于统一的养老保险制度。2015年,国务院发布《机关事业单位工作人员养老保险制度改革的决定》,机关事业单位与企业等城镇从业人员统一实行社会统筹和个人账户相结合的基本养老保险制度,实行单位和个人缴费,实行与缴费相挂钩的养老金待遇计发办法,从制度和机制上化解"双轨制"矛盾。改革将遵循"五个同步":一是机关与事业单位同步改革,避免单独对事业单位退休制度改革引起不平衡。二是职业年金与基本养老保险制度同步建立,单位按本单位工资总额的8%缴费,个人按本人缴费工资的4%缴费建立职业年金,在优化保障体系结构的同时保持待遇水平总体不降低。三是养老保险制度改革与完善工资制度同步推进,在增加工资的同时实行个人缴费。四是待遇确定机制与调整机制同步完善,退休待遇计发办法突出体现多缴多得,待遇调整要综合考虑经济发展、物价水平、工资增长等因素。五是改革在全国范围同步实施,防止地区之间出现先改与后改的矛盾。同时,养老保险制度相关的重大政策改革也正在加快研究,渐进式延迟退休年龄政策的基本方向已经确定,逐渐延长缴费年限,相应缩短领取养老金的年限,具体方案正在讨论制定之中。

养老保险制度全国统筹步伐加快启动。自2018年7月1日开始,养老保险中央调剂金制度正式实施,即由部分养老金累计结余较高的省份和中央财政共同拿出一部分资金形成一个资金池,为收支矛盾过大、养老金缺口难以弥合的省份进行补充和支持,迈出了养老保险全国统筹的第一步。

(二) 发展状况与趋势

1. 发展状况

进入21世纪之后,中国社会保障事业进入新阶段,城镇职工基本养老保险制度加快发展,参保人数持续增长,覆盖范围逐步扩大。21世纪的第一个十年(2000~2010年),城镇职工养老保险参保人数从1.4亿人增长到约2.6亿人,增长了将近一倍。其中,参保职工从1亿人增长到1.9亿人,享受待遇的离退休人员从3100万人增加到6300万人。"十二五"时期养老保险制度延续平稳较快的发展势头,到 2014 年末参保总人数已经突破 3.4 亿人,较"十一五"期末增长 8400 万人,其中,参保职工已经接近 2.5 亿人,离退休人员也超过 8000 万人。

企业参保人员构成参保职工最重要的主体,约占参保职工的七成。以 2012 年为例,参保职工总数为 2.3 亿人,其中,企业参保人数 1.6 亿人,占总参保人数的 69.6%,以个体身份参保人数为 5088 万人,占总参保人数的 22.1%,机关和事业单位(包括中国人民银行和中国农业发展银行)的参保人数为 1620 万人,占比为 7.0%(郑秉文,2013)。在养老保险制度并轨改革探索过程中,已经有一部分机关事业单位人员参加城镇职工基本养老保险,在并轨完成之后,全部的 720 万名公务员、3153 万名事业单位人员将全部纳入这一体系中。同时,职业年金制度也将建立实施,与企业年金一起构成较为完整的年金制度。截至 2013 年末,全国有 6.6 万户企业建立了企业年金,比上年增长 20.8%;参加职工人数为 2056 万人,比上年增长 11.4%;企业年金基金累计结存 6035 亿元。城镇职工基本养老保险的参保状况如图 8-1 所示。

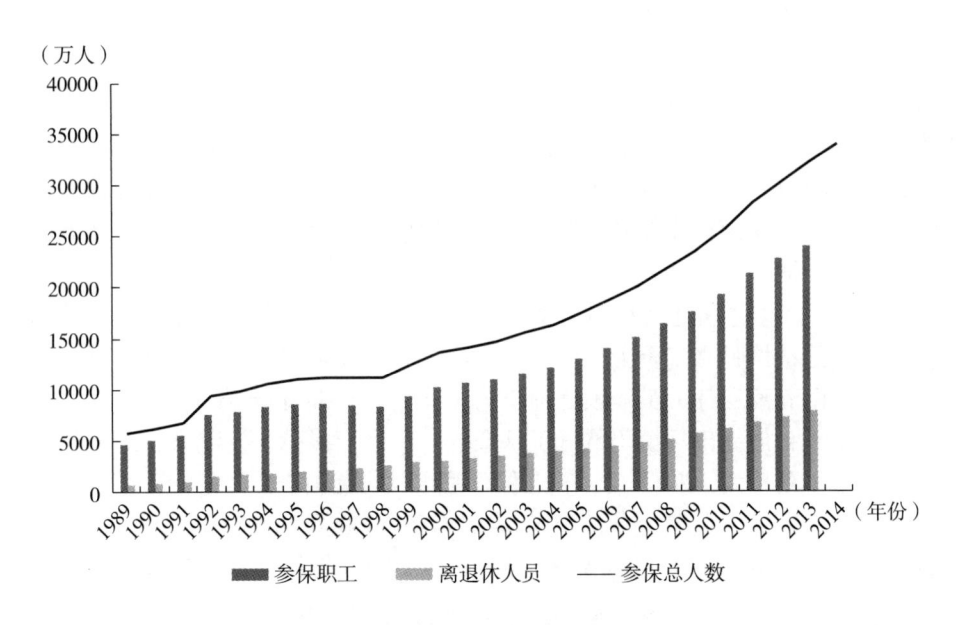

图 8-1 城镇职工基本养老保险的参保状况

资料来源:国家统计局:《中国统计年鉴》(历年)。

2. 发展趋势

从阶段性的动态趋势来看，伴随着中国经济增长放缓，"十二五"时期养老保险的发展速度也进入相对平稳增长阶段。"十五"时期参保总人数的年均增速为4.3%，"十一五"时期年均增速提高到6.5%，到"十二五"时期年均增速下降到4.7%。参保职工的绝对规模逐步扩大，增长速度也有所下降，"十五"时期和"十一五"时期的年均增速分别为4.0%和6.5%，"十二五"时期下降到3.9%。离退休人员数量"十五"时期和"十一五"时期的年均增速分别为5.3%和6.3%，"十二五"时期下降到5.6%，对比来看，离退休人员增长速度已经超过在职人员增速。

城镇职工养老保险的覆盖率逐步提高，从而维持相对稳定的制度赡养率。受到国有企业改革的影响，1998年前后出现集中下岗分流现象，城镇职工养老保险总体覆盖率一段时期内在40%左右出现波动，1998年曾经一度下降到39.2%，随后养老保险制度稳定并加快发展，"十五"期末覆盖率达到46.2%，"十一五"期末提高到55.9%，2011年覆盖率已经突破60%。正是由于覆盖率保持稳定提高，在离退休人员增长速度已经超过在职人员情况下，得以稳定制度赡养率。2000年之前，城镇职工养老保险制度在较大程度上服务于当时的国有企业改制，解决下岗分流职工的生活保障问题，短期内享受养老待遇的离退休人员大幅增加，而新增参保职工增长相对缓慢，导致制度赡养率快速提高，从20世纪90年代初不到20%快速提高到1998年的32.2%。2000年之后，养老保险制度进入平稳快速发展阶段，在职参保人员大幅增加，覆盖面稳步提高，制度赡养率始终稳定在33%左右，这意味着平均每三个在职人员供养一个离退休人员（见图8-2）。

城镇职工基本养老保险基金规模迅速扩大。参保人数快速增长，缴费基数也伴随经济增长和工资上涨而逐步提高，养老保险基金收入呈现递增的速度扩大。随着离退休人员规模逐渐扩大，养老金标准逐步提高，基金支出也在较快增长，但支出规模仍然低于基金收入，当期保持一定结余，基金累计结余规模不断扩大。2014年，养老保险基金收入突破2.5万亿元，基金支出也达到2.2万亿元，基金收支规模均相当于2000年的10倍之多，相当于2010年的2倍左右。2014年基金当期结余约3500亿元，基金累计结余已经突破3万亿元（达到3.2万亿元），较2000年增长30倍之多，较2010年翻了一番。企业是城镇职工养老保险制度的主体，2014年企业职工养老保险收入为2.3万亿元，养老金支出接近2.0万亿元，当期结余3458亿元，累计结余为3.0万亿元。养老保险基金主要来源于面向用人单位和个人的保险费征

第八章 养老保障改革与展望

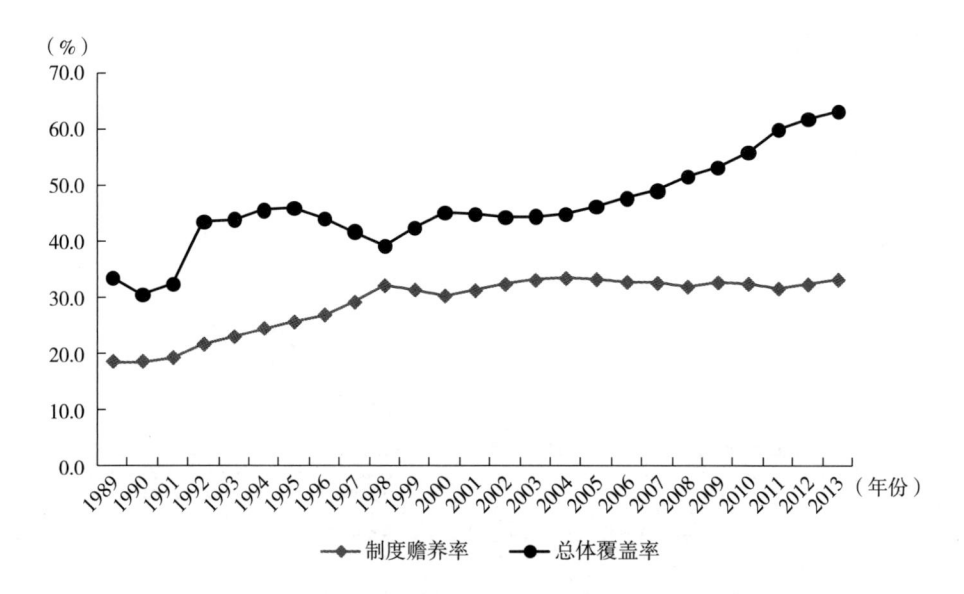

图 8-2 城镇职工基本养老保险覆盖率与赡养率

注：总体覆盖率＝参保职工人数/城镇就业人数，如果剔除适用于退休制度的机关事业单位工作人员，实际覆盖率应该更高一些。制度赡养率＝离退休人数/参保职工人数，表示每一个在职人员平均供养的退休人数。

资料来源：根据国家统计局：《中国统计年鉴》（历年）相关数据计算。

缴收入，各级财政给予一定财政补贴，2013年2.3万亿元的基金收入中，征缴收入为1.9万亿元，占比为82.6%，各级财政补贴3019亿元，占比为13.1%，其他来自利息等收入。

从动态趋势来看，随着基金规模不断扩大，基金增长速度趋于下降，尤其基金支出增速开始超越基金收入增长，当期结余规模已显拐点。"十五"期间基金收入和基金支出的年均增速分别为15.4%和11.7%，"十一五"期间分别提高到16.3%和16.6%，基金收入和支出的增速基本相当，到"十二五"期间，基金收入年均增速下降到10.6%，基金支出增速下降到14.3%，基金支出增速已经超越基金收入。正因如此，基金当期结余从"十五"初期的100多亿元迅速扩大到"十二五"期间的4400多亿元，在2012年达到高峰之后出现拐点，2014年下降到3500亿元。基金累计结余达到相当规模，但增速整体趋于下降，"十五"期间高达30.8%，"十一五"期间保持在20%以上，年均为22.9%，到"十二五"期间下降到13.0%（见图8-3和表8-1）。

149

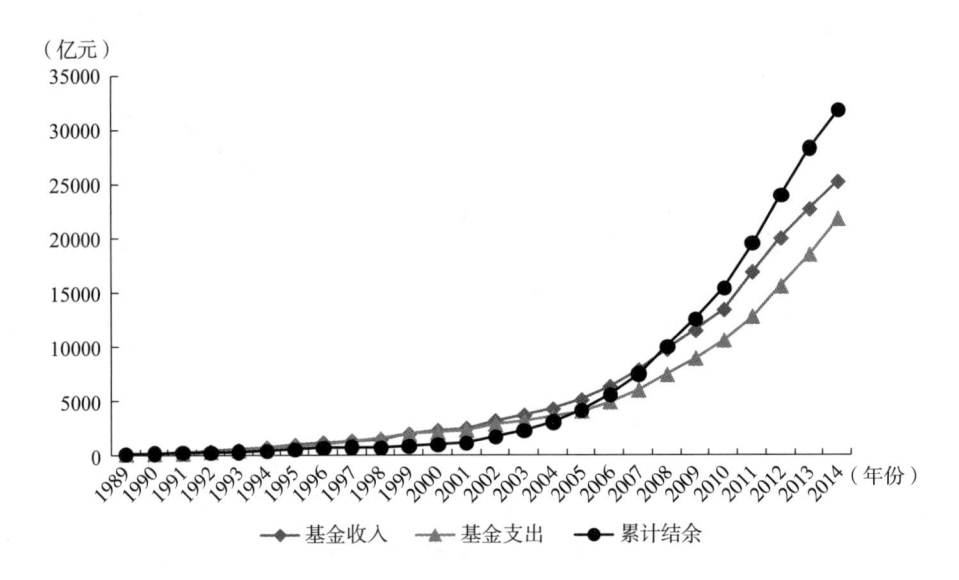

图 8-3 城镇职工基本养老保险的基金收支状况

资料来源：国家统计局：《中国统计年鉴》（历年）。

表 8-1 城镇职工基本养老保险的发展增速

单位：%

	"十五"期间	"十一五"期间	"十二五"期间
参保总人数	4.3	6.5	4.7
参保职工	4.0	6.5	3.9
离退休人员	5.3	6.3	5.6
基金收入	15.4	16.3	10.6
基金支出	11.7	16.6	14.3
基金当期结余	44.4	15.2	-4.1
基金累计结余	30.8	22.9	13.0

资料来源：根据国家统计局《中国统计年鉴》（历年）相关数据计算。

农民工参加城镇职工养老保险的规模逐步扩大，但总体覆盖率仍然比较低。农民工是城镇劳动力市场的重要主体，也是新增劳动力的重要组成。截至 2014 年，全国农民工总量已经达到 2.7 亿人，其中，在本乡镇以外就业的外出农民工达到 1.7 亿人。经过一些地方探索和激烈争论，农民工社会保险问题最终选择纳入城镇职工保障体系中，而放弃了单独为其建立保障体系的方式。农民工参加城镇养老保险的人数从"十五"时期末的1000万人左右增长到"十一五"时期末的3000万人,"十二五"期间继续保持平稳增长,2013年参保人数接近5000万人。但是,相对于城镇本地职工来看,农民工养老保险的参保率仍然比较低,按照农民工总量估算的参保率仅为18.2%,按照国家统计局农民工监测调查的参保率更低,仅为15.7%(见图8-4)。农民工参保率低既有其就业方式的影响,也有养老保险制度的原因。

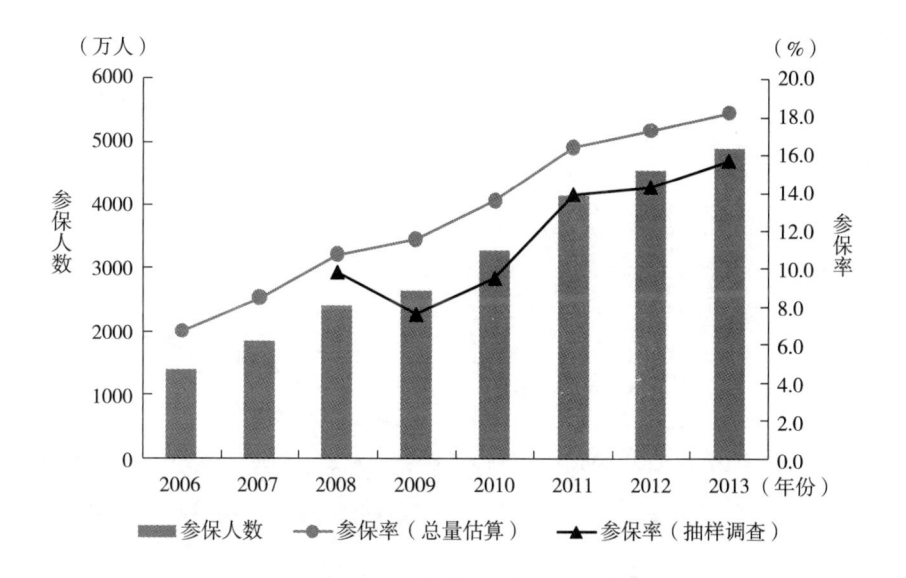

图8-4 农民工养老保险参保情况

注:参保率(总量估算)根据人力资源和社会保障部发布的参保人数与国家统计局公报中的农民工总数计算得到,参保率(抽样调查)反映外出农民工的参保情况,由国家统计局农民工监测调查得到。

资料来源:根据相关年份人力资源和社会保障部《人力资源和社会保障事业发展统计公报》与国家统计局《农民工监测调查报告》整理得到。

"十二五"时期城乡居民养老保险实现了突破性发展。2009年,"新农保"试点制度覆盖面为全国10%的县,2010年扩大到23%的县,2011年覆盖40%的县,2012年提前实现制度全覆盖。实际参保人数和覆盖率迅速增加,参保人数从2009年的8700万人增加到2011年末的约3.3亿人,覆盖率相应地从11%大幅提高到65%左右。随着2011年城镇居民养老保险制度在全国范围实施,覆盖范围迅速扩大,"新农保"与"城居保"合并,截至2014年末,城乡居民养老保险参保人数突破5亿人,享受养老金待遇的城乡老年人达到 1.4 亿人（见图 8-5）。基金收支状况良好，2014 年城乡居民养老保险总收入为 2315 亿元，总支出为 1572 亿元，当期结余为 743 亿元，累计结余达到 3843 亿元。养老金待遇也进行了调整，城乡居民养老保险制度试点实施初期，国家制定的基础养老金为每月 55 元，城乡居民的标准一致，从 2015 年开始，基础养老金标准将统一提高到每月 70 元。

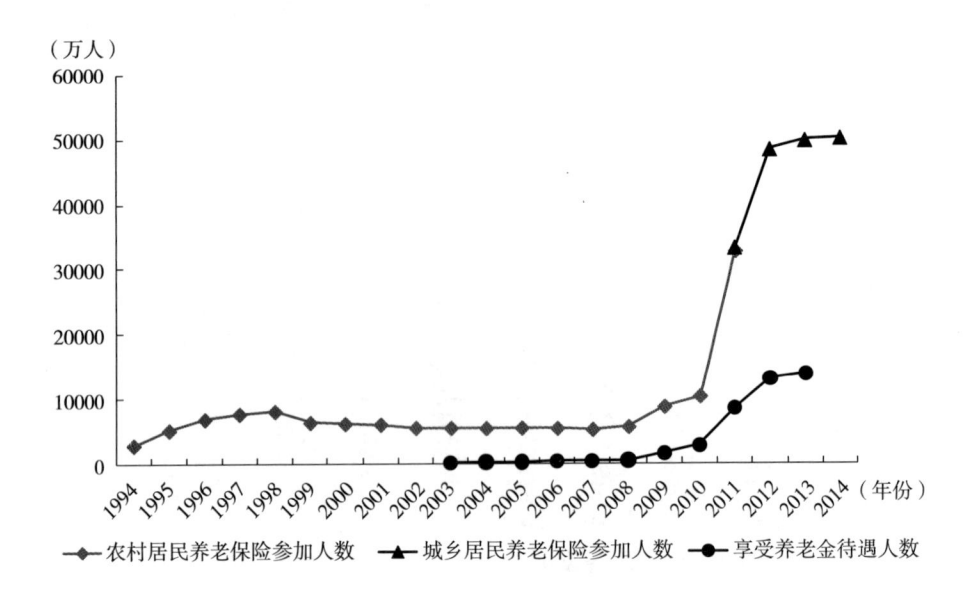

图 8-5 城乡居民养老保险的参保情况

资料来源：国家统计局《中国统计年鉴》（历年）。

二、养老保险制度的关键问题与挑战

（一）可持续性

养老保险制度面临越来越严峻的财务可持续性挑战。中国正在经历人口结构快速变化与经济发展阶段转变的双重考验，人口老龄化进程加快，人口抚养比发生逆转并将快速提高，持续两位数的高速增长时代已经结束，经济增长放缓和结构调整成为新常态。现收现付制的养老保险体系遭遇人口与经济结构的深刻转变，制度可持续的挑战将是不可避免的，其影响程度也是前所未有的。

养老保险基金收入增长明显放缓。基金收入主要受到两个方面因素影响：一是参保职工人数或覆盖率，劳动年龄人口已经开始绝对减少，新增参保人数主要依靠养老保险覆盖面扩大，目前城镇正规部门就业人员基本都纳入保险体系，非正规部门灵活就业人员和一些中小企业的就业人员成为扩面的主要对象，但受到缴费负担过重、制度可携带性较差等约束，进一步扩大覆盖面的难度很大，逃避社保和中断缴费的现象突出[1]，参保人数难以保持较快增长，"十二五"时期年均增速已经下降到3.9%。二是缴费基数或工资水平，工资增长伴随着经济增长放缓也趋于下降，2014年中国GDP增速下降到7.4%，全员劳动生产率增长7.0%，扣除价格因素后城镇居民人均可支配收入增长率下降到6.8%，城镇单位就业人员的工资水平增速也持续下降，与工资水平直接挂钩的缴费基数增长同步减缓。养老保险的参保人数和缴费基数均呈现出增速放缓，基金收入可持续快速增长的局面也难以维持。

养老保险基金支出呈现快速增长。基金支出同样受到两个方面因素影响：一是离退休人数或制度赡养率，人口老龄化速度明显加快，2014年60岁及以上老年人口比例已经达到15.5%，到2020年预计接近20%，人口结构变化短期内无法改变，享受养老金待遇的离退休人员将快速增长，"十二五"期间年均增速达到5.6%，超过同期参保职工的增速，在较长时期内相对稳定的制度赡养率格局将被打破，赡养率将会逐步提高。二是养老金水平，2005年以来城镇企业职工养老金标准连续以10%增速上涨，企业退休人员的平均养老金已经从2005年的每月700元左右增长到2014年的2000多元，2015年仍将保持10%的增速，养老金待遇调整缺乏规范机制，脱离实际经济发展和工资水平状况，目前养老金刚性的增长速度甚至已经超越同期GDP、劳动生产率、城镇居民可支配收入以及实际工资水平的增速。离退休人数和养老金待遇均保持快速增长，在乘数效应下基金支出必然出现递增的态势。

基金收支平衡将持续恶化，"十三五"期间养老保险很可能出现当期收不抵支。2012年前后，养老保险基金当期结余达到4500亿元、当期结余率接近25%的顶峰，随后基金支出增速持续快于基金收入，当期结余呈现持续下降，收支平衡状况开始出现逆转，2014年当期结余下降到3500亿元，当

---

[1] 根据人力资源和社会保障部公布的相关数据显示，最近年份养老保险的遵缴率（即缴费人员占参保人员比例）出现明显下降，从2006年的90.0%逐年下降到2010年的86.5%，2012年上半年仅为83.6%，即大约有3600万人中断缴费。

期结余率下降到13.9%。按照"十二五"时期的变动趋势，到2019年基金收支平衡状态就会被打破，当期结余下降到-618亿元，当期结余率为-1.5%（见图8-6）。实际上这还是保守估计，未来基金支出的增速很有可能继续提高，而基金支出的增速有可能继续放缓，当期收不抵支现象可能会更早到来。而且，这种基金平衡格局中政府财政还发挥了重要作用，若不考虑各级财政补贴，仅仅观察养老保险体系自身运转状况，2013年2.3亿元基金收入中包含了财政补贴3019亿元①，扣除之后当期基金结余仅为1200亿元，当期结余率从18.6%下降到5.3%，按照目前趋势，2016年就会出现当期收不抵支。根据李扬等（2012）研究编制的中国资产负债表显示，在目前制度模式和基本格局下，到2023年城镇职工基本养老保险将出现收不抵支，2029年累计结余将耗尽。可以预见，"十三五"期间养老保险体系将面临可持续性问题的重大挑战，基金收支平衡将出现根本性转折，养老保险体系将不得不依靠历史累计结余为继。

较之于总体基金平衡的挑战，养老保险地区失衡的威胁更为棘手。养老保险制度尚未实现全国统筹，甚至省级层面上也没有达到完全意义的统筹水平②，在制度的地区分割状态下，经济发展水平差距直接反映为养老保险的地区不平衡，经济发展水平较高、人口高度集聚的地区养老保险大量结余，而经济发展水平相对滞后、人口净流出的地区面临严峻的基金缺口。不同地区的基金平衡状况可以说是"冰火两重天"，例如，沿海发达地区的广东省，2012年养老保险当期结余达到780亿元，累计结余已经超过3800亿元，而东部老工业基地的黑龙江省，养老保险当期结余仅为2.9亿元，若没有财政补贴维持，当期缺口已经超过200亿元。实际上，不考虑补贴的当期收不抵支现象长期存在，制度实施初期曾经出现近乎全面亏损，2002年当期收不抵支的省份有28个，随后年份逐步减少，2011年曾经一度下降到13个，2012年又有所恶化，增加到19个，而且，两极化倾向明显，部分困难省份的缺

---

① 根据人力资源和社会保障部公布的数据显示，2003~2013年全国企业职工基本养老保险基金收入中，财政补助额从544亿元逐年增加到接近3000亿元，累计财政补贴达到1.6万亿元，相当于企业职工养老保险基金累计结余（2.7万亿元）的60%。

② 尽管全国各省份已经建立养老保险省级统筹制度，但真正意义上只有北京、上海、天津、陕西等少数地区实现基本养老保险基金省级统收统支，绝大多数省份仍然分散在县市一级。根据2012年审计署的审计报告显示，依据2007年《关于推进企业职工基本养老保险省级统筹有关问题的通知》提出的省级统筹六个条件，包括统一基本养老保险制度、统一费率、统一待遇、统一调度使用基金、统一编制基金预算、统一全省经办业务流程，全国仍然有17个省份没有实现这六条标准，没有真正实现省级统筹。

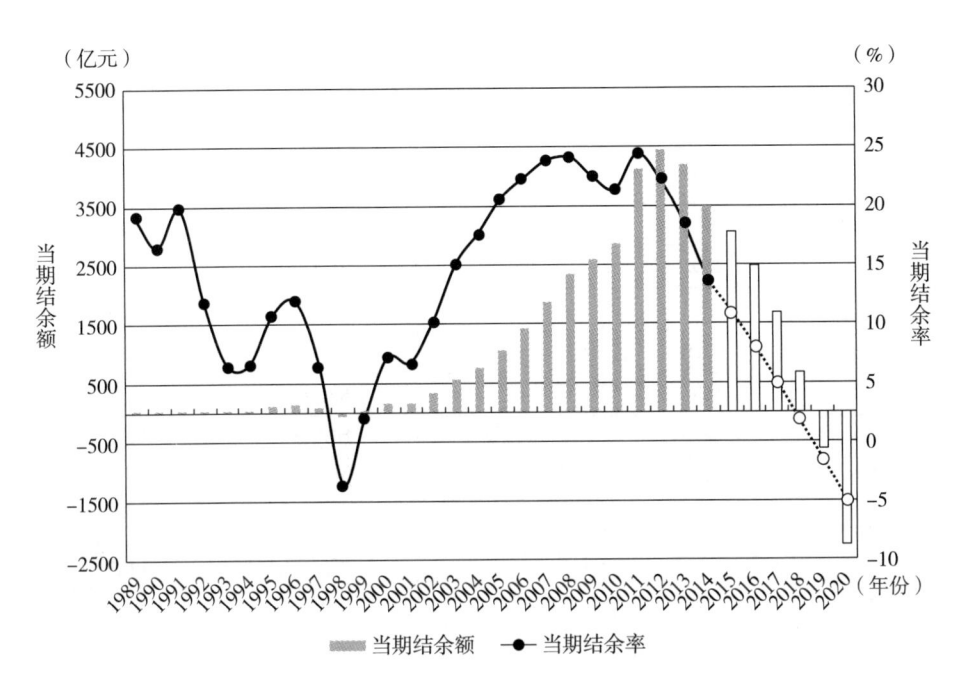

图 8-6　城镇职工基本养老保险基金收支平衡状况

注：当期结余率=当期结余额/当期基金收入。2015 年之后为预测值，假定基金收入和基金支出按照"十二五"期间年均增速增长，即分别为 10.6%和 14.3%，据此估算出当前基金结余以及当期结余率。

资料来源：根据国家统计局《中国统计年鉴》（历年）相关数据计算。

口规模呈现膨胀趋势，东部三省的缺口均已经超过百亿元（郑秉文，2012）（见表 8-2）。养老保险地区失衡背后反映出制度分割、可携带性差与人口和劳动力流动性之间的突出矛盾，流动人口规模大、比重高的省份，人口与经济高度集聚，养老保险的制度赡养率越低，基金当期结余越多，累计结余也越多，财务可持续性越强（见图 8-7）。

表 8-2　各省份城镇职工基本养老保险基本状况（2012 年）

省份	当期结余（亿元）	当期结余（不含补贴）（亿元）	累计结余（亿元）	制度赡养率（%）
北京	354.9	322.9	1224.8	21.2
天津	55.5	-61.7	279.2	47.1
河北	69.5	-85.5	755.1	38.4

续表

省份	当期结余（亿元）	当期结余（不含补贴）（亿元）	累计结余（亿元）	制度赡养率（%）
山西	171.5	58.0	963.3	35.2
内蒙古	62.2	-37.4	405.9	48.0
辽宁	159.7	-204.2	1054.9	46.5
吉林	13.0	-107.6	407.1	59.0
黑龙江	2.9	-209.3	469.9	65.7
上海	263.9	145.2	821.5	42.7
江苏	487.8	349.0	2145.8	29.1
浙江	443.7	339.7	1963.9	19.0
安徽	109.0	-8.1	594.0	35.5
福建	48.7	31.7	226.2	19.9
江西	85.9	-13.9	332.2	36.5
山东	257.6	165.5	1639.5	25.3
河南	116.7	-65.7	717.7	31.7
湖北	116.5	-77.5	754.6	45.7
湖南	105.1	-75.7	685.9	40.2
广东	780.1	652.1	3879.6	10.7
广西	29.1	-52.1	443.1	46.9
海南	8.7	-36.2	94.1	32.5
重庆	123.2	-11.8	458.1	52.6
四川	204.3	-26.3	1464.3	50.5
贵州	63.9	16.0	293.4	33.5
云南	87.2	15.8	423.0	43.2
西藏	6.2	1.1	24.6	35.0
陕西	79.5	-23.9	338.9	38.0
甘肃	40.7	-13.4	288.3	51.1
青海	6.8	-9.9	78.8	43.7
宁夏	4.5	-14.1	158.5	43.6
新疆	74.7	14.3	520.4	36.4

资料来源：根据全国第六次人口普查以及国家统计局《中国统计年鉴》（历年）相关数据计算。

第八章 养老保障改革与展望

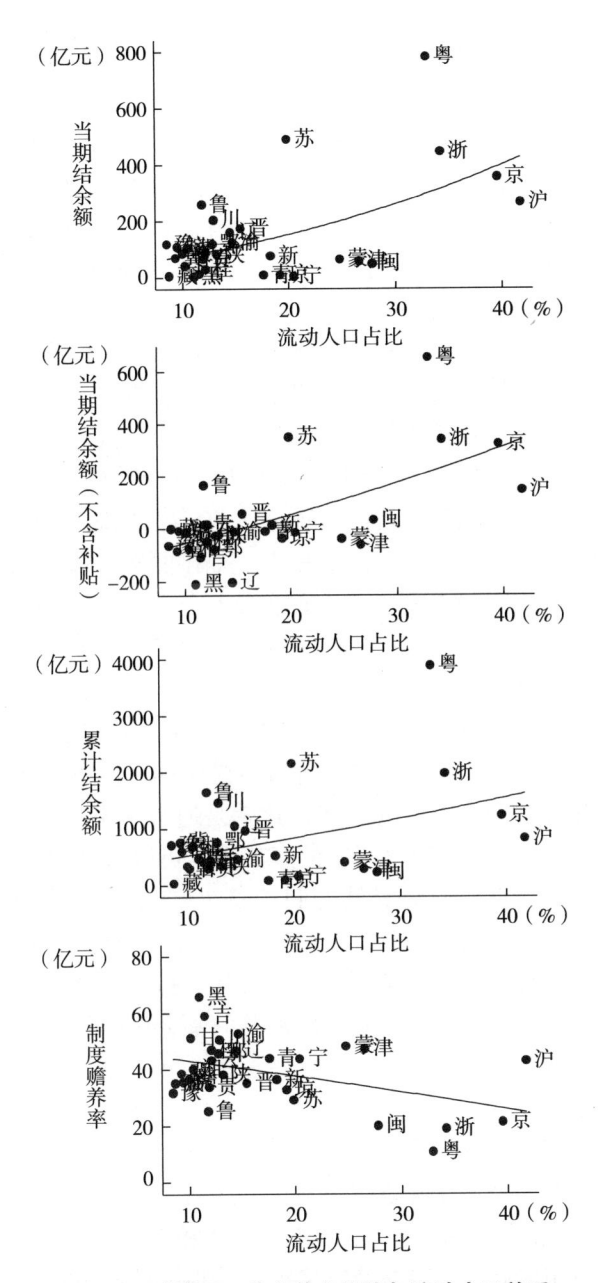

图 8-7 城镇职工基本养老保险与流动人口关系

注：流动人口占比指该省份流动人口数量占总人口比重，数据为 2010 年全国人口普查结果。各省份城镇职工养老保险相关指标为 2012 年数据。

资料来源：根据全国第六次人口普查以及国家统计局《中国统计年鉴》（历年）相关数据计算。

基金平衡并不仅是"钱"的问题，制度设计本身需要承担责任。基金缺口究竟是否存在以及多大规模，一直存在较大争议。官方多次用当期结余来回应社会上关于养老金缺口问题，2013年当期收入2.3万亿元，当期支出1.8万亿元，结余4000多亿元，从数字层面上来说，的确不存在养老金缺口。但是，完整的"故事"并未说完，养老保险基金中哪些钱是可以当期使用的？哪些钱是不能够随意动用的？基金的权属关系并没有明确界定清楚，养老保险基本制度也在名义与现实之间游离。直白地说，养老基金当期之所以有结余，本质上是用了本属于老百姓个人的钱。养老保险制度采取个人账户和统筹账户相结合的方式，个人账户中的资金权属归个人，政府管理部门可以监管，但不能随意动用去给退休的人发养老金。按照一般规定，个人账户缴费按工资的8%，统筹账户由用人单位按工资的20%缴纳，即个人账户缴费大约占到全部养老保险缴费的30%，按此粗略估算，2013年养老基金当期收入中大约6400多亿元属于个人账户，从制度设计来说，统筹账户可以用于当期基金支付，但个人账户基金属于参保个人，类似于基金积累制，没有义务用于当期基金支付。若严格按照现行制度实施，不拿个人账户的资金去给退休人员发养老金，不仅结余荡然无存，而且当期亏损就已经达到2000多亿元，入不敷出既成事实、养老缺口即刻显现。若追溯到20世纪90年代，养老保险制度建立之初就采取这种过渡操作办法，通过挪用个人账户的历史欠债已经累计达到2万亿元之多，这就是通常所说的"空账"。若无视"空账"问题，即默认现收现付制度的合法性，可以勉强地说目前养老保险制度总体平稳，若严格按照统账结合制正视"空账"问题，即做实"个人账户"，目前约3万亿元的累计结余所剩无几，即刻面临制度破产问题，这也正是做实"个人账户"任务艰难的直接原因。因此，基金平衡问题仍然是养老保险制度的表象，制度设计本身所涉及的基金权利归属问题是更深层次需要探讨和解决的。

（二）公平性

养老保险制度的公平性问题被视为一大症结，双轨制下养老金差距更是长期遭受责难。城镇职工基本养老保险制度伴随着国有企业改革应运而生，企业部门需要负担较高的保险缴费，又需要承担改革的历史包袱和成本，享受的养老金待遇比较低。机关事业单位大多沿用离退休制度，不需要负担社会保险费，养老待遇完全由财政承担，养老金替代率几乎接近100%。2000年，企业离退休人员的平均养老金水平仅为每月544元，机关事业单位的人均离退休费达到829元，约为企业的1.5倍，随后几年机关事业单位离退休费继续增长，而企业部门承受较高的历史负担，养老金水平增长缓慢，到2005年两者的养老金待遇差距扩大到两倍，分别为每月1415元和727元。即便是纳入城镇职工养老保险制度的部分机关事业单位人员，平均养老金水平也达到1254元，与享受离退休制度的机关事业单位人员养老金水平比较接近，相当于企业养老金水平的1.7倍。

养老金差距扩大加剧了民众对双轨制的不满，正是迫于公平性问题的压力，决策部门一方面尝试推动养老制度并轨改革，另一方面通过提高企业养老金待遇以缩小差距。2005年开始逐年以10%的增幅上调企业离退休人员养老金，到2013年，企业平均养老金水平已经增长到1864元。与此同时，机关事业单位离退休费也有所提高，2005年以来年均增速为7.4%，"十二五"时期年均增速下降到4.7%，到2013年人均离退休费接近2700元，纳入城镇职工养老保险制度的机关事业离退休人员平均养老金水平也接近2600元。经过连续十多年以更快的速度提高企业养老金水平，双轨制下的养老金待遇差距有所缩小，从2005年前后的2.0倍下降到2013年的1.4倍，相当于回到了2000年前后的状态。但是，目前这种差距仍然是不能让人完全接受的。假定继续按照目前这种幅度连续调整企业养老金水平，而机关事业单位离退休费继续保持"十二五"时期相对低速增长，到"十三五"期末（2020年）养老金待遇才能基本拉平，仅从养老金待遇角度观察的公平性问题才能基本解决（见图8-8）。

但是，公平不一定完全合理。尽管以较高的固定增速连续提高企业养老金水平，有效地遏制了双轨制的养老金差距，但待遇调整规则已经脱离了养老保险制度设计，既没有与宏观经济指标（如GDP增速、城镇居民收入或工资水平增长）挂钩，也没有充分反映微观个体的参保缴费情况，"多缴多得、长缴多得"的制度设计原则并没有体现，"普调"的方式产生了逆向选择，甚至导致晚退休反而养老金待遇更低的"倒挂"现象，大量的早退休现象也受此激励。中国经济已经进入中高速增长时期，2014年GDP增速已经下降到近20年来最低水平，预计"十三五"期间潜在经济增长率只有6.2%（Cai & Lu，2013），劳动生产率和城镇居民实际收入增长也明显放缓，继续保持以10%的幅度提高企业养老金待遇，在支付能力与合理性方面都将面临很大挑战。如果继续将缩小养老金差距、缓解社会矛盾放在优先位置，养老保险制度又将面临独立性的丧失，制度再次陷入类似于为国企改制埋单的从属角色。

市场部门长期在为公共或准公共部门的养老问题埋单。国企改制将大量

(元/月)

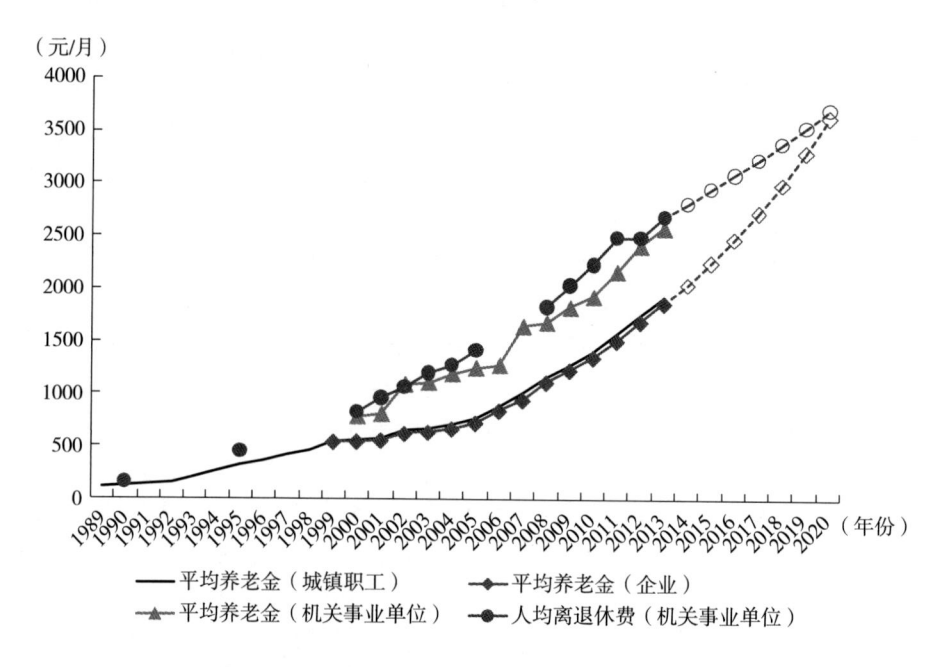

图 8-8 城镇职工与机关事业单位的养老金水平

注：平均养老金指城镇职工基本养老保险中平均每个离退休人员的养老金水平，即养老基金支出总额/离退休人员数量，部分机关事业单位人员已经纳入城镇职工养老保险体系，可以相应计算出平均养老金水平。人均离退休费指机关事业单位平均每个离退休人员的养老金水平，即离退休费用总额/离退休人员数量，2006年之前的数据可以直接通过《中国劳动统计年鉴》获得，之后年份不再公布，根据《全国公共财政支出决算表》中"行政事业单位离退休费"估算得到，假定离退休人员保持2000~2005年的速度增长，事业单位和机关单位的年均增速分别为4.4%和3.7%。2014~2020年为预测值，假定企业养老金继续按照年均10%的速度增长，机关事业单位离退休费按照"十二五"期间的速度（4.7%）增长。

资料来源：根据国家统计局《中国统计年鉴》《中国劳动统计年鉴》以及财政部公布的《全国公共财政支出决算表》相关年份数据计算。

职工养老负担甩给了城镇职工养老保险体系，国有企业和集体企业退休人员从保险基金中领取养老金，而新兴的市场经济部门则主要承担其缴费任务，逐渐形成了市场部门供养公共或准公共部门的格局。2012年，城镇企业职工养老保险的参保职工构成中，民营企业占到50%，港澳台及外资企业占到12.6%，而离退休人员构成中，国有企业和集体企业占到75%以上，港澳台企业及外资企业占比仅为1.3%。尽管城镇职工养老保险总体制度赡养率保持在33%的相对稳定水平，但是不同类型企业的差异很大，国有和集体企业

第八章 养老保障改革与展望

制度赡养率非常高，2012年已经接近70%，而民营企业、港澳台及外资企业的制度赡养率很低，分别仅为15.3%和3.4%。在体制转轨过程中，不同类型经济部门的内部差异巨大，加剧做实"个人账户"的难度，统账结合的保险模式实际上名存实亡，现收现付制本质上仍然是继续发挥分担转轨成本的职能。然而，现收现付制的最大特征就是代际转移，目前市场部门的"新人"尚未到退休阶段，没有养老金支付需求，未来当一批批"新人"陆续退休，养老金支付出现困难，待遇水平不仅难以像今天这样持续大幅提高，甚至可能被迫削减，养老保险制度的代际公平性问题将会凸显。因此，若以未来的公平性为代价维持今天的公平性，这并非是一个良好的解决方案。

养老保险发展的地区差异不亚于经济发展水平地区差异。在制度分割体系下，地区之间的经济发展水平、基金收支平衡、人口结构以及制度赡养率等差异直接反映到养老金待遇上。从城镇职工基本养老保险来看，人均GDP与平均养老金总体上呈现出高度正相关，经济发展水平越高的省份养老金待遇越高，2012年北京平均养老金水平达到每年3万元，约是平均养老金水平最低的江西省的两倍。养老金收入替代率与经济发展水平似乎并不直接相关，但是，替代率的地区差异同样很大，替代率最高的山东（66.8%）与替代率最低的重庆（41.8%）两者相差25个百分点。地区之间的实际缴费负担差异也是公平性问题的重要表现，实际缴费率与人均GDP呈现出一个U形特征，即经济发展水平很高或很低的省份，养老保险制度的实际缴费负担都比较高，人均GDP水平中等偏上的省份实际缴费负担更低，尤其苏、浙、闽、粤等沿海地区实际缴费率基本在15%以下，广东的实际缴费率更是不到10%[①]，而甘肃的实际缴费率已经高达30%（见图8-9）。

城乡居民养老保险的待遇差异同样很大。尽管国家层面规定的基础养老金各地统一，但地方财政的支持力度不同，直接拉大了地区之间实际养老金水平。以农村养老保险来看，平均养老金水平与人均GDP或者人均纯收入呈现出递增的正相关性，2012年上海和北京的平均养老金水平已经分别达到每年6500元和5000元，而大多数中西部地区的平均养老金水平只有600~700元，全国总体平均养老金水平也只有860元，最高与最低的差距达到10多倍，以

---

① 尽管国家层面对于养老保险缴费率有一个原则性指导，即职工工资水平的28%（单位20%、职工8%），但地方在制度安排上拥有一定自主权，导致实际缴费率差异较大，一些地方将社会保险缴费优惠政策作为招商引资、推动经济发展的手段。

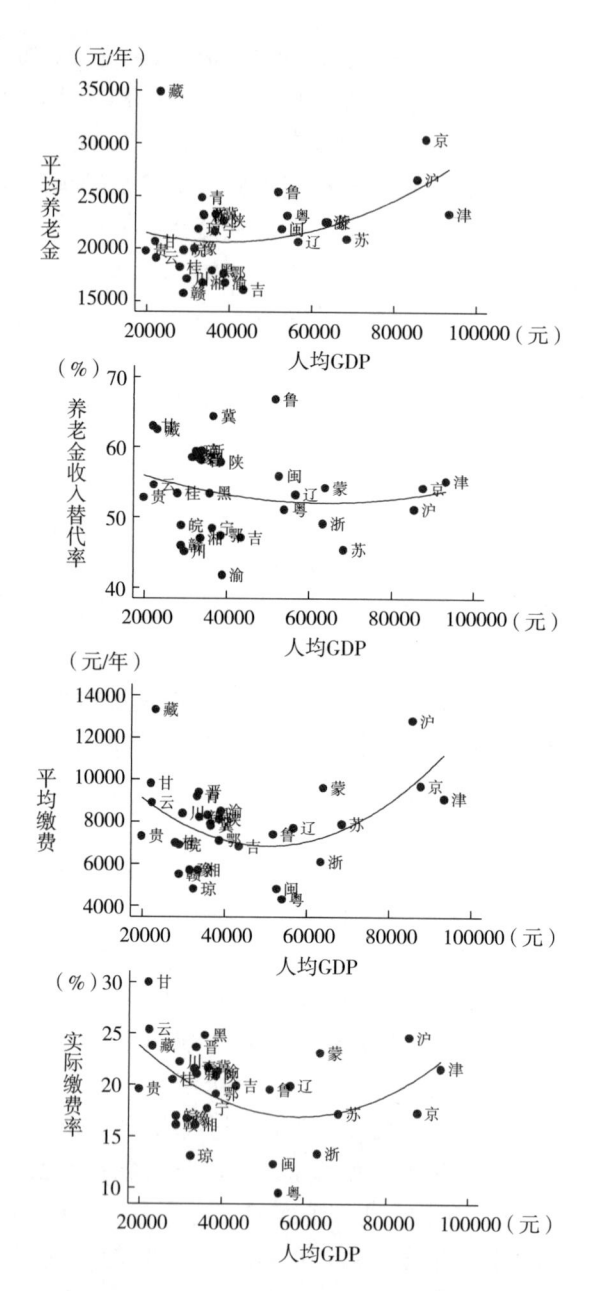

图8-9 城镇职工基本养老保险缴费负担、待遇水平与经济发展关系

注：养老金收入替代率=平均养老金/城镇单位在岗职工平均工资，实际缴费率=平均缴费/城镇单位在岗职工工资水平。各省份城镇职工养老保险和经济发展相关指标为2012年数据。

资料来源：根据国家统计局《中国统计年鉴》（历年）相关数据计算。

基尼系数衡量地区不平等程度,农村养老金的基尼系数达到0.38,高于农民人均纯收入的基尼系数0.20,也高于人均GDP的基尼系数0.24,即便考虑到地区生活成本差异,农村居民养老金的地区差异也严重偏高。在京津沪和一些沿海大都市,本地户籍人口排他性享有的城乡居民养老保险待遇提升过快,实际上增加了户口的"含金量",若不能遏制目前已初步显现的差距扩大势头,势必将加剧养老保障的公平性问题(张展新,2014)。然而,按照制度设计原则,城乡居民养老保险相对于城镇职工养老保险本应该体现出更强的公平性,发挥更大的收入分配调节功能(见表8-3)。

表8-3 2012年各省份基本养老保险制度的待遇水平

省份	城镇职工基本养老保险 人均养老金(元/年)	收入替代率(%)	实际缴费率(%)	农村居民养老保险 人均养老金(元/年)	收入替代率(%)
北京	30400	54.2	17.3	4997	30.3
天津	23300	55.2	21.6	2005	14.3
河北	23200	64.4	21.7	622	7.7
山西	23200	58.1	23.6	642	10.1
内蒙古	22500	54.2	23.1	1065	14.0
辽宁	20600	53.2	19.9	643	6.8
吉林	16100	47.1	19.9	632	7.3
黑龙江	17900	53.4	24.8	696	8.1
上海	26600	51.2	24.6	6484	36.4
江苏	20900	45.4	17.2	1228	10.1
浙江	22500	49.1	13.3	1402	9.6
安徽	19800	48.8	17.0	659	9.2
福建	21800	55.9	12.3	617	6.2
江西	15700	46.0	16.1	623	8.0
山东	25400	66.8	19.5	849	9.0
河南	20000	58.5	16.7	644	8.6
湖北	17600	47.4	19.1	650	8.3
湖南	16700	47.0	16.1	637	8.6
广东	23100	51.1	9.5	753	7.1

续表

省份	城镇职工基本养老保险 人均养老金（元/年）	收入替代率（%）	实际缴费率（%）	农村居民养老保险 人均养老金（元/年）	收入替代率（%）
广西	18200	53.4	20.5	702	11.7
海南	21800	59.4	13.1	858	11.6
重庆	16700	41.8	21.3	2328	31.5
四川	17100	45.1	22.2	671	9.6
贵州	19700	52.8	19.6	1209	25.4
云南	19100	54.6	25.4	576	10.6
西藏	34900	62.5	23.8	1093	19.1
陕西	22600	57.9	20.8	858	14.9
甘肃	20600	63.0	30.0	560	12.4
青海	24800	58.4	21.6	1195	22.3
宁夏	21600	48.4	17.7	890	14.4
新疆	23100	59.5	21.1	1212	19.0

资料来源：根据国家统计局《中国统计年鉴》（历年）相关数据计算。

养老保险地区不平衡在制度分割状态下陷入恶性循环。养老保险体系的统筹层次较低，制度赡养率高的地区倾向于选择更高的保险缴费率、更低的养老待遇水平，高缴费率加重企业经营负担，削弱市场竞争力，挤出参保缴费的劳动力，影响地方经济活力和增长动力，进一步阻碍养老基金收入和平衡能力，最终不得不依赖高缴费率、低养老待遇来维持养老体系运转，从而陷入缴费负担高、经济激励不足、基金平衡能力差的恶性循环中。对于制度赡养率较低的地区，境况恰恰相反，倾向于进入一种内部良性循环之中，有条件选择更低的保险缴费水平、更高的养老待遇水平，缴费负担低有助于增强企业竞争力，吸引新参保劳动力流入，推动地方经济快速发展，养老基金的"造血"能力也就更强，在基金大量结余情况下，地方有条件、也有动力进一步降低缴费率、提高养老待遇水平。现实也的确如此，城镇职工养老保险的制度赡养率与平均缴费水平（或实际缴费率）呈现出明显的正相关，而与平均养老金水平（或养老金收入替代率）呈现出明显的负相关，结合前面的观察，更高的缴费率倾向于拖累落后地区的经济发展（见图8-10）。

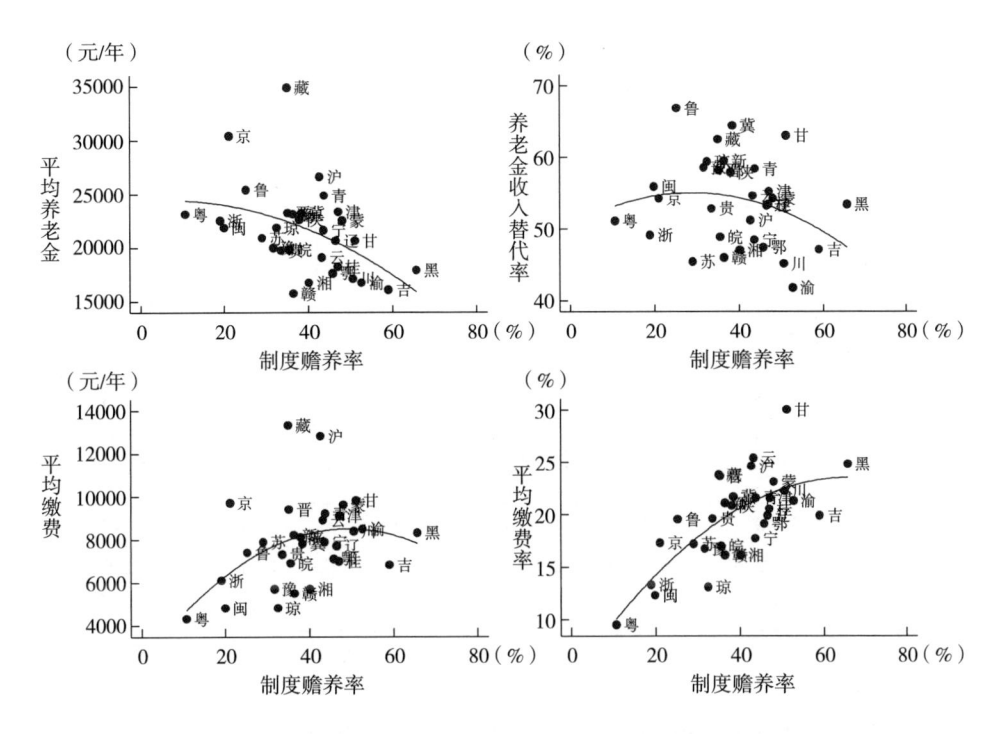

图 8-10　城镇职工基本养老保险缴费负担、待遇水平与制度赡养率关系

注：养老金收入替代率＝平均养老金/城镇单位在岗职工平均工资，实际缴费率＝平均缴费/城镇单位在岗职工工资水平。各省份城镇职工养老保险和经济发展相关指标为2012年数据。

资料来源：根据国家统计局：《中国统计年鉴》（历年）相关数据计算。

综合来看，制度因素造成的双轨制和地区分割是养老保险公平性问题的主要成因。基于回归方程的Shapley值分解方法，观察城镇养老金不平等的主要来源，分解结果显示，地区差异贡献份额达到36.0%，反映双轨制的退休身份贡献了28.7%，这两个因素就可以解释城镇养老金不平等将近2/3的成因，退休前工资水平和所在行业也是养老金不平等的影响因素，而工龄的影响并不明显甚至存在削减不平等效应，这也反映出制度设计存在的问题，工作或缴费年限长并不明显提高养老金待遇，激励更早或提前退休。在机关事业单位内部，除了退休前岗位级别等决定的工资水平之外，体制内的行业属性（尤其是垄断性与竞争性行业差异）成为养老金不平等的主要因素；在企业内部，行业差异并没有明显影响养老金差异，地区差异成为最主要的贡献因素（见表8-4）。养老保险公平性问题不仅影响养老制度本身的可持续发展，制度不合理造成的逆向收入分配效应已经影响到城镇总体收入分配格局，根据李实（2013）研究观察，离休老人与退休老人之间、机关事业单位和企业人员的养老金收入差距显著扩大城镇内部收入差距。

表 8-4　城镇养老金不平等贡献分解

影响因素	总体 Shapley value	总体 不平等贡献（%）	机关事业单位 Shapley value	机关事业单位 不平等贡献（%）	企业 Shapley value	企业 不平等贡献（%）
退休前工资	47.6	18.8	14.8	30.5	24.7	20.0
工龄	-8.6	-3.4	0.9	1.8	-1.8	-1.4
退休年数	10.3	4.1	3.4	7.0	5.2	4.3
身份	72.5	28.7	—	—	—	—
行业	40.2	15.9	18.2	37.7	5.4	4.4
地区（城市）	90.9	36.0	11.1	22.9	89.6	72.8
合计	252.8	100.0	48.3	100.0	123.2	100.0

注：调查区域包括上海、武汉、沈阳、福州、西安和广州六个城市，根据分阶段随机抽样原则每个城市拟抽取 700 户城本本地家庭，实际调查有效样本 4273 户 12335 人。

资料来源：根据 2010 年中国社会科学院人口与劳动经济研究所第三轮城镇劳动力市场调查（CULS3）数据计算得到。

（三）效率损失

养老保险制度不仅具有社会福利保障的功能，还应该发挥协调经济发展的作用。但是，养老保险制度改革过程中长期忽视经济效率问题，制度分割阻碍劳动力资源配置，不规范的制度规则造成劳动力资源浪费，干扰正常的劳动力市场机制和劳动力市场统一，从而最终阻碍经济增长。在经济体制转型初期，分割的社会保障制度表现为劳动力市场分割的结果，而时至今日，它又成为劳动力市场难以统一的原因（朱玲，2014）。

不规范的退休制度存在明显的就业挤出效应，造成大量宝贵劳动力资源浪费。转轨过程养老保险制度从属于市场经济改革，允许一大批职工提前办理退休享受养老金，养老金发挥了一种经济补偿功能，激励他们更早退出劳动力市场。根据城镇住户调查数据研究显示（程杰，2015），享受养老金的群体劳动参与率明显要低于未享受养老金人员，特别在 40~60 岁，两个群体的劳动参与率差异明显，随着年龄增加劳动参与率的差距逐渐收敛。2010 年第六次全国人口普查也显示,城镇女性从45岁开始劳动参与率(即经济活动人口与总人口之比)突然猛烈下降,男性从50岁开始劳动参与率持续大幅度下降,现行退休制度在其中发挥了不可替代的作用。从地级城市层面的养老金覆盖率与劳动参与率的散点图来看,两者呈现出明显的负相关,40~59岁养老金覆盖率越高,城市层面的劳动参与率越低,反映当前中国养老制度存在明显的抑制就业效应。根据经典的劳动参与模型估计显示,在控制了市场工资水平、个体人力资本水平、性别等因素之后,被养老金覆盖将导致劳动参与率大幅下降51.0%,女性和男性的劳动参与率分别下降44.3%和55.4%,养老金制度激励40岁及以上人员更早地退出劳动力市场。程杰(2014a)利用2011~2012年中国健康与养老追踪调查(CHARLS)也得到类似结论,被养老金覆盖后城镇劳动年龄人员的劳动参与率将显著下降45.7%,Giles等(2012)利用2008~2009年CHARLS试调查数据发现,享受养老金的人倾向于更早退休,中国大龄城镇本地劳动力的参与率呈现出一个长期下降趋势,甚至已经低于英国、美国、印度尼西亚以及韩国。碎片化的养老保险制度已经产生明显的劳动供给效应,城镇职工养老保险、农村居民养老保险、失地农民保险以及农民工综合保险等不同制度对于参保者的劳动决策影响具有显著差异,制度产生的劳动力市场扭曲也是显而易见的(程杰,2014b)。养老金覆盖与劳动参与率如图8-11所示。

养老保险制度催生出一大批"退而不休"的劳动者,严重干扰正常的劳动力市场机制,倾向于抑制保留工资水平。制度转轨过程中存在大量不规范退休行为,按照人社部门公布的数据,目前平均的实际退休年龄只有53岁,远远低于法定退休年龄。利用2011~2012年CHARLS数据研究发现,城镇45岁及以上就业人员中有接近30%属于典型的"退而不休"劳动者,他们一边领着养老金一边继续工作,这其中又有一半的人年龄不到60岁。结合第六次全国人口普查数据估算,这些仍然处于劳动年龄阶段,在享受养老金的同时继续活跃在劳动力市场的群体达到650万之多。根据城镇住户调查数据研究显示,享受养老金的劳动者平均工资水平仅相当于正常劳动者的33%~38%,从工资分布曲线来看,享受养老金的劳动者工资水平分布曲线呈现出明显的左偏,相对于未享受养老金的劳动者,工资水平整体上要更低,从城市层面来观察,养老金覆盖率与城市工资水平呈现出高度的负相关,40~59岁养老金覆盖率越高,城市平均工资水平越低,反映当前中国养老制度存在明显的工资抑制效应。基于Mincer工资方程的模型估计显示,在控制了人力资本(教育水平与工作经验)、性别、行业、职业、单位类型等

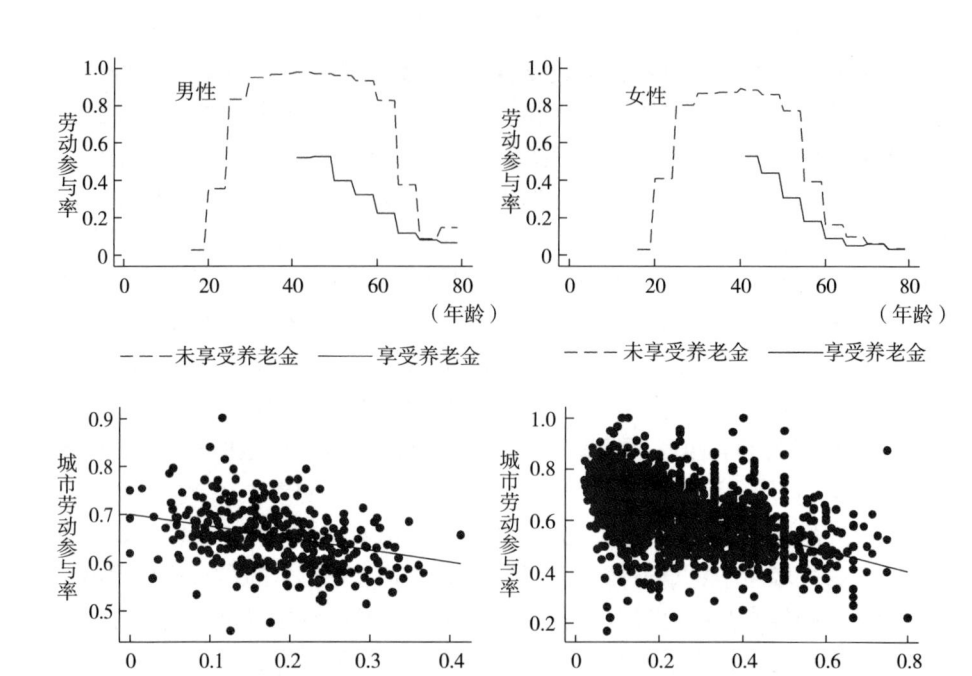

图 8-11 养老金覆盖率与劳动参与率

注：按年龄和性别分类的劳动参与率曲线表示每 5 岁年龄组的平均劳动参与率。养老金覆盖率与劳动参与率散点图中，左图数据为 2003~2009 年地级城市层面的总体平均水平，右图数据为 2003~2009 年分年份、分性别地级城市层面的平均水平。养老金覆盖率为城市 40~59 岁群体中享受养老金人员所占比例。劳动参与率为城市 16~59 岁劳动年龄人口的劳动参与率，若用 40~59 岁人员的劳动参与率进行拟合，斜率将更大。

资料来源：根据 2003~2009 年国家统计局城镇住户调查数据计算得到。

因素之后，养老金对于劳动力市场的工资水平产生了显著的负面影响，被养老金覆盖将使劳动者的工资水平下降 47.2%，使女性劳动者工资水平下降 39.0%，男性工资水平下降 59.5%。利用 2011~2012 年 CHARLS 数据也观察到类似情况，劳动年龄阶段享受养老金的劳动者平均工资比正常劳动者低 35%，模型估计结果显示，养老金覆盖使劳动年龄阶段的劳动者工资水平下降 33.7%。当前养老保险制度对于劳动力市场产生了显著的工资抑制效应，这必然造成劳动力市场扭曲和资源配置效率损失。

不规范的退休制度导致养老金发挥一种经济补偿功能，尽管压低了劳动者的保留工资水平，但并不因此影响"退而不休"人员的实际总收入，养老金收入足以补偿相对较低的工资水平。根据 CHARLS 数据显示（程杰，2014a），尽管"退而不休"劳动者的工资水平要比正常劳动者低 35%，但包含养老金在内的总收入并不更低，反而比正常劳动者高 30%。利用基于回归方程的 Shapley 值分解显示，除了教育、健康反映的人力资本所决定的工资差距之外，养老金覆盖对于工资差距的贡献份额也比较"可观"，可以解释工资差异的 6%~7%。采用分项收入基尼系数分解方法显示，城镇劳动者总收入不平等的构成中，养老金收入贡献了 38.1%，甚至超过工资性收入成为不平等的最主要来源，即便对于劳动年龄阶段的劳动者，养老金收入对于总收入不平等的贡献份额也达到 10%（见图 8-12）。不规范的养老制度造成大量提前退休现象，在造成劳动力市场工资扭曲的同时，也带来了收入分配的不公平，养老保险制度的效率与公平问题是相互交织的。

养老保险制度不适应人口与劳动力流动形势，造成越来越严重的劳动力资源错配。劳动力在城乡之间、区域之间和部门之间的流动是中国经济快速发展和效率提升的关键动力，养老保险双轨制造成体制内与体制外的人才流动性差，城乡养老保险制度分割加剧城乡人口迁移成本，养老保险的可携带性差、地区转移接续难度大阻碍劳动力跨地区流动，养老保险制度不仅没有充分发挥其福利保障效应，反而成为劳动力流动和企业经营负担。更为突出的问题是，在养老保险缴费负担过重、制度操作不规范情况下，一些中小企业采取违规逃避社保行为，而正规企业按照规定参加社保，需要承担更高的人员负担，从而造成高效率、高技能的企业实际工资水平反而更低的"工资倒挂"现象，高素质、有技能的劳动力本应该进入生产率较高的企业，但由于社保成本压制了实际工资收入，反而缺乏技术、设备的效率低端中小企业，通过规避社保吸引劳动力。这种不合理、不规范的制度影响经济效率提升，阻碍技术进步以及产业结构升级，养老保险制度改革已经超越社会福利范畴，关系到经济社会持续稳定发展。按照朱玲（2014）的理解，支撑社会保障体系的资源通过税收或缴费进入企业一般成本或劳动成本，从而使社会保障制度由此"切入"经济运行，成本增加既会削弱就业岗位的创造，又会降低企业竞争力，对经济增长产生消极影响，并最终减少流向社会保障体系的资源量。然而，当前养老保险制度分割加深了多元利益相关群体的分化，他们对制度安排缺少认同，对整个养老体系公平性充满质疑，而究竟对就业市场和经济增长有何影响，包括决策者在内的绝大多数利益相关者并不深以为意（中国社会科学院经济研究所课题组，2013）。

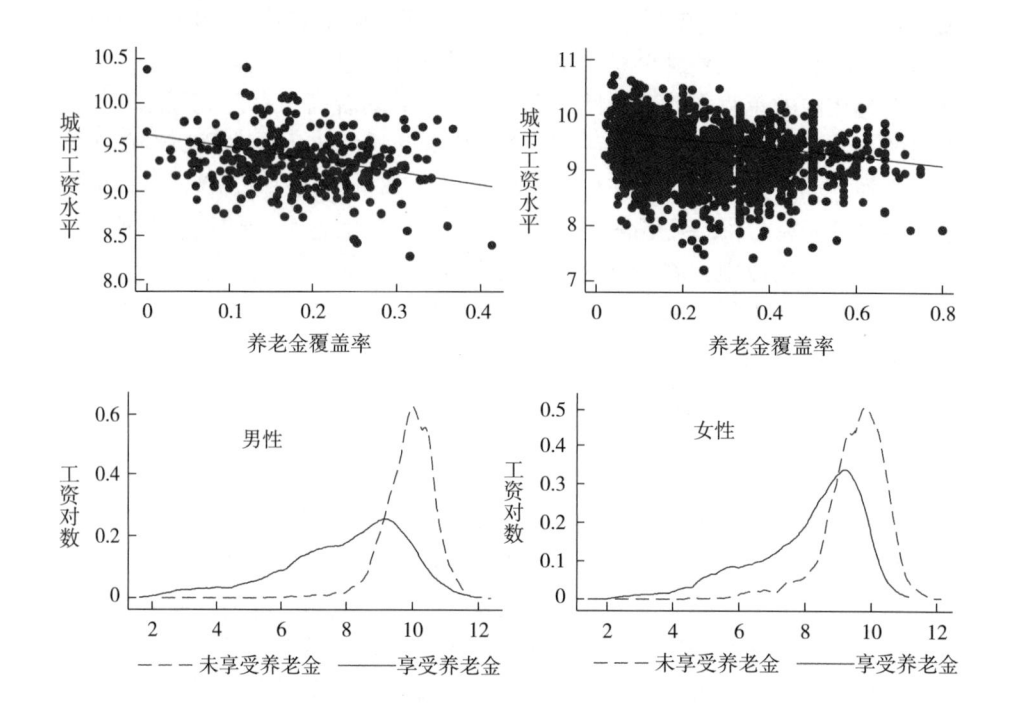

图 8-12 养老金覆盖率与工资水平

注：养老金覆盖率与工资水平散点图中，上图数据为 2003~2009 年地级城市层面的总体平均水平，下图数据为 2003~2009 年分年份、分性别地级城市层面的平均水平。工资水平为城市 16 岁及以上全部就业人员的工资水平对数。

资料来源：根据 2003~2009 年国家统计局城镇住户调查数据计算得到。

三、新时代养老保障制度改革方向与政策建议

（一）养老保障制度的挑战与前景

人口结构巨变使社保体系可持续性风险迅速加剧。社保体系的"人口红利期"已经过去，供养结构发生转折性变化。2000~2015 年城镇职工基本养老保险制度供养老人规模从 3000 万人扩大到 9000 万人，但体系供养结构非常稳定，赡养率始终保持在 33% 左右，即平均每 3 个人供养 1 个老人，2016 年成为转折的年份，离退休人员数量突破 1 亿人，赡养率跃升到 36.3%，供

养平衡格局被打破，预计2020年赡养率将提高到40%，2030年达到约55%。

社保基金支付风险加大，社保体系全面进入依靠财政补贴赖以维系的阶段。人口结构巨变直接造成社保基金"减收增支"双重压力，离退休人员增速已经超过在职职工增速，基金支出增速超过基金收入增速。2016年财政补贴社保基金突破1万亿元，其中补贴城镇职工养老保险基金高达6000亿元，若没有财政补贴支撑，养老保险基金早在2014年就出现1300多亿元当期缺口。2000年以来财政累计补贴养老保险基金已经达到近3万亿元，相当于目前养老保险基金累计结余的75%。

人口与经济区域分布不平衡矛盾突出，弱化社保体系风险分散能力。发展不平衡不充分已经成为新时期主要矛盾，社保体系也面临严重的区域失衡问题。若没有财政补贴，目前城镇职工养老保险基金当期收不抵支的省份超过20个，其中黑龙江、辽宁当期缺口超过500亿元，而广东省基金累计结余达到7000亿元，占到全国的1/5左右。

社保筹资长期依赖于劳动生产率的持续提升。征缴收入在社保基金中贡献下降，社保体系自身筹资能力减弱。征缴收入主要取决于覆盖率和缴费基数两个因素，受到人口老龄化和经济放缓影响，这两个因素都呈现消极变化。城镇企业职工养老保险制度中，实际参保缴费人员增长率从2011年的10.4%下降到2015年的1.5%，实际缴费人员占参保职工人员比重从2011年的86.5%持续下降到2015年的80.3%，征缴收入占基金收入的比重到2015年降至80%以下，社保体系的"造血"功能明显弱化。

社保体系内部政策调整的途径不多，缓解筹资压力的作用有限。世界主要国家采取的参数式改革基本思路无外乎"开源节流"，即提高缴费率、延长最低缴费年限、延迟退休年龄、削减待遇水平等措施，这些举措并不完全适用于我国国情。延迟法定退休年龄的实际效果存在不确定性，研究估算显示，延迟退休年龄一年大约能够为养老保险基金"增收减支"200亿元，这甚至不足以弥补辽宁一个省的当期缺口（2015年为633亿元）。

社保体系与整体经济运行密切关联，筹资问题根本上要依赖于持续的生产率提升。若无法持续提升未来一代人的生产率，不管目前选择现收现付制、基金积累制或是名义账户制，社保体系在人口结构巨变冲击下都将难以为继。未来十几年间社保体系供养结构将从目前平均每3人供养1个老人快速转变为每2人供养1个老人，这要求实际劳动生产率必须能够提高50%，才能确保未来老年人社保待遇不下降。

养老保险体系既是中国市场经济体制改革的重要组成部分，又承担着稳定改革进程、负担转型成本的历史重任，中国的转型特征在养老保险体系改革与发展中尽显无遗。当前正处在人口、经济与社会加快转变阶段，尤其是人口结构变化和经济增长放缓对于现行养老保险体系带来前所未有的挑战，制度的可持续性与公平性矛盾愈发突出，也正基于此，中共十八届三中全会提出"建立更加公平可持续的社会保障制度"的改革目标。但是，基金收支失衡反映的可持续矛盾仍然是养老保险制度的表象问题，养老金待遇差反映的公平性矛盾主要是制度分割的直接后果，扩大基金规模、统一养老金标准有利于暂时缓解可持续和公平性矛盾，但仍然难以保证在人口与经济新形势下养老保险体系的长期稳定发展。一个良好的社会保险制度应该能够与劳动力市场和经济增长相互协调，而当前中国养老保险制度更为突出的问题正是日益严重的效率损失，扭曲劳动力市场和资源配置效率，直接导致经济增长损失，这一被我们忽视的关键矛盾将从根本上影响养老保险体系长期发展。

我们需要警惕陷入"养老保障与经济激励"的恶性循环之中。养老保险制度从设计之初就需要承担国企改革的转轨成本，形成了起步阶段过高的缴费率，而过于宽松的退休条件，企业经营和国民经济需要承受养老保障负担，劳动力市场和整体经济的竞争力受到拖累，化解高额负担、降低缴费率的根本途径唯有以更快的速度提高经济效率。但是，养老保险制度长期处于分割状态，统筹层次低，退休不规范，严重干扰劳动力市场机制，扭曲资源配置效率和均衡工资水平，牺牲经济效率和潜在增长动力，依靠效率提升和经济增长来缓解基金失衡、实现保险体系可持续性的阻碍越来越大。在人口老龄化加快、制度赡养率提高以及养老金水平刚性增长的压力下，将不得不继续通过稳定甚至提高保险缴费率的方式维持现有体系运转，在经济结构加快转型、传统增长动力不足的形势下，这势必又将进一步加重企业经营和国民经济负担，约束劳动力市场和整体经济的效率改进，基金入不敷出的格局可能进一步恶化，从而陷入"养老负担高—经济激励不足—基金平衡能力差—继续提高缴费率"的陷阱之中。实际上，目前地区之间的养老保险失衡已经反映在制度赡养率以及劳动力市场和经济活力差异方面，"养老保障与经济激励"的恶性循环将加剧中国陷入"中等收入陷阱"风险，改革必须要打破这一困境。

养老保险体系改革应该放置于整体经济社会系统之中，根本之道仍然是要依靠持续的经济发展和经济效率提升。养老保险制度暴露的问题既有中国体制转型不彻底的原因，也有经济发展不平衡的矛盾，亦有保险制度设计自身的缺陷，改革的顶层设计自然不能局限于制度本身或系统内部，若仅仅着眼于选择何种制度模式、如何扩大基金渠道、是否延长退休年龄等内部政策调整，将难以从根本上实现养老保险体系的稳定发展。改革的首要任务是摆正位置，将养老保险体系放在经济社会系统中的不可替代位置，与市场经济体系密不可分、相互协调，但又具有自身必要的独立性，体系的长期可持续运行并非完全取决于系统内部的政策调整，归根结底要依靠长期的经济增长和效率改进，如果未来一代人的生产率无法持续提升，无论人口结构如何变化，不管选择现收现付制、基金积累制抑或是名义账户制，养老保障系统都将难以为继。都阳（2015）提出的养老保险体系可持续的基本条件，就是必须保证新进入者的边际产出与退休者的边际产出之间差额足够大，以满足养老金支付需求，代际之间的生产率差异尤为关键。

养老保险体系改革的关键目标既要实现全体国民的体面生活，也要实现国民经济社会的可持续发展，改革的基本原则是既要体现公平，也要保证效率。若能妥善处理好两个目标、两个原则之间的关系，我们完全可以将社会保障体系发展成为一个重要的"生产要素"，在经济社会发展中扮演不可替代的重要角色，在促进劳动力市场发展和经济增长中公平地保障全体居民的福利；反之，若不能协调两者矛盾，试图通过简单的再分配的手段实现名义的公平和福利增长，由此带来的市场扭曲和效率损失，很可能将导致我们陷入社会保障体系与经济发展相互掣肘的陷阱之中。实际上，早在20世纪90年代社会保障体系基本框架构建之初，理论上就明确阐释，社会保障制度是社会和经济的"稳定器"，良好的制度能够促进劳动生产率提高，是经济发展的"激励器"，是不同群体收入分配的"调节器"。[①]

建立与劳动力市场相协调、统一多层次的养老保险体系是中国养老保险体系改革发展的基本方向。通过完善养老保险制度规则，理顺养老保险与劳动力市场之间的关系，消除养老保险制度对于人力资源配置和劳动力市场效率造成的扭曲，促进经济效率（尤其是劳动生产率）提升和经济持续增长，进而从根源上解决基金收支平衡、养老待遇增长等表象问题。这一改革路径是能够实现"保障与增长双赢"的必然选择，一方面从根本上解决养老保险体系可持续性等内在矛盾，另一方面也为中国经济转型发展新阶段挖掘出新的增长源泉或"改革红利"。

---

① 1995年李铁映在《建立具有中国特色的社会保障制度》一文中系统地阐述社会保障制度改革的方向，明确了社会保障制度的重要作用和地位，提出了社会保障制度改革的目标、原则以及基本框架。

统一的养老保险体系是实现效率与公平的重要前提，也是作为一种"生产要素"所追求的流动性的基本条件。养老保险制度分割导致的保障层次低、流动性和可携带性差，正是目前基金结余与缺口并存、地区严重失衡、养老待遇差距大等矛盾现象的重要诟病，在本质上与劳动力、资本、土地等生产要素一样，若要素不能保证充分自由流动，必然在资源配置效率上达不到最佳状态，不平衡与不平等往往伴随着流动性不足。现行分割的养老保险制度正是缺乏与市场相适应的充分自由流动，建立全国统一的养老保险体系不宜作为中长期改革目标，应该果断地加快推进、尽快完成，养老保险制度并轨、基础养老金全国统筹、城乡以及区域之间自由转移衔接有必要以更快的速度有效实现，与此同时，旨在保证养老保险体系更加公平、更有效率、更可持续的相关政策也应该逐步完善。

（二）建立与劳动力市场协调的养老保险制度

坚持改革与发展同步，依靠改革推动发展，在发展中攻克改革难题。养老保险制度改革的关键目标和任务就是要建立与市场相适应（尤其与劳动力市场协调）的养老保险制度，积极探索构建鼓励就业的养老保险体系[1]，切实消除保险制度造成的劳动力市场扭曲和整体经济效率损失，赋予个人更多地进入和退出劳动力市场的机会，将养老保障制度发展成为一个积极的"生产要素"。20世纪90年代以来，有利于促进就业已经成为欧洲社会保障改革的主要方向，更为灵活的保障制度旨在提高劳动力市场弹性和劳动参与率。朱玲（2014）强调，与市场经济正常运行相匹配的社会保障制度安排，应该兼容优化资源配置和促进就业的目标。都阳（2015）提出，养老保险制度设计的核心就是要鼓励高生产率的人进入劳动力市场，允许低生产率的人退出劳动力市场，养老保险制度改革有必要纳入劳动力市场制度全面改革的体系之中。基于这一战略方向和思路，改革的当务之急是要破解制度性障碍、流动性不足以及经济激励缺失，以下几个方面直接关系到养老保险体系与劳动力市场协调性，应该优先予以考虑：

一是严格规范退休制度，避免过早地退休。较之于延长法定退休年龄的政策调整，更为紧迫的工作是要严肃法定退休年龄，禁止不合理地提前办理

---

[1] 欧盟在1997年发表的研究报告中正式提出"社保制度现代化"的口号（European Commission, 1997），其思路是指在社保制度中将义务和机会结合起来，通过削减社保待遇水平的方式，赋予个人更多地进入和退出劳动力市场的机会。欧盟对此明确提出"社保制度本身就是一个生产要素"。就业状况与经济表现之间的关系日益密切，"就业导向型"的积极劳动力市场政策便成为社保制度的核心目标。

退休，避免在劳动年龄阶段就过早地享受养老金，让不该退休的人成为公平竞争的正常劳动者。一个富有弹性的政策，可以考虑规定一个养老金最低申领年龄，但必须在养老金待遇上给予适当约束，更早申领必须按照一定比例削减养老金待遇，尽可能地消除对于劳动力市场的影响，激发大量闲置的"40、50"人员劳动参与积极性，既能够缓解养老金支付压力，也有利于扩大劳动力供给、提高潜在经济增长。假定在达到60岁法定退休年龄之前禁止提前享受养老金待遇，利用国家统计局城镇住户调查数据模拟显示（程杰，2015），规范退休制度将能够提高40~59岁人员劳动参与率5.4个百分点，16~59岁全社会劳动参与率2.6个百分点，按照通常认可的劳动产出弹性为0.4，仅此一项政策调整就带来约1%的经济增长[①]，改革将能够实现养老保险可持续与经济增长的"双赢"。

二是城乡与区域之间养老保险自由转移接续，避免阻碍劳动力流动和匹配。流动性是养老保险体系效率和公平的基本条件，缺乏流动性的养老保险将使其福利效应大打折扣，甚至成为一种负担。应该遵循养老保险制度不阻碍劳动力自由流动，不牺牲经济效率的基本原则，尽早实现部门之间、城乡之间以及地区之间的制度并轨和统一，养老保险账户可以伴随着人口与劳动力的流动实现无缝衔接。具体来看，加快完善和落实双轨制改革，实现机关事业单位与城镇企业之间的养老保险制度统一，尽早实现从基金封闭运行转向基金统筹运行，降低公共部门与市场部门之间的人力资源流动成本，提高资源配置效率。完善城镇职工基本养老保险与城乡居民养老保险之间的转移接续政策，确保保险账户可以双向自由流动，保障参保者的养老保障权利在城乡之间流动过程中不受损失。养老保险制度的全国统筹应该尽早提上日程，"十三五"期间取得实质性突破，在全国统筹尚未实现之前，应该进一步完善养老保险关系跨区转移的政策措施，取消不合理规定，降低转移门槛，确保养老保险关系与劳动流动能够有序、合理流动。

三是切实降低养老保险负担，探索有利于就业的最优缴费率。实践已经证明，目前居高的养老缴费负担已经显著地影响企业正常经营，挤出就业并且抑制工资，尤其在受到经济冲击的情况下影响更为突出。遵循"拉弗曲线"的规律原则，应该积极探索一个符合中国经济发展阶段的社会保险最优

[①] 若按照 Cai 和 Lu（2013）对于中国未来潜在经济增长率研究，假定每年劳动参与率提高1个百分点，2016~2020年期间平均潜在产出增长率能够提高0.86个百分点，据此估算规范退休制度就能够带来2.2%的潜在产出增长率，政策调整的经济效应非常可观。

缴费标准，建立一个有利于就业扩大、企业生产效率和劳动生产效率提升，也有利于扩大参保覆盖率和基金收支平衡的缴费水平。党的十八届三中全会也明确提出"适时适当降低社会保险费率"，失业保险费率已经先行下调。养老保险负担约占社会保险总负担的七成，应该尽早研究制定调整方案，建议将企业负担的20%费率逐步下降到10%～15%，个人负担的8%的费率应该不再提高或适当下调到5%～6%。同时，可以考虑设计相对灵活的缴费制度，对于中小企业或小微企业适用优惠的低费率，对于以个体身份参加保险需要负担的20%的费率可以适当降低，或者财政给予一定比例补贴。

四是尽快完成养老保险"费改税"。养老保险费转变为养老保险税不仅有利于降低征收管理成本，更重要的优势在于能够提高制度的统筹层次，有利于养老保险关系和劳动力更加充分的流动，从就业和经济增长视角来看，显然社会保障税是一个更好选择。而且，当前制度设计中的个人账户并没有做实，本质上更接近于现收现付制，社会保险税的改革并不存在实质性的障碍。蔡昉和王美艳（2014）建议在建立普惠制公民养老金和完善城镇职工养老保险个人账户基础上，按照以税收为基础的全国统筹基本养老金方向，逐渐形成两支柱（普惠制和个人账户）的社会养老保险制度。实际上，社会保障筹资究竟应该采用社保费还是社保税方式，理论上的解答在90年代就已经完成[①]，目前争论焦点主要出于社保部门与税务部门之间的利益纠葛。应该恢复并加快"费改税"改革方案的研究，推动建立一个权属关系明确、制定规则严肃、保证效率与公平的养老保险制度。

五是适时逐步延长法定退休年龄。延长退休年龄的确能够缓解养老金支付压力，按照相关研究测算，退休年龄每延迟一年养老统筹基金可增长40亿元，减支160亿元，减缓基金缺口200亿元，但仅仅依靠延长退休年龄并不能从根本上解决现行制度的深层次矛盾，调整退休年龄的主要出发点显然不能是养老基金平衡，关键立足点应该是适应预期寿命增长、就业能力提升的经济社会发展大趋势，着眼于促进劳动力市场发展和经济持续增长。从人口结构现状来看，尽管老龄化进程加速，但人口抚养比仍然处于低谷阶段，人口结构尚处在黄金时期，这意味着我们尚有时间去仔细研究探索如何调整退休年龄。从人口、经济与社会结构转变的客观趋势来看，逐步延长退休年

---

① 张湘祥早在1987年就提出了社会保障改革的三个阶段：第一阶段是建立统一的社会保障机构，开征社会保障税则是第二阶段"发展时期"的中心任务，并建立社会保障预算制度，到了第三阶段，重点任务就是城乡统一社会保障制度。但是，直到2013年社保基金才首次纳入政府预算报告，而"社保费改税"的讨论仍然处于无休止的僵持中。

龄是不应回避的抉择，渐进式延迟退休年龄的基本思路已经形成共识①，具体方案应该尽快研究制定，并向全社会公布以形成稳定预期，可以考虑从2018年开始，女性退休年龄每3年延迟1岁，男性退休年龄每6年延迟1岁，至2045年男性、女性退休年龄同步达到65岁，在此之前完成并轨改革，取消女干部和女工人的身份区别，将女性退休年龄统一规定为55岁。

（三）建立完善统一、多层次的养老保险体系

在妥善处理养老保险体系与劳动力市场和经济发展之间的关系，有效解决养老保险制度的激励相容问题基础上，如何调整养老保险体系框架，如何选择制度模式等长期争论的焦点问题，并非只有唯一路径，更不是完全无解，改革仍然具有一定的弹性空间。养老保险体系的基本框架应该遵循"全覆盖、保基本、多层次、可持续"原则，构建一个统一的制度框架和政策工具，明确政府、市场与个人的职责定位，保证人人公平地享有基本的养老保障以及可选择的更高保障水平。

养老保险体系的基本框架应该至少包含三个支柱。按照户籍（城市人或农村人）、地域（本地人与外地人）、身份（体制内与体制外）等标准划分设计的养老保险制度显然不能与经济社会发展相适应，保障的对象应该是一个拥有平等权利的人。人首先是一个公民，应该保障其公民权利和国民待遇，因此，养老保障的第一支柱也是最基础的支柱应该是享受最基本的生存需求，为此建立一个非缴费、保基本、全国统筹的社会养老金（也可以称之为"国民养老金"）是无可厚非的。第二支柱旨在提供一个风险共济、增强保障水平的机会，不仅需要缴费，而且遵循收益与贡献对等原则，最大程度上避免扭曲劳动供给和经济行为，政府责任首先是建立一个全社会分散风险的平台，其次才是提供辅助的保障资源，缴费来自于个人和雇主，考虑到非就业人员、非正规就业人员以及自我经营者等群体的保障权利，第二支柱有必要设计两个相对公平、可转移衔接的制度，一个针对有雇主、以工资性

---

① 2013~2014年，国内和国际多家机构开展了关于养老保险顶层设计的平行研究，针对延迟退休提出了若干建议：世界银行建议每年上调6个月，男女退休年龄均逐步延长到65岁，女性用时更久；国际劳工组织建议用若干年时间统一男女退休年龄，2015年公告决定从2025年开始执行延迟退休，2045年完成；国际社会保障协会提出调整退休年龄过程中要考虑预期寿命、劳动条件和就业目标；国务院发展研究中心提出尽快实施、平滑过渡、弹性选择以及机关事业单位先行的原则；中国社会科学院世界社保研究中心建议2015~2017年规范退休制度，2018年开始每年延迟3个月直到65岁；中国人民大学课题组建议2020年开始每年延长一定月数，女快男慢，2040年男女统一65岁；浙江大学课题组建议2016年全面实施，每6年延长1岁，2050年男女统一为65岁。

收入为主的劳动者,即职工养老保险,一个针对非就业或无雇主的人员,即居民养老保险。第三支柱旨在提供一个更为多样化、差异化的更高保障水平的机会,也可以称之为补充支柱,政府责任更主要的是监管责任,但可以为其配套适当的激励或鼓励政策(如税收优惠),制度设计上不仅要求缴费确定,而且实行完全积累,收益直接与缴费贡献、运营状况挂钩,政策工具一般为职业年金或企业年金。

一个不低于城市最低生活保障标准的国民养老金计划是第一支柱的可行选择。作为第一支柱的国民养老金更主要体现"全覆盖、保基本"的基本原则,国民待遇自然应该是全民共享且近乎绝对公平的,而维护这一基本的公民权利理应由政府完全承担。2014年全国60岁及以上老年人规模为2.12亿人,按照城市平均低保标准和补助水平,每人每年的养老金标准为3180元,财政每年负担约为6700亿元,仅相当于当年GDP的1.1%,全国财政总收入的4.8%;若以全国居民人均可支配收入(20167元)的一定比例(如20%)作为养老金替代率标准,每人每年的养老金标准为4033元,财政每年负担约为8500亿元,仅相当于当年GDP的1.3%,全国财政总收入的6.1%。国民养老金完全由财政负担,至少保证10%~20%的养老金替代率,这也在一定程度上为第二支柱的缴费率下调提供了空间。因此,这一国民养老金方案既是合理的,也是可行的。

转向名义账户制的第二支柱是可行的,但并非唯一的选择。第二支柱改革是目前转轨成本最高、矛盾最突出,也是争议最大的部分,独特的统账结合模式设计之初的美好愿景是吸收基金积累制和现收现付制的各自优势,遗憾的是优势都没抓住、弊端全都凸显,目前正在趋近共识的"名义账户制"(National Defined Contributions,NDC)似乎成为力挽狂澜的抉择[1],但实际上是转轨成本过高、过渡窗口期已经关闭的被迫之举,郑秉文(2014)也认为,向名义账户制转型的直接原因就是转轨成本的压力所致,巨大的财政压力迫使"空账"运行成为一个难以避免的常态。从这个逻辑上来看,究竟选择何种制度模式,是否从近似的现收现付制转变为名义账户制,争论和讨论的出发点仍然将基金平衡放在首要位置,而将激励机制放在次要位置,一些关于名义账户制的精算大都假定劳动力市场和经济环境不变,而一旦制度调

---

[1] 世界银行、国务院发展研究中心、中国社会科学院世界社保研究中心、中国人民大学、浙江大学等多个课题组都支持采用"名义账户制",决策部门也倾向于接受这一转变,"做实个人账户"的提法已经消失,取而代之的是党的十八届三中全会提出的"完善个人账户制度"。

第八章　养老保障改革与展望

整冲击了劳动参与率、劳动生产率以及经济效率等重要因素，基金平衡的模拟意义也就大打折扣。理论上来说，名义账户制在筹资方式上保留现付现收制，而在待遇确定上采取缴费确定型，即在缴费与待遇之间建立更直接的关联，这一折衷方案目前来看的确是务实的，但究竟是否能够挽救中国养老保险体系，关键还要看新的制度是否能够有效解决劳动力市场扭曲、是否能够实现制度与市场经济融合，如若不能，名义账户制也终将陷入现行统账结合的"制度困境"。换一个角度来说，如果这一关键矛盾得以妥善解决，通过财政转移支付、划拨国有资产或者启用社保储备基金等方式继续做实个人账户、实现部分积累，统筹基金也继续采取现收现付制，养老保险体系并非不能走向良性发展之路；类似地，即便是放弃做实个人账户，彻底地走向现收现付制，通过完善制度规则，在实现代际风险分担、代内再分配基础上增强劳动参与激励，代际间的待遇差异主要体现在相对边际产出和经济社会发展水平，努力兼顾公平与效率，养老保险体系也完全有可能稳定运行。Holzmann（2013）也认为只要能够较好地激励个人保持健康、提高技能、延迟退休和提高生产率，通过比较来看，良好运行的完全积累的缴费确定型（如智利）和名义缴费确定型（如瑞典）都可以成为良好的选择。

第二支柱至少需要两个相对公平、相互衔接的政策工具。在现有城镇职工基本养老保险制度基础上，改革成为职工养老保险制度，覆盖所有的有雇主、工资性收入的劳动者，由个人和用人单位按照工资水平的一定比例缴费，不再区分劳动者所在的部门、区域、所有制性质，自然也将机关事业单位人员纳入其中，双轨制改革与其同步推进。改革后的缴费率有较大下降空间，尤其是用人单位的缴费率可以有较大幅度下降，按照世界银行研究团队Dorfman等（2013a）的建议，假定改革后采取名义账户制，退休年龄逐渐提高到65岁，未来只需要16%的缴费率就能够提供退休前收入45%的替代率水平。考虑到中国仍然是一个发展中国家，城镇化和就业正规化仍将需要较长时间完成，同时非就业人员也将永远存在，从公平性角度来说，为其提供一个与普通职工相似的更高保障机会也是不可或缺的，即居民养老保险制度，包括缴费标准、待遇确定等制度设计应该与职工养老保险一致，只不过参保决策是自愿性，而非强制性，用人单位缴费部分由个人承担，个人负担较重是可以预见的，但并不能因此而给予普遍性的补贴，否则会带来公平性问题，也会对职工养老保险产生负激励，可以采取弹性政策，为其提供与能力相适应的缴费标准以及待遇水平，对于特殊困难群体可以考虑由财政给予缴费补贴。① 居民养老保险制度有必要与职工养老保险制度无障碍衔接，以保证劳动者在就业方式转化、进出劳动力市场过程中顺利携带养老保险关系，促进劳动力自由流动和经济效率提升，这就要求对现有的"新农保"或城乡居民养老保险制度进行较大调整，现行的制度更倾向于一种福利制度，政府财政负担更多责任，可以考虑将目前城乡居民养老保险中的基础养老金转入第一支柱，即划入国民养老金②，将低水平的个人账户转入改革后的居民养老保险的个人账户之中，这意味着目前的城乡居民养老保险制度基本上被一拆为二，尽管动作比较大，但改革的难度和成本相对于职工养老保险仍然更小，而且，目前将近5亿人的居民养老保险参保规模的确并不符合长期发展形势，将更多的人纳入职工养老保险制度应该是一个长期趋势。

以职业年金或企业年金为基础的第三支柱有待加快发展。尽管目前企业年金覆盖面较小，公共部门的职业年金也伴随着养老并轨改革刚刚起步，但这一补充支柱是适应经济社会发展、养老保障需求多样化的重要选择。年金的制度设计遵循自愿性原则，由个人和单位缴费，无雇主或未就业的人同样有机会加入年金体系，只不过完全由个人承担缴费，接近于储蓄性养老保险，年金采取完全积累制、市场化运营，个人有自由选择投资运营机构和基金组合方案。政府需要在鼓励年金发展、规范市场化运营体系、分散系统性风险等方面发挥应有的职责，尤其是年金制度的税收优惠政策对于促进年金发展具有重要意义，在目前政策基础上继续完善"延迟征税"模式，即免税—免税—缴税（EET），年金缴费环节和投资环节实行税收免征，年金给付环节针对年金待遇征收个人所得税，政策部门也在考虑将这一政策扩展到商业储蓄性养老保险，当然，在政策操作中也要考虑避免通过年金恶意避税或逃税行为。

（四）完善养老保险相关制度和政策

坚持与劳动力市场和经济发展相适应的养老保险制度改革方向，稳固搭建统一、多层次的养老保险体系框架，在此基础上应该继续完善相关制度和政策，积极推动养老保险体系顺利运行。

---

① 相对于退休后的养老金补贴，退休前的缴费补贴可以提供更强的参保激励，而且具有长期作用，有助于提高与缴费对应的养老金待遇充足性（Dorfman et al., 2013b）。

② 中国社会科学院经济研究所课题组（2013）也建议直接合并城乡居民社会养老保险，将其扩展为覆盖全体国民的非缴费型普惠制公共养老金，既有利于劳动力流动，也可以缩小城乡差别、削减不平等。

第八章 养老保障改革与展望

一是积极正面应对历史债务或转轨成本。无论如何改变制度模式，体制转轨遗留的历史债务迟早也必须要还的，过渡期拖得越久越不利于养老保险体系正常运行。① 国企改制留给社保体系的历史负担，自然应该首先由摆脱包袱的国企来偿还，通过国有资产划拨补充社保基金也就顺理成章。在操作上至少可以考虑三个选择：①逐步提高国有企业收益上缴比例，新增部分优先用于养老保险基金。② ②国有企业资产变现或划转给养老保险基金，国有资本可以通过产权交易市场或公开拍卖转让给非国有资本，将国有资本变现的部分资金直接划拨进入养老保险基金，同时逐步增大养老保险基金转持国有股的比重以及转持企业的范围。③启用国家社会保障储备基金，国有资本划转是储备基金的来源渠道，开启储备基金用于填补历史债务具有逻辑合理性。

二是规范和拓展养老基金投资运营。必须改变养老基金长期处于隐性亏损状态③，建立更加市场化的运营机制，可以考虑以目前全国社保储备基金的投资模式和收益为基本参考④，分散风险，扩展投资运营渠道和范围，按照目前政策调整方向，充分利用资本市场和货币市场的投资空间，逐步提高债券、股权、信托贷款的范围和比例。同时，允许和鼓励市场化的国内外专业投资机构参与养老保险基金运营，通过引入规范的市场竞争机制增强基金增值保值能力。

---

① 吴敬琏早在20世纪90年代初牵头的"中国经济体制改革总体设计"课题组（1993）明确提出，改革方向是从现收现付制转向资金预筹积累制，但不能过分依赖有严重缺陷的"老人老办法、新人新办法"，需要从国有资产中划出一部分作为养老和医疗基金资产。几乎同时，周小川主要负责的"中国社会保障的体制选择与经济分析"课题组（1994）也提出，这种奇特的混合制在政治上和社会上缺乏合理性，"老人老办法、新人新办法"是一种凑合事的办法，老人也应该用新办法来解决，回避这个问题反而会越来越被动。2002年前后朱镕基总理也曾邀请世界银行团队（刘遵义教授牵头）研究并提出了1.8万亿元的划拨方案，但遗憾的是最终被叫停。

② 目前国有企业上缴红利用于社会保障的微乎其微。2013年中央国有资本经营预算支出安排1083.11亿元，其中调入公共财政预算用于社保等民生支出65亿元，国有股减持收入补充社保基金支出11.34亿元，宽口径用于社会保障支出（包括调入公共财政预算、补充社保基金、困难企业职工补助）仅有96.34亿元，仅占中央国有资本预算支出的8.89%，仅占中央企业净利润的0.87%。

③ 基金收益率长期低于CPI，处于贬值风险中。2008年国家审计署曾公布全国五项社会保险基金收益率不到2%。2013年基本养老保险基金利息收入为573亿元，按照2.6万亿元的累计余额推算收益率仅为2.2%（郑秉文，2013）。

④ 截至2014年底，全国社保基金会管理的基金资产总额达到15290亿元，其中，全国社会保障基金12350亿元，9个试点省（区、市）做实个人账户资金1106亿元，广东省委托资金1054亿元。2014年社保基金投资收益总额为1392亿元，收益率达到11.43%，成立以来累计投资收益5580亿元，年均投资收益率为8.36%。

三是建立合理、正常的养老待遇动态调整机制。养老待遇的调整既要做到公平、也要确保合理，既要保证养老金水平正常增长，也要避免不合理的福利竞赛，福利增长原则上不能超越经济增长、劳动生产率增长或居民人均收入增长，充分考虑经济发展水平、生活成本水平等因素，尽可能地使用全国统一的参数或指数，设计一套科学、合理的养老保障水平调整机制，保障退休老年人生活水平随着经济社会发展不断提升，同时避免对经济社会发展带来明显的负面效应。

四是加强养老保险与社会救助等制度的协调。在确保养老保险制度的统一性和公平性基础上，完善制度的包容性，针对低收入者或困难群体配套相关的政策措施，加强养老保险与社会救助体系之间的协调性，尽可能地将全体居民都有效地纳入保障体系。尤其作为第一支柱的国民养老金需要与最低生活保障、计划生育老年补助、高龄生活补贴等政策衔接，确保基本福利制度既能够有效减贫，又避免不公平的重复保障。低收入家庭参加第二支柱或第三支柱养老保险，可以依据家庭收入状况、供养负担等情况制定支持政策，给予适当的保险缴费减免。养老服务需求迅速增长，应该将养老服务纳入养老保险体系之中，探索建立老年人护理保险并与养老保险有效协调，使老年人能够同时得到较好的养老资金和养老服务保障。

五是完善养老保障法制建设。社会保险体系从建立之初就承担着服务于市场化改革的特殊功能和从属地位，在较大程度上丧失了自身独立性，有必要将社会保障制度与财政税收制度放在同等重要的位置，在法律上明确个人、单位和政府的权责关系，严肃相关制度和政策规定，严禁将养老保险作为地方竞争的政策工具或改变养老保险资源的用途，对于随意调整缴费、挪用养老基金、违规办理退休、冒领养老金等行为要依法处理。在进一步完善《中华人民共和国社会保险法》基础上，研究制定专门的《养老保险法》，加快推进落实税收法定原则，尽快将社会保险费或税纳入其中，相关费率或税率调整由全国人大审议确定。

参考文献

[1] Cai Fang, Lu Yang, "Population Change and Resulting Slowdown in Potential GDP Growth in China", *China & World Economy*, 2013, 21（2）: 1-14.

[2] European Commission, "Modernising and Improving Social Protection in the European Union: Communication from the Commission", March, 1997.

［3］John Giles, Dewen Wang & Wei Cai, "The Labor Supply and Retirement Behavior of China's Older Workers and Elderly in Comparative Perspective", Aging in Asia: Finding from New and Emerging Data Initiatives. The National Academies Press, Washington, D. C., 2012.

［4］Mark Dorfman, Robert Holzmann, Philip O'Keefe, Dewen Wang & Yvonne Sin, "A Vision for China Pension Reform", The World Bank, Washington D. C., 2013a.

［5］Mark Dorfman, Philip O'Keefe, Dewen Wang & Jie Cheng, "China's Pension Schemes for Rural and Urban Residents, Matching Contributions for Pensions", Edited by Richard Hinz, Robert Holzmann, David Tuesta, and Noriyuki Takayama, The World Bank, Washington D. C., 2013b.

［6］Robert Holzmann, "A Provocative Perspective on Population Aging and Old-Age Financial Protection", IZA Discussion Papers 7571, Institute for the Study of Labor (IZA), 2013.

［7］蔡昉、高文书主编：《中国劳动与社会保障体制完善与发展道路》，经济管理出版社 2013 年版。

［8］蔡昉、王美艳：《城乡养老和医疗保障体系：状况、挑战与对策》，载蔡昉主编：《中国人口与劳动问题报告：面向全面建成小康社会的政策调整》，社会科学文献出版社 2014 年版。

［9］蔡昉主编：《中国劳动与社会保障体制改革 30 年研究》，经济管理出版社 2009 年版。

［10］程杰：《"退而不休"的劳动者——转型中国的一个典型现象》，《劳动经济研究》2014a 年第 2 卷第 5 期，第 68-103 页。

［11］程杰：《养老保障的劳动供给效应》，《经济研究》2014b 年第 49 卷第 10 期，第 60-73 页。

［12］程杰：《养老保险的劳动力市场扭曲》，中国社会科学院人口与劳动经济研究所，工作论文，2015 年 3 月。

［13］都阳：《关于延长退休年龄的几个疑问》，中国社会科学院人口与劳动经济研究所，工作论文，2015 年 1 月。

［14］李实、赵人伟、高霞：《中国离退休人员收入分配中的横向与纵向失衡分析》，《金融研究》2013 年第 2 期，第 1-18 页。

［15］李铁映：《建立具有中国特色的社会保障制度》，《求是》1995 年第 19 期，第 2-9 页。

[16] 李扬、张晓晶、常欣等：《中国主权资产负债表及其风险评估（上）》，《经济研究》2012年第6期，第4-19页。

[17] 张湘祥：《试论我国社会保障制度的整体改革》，《求索》1987年第4期，第22-27页。

[18] 张展新：《居民养老保险改革的城乡整合成效与区域分割问题》，《劳动经济研究》2014年第4期，第53-67页。

[19] 郑秉文主编：《中国养老金发展报告2012》，经济管理出版社2012年版。

[20] 郑秉文主编：《中国养老金发展报告2013——社保经办服务体系改革》，经济管理出版社2013年版。

[21] 郑秉文主编：《中国养老金发展报告2014——向名义账户制转型》，经济管理出版社2014年版。

[22] 中国经济体制改革总体设计课题组：《企业社会保障职能的独立化》，《经济研究》1993年第11期，第15-22页。

[23] 中国社会保障的体制选择与经济分析课题组：《社会保障：经济分析与体制建议（上）》，《改革》1994年第5期，第17-28页。

[24] 中国社会科学院经济研究所社会保障课题组：《多轨制社会养老保障体系的转型路径》，《经济研究》2013年第12期，第4-16页。

[25] 朱玲：《转向适应市场经济运行的社保体系》，《劳动经济研究》2014年第2卷第4期，第3-20页。

第九章　中国医疗保障的发展变迁、特点和面临的挑战

一、城镇医疗保障制度的变迁与发展

中华人民共和国成立之初，我国医疗水平落后，人口死亡率达到20‰，人均寿命仅为35岁。因此，保障人民群众健康水平，大力发展医疗保障事业成为摆在党和国家领导人面前的重要民生难题之一。1951年2月26日，政务院颁布《中华人民共和国劳动保险条例》，标志着我国劳保医疗制度的确定。劳保医疗是由企业组织实施，面向职工及其家属的医疗保障制度，职工无论在职还是退休，均能享受到免费的医疗待遇，只是象征性地收取挂号费等，劳保医疗经费来源于企业的成本列支和利润提成。1952年6月27日，政务院颁布《关于全国各级人民政府、党派、团体及所属事业单位的国家工作人员实行公费医疗预防的指示》，标志着我国公费医疗制度的建立。1953年，卫生部下发《国家工作人员公费医疗预防实施办法》，进一步扩展了公费医疗的范围。公费医疗制度是针对国家机关、事业单位工作人员实行的一种免费治疗的医疗福利制度①，通过医药部门向享受公费医疗的人员及其家属提供免费的医疗保健服务，个人只需交纳象征性的挂号费等费用。至此，我国在计划经济体系建立过程中，建立了以单位为基础，并与其他社会保障制度结合在一起的低水平、广覆盖的医疗保障制度，作为社会主义建设和经济建设的配套要求。截至20世纪70年代末，公费医疗保障人数约达到3000万名（城镇工作人员），加上受惠家属，总受益人口达到5000万人左右；劳保医疗的受益人口超过2亿人。② 尽管劳保和公费医疗均具有单位保障的特点，但在传统计划经济统收统支的经济体制下，两者的筹资来源归根结底来

---

① 郑功成等：《中国社会保障制度变迁与评估》，中国人民大学出版社2002年版，第120页。
② 郑功成：《论中国特色的社会保障道路》，武汉大学出版社1997年版，第325页。

自国家的财政收入，事实上隐含着全国范围内的统筹关系，并最终由国家负责，因此均具有国家—单位保障的本质特征。①

1978年改革开放以来，我国经济制度开始从计划体制向市场经济的逐步转型，对公费、劳保医疗制度进行探索性改革已成为历史的必然。在40年的改革发展历程中，城镇医疗保障体制经历了如下四个阶段：

（一）医疗保障制度的改革探索阶段（1978~1993年）

改革开放初始，随着社会经济的复苏与发展，传统公费医疗和劳保医疗体制弊端逐步显现，成为城镇医疗保障面临的突出问题。首先，以企业为基础的保障模式，强化了不同行业、企业之间的待遇差别，一部分企业资源过度集中、闲置浪费，一部分企业职工医疗需求难以满足；其次，公费医疗和劳保医疗制度设计较为粗放，按服务项目收费机制基本没有个人分担的需方共付机制，刺激了医疗机构和患者享受过度医疗服务，导致开大处方、乱开药等状况比较普遍，资金的浪费现象比较严重。②据估算，按照享受公费医疗待遇人数、全国实际支出公费医疗经费数和人均医疗费用三项指标，1953年分别为400万人、1.05亿元和26.25元，1979年分别为1429万人、5.7亿元和39.9元，1985年分别为2128万人、15.44亿元和72.57元。再以劳保医疗为例，按照医疗费用总额和人均医疗费用，1978年分别为27.3亿元和36.1元，1985年分别为64.65亿元和65.1元，1992年分别达到318.2亿元和248元。③

为了解决公费医疗和劳保医疗存在的支出不合理膨胀、不同企业之间的负担苦乐不均、小企业负担不起医疗费用等问题，在原有保障模式的框架内，这一时期一些地区从20世纪80年代开始不断探索城镇医疗保障制度的改革。一方面，探索引入对供需双方医疗服务的约束机制。对于需求方，1984年4月28日，卫生部、财政部发布《关于进一步加强公费医疗管理的通知》，提出"可以考虑与享受单位、医疗单位或个人适当挂钩"。此后，部分省份开始实行公费医疗经费与患者个人适当挂钩试点，即引入个人自付费用。多数是门诊医疗费用定额包干使用，或门诊、住院时个人自付一定比例医药费，个人负担比例各地不同，大多为10%~20%，这一方式后来被劳

---

① 郑功成：《中国社会保障30年》，人民出版社2008年版，第100页。
② 李玲、江宇、陈秋霖：《第十七章　城镇医疗保障体制》，载蔡昉主编：《中国劳动与社会保障体制改革30年研究》，经济管理出版社2008年版。
③ 郑功成：《论中国特色的社会保障道路》，武汉大学出版社2009年版。

保和公费医疗普遍采用，用以约束个人就医行为。对于供给方，1989年国务院批转《国家体改委 1989 年经济体制改革要点》，确定在丹东、四平、黄石和株洲四个城市进行医疗保险制度的改革试点。试点主要通过改革医疗费用支付方式、制定基本药品目录和公费医疗费用报销目录、三方（政府、用人单位、医疗机构）分担医疗费用的经济责任，进而有效约束医疗机构的医疗服务行为。[①] 另一方面，探索医疗费用社会统筹。这种改革逐步向超越单位之外的社会医疗保险制度迈进，一般做法是实行职工大病医疗费用社会统筹和离退休人员医疗费用社会统筹。1988年，卫生部、财政部、劳动部等八部门成立医疗保险改革研讨小组，研究医疗保险改革方案并进行试点。1992年9月7日，劳动部在总结各地经验基础上发出了《关于试行职工大病医疗费用社会统筹的意见的通知》，此后各地相继开展了不同范围的大病医疗费用社会统筹。

20世纪80年代末90年代初，一方面，对医疗卫生机构放权让利的一系列措施起到了提高供给、搞活机制的作用，但同时也带来了费用的急剧上升；另一方面，国有企业改革导致大量企业改制，职工下岗，原有依托于企业的医疗保障覆盖面明显缩小，而大病统筹等试点措施，未能从根本上解决企业之间负担不平衡、费用控制不力等问题。[②] 为了减轻企业负担，保障国企改革的顺利推进，需要为企业职工建立新的保障方式。1992年，国务院成立医疗制度改革领导小组，标志着中国对城镇医疗保障制度的总体改革进入了预备阶段。1993年，中共十四届三中全会审议通过了《中共中央关于建立社会主义市场经济体制的若干决定》，明确了我国社会保险制度的方向选择。

（二）医疗保障制度的社会化阶段（1994~2003年）

20世纪90年代初，对医疗卫生机构的放权让利措施带动了医疗费用的急剧上升，加重了国家与企业的负担。特别是经济体制转型过程中，国有企业改革导致上千万企业职工面临下岗分流，社会稳定形势面临严峻挑战。加之原有医疗保障制度改革未能从根本上解决企业之间的负担不均、费用控制不力的问题，医疗保障制度到了不得不变通的时候。为了保障社会稳定，解

---

① 胡晓义：《走向和谐：中国社会保障发展60年》，中国劳动社会保障出版社2009年版，第190-191页。

② 蒋正华：《医疗保险制度改革的难点分析》，载《中国社会保障体系的改革与完善》，民主与建设出版社2000年版。

决国有企业政策性负担，确保国有企业改革的顺利推进，我国开始了医疗保障制度的社会化探索。

1994年3月，国家体改委、财政部、劳动部、卫生部共同制定了《关于职工医疗制度改革的试点意见》，经国务院批准，确定在江苏省镇江市和江西省九江市按照社会统筹与个人账户相结合的模式进行职工医疗保险制度改革试点，即"两江"试点。1995年海南省以地方立法的形式通过《海南经济特区城镇从业人员医疗保险条例》，也开始进行改革探索。1996年4月，国务院在总结"两江"试点的基础上，选择了58个城市扩大医疗保障制度试点。这些改革在一定程度上消除了原有制度的弊端，提高了职工的医疗保障水平。同时也引入了个人分担机制，但是仍未从根本上建立起有效的医疗费用约束机制，出现了困难企业调剂金和职工个人账户金不到位的混乱现象。"两江"试点证明，探索建立城镇职工基本医疗保险制度的方向是正确的，为改革的进一步深化积累了宝贵经验。

在总结各地不同统账结合模式经验的基础上，1998年国务院颁布了《关于建立城镇职工基本医疗保险制度的决定》（又称"44号文件"），不仅统一了城镇职工医疗保险的制度框架，还提出城镇职工医疗保险制度的覆盖范围为城镇所有用人单位及其职工。"44号文件"是医疗保障改革历程中具有深远意义的转折点，标志着我国正式进入社会医疗保险新阶段。现在医疗保障的保基本、保大病、三个目录、两个定点、一个结算办法、统筹基金、封顶线等基本原则和管理准则均源于该文件。

1998年以后，我国陆续出台了医疗保险的完善措施，对改革的目标、任务和重点工作进行部署，如2000年国务院颁布的《关于完善城镇社会保障体系的试点方案》，专门强调了积极开展城镇职工基本医疗保险制度的改革，这些政策措施无疑对后来加快我国医疗保障制度的改革和完善起到了推动作用。[1]但是，在城镇职工享受比较完善的医疗保障的同时，城镇居民既不享有服务保障，又不享有财务保障，这一时期成为改革开放以来城镇医疗保障覆盖面最小的时期，将近一半的城镇居民没有任何形式的医疗保障。[2]

（三）医疗保障制度的全民保障阶段（2003~2007年）

21世纪头几年，我国"看病难、看病贵"的问题进一步加重，连续多

---

[1] 曾煜：《医疗保险制度的改革与发展》，中国社会出版社2011年版，第70页。

[2] 李玲、江宇、陈秋霖：《第十七章 城镇医疗保障体制》，载蔡昉主编：《中国劳动与社会保障体制改革30年研究》，经济管理出版社2008年版。

第九章 中国医疗保障的发展变迁、特点和面临的挑战

年成为老百姓最关心的民生问题。1998~2003年，城市居民年均收入水平增长8.9%，而年均医疗卫生支出却增长了13.5%。2003年卫生部第三次全国卫生服务总调查表明①，城乡居民对医疗卫生服务的利用下降，有效需求发生转移。城镇患者两周患病未就诊比例达到57.0%，医生诊断应该住院治疗的患者而没有住院的比例为27.8%。

2003年非典型肺炎（SARS）疫情的发生，引发政府对公共卫生的重视，也成为推动反思医疗卫生发展，撬动新一轮医改的标志性事件。此后，中央和各地方政府进行了一系列行之有效的探索，出台了大量措施，初步缓解了看病难、看病贵的问题，并且为进一步的改革积累了大量经验。在这些基础上，2006年《国民经济和社会发展第十一个五年规划纲要》以"提高人民健康水平"为题，以数倍于前几次计划（规划）的篇幅，系统阐述发展卫生事业的规划目标，强调"政府主导、社会参与"，"强化政府在提供公共卫生和基本医疗服务中的责任，建立各级政府间规范的责任分担与资金投入机制"；同年10月，中共十六届六中全会提出要"坚持公共医疗卫生的公益性质，建设覆盖城乡居民的基本卫生保健制度，为群众提供安全、有效、方便、价廉的公共卫生和基本医疗服务"②；中共中央政治局进行第三十五次集体学习，内容是国外医疗卫生体制和中国医疗卫生事业发展，中央负责同志在主持学习时的讲话中明确了新医改的基调，提出要坚持公共医疗卫生的公益性质，强化政府责任。

在这一时期，我国医疗保障制度改革重点变为制度全覆盖阶段，将原本未受保障的各类群体逐步纳入保障范围。针对城镇灵活就业群体，劳动和社会保障部于2003年5月发布《关于城镇职工灵活就业人员参加基本医疗保险的指导意见》，要求各级劳动保障部门重视灵活就业人员的医疗保障问题，积极采取措施将城镇灵活就业人员纳入基本医疗保险制度范围；针对非公有制企业就业群体，2004年5月，劳动和社会保障部发布《关于推进混合所有制企业和非公有制经济组织从业人员参加医疗保险的意见》，要求做好在职职工医疗保险关系接续，以解决退休人员医疗保险资金为重点，巩固和扩大国有企业转制为混合所有制企业后的参保面，以私营和民营等非公有制企业为重点，提高中小企业的参保率；针对农民工群体，2006年3月，国务院出

---

① 数据来源于《卫生部第三次国家卫生服务调查主要结果》。
② 《中共中央关于构建社会主义和谐社会若干重大问题的决定》，2006年10月中共十六届六中全会通过。

台《关于解决农民工问题的若干意见》，将医疗保障问题定为农民工社会保障的重点问题，进行优先解决，并提出农民工参加医疗保险的具体政策，概括为"低费率、保大病、保当期，主要用人单位缴费"。2006年5月，劳动和社会保障部发布了《关于开展农民工参加医疗保险专项扩面行动的通知》，要求以省会城市和大中城市、农民较为集中行业、与城镇用人单位建立劳动关系的农民工为重点，全面推进农民工参加基本医疗保险工作。由于上述政策的出台与推进，使农民工参加医疗保险人数得到显著提高，由2005年的489万人稳步提高到2008年的4266万人，参保人数提高了约7.72倍。[①]

2007年7月，国务院出台《关于开展城镇居民基本医疗保险试点的指导意见》（以下简称《意见》），规定不属于城镇职工基本医疗保险制度覆盖范围的中小学阶段的学生、少年儿童和其他非从业城镇居民都可自愿参加城镇居民基本医疗保险。城镇居民基本医疗保险以家庭缴费为主，政府给予适当补助。基金重点用于参保居民的住院和门诊大病医疗支出。此《意见》的发布，标志着我国基本医疗保险的最后一块空白——城镇非就业居民就医也有了制度保障。至此，我国基本医疗保障制度基本健全，实现了制度层面的全覆盖。

（四）医疗保障制度的城乡整合阶段（2007年至今）

随着城镇居民基本医疗保险和新型农村合作医疗全覆盖的实现，我国已进入了全民医保时期，但医疗保障体制仍是按照人群进行分割的，而长期趋势是整合成一个统一的体制。因此，我国部分地区开始了不同医疗保障制度整合实验，例如，重庆市结合统筹城乡综合配套改革试点的实际需要，于2007年10月把新型农村合作医疗和城镇居民基本医保整合成城乡居民合作医疗保险。

2009年3月，中共中央、国务院发布的《关于深化医药卫生体制改革的意见》拉开了新一轮医改的帷幕。我国基本医疗保险制度在政策覆盖全人口的基础上，不断发展和完善实现了全民医保，是基本医疗保险制度的集中改革期。2010年10月28日，历时18年的立法过程，《中华人民共和国社会保险法》（以下简称《社会保险法》）获得通过，并于2011年7月1日开始正式实施。《社会保险法》规定了全民医疗保险制度的基本框架，明确将基本

[①] 胡晓义：《走向和谐：中国社会保障发展60年》，中国劳动社会保障出版社2009年版，第204页。

第九章　中国医疗保障的发展变迁、特点和面临的挑战

医疗保险规定为五大社会保险之一；从法律制度上明确了基本医疗保险的性质和地位，统一了全国范围内五大险种的登记、缴费、享受待遇等程序和标准，对基本医疗保险制度乃至整个社会保险制度的发展具有里程碑式的作用。各类补充医疗保障制度不断发展，医疗服务可及性不断提高。2012年8月，国家发展改革委、卫生部、财政部等六部委联合下发《关于开展城乡居民大病保险工作的指导意见》，明确为城乡居民建立大病保险制度，超过10亿人口从中受益，实际报销比例提高10~15个百分点；各类补充医疗保险覆盖率不断提高，截至2016年底，补充医疗保险参保达2.9亿人，比2011年增加2702万人。

2016年，我国整合城乡居民医疗保障制度取得突破性进展，国务院出台《关于整合城乡居民基本医疗保险制度的意见》，要求推进城镇居民医保和新农合制度整合，逐步在全国范围内建立起统一的城乡居民医保制度。各地普遍按照覆盖范围、筹资政策、保障待遇、医保目录、定点管理、基金管理"六统一"要求整合了城乡居民医保。部分地区完成了基本医疗保险管理机构的整合，部分省份开始探索"三险整合"的医疗保险一体化管理。① 2016年6月，人社部发布《关于开展长期护理保险制度试点的指导意见》，并选择15个城市开始长期护理保险制度试点，正式探索建立社会保险第六险。2016年11月17日，我国政府被国际社会保障协会授予"社会保障杰出成就奖"。

2018年5月31日，国家医疗保障局正式挂牌。根据国务院机构改革方案，将人力资源和社会保障部的城镇职工和城镇居民基本医疗保险、生育保险职责，国家卫生和计划生育委员会的新型农村合作医疗职责，国家发展和改革委员会的药品和医疗服务价格管理职责，民政部的医疗救助职责整合，组建国家医疗保障局，作为国务院直属机构。我国医疗保障改革与制度建设将自此由部门分割、政策分割、经办分割、资源分割、信息分割的旧格局，进入统筹规划、集权管理、资源整合、信息一体、统一实施的新阶段②。

这一时期，我国医疗保障制度进入了快速发展期，逐步从人人享有向人人公平享有迈进。覆盖范围不断扩大，截至2017年，我国基本医保参保人数超过13.5亿人，参保率连年稳定在95%以上，医保目录新增375个药品；

---

① 赵斌、尹纪成、刘璐：《我国基本医疗保险制度发展历程》，《中国人力资源社会保障》2018年第1期，第22-25页。

② 李红梅：《国家医疗保障局正式挂牌　三种医保统一管有何改变》，《人民日报》2018年6月1日。

并在基本医保普惠的基础上，建立城乡居民大病保险制度，覆盖10.5亿人，大病患者合规医疗费用报销比例平均提高12个百分点左右；筹资水平不断提高，政府对城乡居民医保财政补助由2008年的每年每人80元增长到2018年的每年每人480元。部分地区开始探索建立城乡居民医保个人缴费标准与居民收入挂钩的动态调整机制，探索筹资标准、保障水平与经济发展水平相适应；参保人员保障待遇稳步提高，建立门诊统筹，职工基本医疗保险政策范围内住院费用报销比例达到80%，城乡居民达到70%；定点医院和定点药店分别超过15万家和25万家，民众就医购药选择更多，更方便；所有省份均落实贫困人口参保补助政策，2017年全国共资助5203万人参保，"基本医疗+大病保险"的政策报销水平超过80%，有效防范了因病致贫风险。①

二、农村医疗保障制度的变迁与发展

合作医疗制度一直是中国农村医疗保障制度的主体部分，它"是在各级政府支持下，按照参加者互助共济的原则组织起来，为农村社区人群提供基本医疗卫生保健服务的医疗保健制度"②。我国的农村合作医疗制度形成于20世纪50年代，是在当时特定的历史条件下形成的，主要依托于农村合作社。1955年5月1日，山西省高平县米山乡联合保健站正式挂牌，以农村居民为对象，互助共济，这开启了我国传统农村合作医疗之路。该联合保健站实行"医社结合"，保健站由农业生产合作社、农民和医生三方集资兴建，日常经费来自农民交纳的"保健费"、农业社提取15%~20%的公益金，以及医疗收入（主要是药费）。③ 1955年冬，山西省政府和卫生部总结并肯定了高平县米山乡的经验并在全国进行推广，全国各地逐渐建立起一批以集体经济为基础，以集体和个人相结合、互助共济的集体保健医疗站、合作医疗站和统筹医疗站。④ 1959年11月，卫生部在山西省稷山县召开全国农村卫生现场工作会议，并对农村合作医疗制度予以肯定。同年12月，卫生部党组向党中央提交了《关于全国农村卫生工作山西稷山现场会议情况的报告》

---

① 自流井区医疗保险事业管理局：《极简中国医保史，十分钟了解来龙去脉》，2018年5月8日。
② 景琳主编：《农村合作医疗实用手册》，四川科技出版社1998年版。
③ 王绍光：《学习机制与适应能力：中国农村合作医疗体制变迁的启示》，《中国社会科学》2008年第6期，第111–133页。
④ 汪时东、叶宜德：《农村合作医疗制度的回顾与发展研究》，《中国初级卫生保健》2004年第4期，第10–12页。

第九章　中国医疗保障的发展变迁、特点和面临的挑战

和附件《关于人民公社卫生工作几个问题的意见》，认为根据目前生产发展水平和群众觉悟程度等实际情况，以实行人民公社社员集体保健医疗制度为宜，并首次在中央部委文件中使用了"合作医疗"一词。1960年2月2日，中共中央转发此文件，要求各地参照执行。这是中华人民共和国成立后中央下发的第一个有关农村合作医疗的文件，对日后农村合作医疗的发展起到了积极的指导作用。1968年，毛泽东同志批示推广湖北长阳县乐园公社办合作医疗的经验，掀起了全国兴办合作医疗的高潮。1978年3月5日，《中华人民共和国宪法》将合作医疗纳入国家的基本法律框架之内。1979年12月，卫生部等部委联合发布了《农村合作医疗章程（试行草案）》，再次对合作医疗进行肯定，确立合作医疗为社会主义性质的医疗制度，是群众的集体福利事业。[①] 1958年，合作医疗覆盖率约为10%，到1962年，这个数字已接近50%，到20世纪70年代末，全国90%以上的行政村（生产大队）实行了合作医疗。[②]

传统的合作医疗与"赤脚医生"、农村三级卫生保健网一起，被称为解决中国农村"缺医少药"问题的"三大法宝"，在计划经济时期取得了巨大成就，用较低的投入基本解决了农村的基本医疗卫生问题。而改革开放以后，农村经济体制和社会状况发生显著变化，农村合作医疗制度也经历了衰败、新农合探索以及城乡整合三个阶段。

（一）传统合作医疗制度的衰败阶段（1978~2000年）

进入20世纪80年代以后，随着经济体制改革的推进和家庭联产承包责任制在全国范围内实施，集体经济支持力度的下降和政社合一体制的解体，大多数农村地区的合作医疗制度遭到解体或停办的厄运，大部分农民成为自费医疗群体，农村合作医疗开始出现大面积滑坡的局面。截至1989年，继续坚持合作医疗的行政村由过去的90%下降到4.8%，到了90年代初期，仅存的合作医疗主要存在于上海和苏南地区。合作医疗的滑坡使相当规模的农村居民失去了社会或社区提供的集体医疗保障，全国大多数的农民医疗费用的支出靠自费。受疾病模式变化、人口老龄化和医疗服务价格提高等因素影响，农民的医疗保健费用急剧上涨，农民看不起病和因病致贫、因病返贫的

[①] 卫生部等五部委：《农村合作医疗章程（试行草案）》，1979年。
[②] 胡晓义：《走向和谐：中国社会保障发展60年》，中国劳动社会保障出版社2009年版，第207页。

现象比较严重。根据全国卫生服务总调查的数据，农民生病无钱就医的比例在1985年为4%，1993年上升到7%，因为无钱住院的比例在1985年为13%，1993年上升到了24%。①

20世纪80年代中后期以后，一些地方自发恢复和重建农村合作医疗的努力一直未中断过，积极探索新形势下发展合作医疗的办法。到90年代中后期，上海、苏南等地区合作医疗覆盖率已经达到了80%以上，抵抗风险能力和保障程度较高。②90年代后期，中央政府开始高度重视农村医疗保障问题，多次发文要求完善和发展合作医疗制度，进而开始了一系列以社会主义市场经济为价值取向的农村合作医疗制度改革尝试。1990年3月15日，卫生部、国家计划委员会、农业部等联合发布了《我国农村实现"2000年人人享有卫生保健"的规划目标》，明确医疗保健覆盖率的最低目标。1991年1月，国务院批转卫生部等部门《关于改革和加强农村医疗卫生工作请示的通知》，并要求各地稳步推进农村合作医疗保健制度，为实现人人享有卫生保健提供保障。1993年，卫生部等部委在全国进行了一次专题调查，并提出了《加快农村合作医疗保健制度的改革与建设》的研究报告。1993年11月14日，中国共产党第十四届中央委员会第三次全体会议通过了《中共中央关于建立社会主义市场经济体制若干问题的决定》，决定要求"发展和完善农村合作医疗制度"。1996年的《关于国民经济和社会发展"九五"计划和2010年远景目标纲要的报告》提出要重视农村医疗卫生工作，发展合作医疗，完善县、乡、村三级医疗保健网，改善农村饮水质量和卫生状况。1996年7月，卫生部在河南召开全国农村合作医疗经验交流会，强调举办合作医疗要在政府的组织领导下，坚持民办公助和自愿参加的原则，筹资以个人为主，集体扶持，政府适当支持。之后，多个省份召开了农村卫生工作会议或合作医疗工作会议。1996年，北京、河北、吉林、四川、湖北、河南、新疆等15个省、自治区、直辖市共选择了168个县市作为本地区合作医疗试点。1997年1月，中共中央、国务院发布实施"关于卫生改革与发展的决定"，对积极稳妥地发展和完善合作医疗制度作出了规定。

虽然国家一直没有中断发展农村合作医疗制度的尝试，但由于缺乏政府的有力投入，全国合作医疗发展情况却不尽如人意。1998年卫生部进行的第二次国家卫生服务调查显示，农村合作医疗覆盖率由1993年第一次国家卫生服务调查时的9.81%下降到6.6%，农村完全依靠自费医疗的比重由84.11%上

---

①② 蔡仁华：《中国医疗保障制度改革实用全书》，中国人事出版社1997年版。

升到 87.32%；1998 年农村居民中因病致贫的家庭占总贫困家庭的 21.62%；农村居民两周患病未就诊率为 33.2%，应住院未住院比例达 35.54%。①

合作医疗衰落和徘徊发展的原因主要有以下几点：一是缺乏认识。在政府方面，有认为合作医疗是"左"的路线的产物予以否定；也有认为合作医疗与社会主义市场体制不符；也有担心引导农民自愿出资办合作医疗会违反减轻农民负担的政策。在农民方面，也有很多人认为交了钱不看病，不划算，加上经济收入本就不高，不愿意参加。二是缺乏具体可行的政策。对合作医疗自己筹集、管理、监督缺乏明确的政策。合作医疗管理不善，造成资源浪费和分配不公等问题没有能够根本解决。三是"文化大革命"的影响未消除，社会上仍有很多人将合作医疗当成是"文化大革命"的产物予以否定。四是集体经济对合作医疗的扶持削弱后，没有用其他形式的补贴予以替代。② 不过 20 世纪 90 年代以来对合作医疗的探索均形成了一定经验，为后续的新型农村合作医疗的推广提供了有益参考。

（二）传统合作医疗制度的探索阶段（2000~2009 年）

进入 21 世纪后，我国农民生活水平逐步提高，但城乡居民收入、卫生资源配置及社会保障水平等方面的差距却在不断拉大，农民看病难、看病贵，因病致贫、返贫的现象十分突出。接近 90% 的农民作为自费医疗群体成为医疗服务体系中最大的弱势群体。这不仅严重威胁了广大农民的身体健康，同时也制约了农村发展。解决好农民医疗卫生保障问题，不仅成为尊重农民生存权的问题，更是成为构建社会主义和谐社会的必然要求。因此，建立新型农村医疗保障制度，成为党和政府面临的一件大事、急事。

2000 年以后，我国政府相继出台了许多政策法规，对重建农村合作医疗体系进行规范。2001 年 5 月 24 日，国务院办公厅转发了由卫生部等部门联合提出的《关于农村卫生改革和发展的指导意见》，要求地方各级人民政府要加强对合作医疗的组织领导。为了解决农村卫生发展滞后，农民群众得不到健康保障和由此而导致的一系列问题，2002 年 10 月，中共中央、国务院做出《关于进一步加强农村卫生工作的决定》，在全面总结合作医疗经验教训的基础上，决定从 2003 年起，在全国农村逐步建立以大病统筹为主的新型农村合作医疗制度和医疗救助制度。并要求"各级政府要逐年增加卫生投

---

① 郑功成：《中国社会保障 30 年》，人民出版社 2008 年版，第 113 页。
② 蔡仁华：《中国医疗保障制度改革实用全书》，中国人事出版社 1997 年版。

入，增长幅度不低于同期财政经常性支出的增长幅度"，至此，拉开了我国新型农村合作医疗制度探索的序幕。2002年12月28日，《中华人民共和国农业法（修订草稿）》经九届人大会议通过，新修订的《农业法》规定："国家鼓励支持农民巩固和发展农村合作医疗和其他形式的医疗保险，提高农民的健康水平。"在法律上对农村合作医疗制度予以肯定。[①] 此后，农村的合作医疗制度发展迎来了春天。2003年是我国新型农村合作医疗发展的一个重要年份，中央财政开始对新型农村合作医疗的农民进行补贴。2003年1月，国务院办公厅转发卫生部等部门《关于建立新型农村合作医疗制度意见》的通知，明确从2003年下半年在浙江、湖北、吉林和云南四个省份进行试点，同时也要求各省、自治区、直辖市至少选择2~3个县（市）先行试点，取得经验后逐步推开。目标是到2010年在全国建立基本覆盖农村居民的新型农村合作医疗制度。2004年1月13日，国务院办公厅转发卫生部等部门《关于进一步做好新型农村合作医疗试点工作指导意见》，对新型农村合作医疗作出了原则性指导。2007年3月，卫生部和财政部联合发出通知，要求2007年全国新型农村合作医疗覆盖全国80%以上的县（市、区）。同年9月，卫生部、财政部、国家中医药管理局联合发布《关于完善新型农村合作医疗统筹补偿方案的指导意见》，标志着新型农村合作医疗在做好扩大覆盖范围的同时，逐渐实现方案的规范化和制度化。2008年3月，卫生部和财政部要求，从2008年开始，各级财政对参加新型农村合作医疗的农村补助标准提高到每人每年80元。

2003年春季，突如其来的"非典"疫情的冲击，进一步推动了中国政府对医疗卫生改革的力度和投入，加速了农村新型合作医疗制度的建立和完善。新型农村合作医疗制度从2003年起开展试点并逐步在全国推广，覆盖面迅速扩大，全国参合人口从2003年的0.8亿增至2011年的8.15亿。到2008年已经在全国农村基本建立新型合作医疗制度，比原定于2010年实现的时间目标提前两年。新农合筹资力度逐年加大，医疗保障水平大幅提升。新农合人均筹资水平从2003年的30元提高到2008年的100元，受益人次数从2004年的0.76亿人次提高到2008年的12.9亿人次，政策范围内住院费用报销比例达到60%以上。[②]

与传统合作医疗制度比较，新型合作医疗制度有以下几个不同点：一是

[①] 王红漫：《大国卫生之论：农村卫生枢纽与农民的选择》，北京大学出版社2006年版。
[②] 胡晓义：《走向和谐：中国社会保障发展60年》，中国劳动社会保障出版社2009年版，第210页。

第九章 中国医疗保障的发展变迁、特点和面临的挑战

改变了合作医疗的性质。新型合作医疗是政府主导下的农民医疗互助共济制度，由政府组织、引导、支持，而过去的合作医疗则主要依靠乡村社区自行组织。二是加大了政府的支持力度。新型合作医疗的资金来源，主要靠以政府投入为主的多方筹资，中央和地方财政每年都要安排专项资金予以支持；而过去的合作医疗资金，主要靠个人缴纳和村级集体经济补贴，政府各级财政不负筹资责任。三是突出了以大病统筹为主。新型合作医疗的重点是解决农民因患大病而出现的因病致贫、因病返贫问题；而过去的合作医疗主要解决小伤小病，抗风险能力差。四是提高了统筹层次。新型合作医疗实行以县为单位进行统筹和管理的体制，互助共济的作用较大；而过去的合作医疗一般都以村为单位统筹，少数以乡为单位统筹，互助共济的能力较小。五是同步推进医疗救助制度的建立。设立由政府投资和社会各界捐助等多渠道筹资的专项基金，对农村贫困家庭和五保户进行医疗救助。2003年开始建立农村医疗救助制度，2011年全国农村医疗救助总人次达6297.1万人次，救助资金支出120.1亿元。[①]

（三）医疗保障制度城乡整合阶段（2009年至今）

2009年，中共中央、国务院发布《关于深化医药卫生体制改革的意见》，进而拉开了我国新医改的序幕，作出深化医药卫生体制改革的重要战略部署，确立新农合作为农村基本医疗保障制度的地位。同年，国务院发布《关于印发医药卫生体制改革近期重点实施方案（2009—2011年）的通知》要求，三年内城镇职工基本医疗保险、城镇居民基本医疗保险和新型农村合作医疗覆盖城乡全体居民，参保率均提高到90%以上。同时要求2010年各级财政对城镇居民医保和新农合的补助标准提高到每人每年120元，并适当提高个人缴费标准，新农合最高支付限额提高到当地农民人均纯收入的6倍以上。2011年2月17日，国务院办公厅发布了《关于印发医药卫生体制五项重点改革2011年度主要工作安排的通知》，明确2011年政府对新农合和城镇居民医保补助标准均由2010年每人每年120元提高到200元，城镇居民医保、新农合政策范围内住院费用支付比例力争达到70%左右。此后，我国每年提高新农合和城镇居民医保补助标准，2018年已经达到每人每年480元。

2012年4月，卫生部、保监会、财政部和国务院深化医药卫生体制改革

[①]《2011年社会服务发展统计公报》，http://cws.mca.gov.cn/article/tjbg/201210/20121000362598.shtml。

领导小组办公室联合发布《关于商业保险机构参与新型农村合作医疗经办服务的指导意见》，提出探索委托具有资质的商业保险机构经办各类医疗保障管理服务的有关要求，促进新型农村合作医疗制度平稳高效运行，并就商业保险机构受政府委托参与新农合经办服务提出指导意见。2013年12月23日，财政部、民政部印发《城乡医疗救助基金管理办法》，进一步规范基金筹集、基金使用、基金支出、基金管理。

2016年是我国农村医疗保障制度发展的重要年份。1月，国务院出台《关于整合城乡居民基本医疗保险制度的意见》，要求推进城镇居民医保和新农合制度整合，逐步在全国范围内建立起统一的城乡居民医保制度。6月，卫生计生委、民政部等15部门联合印发的《关于实施健康扶贫工程的指导意见》，要求保障农村贫困人口享有基本医疗卫生服务，推进健康中国建设，防止因病致贫、因病返贫，确保到2020年农村贫困人口摆脱贫困。10月，根据党的十八届五中全会战略部署制定，由中共中央、国务院印发并实施《"健康中国2030"规划纲要》，提出健全以基本医疗保障为主体、其他多种形式补充保险和商业健康保险为补充的多层次医疗保障体系，整合城乡居民基本医保制度和经办管理，进一步健全重特大疾病医疗保障机制，加强基本医保、城乡居民大病保险、商业健康保险与医疗救助等有效衔接。规划到2030年，全民医保体系成熟定型。2017年2月，国家卫计委、民政部和国务院扶贫办发布《农村贫困人口大病集中救治工作方案》，到2018年底前，组织对"健康扶贫管理数据库"里的建档立卡农村贫困人口和经民政部门核实核准的农村特困人员和低保对象，以及罹患大病患者进行集中救治，并实行单病种付费，控制费用总额，同时充分发挥基本医保、大病保险、医疗救助等制度的衔接保障作用，降低患者实际自付费用。

这一时期，支撑全民医保的"两纵"（职工医保和城乡居民基本医疗保险）、"三横"（医疗救助、基本医疗保险、商业健康保险）的基本医疗保障制度格局已基本形成并逐步完善。全民医保在一些关键领域和环节取得了突破性改革进展。2017年英国著名医学期刊《柳叶刀》发文称"中国医疗保险的发展令人瞩目，也将为其他类似发展情况的国家提供有益的借鉴"。[①]

[①] 赵斌、尹纪成、刘璐：《我国基本医疗保险制度发展历程》，《中国人力资源社会保障》2018年第1期，第22-25页。

三、医疗保障制度变迁过程中的重要特点

（一）医疗保障由经济建设的配套走向社会建设主角的过程

在改革开放之前，医疗保障事业一直被视为单纯的公益性的福利事业，三大医疗保障体系的提供是依靠各自主体的经济发展而决定的：公费医疗靠国家；劳保医疗靠企业；农村合作医疗靠农村集体经济。[①] 这是计划经济时代典型的封闭保障制度，没有社会统筹和个人缴费，只是单纯地依靠个人所属的工作单位的经济发展情况，享有相应的医疗保障，这就导致了一系列的问题。一方面，这种个人基本不用分担医疗费用的机制，一定程度上刺激了医疗机构和患者过度使用医疗服务，造成卫生资源的巨大浪费和卫生费用的大幅度攀升。另一方面，这种劳保性质的保险，特别是劳保医疗和农村合作医疗仅仅依靠小集体的经济运作情况，导致经济发展比较好的企业或乡镇资金用不完，相对落后的企业或乡镇医疗所需资金不够用。这种缺乏社会共济、没有统一运作的运行机制使得风险控制能力不够强，对劳动力的流动产生很大障碍。党的十一届三中全会的召开，提出以经济建设为中心，这也意味着党和国家的工作重心要放在经济建设上，改革开放的提出也必然要求国有企业改变固有的经营模式，使其变成自主经营、自负盈亏的经济实体。于是，企业就要卸掉政策性负担，在计划经济中出现的国企"终身铁饭碗"的社会保险、员工福利导致的财务负担需要从原有的制度中剥离出来，劳保医疗向社会医疗保险制度的转型势在必行。随着城镇职工医疗保险走上历史舞台，劳保医疗和公费医疗渐渐被取代，这就意味着医疗保障不再是经济建设的配套措施，而成了社会建设的一部分。到后来的新三元医疗保障体系都采用了个人账户和社会统筹结合的筹资方式，这有利于制度本身运行效率的提升和促进医疗的公平性，扩大了风险分担的范围，有利于推进经济社会体制改革。

政府和社会在医疗保障中职能的淡化与再回归的过程。卫生总费用中政府、社会和个人支出的比重，体现了医疗保障制度的变迁（见图9-1）。从图中可以明显地看出，1988年以前，政府和社会卫生支出占比一直处在超过30%的相对较高水平，但到了80年代后期，其所占比例开始逐年下降。而

[①] 岳颂东：《论我国养老、失业、医疗保险制度的配套改革》，《管理世界》1993年第2期，第198-205页、第226页。

另一边，个人卫生支出占比开始快速上升，到 2001 年达到了 59.98% 的顶峰，这也是"看病难，看病贵"的数据支撑。从 2002 年开始，个人卫生支出占比持续下降，作为替代社会和政府卫生支出持续上升，特别是到了 2009 年新医改后，政府支出明显加大。

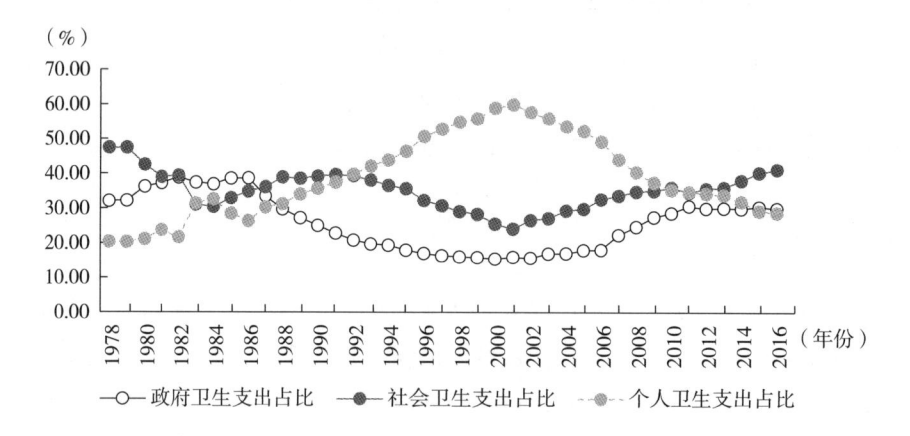

图 9-1　改革开放以来卫生支出结构

资料来源：《中国统计年鉴 2017》。

（二）从分散式走向集中式管理的过程，由多轨制走向双轨制的过程

国有企业改革前，我国的医疗保障制度是三元结构：劳保医疗、公费医疗和农村合作医疗，这三者呈现出的特点是城乡分割、三元共存、封闭运行。[①] 直到 1998 年，城镇职工医疗保险的建立，打破了原有旧三元结构的平衡，劳保医疗和公费医疗逐渐被取代，原来的那种分散在各个企业的劳保医疗制度被统账结合的集中式管理模式所取代。改革开放以后，农村合作医疗一直处在被破坏、被修补的循环中，这种覆盖面螺旋式的下降导致农村合作医疗这种制度最终瓦解。2003 年开始实施的新型农村合作医疗，彻底取代了原有的农村合作医疗制度，不再采用农民之间的共济方式，而是采用由个人缴费、集体扶持、国家补贴相结合的方式，不再以社队为单位而是以县为单位统账结合，充分分担了风险。由于公费医疗和劳保医疗的逐渐消失，职工家属的医疗问题成为一直没有解决的问题，构建全面覆盖城乡居民的医疗保

---

① 郑功成：《中国社会保障 30 年》，人民出版社 2008 年版。

障制度成为社会保障体系建设的重要目标。因此,城镇居民基本医疗保险应运而生,从2007年开始试点,到2010年基本实现全覆盖,使得我国基本医疗保险的覆盖面持续在较高范围。至此新三元医疗结构,即城镇职工医疗保险、新型农村合作医疗、城镇居民基本医疗保险已经构建完成。由于城乡居民医疗待遇的不平均,2016年1月国务院发布了《关于整合城乡居民基本医疗保险制度的意见》吹响了城镇基本医疗保险和新型农村合作医疗整合的号角,其实早在2009年国务院就已经提出了构建城乡一体化的基本医疗保险制度,党的十八大报告也提出了推动城乡发展一体化的战略部署,到党的十九大报告中依然强调"完善统一的城乡居民基本医疗保险制度和大病保险制度"。截至2018年1月,全国除西藏外的30个省份都出台或实施了相应的整合措施,全面建成城乡基本医疗保险指日可待。原有的三元结构也就成了双轨制结构:城乡基本医疗保险、城镇职工医疗保险。

(三) 从低水平的医疗保障逐渐提高的过程

改革开放之前我国医疗保障体系处于一种低水平、广覆盖的状况,改革开放40年中医疗保障制度经历了先破坏再重建的过程,特别是近10年,我国基本医疗保障又达到了较高的覆盖水平,筹资水平和基金使用情况也是日益好转,报销水平逐年提升。

(1) 覆盖率方面,城镇职工基本医疗保险从1999年全面推广以来,参保人数不断增长。截至2015年底,全国参加城镇职工基本医疗保险人数达到28893.1万人(其中在职职工21361.9万人,退休人员7531.2万人),比2014年增长3.81%。同时,在城镇职工基本医疗保险内部,在职职工和退休人员的参保比例相对维持稳定。总体来看,在职职工占总参保人数的3/4,退休人员一般占1/4。2015年,在职职工参保人数占参保总人数的73.93%,退休人员占26.07%(见表9-1)。

表9-1 城镇职工基本医疗保险参保情况 (2006~2015年)

年份	城镇职工医疗保险总数(万人)	在职职工参保人数(万人)	退休职工参保人数(万人)	退休职工所占比例(%)	在职职工所占比例(%)	参保人数总计增长率(%)	参保在职职工增长率(%)	参保退休职工增长率(%)
2006	15731.9	11580.4	4151.5	26.39	73.61	14.14	15.55	10.38

续表

年份	城镇职工医疗保险总数（万人）	在职职工参保人数（万人）	退休职工参保人数（万人）	退休职工所占比例（%）	在职职工所占比例（%）	参保人数总计增长率（%）	参保在职职工增长率（%）	参保退休职工增长率（%）
2007	18020.3	13420.3	4600	25.53	74.47	14.55	15.89	10.80
2008	19995.6	14987.7	5007.9	25.05	74.95	10.96	11.68	8.87
2009	21937.4	16410.5	5526.9	25.19	74.81	9.71	9.49	10.36
2010	23734.7	17791.2	5943.5	25.04	74.96	8.19	8.41	7.54
2011	25227.1	18948.5	6278.6	24.89	75.11	6.29	6.50	5.64
2012	26485.6	19861.4	6624.2	25.01	74.99	4.99	4.82	5.50
2013	27443.1	20501.3	6941.8	25.30	74.70	3.62	3.22	4.79
2014	28296	21041.2	7254.8	25.64	74.36	3.11	2.63	4.51
2015	28893.1	21361.9	7531.2	26.07	73.93	2.11	1.52	3.81

资料来源：《中国劳动统计年鉴2016》。

（2）城镇居民保险方面，2007年底开始启动88个试点城市，全国参保人数4291万人；2008年扩大试点，参保达到11826万人，增长率达到175.6%。2009~2010年，城镇居民医疗保险在扩大参保地区的同时，还增加了可参保人群的类型，广大中小学生、自由职业者等不被城镇职工基本保险包含的城镇户籍人员大量参保，到2010年底，参保人数达到19528.3万人，而随着部分地区新型农村合作医疗和城镇居民基本医疗保险的并轨，城镇居民基本医疗保险人数又有大幅增加，到2015年底，参保人数已有37688.5万人（见表9-2）。

表9-2 城镇居民基本医疗保险参保人数（2007~2015年）

年份	2007	2008	2009	2010	2011	2012	2013	2014	2015
参保人数（万人）	4291.1	11826	18209.6	19528.3	22116.1	27155.7	29629.4	31450.9	37688.5
增长率（%）	—	175.6	54.0	7.2	13.3	22.8	9.1	6.1	19.8

资料来源：《中国劳动统计年鉴2016》。

第九章 中国医疗保障的发展变迁、特点和面临的挑战

新型农村合作医疗是三个险种中覆盖率最广、参合比例最高的基本医疗保险，自 2010 年以来一直保持在 95% 以上的参合率，到 2016 年达到了 99.36%。虽然随着新型农村合作医疗与城镇居民基本医疗保险的并轨，参保人数有下降的趋势，但是在未整合地区，参合率还是稳中有升的（见表 9-3）。

表 9-3 新型农村合作医疗参合情况

年份	2007	2008	2009	2010	2011	2012	2013	2014	2015	2016
参合人数（亿人）	7.26	8.15	8.33	8.36	8.32	8.05	8.02	7.36	6.70	2.75
参合率（%）	86.20	91.53	94.19	96.00	97.48	98.26	98.70	98.90	98.80	99.36

资料来源：《中国卫生和计划生育统计年鉴 2017》。

（3）基金筹资和使用方面，城镇职工基本医疗保险近些年基金收入、基金支出持续增长。2006 年基金收入 1747.1 亿元，基金支出 1276.7 亿元。到 2015 年，基金收入达到 9083.5 亿元，基金支出达到 7531.5 亿元。从增长幅度来看，基金收入增长率相对平稳，由于基数越来越大，增长率有所下降；从基金支出来看，增长率先增后减；基金结余增长率总体呈现下降趋势。在使用率方面，这十年中基金利用率（基金支出/基金收入）就基本维持在 80% 左右，总体较为稳定，处于较高位置（见表 9-4）。

表 9-4 城镇职工基本医疗保险基金基本情况（2006~2015 年）

年份	基金收入（亿元）	基金支出（亿元）	累计结余（亿元）	基金收入增长率（%）	基金支出增长率（%）	累计结余增长率（%）	基金利用率（%）
2006	1747.1	1276.7	1752.4	24.32	18.36	37.11	73.08
2007	2214.2	1551.7	2440.8	26.74	21.54	39.28	70.08
2008	2885.5	2019.7	3303.6	30.32	30.16	35.35	69.99
2009	3420.3	2630.1	4055.2	18.53	30.22	22.75	76.90
2010	3955.4	3271.6	4741.2	15.64	24.39	16.92	82.71
2011	4945.0	4018.3	5683.2	25.02	22.82	19.87	81.26
2012	6061.9	4868.5	6884.2	22.59	21.16	21.13	80.31

续表

年份	基金收入（亿元）	基金支出（亿元）	累计结余（亿元）	基金收入增长率（%）	基金支出增长率（%）	累计结余增长率（%）	基金利用率（%）
2013	7061.6	5829.9	8129.3	16.49	19.75	18.09	82.56
2014	8037.9	6696.6	9449.8	13.83	14.87	16.24	83.31
2015	9083.5	7531.5	10997.1	13.01	12.47	16.37	82.91

资料来源：《中国劳动统计年鉴》（2011~2016）。

城镇居民基本医疗保险自2007年实施推广以来，发展迅速。基金收入、基金支出都有大幅增加。通过表9-5可看出，2007年基金收入为42.97亿元，2015年则为2109.4亿元，不到十年增长了48倍；基金支出则由2007年的10.12亿元增长为2015年的1780.6亿元，增长了近175倍；基金累计结余在2007年为36.08亿元，至2015年累计结余1545.7亿元。在基金收入、支出大幅增长的同时，基金结余也有所增加，基金使用率也从初期较低的范围逐步增大，2007年基金使用率仅为23.55%，到2015年基金使用率达到84.41%。人均基金支出在九年中也是有大幅度的提升，2007年仅为23.6元，到2015年人均支出达到472.5元。

表9-5 城镇居民基本医疗保险情况

年份	基金收入（亿元）	基金支出（亿元）	累计结余（亿元）	基金使用率（%）	人均支出（元）
2007	42.97	10.12	36.08	23.55	23.6
2008	154.9	63.9	128.1	41.25	54.0
2009	251.6	167.3	220.7	66.49	91.9
2010	353.5	266.5	306.0	75.39	136.5
2011	594.2	413.1	496.8	69.52	186.8
2012	876.8	675.1	760.3	77.00	248.6
2013	1186.6	971.1	987.1	81.84	327.7
2014	1649.3	1437.0	1195.0	87.13	456.9
2015	2109.4	1780.6	1545.7	84.41	472.5

资料来源：《中国劳动统计年鉴》（2011~2016）。

第九章 中国医疗保障的发展变迁、特点和面临的挑战

新农合的指导思想是"低水平，广覆盖"。2007年新型农村合作医疗筹集资金仅为427.96亿元，参合农民人均筹资58.90元，比2003年上涨72.36%，但到2016年人均筹资达到559元，是2007年的9.5倍。使用率方面，从建立新农合起到2009年一直上升，由2004年的65.43%提高到了2008年的84.42%，呈稳步增长趋势，2009年新农合基金支出总额为922.92亿元，基金使用率达到97.74%，2010年起基金使用率徘徊在90%左右。基金使用率的提高，反映出新农合在制度上的不断完善，使资金得以有效利用（见表9-6）。

表9-6 新型农村合作医疗基金使用情况

年份	人均筹资（元）	本年度筹资总额（亿元）	当年基金支出（亿元）	基金使用率（%）
2007	58.90	427.96	346.63	81.00
2008	96.30	784.58	662.31	84.42
2009	113.36	944.29	922.92	97.74
2010	156.57	1308.93	1187.84	90.75
2011	246.21	2047.56	1710.19	83.52
2012	308.50	2484.70	2408.00	96.90
2013	370.59	2972.48	2909.20	97.80
2014	410.89	3025.28	2890.40	95.50
2015	490.30	3286.62	2933.41	89.00
2016	559.00	1538.15	1363.64	88.65

资料来源：《中国卫生和计划生育统计年鉴2017》。

（4）报销水平方面，根据《第五次国家卫生服务调查分析报告》，2013年，职工医保住院病人中获得报销的比例为95.3%，2003~2013年，获得报销病人的比例逐年增加。2013年，职工医保病人次均报销费用为8579元，次均自付费用为3888元，实际报销费用比例为68.8%，比2008年的63.2%增加了5.6个百分点。2003~2013年，职工医保病人报销费用比例呈现持续增加的趋势。2013年，有职工医保人口的家庭人均年收入为23244元，次均自付住院费用占家庭人均年收入的比例为16.7%，比2008年的31.8%下降15.1个百分点。2003~2013年，次均自付费用占家庭人均年收入的比例持续下降（见表9-7）。

表9-7　不同年份调查职工医保人口住院费用报销

年份	获报销病人比例（%）	报销费用比（%）	次均报销费用（元）	次均自付费用（元）	家庭人均年收入（元）	次均自付费用占家庭人均年收入（%）
2013	95.3	68.8	8579	3888	23244	16.7
2008	94.8	63.2	6988	4096	12776	31.8
2003	83.7	53.5	5335	4637	6685	69.4

资料来源：《第五次国家卫生服务调查分析报告》。

2013年，居民医保住院病例中获得报销的病人比例为88.7%，比2008年的79.2%增加了9.5个百分点。2013年，居民医保病人次均报销费用为5369元，次均自付费用为4644元，实际报销比为53.6%，比2008年增加4.3个百分点。2013年，有居民医保人口的家庭人均年收入为15467元，次均自付住院费用占家庭人均年收入的30.0%，比2008年的38.2%下降8.2个百分点（见表9-8）。①

表9-8　不同年份调查居民医保人口住院费用报销

年份	获报销病人（%）	报销费用比（%）	次均报销费用（元）	次均自付费用（元）	家庭人均年收入（元）	次均自付费用占家庭人均年收入（%）
2013	88.7	53.6	5369	4644	15467	30.0
2008	79.2	49.3	3425	3522	9215	38.2

资料来源：《第五次国家卫生服务调查分析报告》。

（5）新农合方面，2013年住院病例中获得报销的病人比例为91.1%，次均报销费用为3329元，次均自付费用为3309元，实际报销费用比例为50.1%，比2008年的26.6%增加了23.5个百分点。2003～2013年，新农合病人报销费用比呈现逐年增加的趋势。2013年，新农合家庭人均年收入为10035元，次均自付费用占家庭人均年收入的33.0%，比2008年的56.0%下降了23个百分点。2003～2013年，次均自付费用占家庭人均年收入的比例持续下降（见表9-9）。②

①② 《第五次国家卫生服务调查分析报告》。

表 9-9 不同年份调查新农合人口住院费用报销情况

年份	获报销病人比例（%）	报销费用比（%）	次均报销费用（元）	次均自付费用（元）	家庭人均年收入（元）	次均自付费用占家庭人均年收入（%）
2013	91.1	50.1	3329	3309	10035	33.0
2008	80.2	26.6	909	2503	4473	56.0
2003	8.1	6.9	185	2509	1943	129.1

资料来源：《第五次国家卫生服务调查分析报告》。

四、未来发展面临的关键挑战

（一）双轨制带来的道德风险和逆向选择的问题

目前，虽然新型农村合作医疗还没有完全被取代，但是政策趋势是要将其与城镇居民基本医疗保险合并为城乡居民基本医疗保险。因此，我国的医疗保障保险就由城镇职工基本医疗保险和城乡居民基本医疗保险组成。城镇职工基本医疗保险要求所有城镇用人单位及其员工和退休人员都必须参加，城乡居民基本医疗保险主要覆盖人群为城镇非就业居民和农村未参保的农民。与城镇职工基本医疗保险采用强制参保不同的是，城乡居民医保采用了自愿参保的模式，所以使投保人有了很大的自主选择空间，投保人可以通过个人经济状况和健康水平选择是否加入医疗保险。除此之外，双轨制存在的问题还体现在两个不同险种的属性上，城镇职工医疗保险实质上是和工资挂钩的社会共济形式的社会保险，城乡居民基本医疗保险本质上是政府补贴的偏福利性质的保险，所以就存在逆向选择的可能性，身体状况良好的公民会选择城乡居民基本医疗保险，他们可以较低的成本享有基本医疗保险，而年纪较大身体不好的居民会选择城镇职工基本医疗保险。而对于没有工作的年轻健康的居民，他们会选择不投保，而健康风险相对较高的群体更容易选择参加城乡居民基本医疗保险，参保者的医疗服务利用率更高。[1] 自 2008 年开始实施《中华人民共和国劳动合同法》之后，要求强化雇主履行劳动合同中

---

[1] 臧文斌、赵绍阳、刘国恩：《城镇基本医疗保险中逆向选择的检验》，《经济学（季刊）》2013 年第 12 卷第 1 期，第 47—70 页。

有关社会保险的法定义务后,城镇职工医保的覆盖率有大幅度上升。尽管如此,但是其中还是存在逆向选择的现象,即那些健康状况较差的职工更容易自愿购买商业医疗保险,并且商业保险购买者的医疗服务利用率也较高,而由于商业医疗保险的风险选择问题,那些健康状态最差的职工很难买到商业保险。[1]

出现这种情况的一个原因是我国的医疗保险基础设施不完善,医疗保障体系中没有引入科学的核保体系如生命表、精算系统等。所以,双轨制的存在,保险的不同性质和核算方式的不完善导致的道德风险和逆向选择需要进一步并轨和完善相关核保业务来解决。

(二) 医药费用控制,支付方式改革的问题

"看病难,看病贵"在多年的改革中依旧是我们悬而未决的问题,医药费用增长的势头一直持续。从图9-2中可以看出,我国卫生总费用无论从绝对值来看还是从占GDP的相对比例来看都持续保持着增长的态势,尤其在2008年后,增量徒增,并且居高不下。虽然由医保带来的个人卫生支出占比持续下降,但是这种效果被卫生费用的快速上升抵消,个人医疗卫生的负担不降反增。多年医疗改革之路最显著的成效就是城镇职工医疗保险、城乡居民基本医疗保险覆盖面和覆盖水平的提高。但是,从宏观数据看,我国卫生总费用从2011年的24345.91亿元增长到2015年的40974.64亿元,在扣除物价水平后每年的增幅都在10%以上,2015年甚至达到了16.53%,是同期GDP涨幅的2.4倍。[2] 根据国家统计局的数据,从人均卫生支出角度出发,从2013年至2016年人均卫生费用增长了44.01%,是同期居民人均可支配收入增长幅度的1.47倍。总体看来,我国个人医药费用的负担没有明显的下降。

尽管近些年政府和社会在卫生领域投入了更多的资金,理论和实践也表明这样做会促进国民健康水平和公平性的提升,但是从增加的结果来看,老百姓的负担没有减轻,个人卫生支出并没有被替代,必须进行有效的费用控制。否则,一方面政府继续增加投入使老百姓得到一定的医疗保障,另一方面医疗费用增长过快,财政压力上升,危及医疗保障体系的可持续性。

---

[1] 臧文斌、赵绍阳、刘国恩:《城镇基本医疗保险中逆向选择的检验》,《经济学(季刊)》2013年第12卷第1期,第47-70页。

[2] 郭锋、张毓辉、万泉、王秀峰、翟铁民、柴培培、李岩、王荣荣、王昊、梅恒:《2015年中国卫生总费用核算结果与分析》,《中国卫生经济》2017年第36卷第4期,第13-16页。

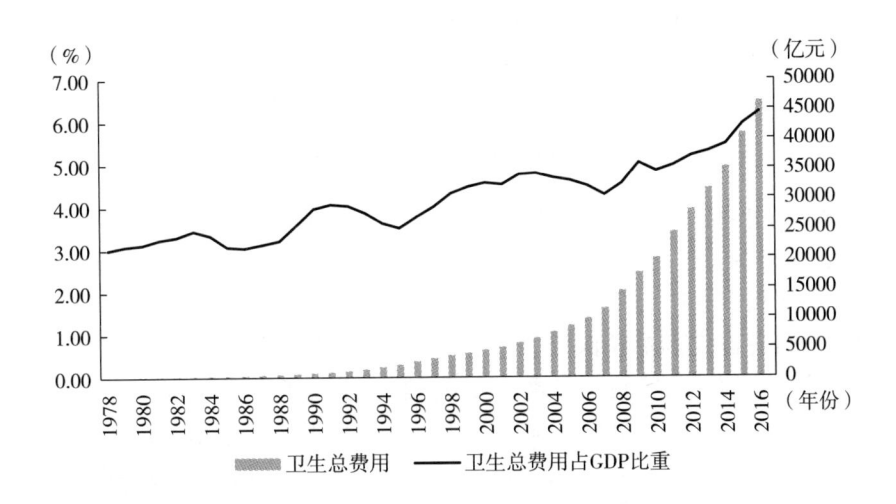

第九章 中国医疗保障的发展变迁、特点和面临的挑战

图9-2 卫生总费用（1978~2016年）

资料来源：《中国统计年鉴2017》。

合理控制医药费用的增长，成为医疗改革和可持续发展的关键。虽然从国际经验来看，中国卫生总支出占GDP百分比和人均卫生总费用都不算高，国际排名也远远在我国经济排名之后，但是我国GDP结构中的劳动报酬占比和消费占比相对偏低，因此卫生总费用占消费的比重和占劳动报酬的比重相对居高，老百姓"看病贵"的问题依然很突出。其中就涉及支付方式不完善的问题，我国的支付方式是医保支付与财政投入、个人支付并举，医疗机构承担着提供医疗服务和控制医疗费用的双重任务。[①] 这种医患之间信息的不对称，容易导致服务提供方由于利益激励，诱导患者过度消费。虽然医保支付能够有效影响服务供方行为，成为体现医疗保险作为服务购买者角色的有利控制工具[②]，但这种支付方式的弊端还是可以通过支付方式改革得到更好的解决的。支付方式改革能在一定程度上对卫生费用的规范和控制起作用，许多国家的经历表明，支付制度改革的趋势是，历经按服务项目收费（FFS）、按病种组合收费（DRGs）、按日付费、按人头收费、总额预算等创新，逐步变迁到HMO、医生薪金制等投入方式，实现筹资方和服务方的整

[①] 栾瑞、高峰、曲松涛：《医保患者医疗费用控制方式探讨》，《中国卫生经济》2010年第29卷第3期，第43-45页。
[②] Preker A. S., Liu X. Z., Velenyi E. V., et al., "Publicends, Privatemeans: Strategic Purchasing of Health Services", World Bank: Washington D. C., 2007.

合或实质上直接提供服务的方式①。研究表明，实施购买服务为主的国家，比实施直接提供服务为主的国家，医疗卫生成本更高②③。所以我国的支付方式还是存在很大改革空间的。

（三）新的行政管理架构下政府购买的谈判机制如何建立？

"医院和医药企业包间吃饭，医保部门大厅买单。"这是我国医保支付制度在2009年新医改之前各地普遍存在的问题，新医改提出"鼓励地方积极探索建立医保经办机构和付费方式改革，合理确定药品、医疗服务和付费方式改革，合理确定药品、医疗服务和医用材料支付标准，控制成本费用"。经过各地多年的试点经验，在建立谈判机制中发现了很多问题，最为突出的就是分管各险种之间的部门不能统一意见、互相推诿等现象。2018年3月，十三届全国人大一次会议表决通过了《关于国务院机构改革方案的决定》，将人力资源和社会保障部的城镇职工和城镇居民基本医疗保险、生育保险职责，国家卫生和计划生育委员会的新型农村合作医疗职责，国家发展和改革委员会的药品和医疗服务价格管理职责，民政部的医疗救助职责整合，组建国家医疗保障局，作为国务院直属机构。其职责是拟订医疗保险、生育保险、医疗救助等医疗保障制度的政策、规划、标准并组织实施，监督管理相关医疗保障基金，完善国家异地就医管理和费用结算平台，组织制定和调整药品、医疗服务价格以及收费标准，制定药品和医用耗材的招标采购政策并监督实施，监督管理纳入医保范围内的医疗机构相关服务行为和医疗费用等。同时，为提高医保资金的征管效率，将基本医疗保险费、生育保险费交由税务部门统一征收。④

国家医保局的设立对我国的老百姓和医疗保障制度来说无疑是一个利好消息，这打破了以往部门分割、政策分割、经办分割、资源分割、信息分割的旧格局，进入统筹策划、集权管理、资源整合、信息一体、统一实施的新

---

① 李玲、江宇等：《中国公立医院改革——问题、对策和出路》，社会科学文献出版社2012年版。

② Wagstaff A., R. Moreno-Serra, "Europe and Central Asia's Great Post-Communist Social Health Insurance Experiment: Impacts on Health Sector and Labor Market Outcome", *World Bank Policy Research Working Paper*, 2007（4371）.

③ Wagstaff A., "Social Health Insurance vs. Tax-financed Health Systems: Evidence from the OECD", *World Bank Policy Research Working Paper*, 2009（4821）.

④ 《（两会受权发布）关于国务院机构改革方案的说明》，新华网，http://www.xinhuanet.com/politics/2018lh/2018-03/14/c_1122533011.htm，2018年3月14日。

时代。① 社保局作为广大参保人员医疗消费的利益代表，应该让老百姓得到更多的实惠，去与医疗提供方主体进行服务质量、服务价格等方面的谈判。作为统一的医疗保险机构，医保局相比之前分散在各部的各医疗保险机构有更强的谈判能力，整合原各部门的经验教训，获得更多的信息来源。如果可以充分利用其在谈判机制中被赋予的能力，不仅可以降低医疗服务费用，使老百姓花同样的钱得到更好的医疗服务，还可以提升医疗服务供应方的口碑，改善医患关系。所以，国家和各地医保局如何建立一个合理的谈判机制值得认真考虑。

（四）医保的经营管理模式（政府直接管？商业保险委托管理？）

社会医疗保险的经营管理一直是各阶段医疗改革关注的重点，多年来我国各地区根据各自医疗保险发展的需要，分别制定和施行了相应的社会医疗保险经办体系，其中有不少地区选择将医疗保险管理业务委托给商业保险公司。在众多试点中，较为有代表性的保险运作模式有：政府负责基本医疗保险，商业保险公司负责大病补充保险的湛江模式；完全交由商业保险公司运营和管理的新乡模式；由商业保险公司负责运作，政府负责筹资、监督和管理的江阴模式；政府使用基本医疗保险的部分购买商业补充大病保险的厦门模式。这些试点地区的成功是否能推广到全国范围内，应该选取什么样的模式来推广，需要我们对它们存在的特点进行分析和比较。首先需要区分的是险种，不同地区实施的政策是针对不同险种的，江阴模式、新乡模式和厦门模式是针对城乡居民基本医疗保险的，而只有湛江模式是有针对城镇职工基本医疗保险的，各试点中商业保险参与最多的还是大病补充保险业务。其次还需要区分经营方式，是政府直接管理还是委托商业保险公司管理或者是两者协同管理，委托给商业保险公司的部分是采取基金管理模式还是采取合同模式或者是混合性管理。最后还有一点需要考虑的是，如果全国采用统一的经营管理模式是否会出现某些地区水土不服的现象。

（五）长期照护险的问题

随着我国老龄化程度的不断加深，失能老人和半失能老人的医疗护理和生活照料的问题日益突出。截至2017年底，我国60岁及以上老年人口有

---

① 郑功成：《组建国家医保局绝对是利民之举》，《中国医疗保险》2018年第4期，第5-6页。

2.41亿人，占总人口的17.3%。[①] 第四次中国城乡老年人生活状况抽样调查结果显示，2015年底我国失能、半失能老年人大致有4063万人，占老年人口的18.3%。[②] 老年人作为一类特殊群体，随着身体机能的退化，疾病风险越来越大，因此他们需要更多的医疗照护服务。2006年老年人的医疗费用总额占家庭医疗费用总额的75.2%。[③] 现实上由于我国基本医疗保障制度不支持长期护理所需的特别照护，所以有很大比例的有失能、半失能老人的家庭选择住院治疗。这样大幅度增加了对医疗资源的占用和医疗保险金的使用，本可以用于提高全体参保者的福利被消耗殆尽。因此，长期照护险的实施是迫切需要解决的问题。2016年6月人力资源和社会保障部发布《关于开展长期护理保险制度试点的指导意见》，其中列出了15个长期照护保险的试点城市，并希望利用1~2年试点时间，积累经验，力争在"十三五"期间，基本形成适应我国社会主义市场经济体制的长期护理保险制度政策框架。

参考文献

[1] Preker A. S., Liu X. Z., Velenyi E. V., et al., "Publicends, Privatemeans: Strategic Purchasing of Health Services", World Bank: Washington DC, 2007.

[2] Wagstaff A., R. Moreno-Serra, "Europe and Central Asia's Great Post-Communist Social Health Insurance Experiment: Impacts on Health Sector and Labor Market Outcome", *World Bank Policy Research Working Paper*, 2007 (4371).

[3] Wagstaff A., "Social Health Insurance vs. Tax-financed Health Systems: Evidence from the OECD", *World Bank Policy Research Working Paper*, 2009 (4821).

[4] 蔡仁华：《中国医疗保障制度改革实用全书》，中国人事出版社1997年版。

[5] 《第五次国家卫生服务调查分析报告》。

---

① 《我国60岁及以上老年人口数量达2.41亿占总人口17.3%》，新华网，http://www.xinhuanet.com/health/2018-02/27/c_1122457257.htm，2018年2月28日。

② 《我国失能半失能老人4063万》，光明网，http://news.gmw.cn/newspaper/2016-10/10/content_116845908.htm，2016年10月10日。

③ 闫萍、李传祥：《中国老年人医疗费用的负担水平及变化趋势》，《中国老年学杂志》2013年第33卷第16期，第3935-3939页。

第九章 中国医疗保障的发展变迁、特点和面临的挑战

［6］郭锋、张毓辉、万泉、王秀峰、翟铁民、柴培培、李岩、王荣荣、王昊、梅恒：《2015年中国卫生总费用核算结果与分析》，《中国卫生经济》2017年第36卷第4期，第13-16页。

［7］胡晓义：《走向和谐：中国社会保障发展60年》，中国劳动社会保障出版社2009年版。

［8］蒋正华：《医疗保险制度改革的难点分析》，载《中国社会保障体系的改革与完善》，民主与建设出版社2000年版。

［9］景琳主编：《农村合作医疗实用手册》，四川科技出版社1998年版。

［10］李红梅：《国家医疗保障局正式挂牌 三种医保统一管有何改变》，《人民日报》2018年6月1日。

［11］李玲、江宇、陈秋霖：《第十七章 城镇医疗保障体制》，载蔡昉主编：《中国劳动与社会保障体制改革30年研究》，经济管理出版社2008年版。

［12］李玲、江宇等：《中国公立医院改革——问题、对策和出路》，社会科学文献出版社2012年版。

［13］《（两会受权发布）关于国务院机构改革方案的说明》，新华网，http：//www.xinhuanet.com/politics/2018lh/2018-03/14/c_1122533011.htm，2018年3月14日。

［14］栾瑞、高峰、曲松涛：《医保患者医疗费用控制方式探讨》，《中国卫生经济》2010年第29卷第3期，第43-45页。

［15］《2011年社会服务发展统计公报》，http：//cws.mca.gov.cn/article/tjbg/201210/20121000362598.shtml。

［16］汪时东、叶宜德：《农村合作医疗制度的回顾与发展研究》，《中国初级卫生保健》2004年第4期，第10-12页。

［17］王红漫：《大国卫生之论：农村卫生枢纽与农民的选择》，北京大学出版社2006年版。

［18］王绍光：《学习机制与适应能力：中国农村合作医疗体制变迁的启示》，《中国社会科学》2008年第6期，第111-133页。

［19］卫生部等五部委：《农村合作医疗章程（试行草案）》，1979年。

［20］国家卫生部：《第三次国家卫生服务调查主要结果》，《安徽卫生职业技术学院学报》，2005年第4卷第1期，第14-16页。

［21］《我国失能半失能老人4063万》，光明网，http：//news.gmw.cn/newspaper/2016-10/10/content_116845908.htm，2016年10月10日。

[22]《我国60岁及以上老年人口数量达2.41亿占总人口17.3%》，新华网，http://www.xinhuanet.com/health/2018-02/27/c_1122457257.htm，2018年2月28日。

[23]闫萍、李传祥：《中国老年人医疗费用的负担水平及变化趋势》，《中国老年学杂志》2013年第33卷第16期，第3935-3939页。

[24]岳颂东：《论我国养老、失业、医疗保险制度的配套改革》，《管理世界》1993年第2期，第198-205页、第226页。

[25]臧文斌、赵绍阳、刘国恩：《城镇基本医疗保险中逆向选择的检验》，《经济学（季刊）》2013年第12卷第1期，第47-70页。

[26]曾煜：《医疗保险制度的改革与发展》，中国社会出版社2011年版。

[27]赵斌、尹纪成、刘璐：《我国基本医疗保险制度发展历程》，《中国人力资源社会保障》2018年第1期，第22-25页。

[28]郑功成等：《中国社会保障制度变迁与评估》，中国人民大学出版社2002年版。

[29]郑功成：《论中国特色的社会保障道路》，武汉大学出版社2009年版。

[30]郑功成：《中国社会保障30年》，人民出版社2008年版。

[31]郑功成：《组建国家医保局绝对是利民之举》，《中国医疗保险》2018年第4期，第5-6页。

[32]《中共中央关于构建社会主义和谐社会若干重大问题的决定》，2006年10月11日。

[33]自流井区医疗保险事业管理局：《极简中国医保史，十分钟了解来龙去脉》，2018年5月8日。

第十章　中国生育保险制度改革

作为社会保障制度中一项内容的生育保险制度是我国建设发展比较缓慢的一项保险制度。但是从中华人民共和国成立以来特别是1978年改革开放以来，生育保险制度同其他社会保险制度一样，在中国从计划经济体制向社会主义市场经济转型的大背景下，经历了从企业保险向社会保险改革的过程。但是生育保险制度又具有其独特性，它与妇女权益、性别平等、生育政策、就业制度、劳动保护、企业管理、儿童照料等多方面紧密相连。虽然生育保险制度看似只涉及生育问题，但由于它与其他制度的紧密联系，所以生育保险制度其实是看似简单其实复杂的一项保险制度。

一、生育保险制度的含义和基本内容

从国内外生育保险制度来看，其含义和包含的基本内容包括以下几项：生育保险制度是在生育事件发生期间对生育责任承担者给予收入补偿、医疗服务和生育休假的社会保障制度。其具体内容一般包括：①生育津贴：即在法定的生育休假期间对生育者的工资收入损失给予经济补偿；②医疗护理：即承担与生育有关的医护费用（包括"产前检查费"）；③生育补助：如对生育保险对象及其家属（如妻子和女儿）的生育费用给予经济补助，又如"婴儿津贴"和"保姆津贴"等；④生育休假：包括母育假（产假）、父育假（母亲产假期间的父亲育儿假）和育儿假（母亲产假后父母双亲任何一方的育儿休假）。中国生育保险制度包括了全部四项内容。[1]

在生育保险制度发展的各个阶段，虽然每项内容的重要程度不同，但基本都是围绕这四个方面进行发展与改革的。

---

[1] 潘锦棠：《中国生育保险制度的历史与现状》，《人口研究》2002年第2期，第29页。

二、生育保险制度的发展和改革历程

1978年改革开放以来，中国从计划经济向社会主义市场经济体制转轨，随着企业用工制度的改革、计划生育政策的实施，生育保险制度发展大致经历了以下几个阶段：

(一) 延续企业保险的生育保险制度（1978~1988年）

中华人民共和国的生育保险制度最早源自1951年颁布的《中华人民共和国劳动保险条例》的规定，其生育保险的保障对象为"女工人与女职员"。1955年国务院颁布《国务院关于女工作人员生产假期的通知》，将"机关女工作人员"也纳入了制度保障。根据《中华人民共和国劳动保险条例》和以后的《中华人民共和国劳动保险条例（修正草案）》，中华人民共和国成立初期生育保险制度的内容大致如下：覆盖了雇佣工人与在职员工人数在100人以上的国营、公私合营、私营及合作社经营的工厂、矿场及其附属单位与业务管理机关，生育保险金包括在劳动保险金之中，实行全国统筹与企业留存相结合的基金管理制度。劳动保险金由企业行政或资方按工资总额的3%提留，其中30%上缴中华全国总工会，70%存于该企业工会基层委员会户内。生育休假及生育津贴：女工人与女职员生育，产前产后共给假56日，产假期间，工资照发。生育补助：女工人与女职员或男工人与男职员的配偶生育时，由劳动保险基金项下付给生育补助费，其数额为5市尺红布，按当地零售价付给之；多生子女补助费加倍发给。此外，劳动保险基金对经济确有困难者在企业托儿所的婴儿给予伙食费补助。医疗服务："女工人与女职员怀孕，在该企业医疗所、医院或特约医院检查或分娩时，其检查费与接生费由企业行政方面或资方负担。"女性临时工、季节工及试用工的生育保险：怀孕及生育的女工人、女职员，其怀孕检查费、接生费、生育补助费及生育假期与一般女工人、女职员相同；产假期间由企业行政方面或资方发给产假工资，其数额为本人工资的60%等其他规定。

20世纪60年代初，中国已完成了对私营经济的"社会主义改造"，私营经济和公私合营经济都转制成了国营经济，"市场经济"转变成了"计划经济"，劳动者"单位所有制"逐步形成。1969年，财政部颁发了《关于国营企业财务工作中几项制度的改革意见（草稿）》，其中规定："国营企业一律停止提取工会经费和劳动保险金"，"企业的退休职工、长期病号工资和其他劳保开支，改在企业营业外列支"。从此，我国社会保险的统筹制度中断了，生育保险制度随之也发生了变化，生育保险的国家统筹消失，企业生育保险制度形成，各企业只对本企业的女工负责，生育保险也从适合多种用工制度变化成了只适合单一的用工制度。

改革开放以来，企业由国家计划转向自负盈亏的独立核算主体，企业用人也有了更大的自主权和选择权，在生育保险成本由企业负担的情况下，企业为追求利润最大化，为减少生育保险成本，往往会减少对女性劳动力的使用，或者在生育保险缴费上有意规避，减少缴费，结果造成了女性就业市场上的歧视和女性劳动保护权益的受损。

这一时期，生育保险制度虽然沿用了企业保险的筹资制度和覆盖范围，但是随着企业用工制度和劳动力市场的市场化改革，企业保险的生育保险制度与当时的经济环境不相适应，生育保险的改革势在必行。

（二）生育保险制度改革探索时期（1988~1994年）

在改革开放之后，企业保险的社会保险体系已经越来越不适应市场经济体制下的企业管理和劳动力市场改革，职工养老和医疗等各项支出均由企业承担，严重地拖垮了企业的发展，成为企业沉重的负担，于是养老保险制度改革和医疗保险制度由企业承担向社会统筹的改革试点在全国许多省份开展起来。作为劳动保护一部分内容的生育保险制度在一些地方也进行了改革试点。各地改革措施归纳起来主要有两个方面：一是生育保险基金由企业统筹转变为社会统筹。试点首先在江苏省南通市实施。1988年9月1日，江苏省南通市开始实行《南通市全民、大集体企业生养基金统筹暂行办法》，企业按男女全部职工人数每年一次性向社会统筹机构上缴一定数额的资金，建立女职工生养基金。统筹企业中有女职工生育，其生育医疗费和生育津贴由社会统筹机构负责支付。同年湖南省株洲市也试行生育保险基金社会统筹。企业按工资总额的一定比例上缴生育保险费，通过银行划归劳动部门统筹。生育女工凭企业证明按月从当地劳动部门领取生育津贴。随后，昆明、曲阜、绍兴、宁波、德州等几十个市县也试行了生育保险基金的社会统筹。二是生育保险费用由女性一方负担转变为夫妇双方所在企业平均分担。1988年，辽宁省鞍山市实行《鞍山市保护老人、妇女、儿童合法权益的规定》，该规定第三章第八条要求"生育津贴由夫妻双方所在企业各自承担50%，若男方在部队、外地或机关工作，由女方单位全部承担"。实行类似规定的还有苏州等市县。

这一时期,与生育保险相关的法律法规也出现了新的变化。1988年,国务院颁布了《女职工劳动保护规定》,女职工产假由原来的56天增加至90天(其中产前15天)。1988年我国关于生育保险的规定有两点作用:一是增加了产假天数(从56天增加到90天);二是对60年代初至70年代末生育保险制度的变化由默认到正式承认。①

(三)《企业职工生育保险试行办法》实施阶段(1994~2011年)

这一阶段生育保险制度受到两个因素的影响:一个是企业改革激发了对生育保险制度改革在全国实行,出现了全国统一的生育保险基金统筹办法;另一个是计划生育政策的实施要求生育保险制度向延长产假等鼓励少生少育的政策转变。这一时期最主要的三部法律法规的颁布可以很好地说明当时的生育保险制度的特征。

第一部是1995年1月1日开始试行的《企业职工生育保险试行办法》,其实施的目的是"为了维护企业女职工的合法权益,保障她们在生育期间得到必要的经济补偿和医疗保健,均衡企业间生育保险费用的负担",这一办法的实施标志着企业生育保险制度向社会统筹的生育保险基金在全国范围内开始实施,全国有了统一的生育保险基金统筹办法。其内容主要包括:覆盖范围是"城镇企业及其职工",明确是企业职工,机关事业单位人员和农村人口及其城镇非就业人员均不在其覆盖范围之内。缴费主体和办法:即职工个人不交纳生育保险费,由企业按不超过工资总额1%的资金向劳动部门所属的社会保险经办机构交纳生育保险费。管理主体:社会保险经办机构负责生育保险基金的收缴、支付和管理。生育保险支付内容和待遇:生育保险基金支付项目有生育津贴、与生育有关的医护费用和管理费,其中,生育津贴按本企业上年度职工月平均工资计发。

同年,国务院发布《中国妇女发展纲要(1995—2000年)》(以下简称《纲要》),《纲要》提出20世纪末"在全国城市基本实现女职工生育费用的社会统筹"。《劳动部关于贯彻实施〈中国妇女发展纲要〉的通知》要求:"全国80%左右的县(市),到本世纪末实现生育保险社会统筹",并将保险覆盖面扩大到城镇各类企业。

第三部与生育保险制度紧密相连的法规是《中华人民共和国人口与计划

---

① 潘锦棠:《中国生育保险制度的历史与现状》,《人口研究》2002年第2期,第30页。

生育法》。改革开放以来，中国在20世纪70年代开始就走向了控制人口数量、提高人口质量的历史时期，80年代初期，中央提出提倡"一对夫妇只生育一个孩子"，并提出了实行计划生育是我国的一项基本国策。生育率迅速下降，21世纪以后，中国将稳定低生育水平作为计划生育工作的主旋律，于2001年颁布了《中华人民共和国人口与计划生育法》。为了配合计划生育工作的顺利实施，国家对实行计划生育的夫妻给予奖励。比如公民晚婚晚育，可以获得延长婚假、生育假的奖励或者其他福利待遇；公民实行计划生育手术，享受国家规定的休假；对只生育一个子女的夫妻，按照国家和地方有关规定享受独生子女父母奖励；上海、四川等省市对符合计划生育的家庭还给予3~7天的父亲护理假。独生子女本人的托幼管理费和医药费等均可以按规定报销。虽然计划生育政策与生育保险制度是两个系统，但是计划生育奖励政策的实施无疑丰富了生育保险制度的内容，生育保险制度的发展深受计划生育和人口政策的影响。

《企业职工生育保险试行办法》实施后，与社会保险和医疗保险一样，社会保险的形式促进了生育保险的发展，生育保险参保率上升，特别是2003年之后，如果以城镇就业人口为基础的话，生育保险的参保率快速上升（见图10-1）。1994年开始实行时，参保率仅为5%，2003年上升到14%，此后，覆盖面上升速度加快，2011年达到39%。

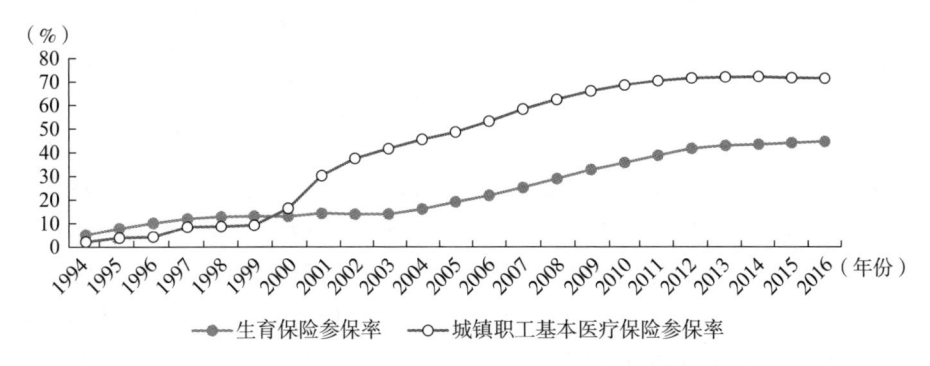

图10-1 1994~2016年生育保险参保率与城镇职工基本医疗参保率变化
资料来源：根据国家统计局各年度数据整理计算。

《企业职工生育保险试行办法》是第一个为适应经济转型而实行的生育保险法规。在我国市场转型时期为城镇职工的生育保险提供了适合发展的路径，提高了职工的社会保险受益，并且减轻了企业负担，是生育保险制度历史上重要的转折点。

但是,在《企业职工生育保险试行办法》(以下简称《试行办法》)实施的过程中,由于市场转型中出现的很多新情况、新问题,在《试行办法》实施过程中也出现了很多问题,仍然存在着一定的局限性:

1. 主体覆盖范围有限且城乡和地区分割严重

《试行办法》的目的是"为了维护企业女职工的合法权益,保障她们在生育期间得到必要的经济补偿和医疗保健,均衡企业间生育保险费用的负担,根据有关法律、法规的规定,制定本办法。而覆盖范围是"本办法适用于城镇企业及其职工"。由此可见,《试行办法》规定的参加主体覆盖范围有限:

(1) 只限于城镇,不包括农村。《试行办法》的制定依然具有浓厚的城乡社会保障制度分割的性质。生育保险的覆盖范围也只针对城镇女职工,仍然未将农村人口包括进来,这一时期仍然具有明显的城乡差别和城乡不平等。

(2) 只限于女性职工,不包括男性。生育是人类自身再生产的过程,是全社会的责任。男职工也应当承担生育保险缴纳义务,但《试行办法》中却没有提到男职工可以享受生育保险待遇(父育假、节育手术医疗费、节育手术假期和津贴等),或者男性的无就业配偶可以享受生育保险待遇。相反条款在表述上明确指出"女职工",其实是将男性排除在外。忽视了男性角色,不仅不利于男性分担养儿育女家庭责任,同时也导致企业为男职工缴纳生育保险费的积极性不高,加大了对男职工较多企业的费用征缴难度。[①]

(3) 本地户籍限制仍然存在。考虑到地区差异,《试行办法》规定各地方政府可以结合本地区实际情况制定实施办法。这样出现了地方政府把本地户籍作为覆盖范围的界限之一,比如上海、北京等地均出现了只具有本地户籍的城镇女职工参保。不仅增加了城乡之间的生育保险的隔离,还增加了地区之间生育保险的不平等。生育保险工作主要是依靠各省份结合当地实际制定的生育保险办法推动进行的。由于认识不统一,制定政策法规依据的上位法不统一,造成生育保险制度多样,碎片化严重,政策的强制力不足,发展不均衡。

除了地区和城乡的分割和碎片化状态,由于单位性质造成的生育保险也

---

① 刘海燕、吴海建:《我国生育保险法律制度的演替与完善——从〈企业职工生育保险试行办法〉到〈社会保险法〉》,《人口与经济》2011 年第 4 期,第 102 页。

存在着分割。很多地方机关事业单位生育保险工作执行的政策依据是国务院1988年颁布的《女职工劳动保护规定》，由单位承担保障责任；民办非企业单位、社会团体等民间组织作为适应市场经济快速发展、社会结构日益多元化和政府职能转变而发展的新型机构，部分地方没有将其纳入生育保险范围；一些私营企业、外资企业故意逃避缴费义务，不为职工参加生育保险，生育保险覆盖面窄。[①] 不同身份的社会成员适用不同的生育保障制度，享受不同的保障待遇。国家机关和事业单位职工享有良好的生育保障，企业职工次之，农民和城镇非工薪居民基本上没有生育保障。[②]

总之，按人群来看，《试行办法》排除了男性、失业人员、无业人员、灵活就业者、流动人口、自雇者和农民中的女性群体，属于覆盖面比较小的生育保险制度。

从参保率来看，生育保险覆盖率虽然纵向来看有提升，但相比于其他保险，覆盖率仍然很低。以城镇就业人员为基础，2000年时，城镇职工基本医疗保险的参保率为16%，生育保险参保率为13%，两者相差不大，但是2000年之后，城镇职工医疗保险参保率提高速度明显高于生育保险，2011年，城镇职工基本医疗保险参保率为70%，而生育保险参保率为39%，仅是职工基本医疗保险参保率的一半多一点（见图10-1）。

2. 生育保险的支付标准不清晰不具体

生育保险的内容主要包括两大部分，一是生育津贴，二是生育医疗待遇。参保职工可以享受哪些待遇是保险制定中的一项重要内容。在《试行办法》中规定了参保女职工可以享受的生育医疗保险待遇：产假及其产假期间的生育津贴；生育的报销范围内的医疗费用；因为生育引起的疾病的医疗费用。就这些规定的内容来看，既没有具体的产假时间，也没有具体计发标准，只是规定生育津贴"按照本企业上年度职工月平均工资计发"，因为没有具体规定，导致许多企业为减少成本，以从职工原先收入中扣除奖金和各种津贴与补助的基本工资作为基数计算津贴，这无形中减少了企业应缴纳的生育保险费，降低了职工的生育保险待遇。同时，由于没有统一的标准，地区之间执行标准具有差异性，多样性加大了地区的不平等。

3. 生育保险基金的管理规定不合理

一是没有明确统筹层次，生育保险的统筹层次仍停留在县市级，基金分

[①] 陈东：《生育保险制度的发展》，《中国工人》2011年第4期，第30页。
[②] 孙洁：《生育保障公平不足 中国近5000万女性没生育险》，http://www.china.com.cn/cp-pcc/2016-03/10/content_37989083.htm，2016年3月10日。

散,调剂范围较小,造成地区间发展不平衡,甚至在同一地区同时存在基金欠缴与结余过多的现象。二是经办机构的管理费用来自于生育基金。《试行办法》第九条规定:"社会保险经办机构可从生育保险基金中提取管理费,用于本机构经办生育保险工作所需的人员经费、办公费及其他业务经费。"这样规定有可能造成生育基金的过度使用和乱用,不利于对基金进行有效的监管。三是未建立动态收支平衡调整体系。《试行办法》要求生育保险根据"以支定收,收支基本平衡"的原则筹集资金,而事实上,我国生育保险基金累计结余不断增加,滚存结余甚至远超当年基金收入。以 2009 年为例,当年全国生育保险基金收入 132 亿元,支出 88 亿元,累计结余则达到 212 亿元。如何处理结余问题,并未给出一个明确的办法,不仅造成基金使用的浪费,还加重了企业的负担(刘海燕、吴海建,2011)。

在这种情况下,需要一部全国立法性质的统一的生育保险制度的出台。

(四) 这一阶段是将生育保险明确立法、加快推进的阶段(2011~2016 年)

2011 年 7 月 1 日,《中华人民共和国社会保险法》(以下简称《社会保险法》)正式实施。这是中华人民共和国成立以来第一部关于社会保险的综合性立法,是一部具有总括性、创新性和前瞻性的法律。《社会保险法》第六章专门对生育保险做了清晰论述,以法律的形式予以明确,这对于加快推进生育保险制度规范发展具有积极作用。《社会保险法》中关于生育保险从覆盖范围到待遇支付等各个方面都有了新的变化。

1. 生育保险支付覆盖面扩大到了所有用人单位和职工,生育保险待遇享受人群为所有处于生育事件发生期间的劳动者

《社会保险法》第 53 条规定,"职工应当参加生育保险,由用人单位按照国家规定缴纳生育保险费,职工不缴纳生育保险费",明确了我国境内所有劳动者都必须参加生育保险,并且由用人单位缴纳保险费、个人不缴费、生育风险由全社会共同分担的基本原则。保险覆盖范围由城镇职工扩大到所有劳动者,从法律上明确了不分性别、不分地区、不分城乡、不分户籍等所有劳动者都应当参保。自然,生育保险待遇享受者也是所有处于生育事件发生期间的劳动者,《社会保险法》特别明确规定"用人单位已经缴纳生育保险费的,其职工享受生育保险待遇;职工未就业配偶按照国家规定享受生育医疗费用待遇"。将在职职工与职工未就业配偶都纳入生育保险待遇的获得者,将所有的劳动者纳入生育保险的获益范围内,实现了保险的统一性和公

平性。

2. 明确规定生育保险要逐步实现省级统筹

《社会保险法》第64条规定,"基本养老保险基金逐步实行全国统筹,其他社会保险基金逐步实行省级统筹,具体时间、步骤由国务院规定"。作为社会保险其中一种的生育保险基金逐步实现省级统筹是必然的。生育保险基金实行省级统筹,意味着在全省范围内统一制度、统一缴费比例、统一待遇计发办法、统一基金使用、统一基金预算、统一业务规程,能够有效分摊生育基金的风险,减轻基金支出的不均衡,有利于确定更为合理的缴费费率,有利于生育责任承担者在全省范围内享有同等的生育保障待遇,保护职工流动时的合法权益,对保障生育保险基金实现良性运行具有非常重要的作用。[①]

3. 明确生育保险基金支付的待遇项目和水平

为了改变《企业职工生育保险试行办法》对生育保险支付的内容和水平不清晰造成的支付水平的差异化,《社会保险法》对生育保险待遇的支付项目和水平做了更清晰明确的规定,保险待遇"所需资金从生育保险基金中支付","生育保险待遇包括生育医疗费用和生育津贴",生育医疗费用包括生育的医疗费用、计划生育的医疗费用、法律、法规规定的其他项目费用。女职工生育的产假时期、享受计划生育手术休假时期以及法律、法规规定的其他情形时期,可以按照国家规定享受生育津贴,而生育津贴则按照职工所在用人单位上年度职工月平均工资计发。

4. 明确计划生育的待遇纳入了生育保险支付范围

《社会保险法》第55条、第56条规定,生育医疗费用包括计划生育医疗费用。由于生育保险是为生育提供保障的制度,与计划生育政策紧密相连,在控制人口过快增长、提高人口素质过程中,生育保险为鼓励少生少育、晚生晚育提供了支持。《社会保险法》把计划生育列入了生育保险保障范围,对因计划生育发生的医疗费用以及因计划生育手术休假的育龄妇女,生育保险基金支付全部医疗费用,支付生育津贴。对符合规定晚婚晚育的育龄妇女,延长休假期间享受同等待遇。男性职工因计划生育手术,可以享受休假制度,休假期间生育保险基金将发放生育津贴,计划手术费用由生育保险基金支付;男性职工属于晚婚晚育的,很多地方规定男性享受休假待遇,休假期间享受生育津贴。《社会保险法》关于计划生育期间职工待遇的规定,

---

① 陈东:《生育保险制度的发展》,《中国工人》2011年第4期,第30页。

与《人口与计划生育法》进行了衔接，实际上是将男性职工生育保险的权益进行了明确，适应了现代社会生育保险制度的发展方向。[①]

《社会保险法》实施之后，生育保险取得了一定幅度的发展。2010 年，参加生育保险的人数达到 1.23 亿人，2015 年则达到 1.78 亿人，超过了"十二五"规划的 1.5 亿人的目标。2015 年，生育基金收入 446 亿元，支出 368 亿元，基金累计结余 593 亿元。但是，生育保险的开展仍有许多不适应社会发展的地方，也面临着许多的困境。

生育保险的一项重要待遇是生育医疗费用支付。由于生育保险和医疗保险两者在性质以及标准上有很大的相似性，绝大多数国家都是将生育保险和医疗保险合并在一起的，生育保险只是医疗保险的组成部分。在我国实践中，关于"因生育引起疾病的医疗费，由生育保险基金支付"的待遇支付标准过于原则，而实际执行的随意性大。问题的关键在于目前国家并未制定哪些病种属于生育引起的，这导致操作中出现困难，各地做法不能统一，加大了生育保险社会化的难度。同时，在生育中有不少医疗费用既可以属于生育医疗费用，也可以属于一般疾病医疗费用。因而生育保险基金与职工基本医疗保险基金在支付范围方面存在界限不清的问题。这种交叉情况的出现，使得保险遇到难题，社会保险经办机构也难以确定如何界定，只能凭借他们以往的经验以及医生的治疗证明进行简单的区分，这不仅给社保经办机构带来麻烦，也使得参保人员的个人利益难以得到保护。

（五）生育保险与医疗保险合并的探索（2016 年至今）

2015 年 11 月 3 日公布的《中共中央关于制定国民经济和社会发展第十三个五年规划的建议》提出"将生育保险和基本医疗保险合并实施"。2016 年 7 月，人社部就公布《人力资源和社会保障事业发展"十三五"规划纲要》（以下简称《纲要》），提出将生育保险和基本医疗保险合并实施，要求"完善生育保险政策，实行生育保险与基本医疗保险参保人员登记、缴费、管理、经办、信息系统统一"。2017 年 1 月，国务院发布了《生育保险和职工基本医疗保险合并实施试点方案》，提出"2017 年 6 月底前启动试点，试点期限为一年左右。通过先行试点探索适应我国经济发展水平、优化保险管理资源、促进两项保险合并实施的制度体系和运行机制"。试点地区分别是河北省邯郸市、山西省晋中市、辽宁省沈阳市、江苏省泰州市、安徽

[①] 陈东：《生育保险制度的发展》，《中国工人》2011 年第 4 期，第 30 页。

省合肥市、山东省威海市、河南省郑州市、湖南省岳阳市、广东省珠海市、重庆市、四川省内江市、云南省昆明市。试点内容包括：统一参保登记，参加职工基本医疗保险的在职职工同步参加生育保险；统一基金征缴和管理，个人不缴纳生育保险费，生育保险基金并入职工基本医疗保险基金统一征缴，可按照用人单位参加生育保险和职工基本医疗保险的缴费比例之和确定新的用人单位职工基本医疗保险费率；统一医疗服务管理，两项保险合并实施后实行统一定点医疗服务管理，生育医疗费用原则上实行医疗保险经办机构与定点医疗机构直接结算；统一经办和信息服务，两项保险合并实施后，要统一经办管理，规范经办流程。生育保险经办管理统一由职工基本医疗保险经办机构负责，工作经费列入同级财政预算；职工生育期间的生育保险待遇不变。生育保险待遇包括《中华人民共和国社会保险法》规定的生育医疗费用和生育津贴，所需资金从职工基本医疗保险基金中支付。生育津贴支付期限按照《女职工劳动保护特别规定》等法律法规规定的产假期限执行。

将生育保险与医疗保险合并不仅有利于扩大生育保险的覆盖面，实现制度全覆盖，有效化解生育与基本医疗保险有交叉的情况，还将提升人们对生育价值的认同、社会生产力和经济活力的提升。生育保险是一个特定时间段特有的医疗支出，而且是特定群体，如果将生育保险纳入基本医疗保险之中，就可以让所有参加基本医疗保险的人员都可以享受到生育保险的待遇，从而更好地扩大生育保险的覆盖面。合并实施后，生育保险基本可以实现全面覆盖。同时，将生育保险纳入医疗保险，就不用再判断是属于生育保险还是医疗保险的范畴，只需正常结算、正常报销，这样不仅可有效地缓解医院、患者、参保人三方的矛盾，还可以促进社会关系的和谐发展。[①]

参考文献

[1] 陈东：《生育保险制度的发展》，《中国工人》2011年第4期，第30页。

[2] 刘海燕、吴海建：《我国生育保险法律制度的演替与完善——从〈企业职工生育保险试行办法〉到〈社会保险法〉》，《人口与经济》2011年第4期，第102页。

[3] 潘锦棠：《中国生育保险制度的历史与现状》，《人口研究》2002年

---

① 孙洁：《生育保障公平不足 中国近5000万女性没生育险》，http://www.china.com.cn/cp-pcc/2016-03/10/content_37989083.htm，2016年3月10日。

第 2 期，第 29-30 页。

[4] 孙洁:《生育保障公平不足 中国近 5000 万女性没生育险》，http://www.china.com.cn/cppcc/2016-03/10/content_37989083.htm，2016 年 3 月 10 日。

第十一章 中国最低生活保障制度的设计与实施

本章利用翔实的宏观数据与微观调查数据，从最低生活保障制度的覆盖面与覆盖率、低保标准与补助水平、资格认定与瞄准、资金投入、治理与行政管理等方面，对城市与农村低保制度的设计与实施现状以及面临的挑战进行了分析。研究表明，低保制度自建立以来取得了显著进展，但在其设计与实施中尚存在诸多问题。本章针对如何改进与完善低保制度，提出了一些政策建议。

一、引言

最低生活保障制度（简称低保制度）是目前中国主要的社会救助制度，包括城市低保制度与农村低保制度。一些发达国家较早地推行了社会救助制度。例如，德国于1860年颁布了第一部社会救济法，建立了国家社会救济制度，在此基础上建立了低保制度。德国低保制度保障那些家庭收入低于保障标准的贫困者，保障方式主要包括发放保障金和提供必要的生活服务。目前，不论发达国家还是发展中国家，几乎都建立了社会救助制度，尽管其救助对象、救助标准和救助方式可能各不相同。

若干国际组织对社会救助制度给出了定义。例如，亚洲发展银行（Asian Development Bank）将社会救助制度定义为救助最脆弱的个人、家庭和社区，使其达到生存线并提高生活标准的制度（Howell, 2001）；国际劳工组织（International Labor Organization）将社会救助制度定义为以税收支持的给予低收入人群福利的制度（ILO, 2000）；联合国粮食及农业组织（Food and Agriculture Organization of the United Nations）将社会救助制度定义为致力于通过重新分配财富减少贫困的现金或实物转移项目，保护家庭免受收入冲击（FAO, 2003）。

尽管这些定义从措辞看存在差异，但概括起来其内容基本一致，即：社会救助制度是指以某种瞄准方式对贫困人口或弱势人群进行救助的制度。贫困救助制度自建立以来，一直受到广泛关注。贫困救助制度应覆盖哪些人群，救助水平依据哪些因素设定和调整，贫困救助的瞄准效率如何等问题，一直是研究讨论的热点（Alderman，2001；Conning & Kevane，2001；Matin & Hulme，2003；Subbarao et al.，1995；Ravallion et al.，1995）。此外，贫困救助制度的减贫效果，贫困救助制度是否会产生"不工作"的激励，也是研究关注的重要方面（Blomquist，2003；del Ninno & Dorosh，2003；Gaiha，2000；Lemieux & Milligan，2008；Rawlings，2005）。

中国城市与农村低保制度的建立，均经历了从局部试点到向全国普遍推广的过程。自建立以来，低保制度处于稳步发展过程中，覆盖面不断扩大，救助水平不断提高，对城市与农村减贫起到了一定作用。但是，低保制度还存在覆盖率低、低保标准的确定和调整方法不够科学、低保瞄准效率低等诸多问题。关于中国低保制度的研究较多，其中一些研究限于对低保制度进行一般性讨论；还有一些研究利用宏观数据或微观调查数据，分析低保制度的覆盖和瞄准等。然而，结合翔实的宏观和微观调查数据，利用国际社会普遍认可的社会救助制度评价体系，对低保制度进行全面分析的研究尚不多见。

本章将综合使用宏观数据与微观调查数据，利用国际社会普遍认可的社会救助制度评价体系，对中国的低保制度进行考察。本章所利用的民政部宏观数据主要包括历年分地区分城乡低保救助人数、低保标准与补助水平，以及低保支出，借助这些数据能够对低保救助覆盖、低保标准与补助水平，以及低保资金投入等进行全面的描述和分析。2010年中国城市劳动力调查数据包含城市居民家庭的人口、就业、收入和低保救助等方面的信息[①]，这为评价城市低保制度的瞄准效率和减贫效果提供了可靠的数据支持。

特别值得指出的是，本章对低保制度的分析，将借助国际社会普遍认可的社会救助制度评价体系进行。自社会救助制度创立以来，其执行状况和实施效果一直受到政策制定者和学者的广泛关注。世界银行基于若干国家的经验，总结和提炼了一套得到国际社会普遍认可的社会救助制度评价体系。若干研究借助这个评价体系，对一些国家的社会救助制度进行了评估（文献）。

---

① 2010年中国城市劳动力调查是指中国社会科学院人口与劳动经济研究所于2009年底到2010年初，在上海、武汉、沈阳、福州、西安和广州六个城市进行的劳动力调查。该调查在每个城市根据分阶段随机抽样原则，抽取了700户城市居民家庭，填写了家庭情况问卷和所有家庭成员问卷。在每个城市，调查同样按照分阶段随机抽样原则，还抽取了600户外来人口家庭，填写了家庭情况问卷和所有家庭成员问卷。本章将要使用的是对城市居民的调查数据。

基于评估结果提出的许多政策建议得到政府采纳,对改进和完善社会救助制度发挥了重要作用。

本章借助这套体系对中国的低保制度进行评价,将中国低保制度的设计和实施状况置于国际社会救助制度的大框架下进行分析,借鉴其他国家的经验和启示,提出改进中国低保制度的政策建议。本章以下部分是这样组织的:第二部分对相关文献进行总结与评述;第三部分介绍世界银行社会救助制度评价体系的核心原则和角度;第四部分描述城市和农村低保制度的演变与主要政策特征;第五部分考察城市和农村低保制度的实施现状和面临的挑战;第六部分对文章进行总结,提出改进和完善低保制度的政策建议。

二、相关文献总结与评述

一些研究限于对城乡低保制度进行一般性讨论。例如,徐月宾和张秀兰(2009)对低保制度实施中贫困人口的瞄准机制、保障标准与"福利依赖",以及边缘贫困人群问题进行了探讨,提出探索实施适度普惠型福利的可能性,同时加强为有劳动能力的救助对象提供及时的、有针对性的就业服务。

低保标准的确定和调整机制应该如何设置,得到研究者的广泛关注。关于低保标准的确定,王有捐(2006)建议国家有关部门组织人员根据满足人体基本需求的标准,确定一个科学合理的测算方法。选定某个地区作为参照系测算低保标准,然后考虑其他地区的消费结构、物价水平等进行调整,作为各地的目标标准,最后结合当地的经济状况给出一个分阶段执行标准。杨立雄(2012)针对目前各地采用不同方法确定低保线,认为应该统一低保线的计算方法,将其划分为食物线和非食物线两部分。

杨立雄和胡姝(2010)认为,最低生活保障标准的调整机制存在手段单一、标准不规范和参数设置不当等问题。研究建议将最低生活保障标准与价格挂钩,保持最低生活保障标准的购买力不变;而且还应与收入挂钩,使最低生活保障标准随社会平均收入水平的提高而提高。

各国社会救助制度的瞄准效果,一直是研究关注的重要问题。中国的低保制度同样也不例外。王有捐(2006)利用国家统计局城镇居民家庭基本情况专项调查数据,测算了全国35个大中城市低保瞄准效率。研究发现,城市低保覆盖面仅占应保人群的大约1/3,城市低保识别瞄准效率不到70%。研究同时指出,现有的瞄准效率是建立在较低的覆盖面基础上的。随着覆盖面的逐步扩大,瞄准难度会随之加大。

Chen 和 Ravallion（2005）利用国家统计局住户调查数据，对城市低保瞄准效率进行了分析。研究表明，43%的获得低保的家庭不具备资格，72%的应保家庭未享受低保。不过研究认为，即便低保制度没有实现"应保尽保"，而且出现了一定程度的"保不应保"的情况，然而，与国际同类社会救助项目相比，城市低保的瞄准相当成功。Ravallion 等（2008）利用国家统计局住户调查数据对城市低保进行的分析表明，无论使用何种指标衡量，与发展中国家同类社会救助项目相比，中国城市低保的瞄准效果都是最好的。Wang（2007）利用 14 个城市住户调查数据进行的分析表明，中国城市低保的漏保率为 61%，错保率为 40%；39%的应保家庭得到了低保救助，4%的非应保家庭也得到了低保救助。

韩华为和徐月宾（2013）利用河南省和陕西省农村低保执行状况调查数据，测算并比较了传统的收入贫困识别策略和多维度贫困识别策略下的农村低保瞄准效果。研究发现，如果仅通过家庭收入来识别贫困，农村低保会存在严重的瞄准偏误；当通过多维度贫困识别策略控制贫困测量误差后，农村低保的瞄准偏误明显下降。研究结果显示，样本地区农村低保的瞄准偏误维持在可接受的范围内，农村低保的瞄准效果优于其他发展中国家同类型救助项目。

易红梅和张林秀（2011）基于一份具有全国代表性的农户资料，采用赤贫指数从多维度度量了农户的贫困程度，并将其应用于考察农村低保制度的瞄准效率。研究发现，农村低保制度瞄准效率不高，瞄准遗漏和瞄准漏出同时存在。研究认为，政府应该继续探索发展适合农村的多维度的贫困户鉴别制度，提高农村低保的瞄准效率。

低保制度的贫困救助效果，也是研究关注的重要问题。Ravallion 等（2008）利用国家统计局住户调查数据对城市低保减贫效果的分析表明，获得低保转移收入后，城市贫困发生率、贫困距和加权贫困距分别下降了 6%、11%和 16%。李实和杨穗（2009）利用"中国收入分配课题组"2007 年城市住户调查数据，估计了低保收入对缓解城市贫困的作用。研究发现，城市低保制度对于减少城市贫困人口的作用显而易见，获得低保转移收入后贫困发生率下降了 40%以上，贫困距和加权贫困距下降幅度更大。都阳和 Park（2007）利用 2001 年和 2005 年两轮在五个城市进行的住户调查数据，分析了城市贫困救助体系的瞄准及其救助效率。研究表明，低保制度在当前城市社会救助中具有决定性作用。

针对城乡低保发展不平衡的问题，一些研究开始探讨低保制度未来的发展方向。比较一致的结论是，应该统筹城乡低保，实现城乡低保一体化。这些研究或者是基于一些地区低保制度城乡一体化的成功实践，提出低保制度城乡统筹的建设思路；或者是以基本公共服务均等化理论为指导，通过对城乡低保制度若干方面的差别进行分析，指出现存的不均等状况，进而提出低保城乡一体化的客观需求。

例如，江又明和李永骧（2014）基于安徽省一些地区的低保制度城乡一体化实践，提出应进一步促进低保制度城乡一体化，并就其建设路径进行了探讨。张军和柯健（2013）从城乡差异的视角，以重庆市城乡低保制度建设为例，对其现状和存在的问题进行了分析，在此基础上提出了创新统筹城乡低保制度的对策与建议。王争亚和吕学静（2014）认为，低保制度存在机会不均等、过程不均等和结果不均等，低保制度的城乡一体化是实现中国城乡公共服务均等化的客观要求。

三、世界银行社会救助制度评价的核心原则和角度

根据世界银行的建议（Grosh et al., 2008），评价一项社会救助制度应该坚持以下四个核心原则：第一是充足性（Adequate）原则，主要是针对覆盖面和保障水平而言。覆盖面充足是指应该被该项社会救助制度覆盖的人群，实际上都得到了救助；保障水平充足是指社会救助制度给予受益人的救助，对受益人能够有较为充足的保障。第二是公平性（Equitable）原则，主要是针对得到救助的机会和透明性而言。得到救助的机会公平是指每个应该得到救助的人都有相同的机会得到救助，而且在条件相同的情况下，得到的救助也是相同的；透明性是指社会救助制度的申请和领取等一切过程都是透明公开的。第三是效率（Cost-effective）原则，主要是针对瞄准的准确水平和管理效率而言。瞄准的准确水平是指，在用于社会救助的资源有限的情况下，救助制度的瞄准要准确，从而提高资源的使用效率；管理效率是指救助制度从管理层面上也要讲究效率。第四是结果性（Outcome）原则，主要是针对社会救助制度是否达到了预期的救助目标而言。

在坚持这四个核心原则的前提下，评价一项社会救助制度，主要从以下六个角度进行：制度目标、救助标准和支付、救助资格认定和瞄准、资金来源和投入、治理框架和管理，以及监测和绩效评估。我们要分析该救助制度是否能够达到其预定目标；救助标准的确定方法是否合理，是否具有合理的

调整机制；救助资格的认定方法是否清晰，认定方法是否具有较强的可操作性，瞄准是否有效率；资金来源是否充足；治理框架和管理是否合理有效；监测和绩效评估体系是否健全。

本章将基于世界银行社会救助制度评价体系，利用最新的宏观数据和近期的微观调查数据，对中国城市和农村低保制度的设计和实施状况进行综合评价。在此基础上，研究将指出城市和农村低保制度存在的主要问题和面临的挑战，并借鉴国际经验，从制度设计和实施两个层面，提出改进和完善城乡低保制度的政策建议。

四、低保制度的演变与主要政策特征

（一）城市低保制度的演变

上海市于1993年6月1日宣布建立城市居民低保制度，可以算作城市低保制度建立的开端。此后，大连、青岛、烟台、福州和广州等城市相继建立了低保制度。1995年，民政部认可了城市低保制度并决定在全国推广。1997年，国务院发布《关于在全国建立城市居民最低生活保障制度的通知》（以下简称《通知》）。《通知》要求，"1997年底以前，已建立这项制度的城市要逐步完善，尚未建立这项制度的要抓紧做好准备工作；1998年底以前，地级以上城市要建立起这项制度；1999年底以前，县级市和县政府所在地的镇要建立起这项制度"。该《通知》的发布，意味着城市低保制度从局部试点向全国推行。

1999年，国务院颁布《城市居民最低生活保障条例》（以下简称《条例》）。《条例》指出，城市低保制度应遵循保障城市居民基本生活的原则，坚持国家保障与社会帮扶相结合、鼓励劳动自救的方针。《条例》确定了城市低保的救助对象、救助范围和城市低保的申请和审批程序，明确了各级政府的责任、低保的资金来源和城市低保标准的确定方法，使城市低保工作的开展有了法律依据。该《条例》奠定了城市低保制度的基础，标志着城市低保制度成为一项法律制度和基本国策。

2001年11月，国务院办公厅发布了《关于进一步加强城市居民最低生活保障工作的通知》。要求各地认真贯彻属地管理原则，全面落实城市低保制度；要求地方各级人民政府，特别是省级人民政府必须加大低保资金投入，中央财政加大对财政困难地区城市低保资金专项转移支付的力度；建立健全相关法规制度，加强组织领导，确保城市低保制度落到实处。之后，城市低保制度进入平稳发展时期。

（二）城市低保制度的政策目标与主要特征

根据1999年《城市居民最低生活保障条例》，城市低保制度的目标，是对家庭人均月收入低于当地最低生活保障标准的城市居民进行救助。家庭收入是衡量是否符合领取低保条件的基本指标，是指共同生活的家庭成员的全部货币收入和实物收入。低保救助采取现金转移支付的形式，按照家庭人均收入低于当地城市居民低保标准的差额享受。城市居民低保标准按照当地维持城市居民基本生活所必需的衣、食、住费用，并适当考虑水电燃煤（燃气）费用以及未成年人的义务教育费用确定。

城市低保的申请审批程序包括两个步骤：第一，户主向户籍所在地的街道办事处或者镇人民政府提出书面申请，并出具有关证明材料，填写《城市居民最低生活保障待遇审批表》；第二，城市居民低保待遇由其所在地的街道办事处或者镇人民政府初审，并将有关材料和初审意见报送县级人民政府民政部门审批。

（三）农村低保制度的演变

中国农村扶贫开发大致经历了三个阶段。第一阶段为体制改革推动扶贫阶段（1978~1985年）。家庭承包责任制的实行，农产品价格的逐步放开，以及乡镇企业的发展，为解决农村贫困问题打开了出路。第二阶段为大规模开发式扶贫阶段（1986~1993年）。中国政府自1986年起在全国范围内开展了有计划、有组织和大规模的开发式扶贫。第三阶段为扶贫攻坚阶段（1994~2000年）。以1994年3月《国家八七扶贫攻坚计划》的公布实施为标志，中国的扶贫开发进入了攻坚阶段。

在经过若干年的开发式扶贫后，农村贫困人口由1978年的2.5亿人，减少到2000年的3000万人，农村贫困发生率从30.7%下降到3%左右（国务院新闻办公室，2001）。尚存的农村贫困人口大多为五保户、残疾、居住条件恶劣、丧失劳动能力或患病。对这些人群，原来的开发式扶贫手段不再适用。农村有"五保户"供养、特困户生活救助、灾民补助等一些传统的救济方式，但覆盖范围有限，而且救助水平也较低。自1993年起，中国开始在一些地区试点建立农村低保制度；2007年各省普遍建立农村低保制度。

与城市低保制度相同,农村低保制度也经历了一个从试点到普遍推广的过程。1993~1994年,农村低保制度开始在一些地区试点;1995~1996年,一些省份开始推广农村低保制度。1996年民政部办公厅下发《关于加快农村社会保障体系建设的意见》,其中明确指出:"农村最低生活保障制度是对家庭人均收入低于最低生活保障标准的农村贫困人口按最低生活保障标准进行差额补助的制度。"2003年以来,农村低保制度在北京、上海、浙江、广东、福建、江苏、天津、辽宁等省份得到了快速发展,而其余省份仍以特困户救助为主。2005~2006年,中央文件鼓励有条件有经济实力的地方尝试建立农村低保制度;2006年,农村低保制度推行的范围进一步扩大。

2007年,国务院发布《关于在全国建立农村最低生活保障制度的通知》(以下简称《通知》)。《通知》确定了农村低保的救助对象、救助范围和农村低保的申请和审批程序,明确了各级政府的责任、农村低保的资金来源和农村低保标准的确定方法。《通知》的颁布,标志着农村低保制度在全国范围内建立起来。

(四) 农村低保制度的政策目标与主要特征

根据2007年国务院《关于在全国建立农村最低生活保障制度的通知》,农村低保制度的目标,是通过在全国范围建立农村最低生活保障制度,将符合条件的农村贫困人口全部纳入保障范围,稳定、持久、有效地解决全国农村贫困人口的温饱问题。农村低保对象是家庭年人均纯收入低于当地低保标准的农村居民。低保金原则上按照申请人家庭年人均纯收入与保障标准的差额发放,也可以在核查申请人家庭收入的基础上,按照其家庭的困难程度和类别,分档发放。农村居民低保标准由县级以上地方人民政府按照能够维持当地农村居民全年基本生活所必需的吃饭、穿衣、用水、用电等费用确定,并要随着当地生活必需品价格变化和人民生活水平提高适时进行调整。

农村低保的申请审批程序包括两个步骤:第一,户主向户籍所在地的乡(镇)人民政府提出申请;村民委员会受乡(镇)人民政府委托,也可受理申请。第二,受乡(镇)人民政府委托,在村党组织的领导下,村民委员会对申请人开展家庭经济状况调查、组织村民会议或村民代表会议民主评议后提出初步意见,报乡(镇)人民政府;乡(镇)人民政府审核后,报县级人民政府民政部门审批。

五、低保制度的设计与实施现状以及面临的挑战

城市与农村低保制度自建立以来均取得了显著进展,但尚未达到其政策目标。本部分描述城市与农村低保制度设计与实施的现状,讨论其面临的主要挑战。对城市与农村低保制度现状与挑战的分析,主要从低保覆盖面与覆盖率、低保标准与补助水平、低保资格认定与瞄准、低保资金投入,以及低保治理与行政管理等方面进行。

(一)低保覆盖面与覆盖率

以1999年《城市居民最低生活保障条例》的颁布为标志,城市低保制度在全国普遍建立起来。之后,城市低保人数迅速增加,2003年达到2247万人。从那以后至2009年,城市低保人数稳定在2200~2300万左右。自2010年开始,城市低保人数呈现明显的下降趋势。城市低保人数占非农业人口比例在2000~2002年快速上升,2003年达到最高值6%。之后,这一比例呈现持续下降趋势(见图11-1)。

2007年《关于在全国建立农村最低生活保障制度的通知》的颁布,标志着农村低保制度在全国普遍建立。这一年,农村低保人数有了跳跃性的增长。之后,农村低保人数持续增长,2013年达到顶峰。2014年,农村低保人数首次出现下降。农村低保人数占农业人口比例与农村低保人数的变化趋势基本一致。

城市低保和农村低保覆盖率均存在巨大的地区差异(见图11-2)。2013年,城市和农村低保覆盖率最低的均为浙江省,分别仅为0.5%和1.7%;最高的均为甘肃省,分别高达11.6%和17.4%。城市低保和农村低保的全国平均覆盖率分别为4.2%和6.2%。粗略观察发现,低保覆盖率较低的省份,经济发展水平普遍较高;而覆盖率较高的省份,经济发展水平往往较低。

需要指出的是,低保覆盖率既不能用于衡量各地贫困人口的需求,也不能用于衡量低保覆盖的充足性,仅能反映低保的实际救助率。理由主要有两点:第一,各地区低保标准不同,应保率也随之不同[①],因此,低保救助人口的收入水平可能存在较大的地区差异;第二,各地区低保瞄准效率存在差异,享受低保的人口有些可能不属于"应保"人口,不享受低保的人口反过

---

① 应保率是指人均收入低于低保标准的人口占总人口的比例。

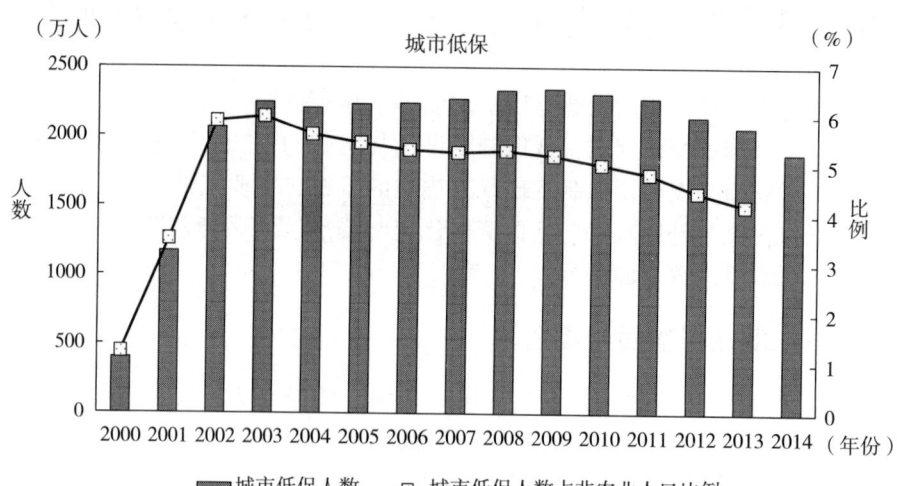

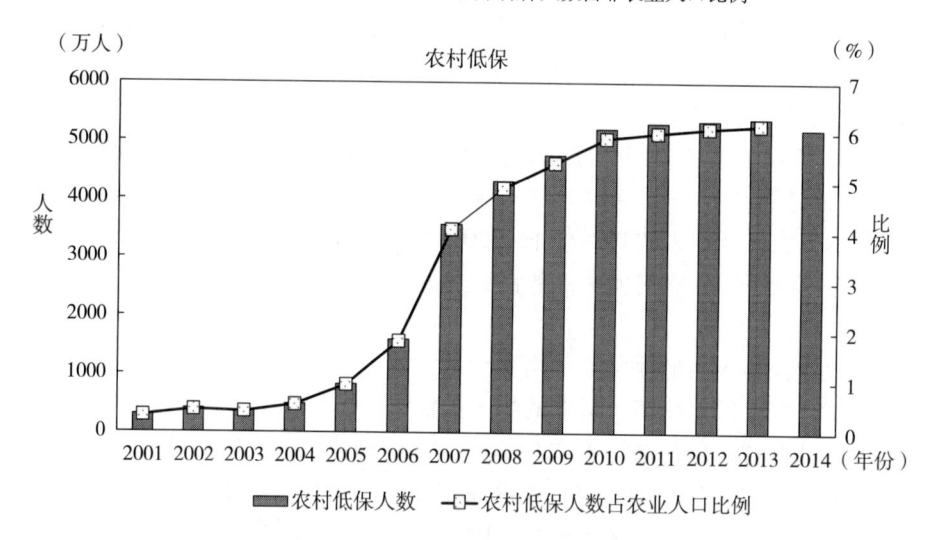

图 11-1 低保覆盖的变化

注：2014年非农业人口和农业人口数尚未公布，因此当年城市低保人数占非农业人口比例和农村低保人数占农业人口比例数据缺失。

资料来源：城市低保和农村低保人数来自民政部《民政事业发展统计公报》（历年），下载于民政部网站（http://www.mca.gov.cn/article/sj/）；非农业和农业人口数来自国家统计局《中国人口和就业统计年鉴》（历年）。

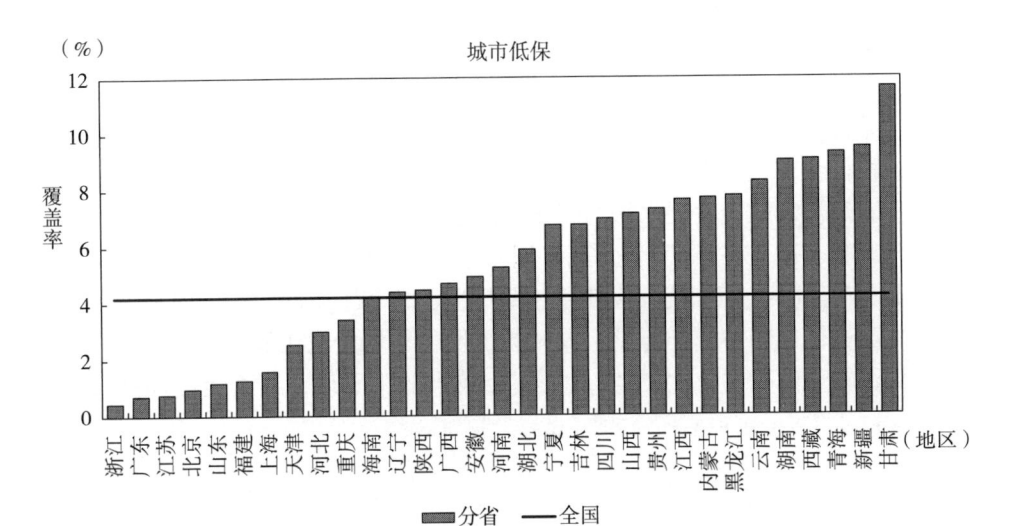

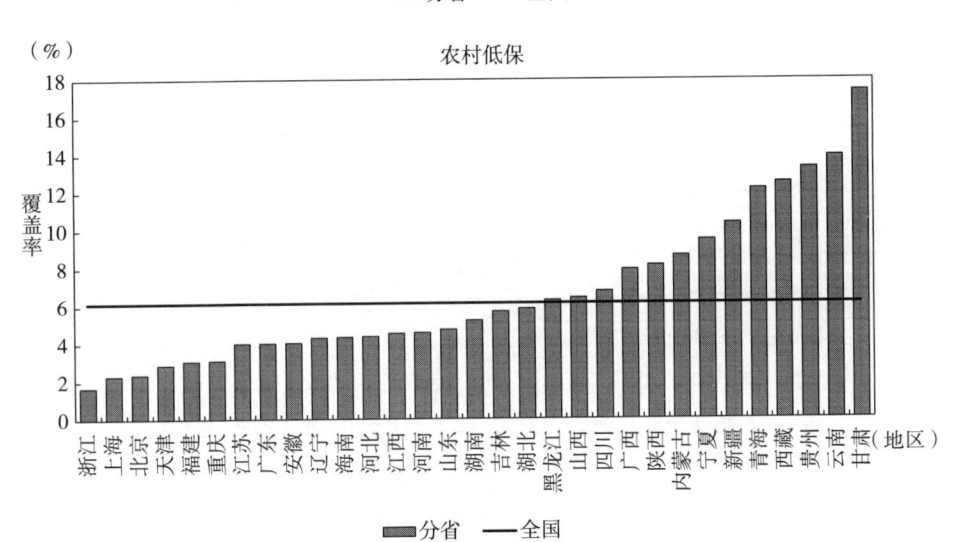

第十一章 中国最低生活保障制度的设计与实施

图 11-2 低保覆盖的地区差异（2013 年）

注：城市低保覆盖率系用城市低保人数除以非农业人口数乘以 100% 计算得到；农村低保覆盖率系用农村低保人数除以农业人口数乘以 100% 计算得到。

资料来源：城市低保和农村低保人数来自民政部《民政事业发展统计公报》(2013)，下载于民政部网站（http://www.mca.gov.cn/article/sj/）；非农业和农业人口数来自国家统计局《中国人口和就业统计年鉴》(2014)。

来可能属于"应保"人口。

低保覆盖率与贫困发生率之间的对比，能够从一定程度上间接反映低保对贫困救助的充足性。国家统计局长期以来从未公布过全国统一的城市贫困标准和城市贫困发生率，只公布农村贫困标准和农村贫困发生率。以下我们通过农村低保覆盖率与贫困发生率的对比，观察农村低保的充足性。

随着经济和社会发展水平的变化，国家统计局用于确定农村贫困的标准在不断调整，迄今一共使用过三种不同的标准：1978年标准、2008年标准和2010年标准。① 国家统计局使用这些标准，公布了不同年份的农村贫困发生率。不论使用哪种标准衡量，农村贫困发生率均呈现明显的下降趋势。农村低保覆盖率则是在2007年实现了一个较大的飞跃后，继续缓慢提高（见图11-3）。

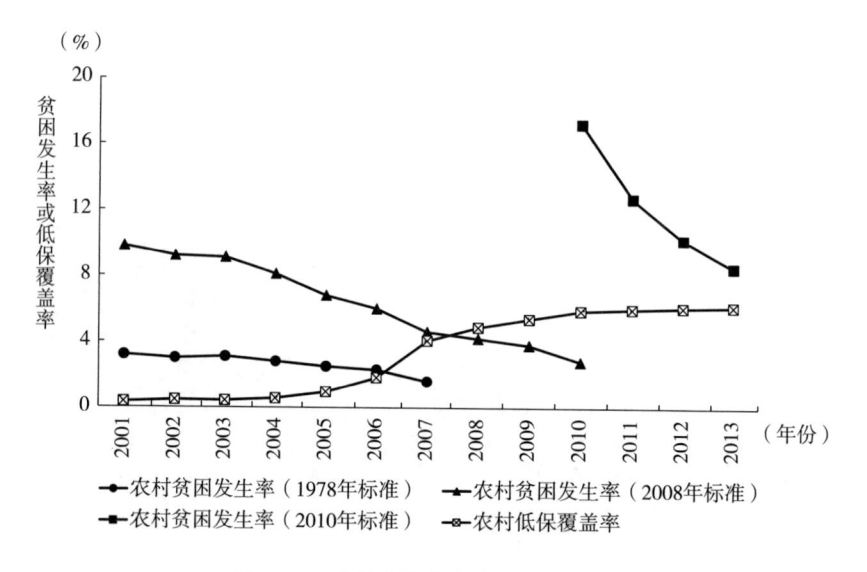

图11-3 农村贫困发生率与低保覆盖率

资料来源：农村贫困发生率来自国家统计局《中国统计年鉴》（2014）；农村低保覆盖率系用农村低保人数除以农业人口数乘以100%计算得到，其中农村低保人数来自民政部《民政事业发展统计公报》（2013），下载于民政部网站（http://www.mca.gov.cn/article/sj/），农业人口数来自国家统计局《中国人口和就业统计年鉴》（2014）。

---

① 1978年标准在1978~1999年称为农村贫困标准，2000~2007年称为农村绝对贫困标准；2008年标准在2000~2007年称为农村低收入标准，2008~2010年称为农村贫困标准；2010年标准是新确定的农村扶贫标准。

第十一章 中国最低生活保障制度的设计与实施

由于农村低保标准不同于贫困标准，我们无法通过农村低保覆盖率与贫困发生率的直接对比观察农村低保覆盖是否充足，但是，农村贫困标准是国家统计局基于与国际贫困标准接轨的原则，结合中国农村的经济发展状况和人民生活需要制定出来的，相对而言，农村贫困标准是更加客观的贫困衡量标准。按照 2010 年农村贫困标准，2013 年农村贫困发生率为 8.5%，当年农村低保覆盖率为 6.2%。从两者的相对关系看，农村低保对于贫困的救助不够充足。

（二）低保标准与补助水平

城市低保和农村低保的低保标准和补助水平比较低，而且增长速度缓慢。2014 年，城市和农村平均低保标准分别为 411 元/月和 231 元/月，人均月补助水平分别为 286 元/月和 129 元/月。2003~2014 年，城市低保的平均标准和人均月补助水平年均增长均仅略超过 20 元，农村低保平均标准年均增长为 23 元，人均月补助水平年均增长低至 13 元（见图 11-4）。

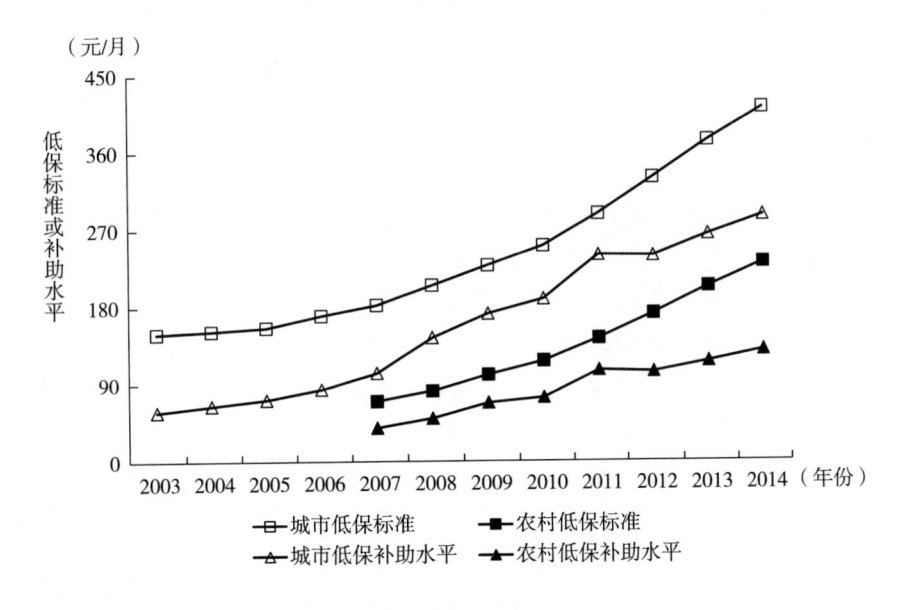

图 11-4 低保标准与补助水平

资料来源：民政部：《民政事业发展统计公报》（历年），下载于民政部网站（http://www.mca.gov.cn/article/sj/）。

根据低保制度的相关规定，低保标准是按照当地维持居民基本生活所必需的衣、食和居住等费用确定的。2014年，城镇和农村居民月人均食品消费分别为500元和235元（国家统计局，2015），城市低保标准占城镇居民人均月食品消费的比例为82%，农村低保标准与农村居民月人均食品消费水平基本相当。这种状况表明，低保标准连基本的食品消费都难以满足。

补助水平高低是社会救助项目的一个基本问题。各国社会救助项目的补助水平存在较大差异，确定方法各不相同。[①] 社会救助项目究竟应多慷慨，迄今为止尚没有明确的答案。国际经验表明，预算约束经常导致社会救助项目的覆盖与补助水平之间难以取舍（Grosh et al.，2008）。设定较低的补助水平可能有助于提高覆盖率，但对救助获取者的意义不大；设定较高的补助水平尽管对救助获取者的意义较大，但可能产生"不工作"的激励[②]，还会带来沉重的财政负担，而且不利于覆盖率的提高。

城市和农村低保标准存在较大的地区差异（见图11-5）。2014年，城市低保标准最低的为宁夏回族自治区（305元），最高的为上海市（710元），后者为前者的两倍多；农村低保标准最低的为江西省（152元），最高的为北京市（632元），后者为前者的四倍多。全国城市和农村平均低保标准分别为430元和255元。大致说来，低保标准较低的省份，经济发展水平普遍较低；而低保标准较高的省份，经济发展水平往往较高。

对低保标准与人均地区生产总值（GDP）和人均地方公共财政支出关系的分析表明，低保标准与这两个指标之间，皆呈现明显的正相关（见图11-6）。在低保标准与人均地方公共财政支出散点图中，西藏和青海是两个较为特殊的点。其人均地方财政支出较高，但低保标准处于较低水平。这是因为，西藏自治区和青海省的公共财政收入中，较大比例资金来自中央财政转移支付。[③] 如果将西藏和青海数据排除在外，低保标准与人均地方公共财政支出之间的

[①] 例如，瑞典社会救助项目的补助水平是基于合理的家庭真实生活成本确定；挪威是根据能够让人们过上体面生活的标准确定；丹麦是按照最高失业保险的60%~80%确定；荷兰是根据最低工资水平确定。此外，在一些国家，补助水平随家庭规模和年龄的变化而变化。例如，在爱沙尼亚，家庭中第一个人得到100%的补助，其他人得到80%；在德国，单身成年人得到100%的补助，两个成年人住在一起，每个人得到90%，14岁以上儿童得到80%，14岁以下儿童得到60%（O'Keefe，2010）。

[②] 国际经验表明，社会救助项目对发达国家的就业或工作时间产生较小或中等程度的影响，对发展中国家的影响更小（Grosh et al.，2008）。

[③] 以2012年为例。西藏自治区的公共财政收入中，来自中央的补助收入为804.34亿元，占总额的76%；青海省的公共财政收入中，来自中央的补助收入为839.65亿元，占总额的64%。

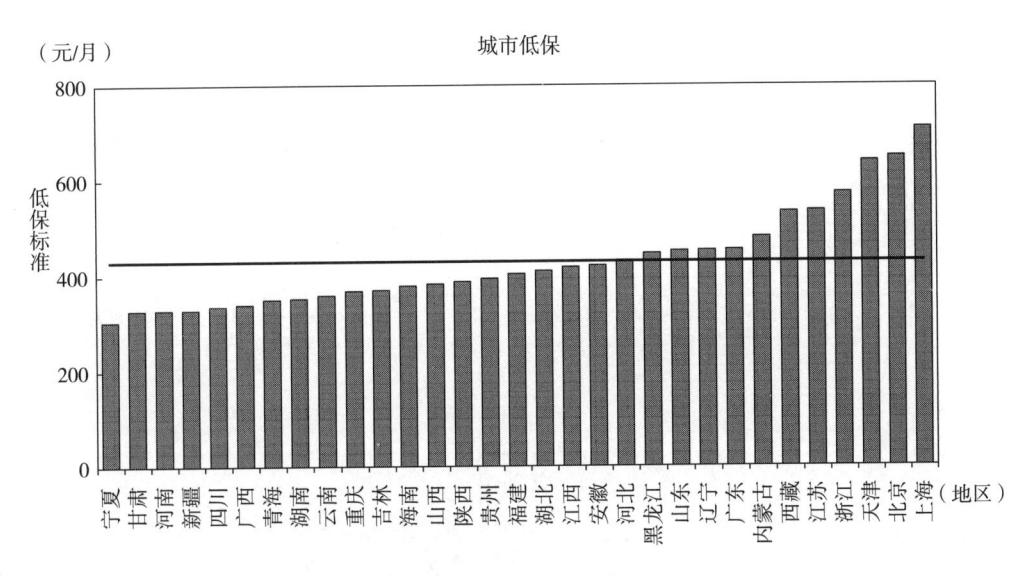

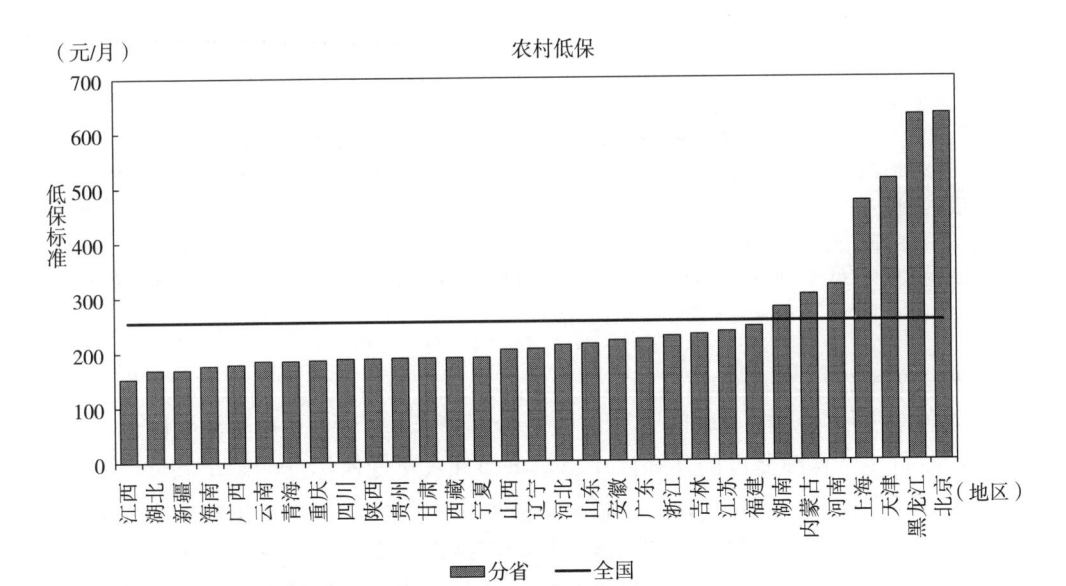

第十一章 中国最低生活保障制度的设计与实施

图 11-5 低保标准的地区差异（2014年）

资料来源：民政部网站，http://www.mca.gov.cn/article/sj/。

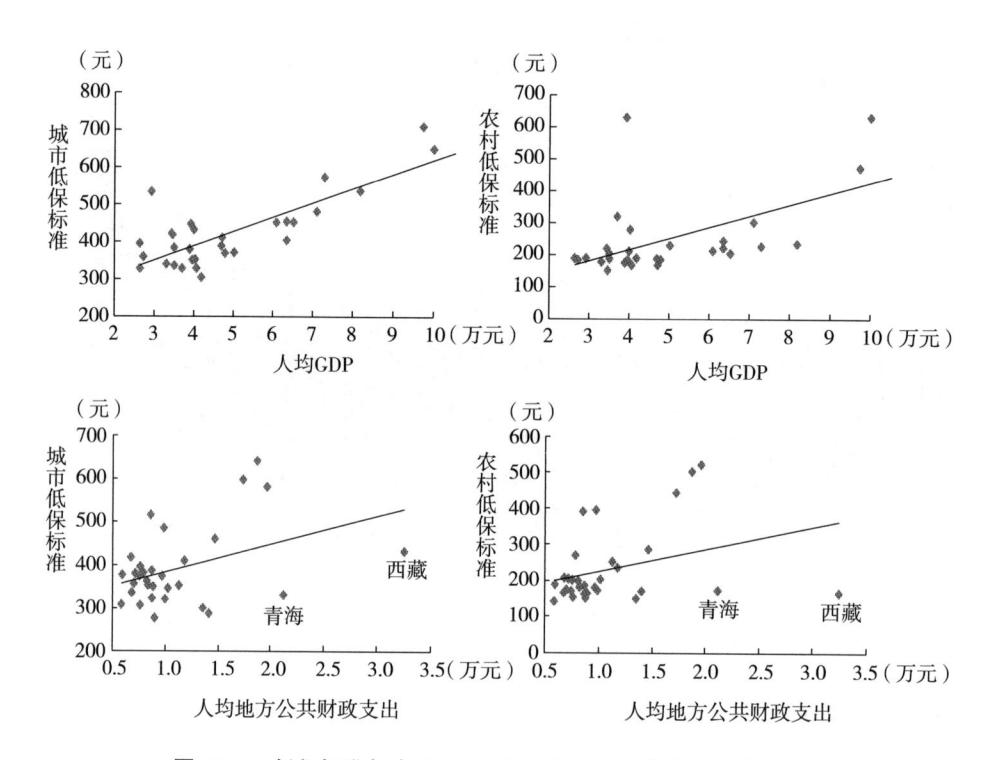

图 11-6 低保标准与人均 GDP 和人均地方公共财政支出散点图

注：低保标准与人均 GDP 散点图为 2014 年数据，低保标准与人均地方公共财政支出散点图为 2013 年数据。

资料来源：人均 GDP 来自国家统计局（2015）；人均地方公共财政支出系用地方公共财政支出除以人口数计算得到，地方公共财政支出和人口数均来自《中国统计年鉴》（2014）；低保标准来自民政部网站（http：//www.mca.gov.cn/article/sj/）。

正相关关系将更为明显。

如前文所述，在《城市居民最低生活保障条例》和《关于在全国建立农村最低生活保障制度的通知》中，对城市和农村低保标准的确定和调整分别做了相关规定。规定指出，低保标准按照维持当地居民基本生活所必需的衣食住行费用确定，并且按照当地生活必需品价格变化和人民生活水平提高适时调整。显然，这些只是原则性的规定，并未明确阐述低保标准的具体确定和调整办法，这可能导致地方政府确定和调整低保标准时具有较大的随意性，不是按照居民基本生活需要而是根据地方经济发展水平与财政能力确定低保标准。

低保标准与人均 GDP 和人均地方公共财政支出之间的正相关，从一定程度上证明了这一点。目前的低保标准确实难以满足居民基本生活需要。以 2014 年为例，城市低保标准最高的省份为 710 元，最低的仅为 305 元；农村低保标准最高的省份为 632 元，最低的仅为 152 元。低保标准可能连居民的食品需要都难以满足。

（三）低保资格认定与瞄准

关于城市低保的资格认定，《城市居民最低生活保障条例》中明确规定：持有当地非农业户口；家庭成员人均收入低于当地城市居民最低生活保障标准。这种资格认定方法看似简单易行，然而，由于家庭收入的可靠信息通常难以收集，居民自报的收入信息又难以核实，因此，低保资格认定是一个复杂而艰难的过程。加上《城市居民最低生活保障条例》中对收入的界定较为粗糙[①]，可能导致居民自报收入存在口径差异，这给低保资格认定带来了更大的挑战。

按照低保的政策目标和资格认定方法，低保制度应该惠及最贫困的人口。根据国际通行的做法，社会救助领取者来自较低收入组的比例越高，表明社会救助项目的瞄准效率越高（Grosh et al.，2008）。从城市低保领取者的分布看，84%的领取者属于低收入户，另有11%的领取者属于中低收入户，仅有很小比例的低保领取者属于中等收入户、中高收入户或高收入户（见图 11-7）。

一项跨国研究表明，在若干国家 26 个社会救助项目中，项目领取者来自收入最低 20%人群的比例，最高的值为 80%；大约一半的社会救助项目，这一比例在 20%~40%；另有 1/3 的项目，这一比例在 40%~60%（Grosh et al.，2008）。与其他国家社会救助项目横向比较看，中国城市低保向较高收入人口的渗漏不大，城市低保的瞄准效果较好。这与其他研究的结论是一致的（O'Keefe，2010；Chen & Ravallion，2005；Ravallion et al.，2008）。

由于低保瞄准的目标人群是家庭人均可支配收入低于当地低保标准的人口，因此，以上按收入组别分析低保渗漏的信息，尚不足以准确反映低保制度的瞄准效果。以下我们采用另一种能够更好地衡量社会救助制度瞄准效果

---

① 《城市居民最低生活保障条例》中规定，收入是"共同生活的家庭成员的全部货币收入和实物收入"。

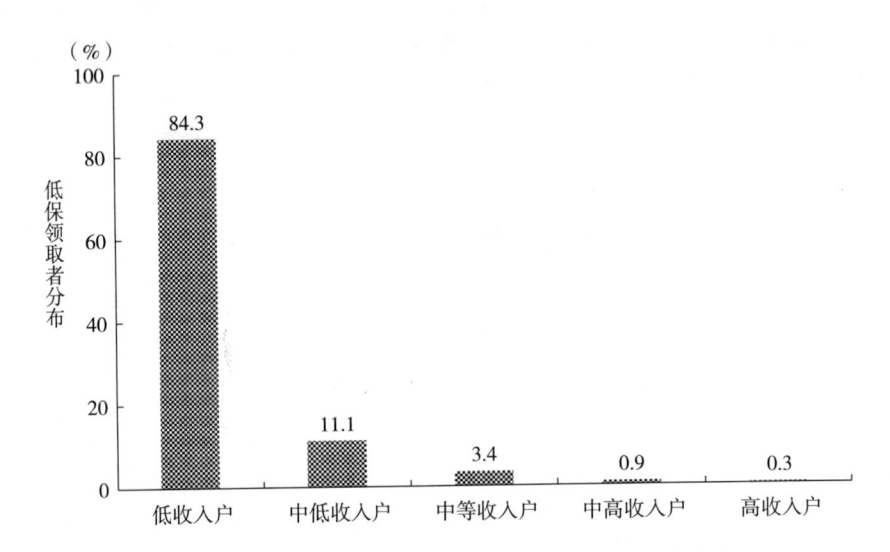

图 11-7 按家庭人均可支配收入五等分低保领取者分布

注：低收入户是指人均可支配收入处于最低 20% 的家庭，中低收入户是指人均可支配收入处于 20%~40% 的家庭，中等收入户是指人均可支配收入处于 40%~60% 的家庭，中高收入户是指人均可支配收入处于 60%~80% 的家庭，高收入户是指人均可支配收入处于最高 20% 的家庭。

资料来源：根据 2010 年中国城市劳动力调查数据计算得到。

的方法，对中国城市低保制度的瞄准效果进行考察。这种方法将一项贫困人口社会救助制度的瞄准结果归纳为四种：贫困人口享受救助、贫困人口未享受救助、非贫困人口享受救助和非贫困人口未享受救助（Grosh et al., 2008）。其中，贫困人口享受救助和非贫困人口未享受救助是瞄准正确的结果；贫困人口未享受救助和非贫困人口享受救助是瞄准错误的结果。

使用这种方法衡量中国城市低保制度的瞄准效果，首先我们需要以城市低保标准作为贫困线定义贫困人口，然后分析贫困和非贫困人口享受和未享受低保的状况。利用 2010 年中国城市劳动力调查数据，我们对这四种结果所占百分比分别进行了计算（见表 11-1）。贫困人口享受低保占比为 0.87%，非贫困人口未享受低保占比为 94.21%，两者合起来，瞄准正确的结果占比为 95%。贫困人口未享受低保占比为 2.95%，非贫困人口享受低保占比为 1.97%，两者合起来，瞄准错误的结果占比为 5%。

城市低保的瞄准效率还可以用漏保率和错保率来衡量。漏保率是指贫困人口中未享受低保的比例，错保率是指享受低保人口中非贫困人口的比例（Grosh et al., 2008）。根据表 11-1 可以计算中国城市低保的漏保率和错保率，

第十一章 中国最低生活保障制度的设计与实施

表 11-1 城市低保制度的瞄准效率（2010 年）

	贫困人口		非贫困人口		合计	
	数量	百分比	数量	百分比	数量	百分比
享受低保	107	0.87	243	1.97	350	2.84
未享受低保	364	2.95	11621	94.21	11985	97.16
合计	471	3.82	11864	96.18	12335	100

资料来源：根据 2010 年中国城市劳动力调查数据计算得到。

其中漏保率为 77%（364/471×100≈77%），错保率为 69%（243/350×100≈69%）。也就是说，高达 77%的贫困人口未享受低保；享受低保人口中 69%为非贫困人口。Wang（2007）研究表明，城市低保的漏保率为 61%，错保率为 40%。尽管如此，与发展中国家同类社会救助项目相比，中国城市低保的瞄准效果仍然是最好的（Ravallion et al.，2008）。

漏保和错保现象存在的原因，除了低保资格认定困难外，还有其他一些因素。例如，以上分析将收入作为低保资格认定的衡量标准，但低保制度在实际运行中，可能还考虑了一些非收入标准，比如劳动能力和家庭消费状况等；一些低保申请者没有得到批准，这其中的原因可能是多方面的，或者是申请者自身不符合享受低保的资格，或者是地方财政能力的限制使得无法满足全部申请者等；低保制度在资格认定上存在的主观判断问题，也值得引起重视。[1] 由于低保人员可以同时享受医疗、教育、住房、就业等一系列救助，漏保的人福利损失更大，错保的人则占用了不该占有的资源，因此，提高低保瞄准效率显得更加重要。[2]

在考察了城市低保制度的瞄准效率后，我们来分析其贫困救助效果。与瞄准效率相比，低保的贫困救助效果较为容易考察。显而易见，仅仅通过观察低保收入转移前后贫困发生率的变化，即可直接衡量低保的贫困救助效果。如果接受低保救助，家庭收入中加入低保收入转移后，贫困发生率大幅度下降，表明低保的贫困救助效果较好；反之则表明救助效果较差。

中国从未公布过全国统一的城市贫困标准，在估算城市贫困发生率时，研究者根据各自的研究目的设定贫困标准（例如，Riskin & Li, 2001；Khan

---

[1] 基层政府尽管对申请者的家庭状况较为了解，但仍然存在较大的主观判断空间，造成潜在的滥用和可信性问题。

[2] 2014 年国务院颁布的《社会救助暂行办法》中，对低保人员可以同时享受的医疗、教育、住房、就业等一系列救助的内容和救助方式等进行了详细规定。

et al., 2001；王小林，2012；ADB，2004；Du et al., 2006；Park & Wang, 2010）。在讨论低保制度的贫困救助效果时，我们可以用城市低保标准作为贫困线，观察低保收入转移前和低保收入转移后城市贫困发生率的变化。此外，《城市居民最低生活保障条例》中规定，城市低保"按照家庭人均收入低于当地城市居民最低生活保障标准的差额享受"。也就是说，城市低保属于"补差"设计。这种设计意味着，如果瞄准完全恰当，在低保收入转移后，城市贫困发生率应该为零。

利用2010年中国城市劳动力调查数据，我们计算了不同城市低保收入转移前和低保收入转移后的贫困发生率（见图11-8）。低保收入转移后，城市贫困发生率不仅没有降至零，而且除了武汉下降幅度略大（下降了0.8个百分点）之外，其他城市的贫困发生率下降幅度均很小，仅在0.2~0.3个百分点左右。Ravallion等（2008）的研究表明，低保收入转移前后，以低保标准为贫困线的城市贫困发生率分别为7.71%和7.26%，低保收入转移使得贫困发生率下降了0.45个百分点。Wang（2007）的分析发现，低保收入转移前后，以低保标准为贫困线的城市贫困发生率分别为14.06%和12.54%，低保收入转移使得贫困发生率下降了1.52个百分点。从这个角度而言，城市低保的贫困救助效果有限。

从农村低保的资格认定和瞄准看，根据《关于在全国建立农村最低生活保障制度的通知》，领取低保的对象必须具有本辖区内农村户口，而且家庭人均月收入低于当地低保标准，除此之外，家庭的财产状况、劳动力状况和实际生活水平也要接受民政部门的核查。只有这些方面的条件都符合，才具有领取低保的资格。与城市低保相同，表面看来，农村低保的资格认定规则和瞄准程序非常清楚，但实际上，低保的资格认定并不容易。

首先，准确的农户收入信息很难得到，从而很难确定申请人的家庭人均月收入是否低于当地低保标准。其次，判断低保资格需考虑除收入之外诸如家庭财产、劳动力和生活水平等多种因素，给了基层较大的决策空间。一些从收入上满足领取低保条件的家庭被排除在低保之外，相当一部分得到低保的家庭人均收入高于低保标准。研究表明，农村低保的瞄准效率不高（韩华为、徐月宾，2013；易红梅、张林秀，2011）。最后，由于财政能力的限制，低保资金不足以为所有符合低保领取资格的家庭发放低保金，导致低保的名额有限，可能存在"指标"问题。也就是说，一些符合低保领取资格的人，可能被排除在低保救助之外。

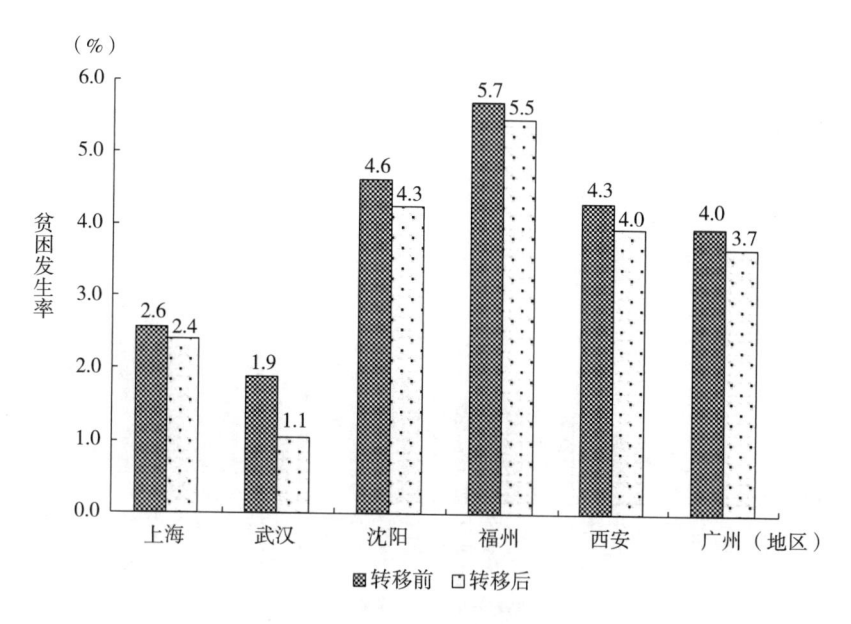

第十一章 中国最低生活保障制度的设计与实施

图 11-8 城市低保制度的减贫效果

注：在计算贫困发生率时，我们以城市低保标准作为贫困线，人均可支配收入低于低保标准的家庭则为贫困家庭，其家庭成员则为贫困人口。转移前是指将家庭人均可支配收入与低保标准比较计算的城市贫困发生率；转移后是指在家庭人均可支配收入中加入低保收入后，再与低保标准比较计算的城市贫困发生率。

资料来源：根据 2010 年中国城市劳动力调查数据计算得到。

（四）低保资金投入

根据《城市居民最低生活保障条例》，城市低保所需资金由地方人民政府列入财政预算，纳入社会救济专项资金支出项目，专项管理，专款专用。根据《关于在全国建立农村最低生活保障制度的通知》，农村低保资金应该以地方为主，省级人民政府要加大投入，中央财政对财政困难地区给予适当补助。农村低保资金投入的实际状况是，2007 年中央财政首次下拨 30 亿元补助资金，用于资助财政困难地区。此前，农村低保资金一直由省级政府和地方政府负担，中央财政未支出。

低保支出占地方公共财政支出比例存在较大的地区差异（见图 11-9）。2013 年，城市低保支出占地方公共财政支出比例最高的为黑龙江省（1.49%），最低的为浙江省（0.07%），前者为后者的 20 多倍。农村低保支出占地方公共财政支出比例最高的为甘肃省（1.59%），最低的为上海市

247

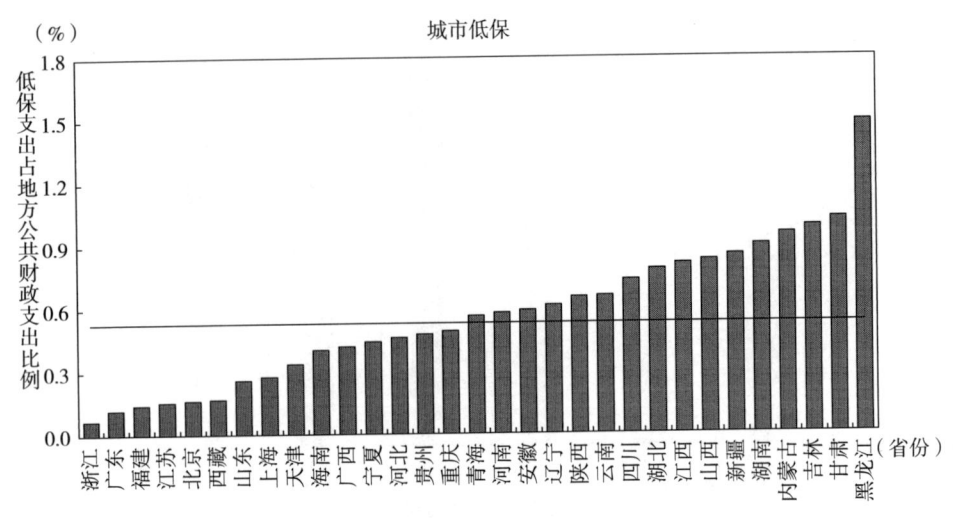

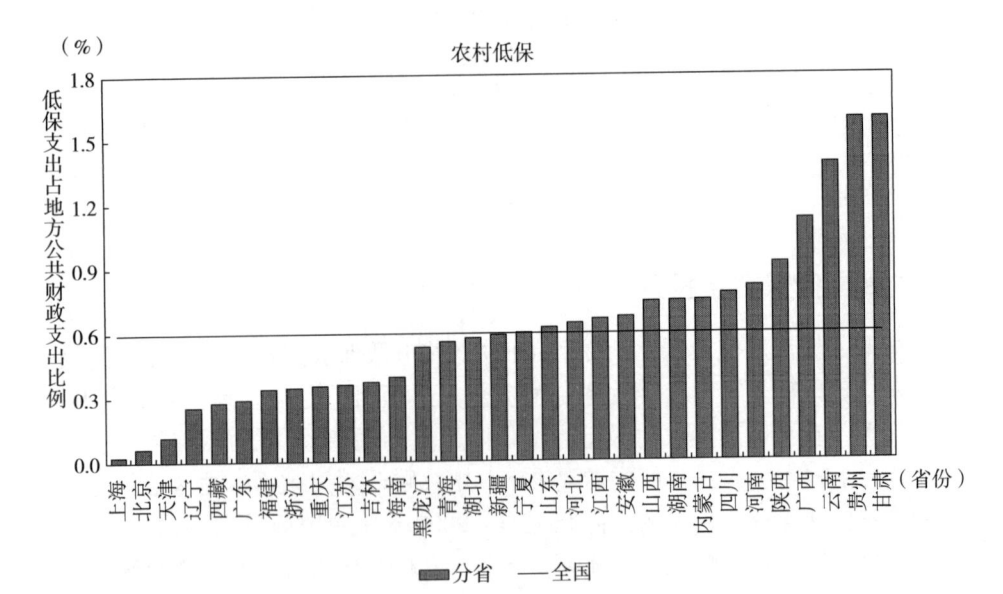

图 11-9 低保支出占地方公共财政支出比例（2013 年）

资料来源：地方公共财政支出来自《中国统计年鉴》（2014）；城市和农村低保支出来自民政部网站，http://www.mca.gov.cn/article/sj/。

(0.03%)，前者为后者的 50 多倍。城市低保支出和农村低保支出占地方公共财政支出的比例全国平均分别为 0.53% 和 0.6%，两者合起来为 1.13%；分省来看，两者合起来最高的甘肃省也仅为 2.62%。这种状况表明，地方政府应该有足够的财政能力支付低保资金。

低保支出占地区生产总值（GDP）比例同样存在较大的地区差异（见图 11-10）。2013 年，城市低保支出占 GDP 比例最高的为甘肃省（0.38%），最低的为浙江省（0.01%）；农村低保支出占 GDP 比例最高的为贵州省（0.61%），

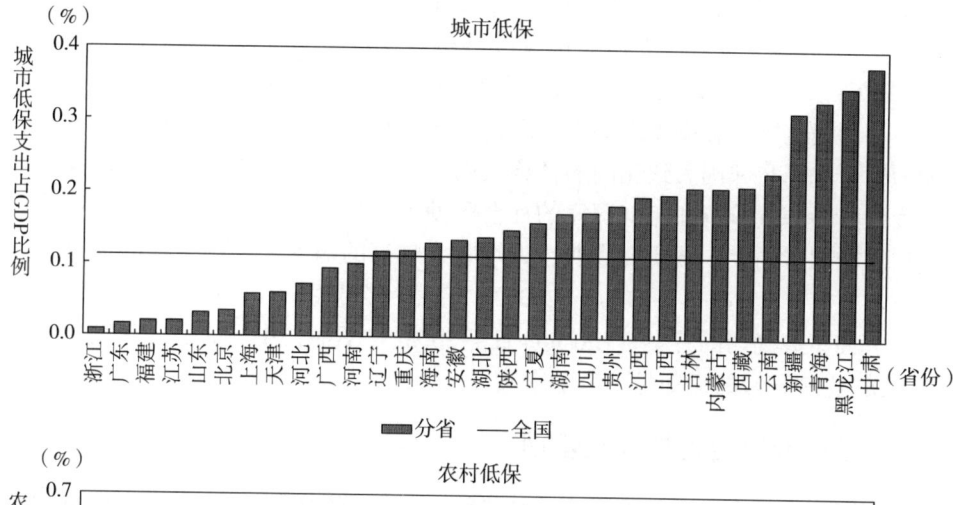

图 11-10 低保支出占 GDP 比例（2013 年）

资料来源：GDP 来自《中国统计年鉴》（2014）；城市和农村低保支出来自民政部网站，http://www.mca.gov.cn/article/sj/。

最低的为上海市（0.01%）。城市低保支出和农村低保支出占GDP的比例全国平均分别为0.11%和0.13%，两者合起来为0.24%；分省来看，两者合起来最高的甘肃省也仅为0.97%。

不同国家社会救助支出占GDP比例存在较大差异（见图11-11）。对60多个国家的研究发现，社会救助支出占GDP比例均值为1.9%，中位数为1.4%，大约1/4的国家这一比例在1%以下，一半的国家在1%~2%，另有1/4的国家超过2%。中国的这一比例仅为0.24%，处于最低的国家之列。经济合作与发展组织（OECD）这一比例的平均水平超过2%（Grosh et al., 2008）。另有研究发现，发展中国家社会救助支出占GDP比例大致在1%~2%或以下，发达国家的这一比例大致在2%~4%（Atkinson, 1995）。

各国确定社会救助支出的方法多种多样。有的国家基于历史和制度上的相似性，选择与邻国大致相同的社会救助支出；有的国家考察一些与自身经济发展水平和人口特征相似国家的社会救助支出状况作为参考。对社会救助支出影响因素的大多数研究表明，人均收入越高的国家，在社会救助项目上的支出越多（Weigand & Grosh, 2008）。究竟社会救助支出占GDP多大比例合适，尚没有确切的答案（Grosh et al., 2008）。然而，中国的社会救助支出占GDP比例异常的低却是不争的事实。

（五）低保治理与行政管理

对于一项社会救助制度而言，如果治理与行政管理工作不力，不仅可能无法实现救助制度的预定目标，而且可能成为社会矛盾发生的源泉。对于低保制度而言，其诸多决策在街道办事处或者乡镇人民政府做出，这为地方政府留下了较大的主观判断空间。与此同时，县级民政部门配置在低保制度的人力资源不够充足，其核实申请者家庭状况、监管低保支出状况、解决不公平、协调与其他社会救助项目的关系等方面的能力有限。此外，低保制度缺乏有效的监督与监管机制，以及健全的监测与绩效评估体系。

六、主要结论与政策建议

本章从覆盖面与覆盖率、低保标准与补助水平、资格认定与瞄准、资金投入、治理与行政管理等方面，对城市与农村低保制度的设计与实施现状以及面临的挑战进行了分析。针对低保制度存在的问题，改进和完善低保制度重点需要关注四个关键领域：①通过扩大覆盖面和提高补助水平，确保低保

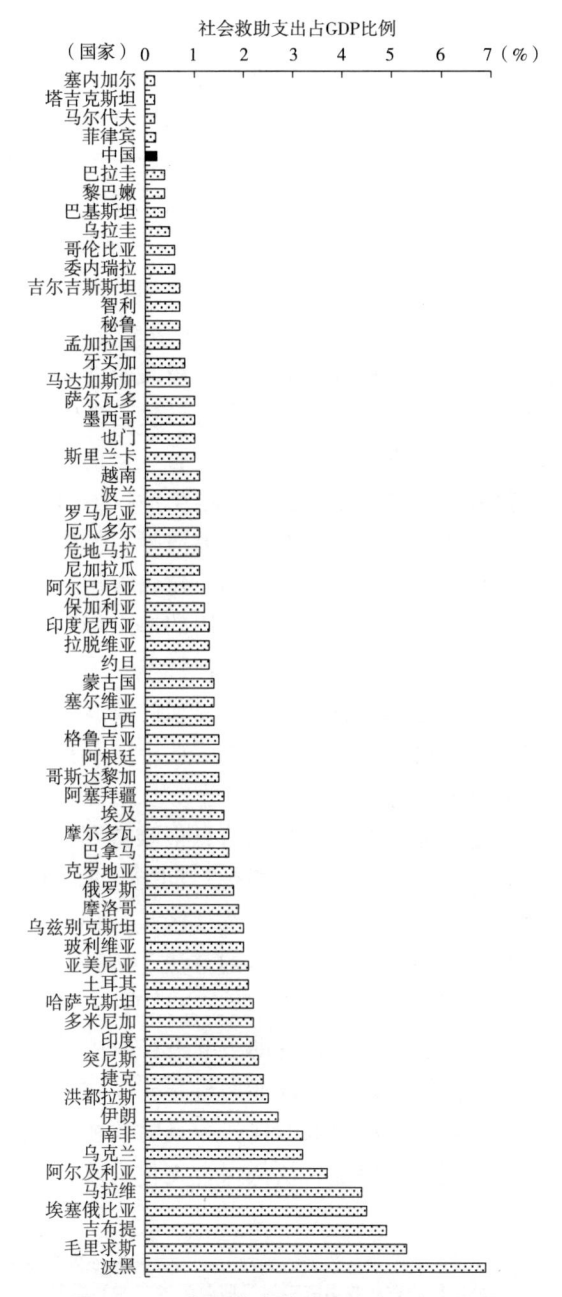

第十一章 中国最低生活保障制度的设计与实施

图 11-11 各国社会救助支出占 GDP 比例

注：数据是从不同来源收集到的，各国对于社会救助的定义略有差异，数据的年份也不相同。
资料来源：Weigand & Grosh（2008）。

制度的充足；②改进政策设计，提高瞄准效率；③完善治理与行政管理框架，加强基本制度与人力资源建设；④将流动人口纳入低保救助范围。

首先看如何扩大覆盖面和提高补助水平，确保低保制度充足。充足而及时的资金投入是确保低保制度充足的核心。尽管没有黄金法则用于确定怎样的低保支出水平是合适的，但低保未满足需求的状况表明，目前中国的低保支出水平太低。按照低保制度相关规定，地方政府承担城市低保资金支出；农村低保资金筹集以地方为主，省级人民政府要加大投入，中央财政对财政困难地区给予适当补助。对城市低保而言，应该建立中央财政转移支付制度，补助财政困难地区。对农村低保而言，省级政府的再分配力度和中央财政转移力度应该进一步加大，尤其是要加大对财政困难地区的补助力度。

低保标准的确定和调整方法应该进一步完善。目前，城市和农村低保标准和补助水平均比较低，难以满足居民的基本生活。城市与农村低保共同存在的问题是，低保标准确定和调整的方法不够清晰，低保标准很大程度上是基于当地的经济发展水平和财政能力确定的。建议根据当地基本生活费用水平确定低保标准，同时，以当地基本生活费用的提高幅度和物价提高幅度为依据，按照一个清晰的原则，透明地调整低保标准。另外，可以考虑采用与贫困线一致的低保标准，尤其是农村低保。目前尚没有全国统一的城市贫困线，只有农村贫困线。农村低保标准可以尝试直接采用农村贫困线。

其次看如何改进政策设计，提高瞄准效率。从低保资格认定和瞄准上来说，存在的主要问题是，准确的家庭收入信息很难得到，基层判断决策的空间较大，以及财政能力不足导致存在"指标"问题。采用根据家庭收入、资产、家庭成员受教育水平和就业状况，以及社区参与相结合的方式，确定家庭是否具有享受低保的资格，是一种适宜的方法。例如，可以考虑采用准家计调查方法识别家庭贫困状况。[①] 准家计调查方法有助于减少基层主观判断，使低保制度更加透明和公正，特别是有助于解决长期贫困。

此外，应该将低保资格认定与财政能力分开。在财政困难的情况下，具有领取低保资格的家庭可以轮流领取低保；一旦财政能力允许，所有具有领取低保资格的家庭，均领取低保金。从低保金支付的政策设计而言，城市低

---

① 准家计调查方法通过对家庭户调查数据的统计分析，识别决定贫困的关键因素和容易观察的因素。该方法首先对家庭户进行调查，收集家庭的一些较为容易观察的特征（比如居住位置和房屋质量、耐用消费品拥有量、家庭人口结构、受教育水平、就业状况等），应用计算公式和相对权重，对申请家庭进行打分，然后将家庭得分与预先设定分数进行比较，确定该家庭是否有资格享受低保。

第十一章　中国最低生活保障制度的设计与实施

保为"补差"，农村低保为"补差"或分档发放。农村低保金支付的实际状况是，个别东部经济发达地区，原则上是按照家庭人均纯收入与低保标准的差额发放低保金；而在广大中西部地区，通常是在初步核查家庭收入的基础上，更多依靠民主评议等办法确定低保对象，并分档发放低保金。实际上，由于准确的家庭收入信息很难得到，"补差"设计是一种不可能执行或很难执行恰当的制度，分档发放方式可能更具有现实性和可操作性。

再次看如何完善治理与行政管理框架，加强基本制度与人力资源建设。在治理框架与行政管理，以及监测与绩效评估方面，城市与农村低保制度目前做得均较为薄弱。低保制度的管理水平与管理效率尚比较低，从事低保的人力不够充足，监测与绩效评估基本还处于起步阶段。为了提高低保制度的治理、监测与评估水平，应该将基层工作人员配置到位，保证从事低保的人力充足，加强对基层的监督，保证申诉渠道畅通。此外，要大力加强制度与能力建设。另外，实行系统化与一体化的低保信息管理，而且与其他部门（例如税收部门与其他社会福利部门）共享信息，可以使各个部门之间更好地协调，提高公共资源的使用效率。在这方面，澳大利亚福利署的社会救助项目（Australia Centrelink）是一个可供参考的范例（O'Keefe，2010）。

最后讨论如何将流动人口纳入低保救助范围。根据低保制度的申请与审批规定，户籍所在地与居住地分离的流动人口几乎不可能申请到农村低保，与此同时，流动人口没有资格申请居住地的城市低保。这意味着流动人口被排除在低保救助制度之外。随着流动人口数量的不断增多，如果这种状况长期存在下去，可能会产生一系列社会问题。将流动人口纳入低保制度的救助范围，是政府部门面临的一项重要任务。一种可能的制度选择是，尝试依据在城市的居住年限，将流动人口纳入城市低保制度救助范围。例如，规定在城市居住了一定年限（例如五年）的流动人口，才有申请城市当地低保的资格。

此外，统筹城乡低保制度，实现城乡低保制度一体化是未来的发展趋势。社会救助项目城乡分割并非中国独有，在低收入和中等收入国家，这是一种普遍现象（O'Keefe，2010）。实现城乡统筹难以一步到位，需要一个循序渐进的过程。中共十八届三中全会提出，"推进城乡最低生活保障制度统筹发展"。在统筹城乡低保方面，部分省份已经有了成功的先例（例如安徽省）。2014年《社会救助暂行办法》中对低保制度做了统一规定，未将城市低保与农村低保分开进行规定，这也可以看作国家推进城乡低保统筹的一个信号。2015年，多个地区已经相继实现了城乡低保标准的统一，还有一些地区正在酝酿实现。实现完全的城乡低保制度一体化，还有很长的道路要走。

参考文献

[1] Alderman, Harold, "Multi-Tier Targeting of Social Assistance: The Role of Intergovernmental Transfers", *World Bank Economic Review*, 2001, 15(1): 33-53.

[2] Asian Development Bank (ADB), "Poverty Profile of the People's Republic of China", Manila: Asian Development Bank, 2004.

[3] Atkinson, Anthony, "Incomes and the Welfare State: Essays on Britain and Europe", Cambridge, UK: Cambridge University Press, 1995.

[4] Blomquist, John, "Impact Evaluation of Social Programs: A Policy Perspective", Washington D.C.: World Bank, Social Protection Unit, 2003.

[5] Chen, Shaohua & Martin Ravallion, "Decentralized Transfers to the Urban Poor: China's Di Bao Program", *World Bank Working Paper*, memo, Washington D.C.: World Bank, 2005.

[6] Conning, Jonathon & Michael Kevane, "Community Based Targeting Mechanisms for Social Safety Nets", *World Bank Social Protection Discussion Paper*, No. 0102, Washington D.C.: World Bank, 2001.

[7] Del Ninno, Carlo & Paul Dorosh, "Impacts of In-kind Transfers on Household Food Consumption: Evidence from Targeted Food Programmes in Bangladesh", *Journal of Development Studies*, 2003, 40(1): 48-78.

[8] Du Yang, Robert Gregory & Xin Meng, "The Impact of the Guest-worker System on Poverty and the Well-being of Migrant Workers in Urban China", In Ross Garnaut and Ligang Song (ed.), *The Turning Point in China's Economic Development*, Canberra: Asia Pacific Press at the Australian National University, 2006.

[9] Food and Agriculture Organization of the United Nations (FAO) (2003). Safety Nets and the Right to Food. Intergovernmental Working Group for the Elaboration of a Set of Voluntary Guidelines to Support the Progressive Realization of the Right to Adequate Food in the Context of National Food Security Information Paper, Rome: FAO.

[10] Gaiha Raghav, "Do Anti-Poverty Programmes Reach the Rural Poor in India?", *Oxford Development Studies*, 2000, 28(1): 71-95.

[11] Grosh, Margaret, Carlo Del Ninno, Emil Tesliuc & Azedine Ouerghi, "For Protection and Promotion: The Design and Implementation of Effective Safety

Nets", Washington D. C. : World Bank, 2008.

[12] Howell Fiona, "Social Assistance: Theoretical Background", In Isabel Ortiz (ed.), *Social Protection in Asia and the Pacific*. Manila: Asian Development Bank, 2001.

[13] International Labour Office (ILO), "WorldLabour Report 2000: Income Security and Social Protection in a Changing World", Geneva: ILO, 2000.

[14] Khan Aziz, Keith Griffin & Carl Riskin, "Income Distribution in Urban China During the Period of Economic Reform and Globalisation", In Carl Riskin, Renwei Zhao and Shi Li (ed.), *China's Retreat from Equality: Income Distribution and Economic Transition*. New York: M. E. Sharpe, 2001.

[15] Lemieux Thomas & Kevin Milligan, "Incentive Effects of Social Assistance: A Regression Discontinuity Approach", *Journal of Econometrics*, 2008, 142 (2): 807-828.

[16] Matin Imran & David Hulme, "Programs for the Poorest: Learning from the IGVGD Program in Bangladesh", *World Development*, 2003, 31 (3): 647-665.

[17] Park Albert & Dewen Wang, "Migration and Urban Poverty and Inequality in China", *IZA Discussion Paper*, 2010, No. 4877.

[18] Ravallion Martin, Dominique van de Walle & Madhur Gautam, "Testing a Social Safety Net", *Journal of Public Economics*, 1995, 57 (2): 175-199.

[19] Ravallion, Martin, Shaohua Chen & Youjuan Wang, "Does the Di Bao Program Guarantee a Minimum Income in China's Cities?", In Jiwei Lou and Shuilin Wang (ed.), *Public Finance in China: Reform and Growth for a Harmonious Society*, Washington D. C. : World Bank, 2008: 317-334.

[20] Rawlings Laura, "A New Approach to Social Assistance: Latin America's Experience with Conditional Cash Transfer Programmes", *International Social Security Review*, 2005, 58 (2-3): 133-161.

[21] Riskin Carl & Shi Li, "Chinese Rural Poverty Inside and Outside the Poor Regions", In Carl Riskin, Renwei Zhao and Shi Li (ed.), *China's Retreat from Equality: Income Distribution and Economic Transition*. New York, M. E. Sharpe, 2001.

[22] Subbarao Kalanidhi, Akhter Ahmed & Tesfaye Teklu, "Selected Social Safety Net Programs in the Philippines: Targeting, Cost-Effectiveness and Options

for Reform", *World Bank Discussion Paper*, 1995, No. 317, Washington D. C.: World Bank.

[23] Wang Meiyan, "Emerging Urban Poverty and Effects of the Dibao Program on Alleviating Poverty in China", *China & World Economy*, 2007, 15 (2): 74-88.

[24] Weigand Christine & Margaret Grosh, "Levels and Patterns of Safety Net Spending in Developing and Transition Countries", *World Bank Social Protection Discussion Paper*, No. 0817, Washington D. C.: World Bank, 2008.

[25] 都阳、Albert Park：《中国的城市贫困：社会救助及其效应》，《经济研究》2007年第12期，第24-33页。

[26] 国家统计局：《中国统计摘要》（2015），中国统计出版社2015年版。

[27] 国务院新闻办公室：《中国的农村扶贫开发》白皮书，2001年10月15日。

[28] 韩华为、徐月宾：《农村最低生活保障制度的瞄准效果研究》，《中国人口科学》2013年第4期，第117-125页。

[29] 江又明、李永骧：《关于最低生活保障城乡一体化研究——以安徽省为例》，《安徽农业大学学报》（社会科学版）2014年第23卷第5期，第7-11页。

[30] 李实、杨穗：《中国城市低保政策对收入分配和贫困的影响作用》，《中国人口科学》2009年第5期，第19-27页。

[31] Philip O'Keefe：《国际社会救助项目的经验——对中国低保制度的启示》，载都阳主编：《城乡福利一体化：探索与实践》，社会科学文献出版社2010年版。

[32] 王小林：《贫困测量：理论与方法》，社会科学文献出版社2012年版。

[33] 王有捐：《对城市居民最低生活保障政策执行情况的评价》，《统计研究》2006年第10期，第49-54页。

[34] 王争亚、吕学静：《我国最低生活保障制度城乡一体化研究——以基本公共服务均等化为研究视角》，《中国劳动》2014年第8期，第4-8页。

[35] 徐月宾、张秀兰：《我国城乡最低生活保障制度若干问题探讨》，《东岳论丛》2009年第30卷第2期，第32-37页。

[36] 杨立雄：《最低生活保障标准计算方法和调整机制创新研究》，

《黑龙江社会科学》2012年第6期，第89-95页。

［37］杨立雄、胡姝：《城镇居民最低生活保障标准调整机制研究》，《战略与决策》2010年第9期，第33-46页。

［38］易红梅、张林秀：《农村最低生活保障政策在实施过程中的瞄准分析》，《中国人口·资源与环境》2011年第21卷第6期，第67-73页。

［39］张军、柯健：《统筹城乡居民最低生活保障制度的障碍与对策——基于重庆市城乡差异的视角》，《农村经济》2013年第1期，第47-51页。

第十二章　中国住房社会保障制度的发展

改革开放 40 年以来,我国的住房保障制度建设取得显著进展,不仅改善了居民的居住环境,也促进了城市建设发展。自 1978 年开始,我国住宅制度体系随着社会经济体制的改革而不断演变。由共建房开始,逐渐地采取公房出售、公房提租、商品住宅、经济适用房、廉租房、公租房、共有产权房、棚户区改造等政策措施,40 年内建立了由市场和政府直接或间接供给住宅的多元化住宅供给体系。住房保障制度也随着社会的不断变化而动态发展、演变,具有由面到线、点的发展特征,即从全面住房保障(福利分房)演化到大众化保障、再次演化到弱势群体的残余化住房保障。

"住"是人的基本需求,居住分配不能完全依靠无形之手的市场。尤其,在高企的房价和不可承受的租金将威胁社会和谐发展的情况下,政府必须干预。如何权衡住房的经济属性、民生属性和社会属性是个难题。1948 年的《世界人权宣言》第 25 条第 1 款规定了住房权的核心内容"人人有权享有为维持他本人及家属的健康和福利所必需的生活水准,包括食物、衣着、住房、医疗和必要的社会服务",1991 年联合国经济、社会和文化权利委员会发表第 4 号意见,阐释"适足住房权"(right to adequate housing),明确提出了国家对住房权的义务。到目前为止,全世界有 50 多个国家在宪法中规定了住房权。[①] 很多国家政府都非常重视住房市场和住房保障的协调发展,采取适当的政策加以干预,兼顾住房的民生属性、社会属性和经济属性的协调发展。

我国政府不断改革住房制度,适应社会、经济的发展。住房制度是社会经济制度的一部分,能反映社会经济发展水平。在不同的社会经济体制下,所采取的住房政策也有所不同。在从计划经济体制转化为市场经济体制的改革过程中,我国住房制度体系也发生了相应的变化。自 1978 年开始从完全

---

① 张群:《居有其屋:中国住房权历史研究》,社会科学文献出版社 2009 年版,第 6 页。

福利制的福利住房实物分配制度转变为与市场经济相适应的商品住房为主（市场分配）、住房保障为辅的多元化住房制度体系。从改革开放到现在，我国城市住房制度可分为四个阶段：第一阶段（1978~1997年）：宽福利、近市场化住房制度改革；第二阶段（1998~2007年）：住房货币化分配制度，住房保障从大众化模式转变为剩余模式；第三阶段（2008~2015年）：市场和保障并重的住房供应体制建设阶段；第四、第五阶段（2016年至今）：新时代住房制度建设新阶段。每个阶段的住房保障都具有不同的特点，反映当时的社会、经济发展背景。下面详细介绍每个阶段住房保障的特点、成效、挑战与问题。

一、近市场化住房制度改革

福利住房实物分配制度是我国社会主义公有制和计划经济体制的必然产物。在住房严重短缺的条件下，国家统包统分的福利住房实物分配制度优势非常明显，政策效率高，在短时间内有效解决了无家可归居民的住房问题。在先生产后消费的计划经济战略下，快速积累了工业化资本，实现经济快速增长。但是，随着社会经济的发展，福利住房实物分配制度的弊端日益显现，它违背按劳分配、按需求分配原则，住房供需矛盾日益严峻，并制约着公平竞争的市场经济发展。尤其，1979年的全国知青大规模返城进一步加深了此问题。

因此，住房制度改革提上了议事日程，尤其是住房建设与供给。1978年8月中央召开城市住宅建设会议，国务院副总理谷牧在会上传达了《邓小平有关解决住房问题的指示》，指出解决住房问题可以路子宽些，譬如允许私人建房或者私建公助，分期付款。此指示精神开启了中国城镇住房制度改革的先河，为住房制度改革提供了初步导向。1980年，邓小平同志提出了城市居民购买公房，以民间房地产开发投资为中心的住宅制度改革的框架。

在从计划经济向市场经济转型过程中，住宅制度改革也具有相应的时代特征。即计划经济为主、市场经济为辅的特点，因此我们把此阶段改革称为宽福利、近市场化住房制度改革（第一阶段：1978~1997年）。在此阶段延续计划经济时代的基本福利思维模式，以宽福利住房保障路径推进了近市场化住房制度改革，采取共建房、公房出售、公房提租、商品住房建设等措施，逐步改变居民的住房消费意识，初步建立了由市场供给居民住宅的模式，改变了过去主要由政府向居民提供住宅的供应模式。

（一）鼓励共建房：政府给力，发挥民间力量，鼓励自主改善居住环境

1980年4月将公有住房出售与私人建房顺利推行到全国各主要城市，1980年6月国务院批转国家建委党组《全国基本建设工作会议汇报提纲》的第七部分，加快城市住宅建设，指出准许职工私人建房、私人买房，准许私人拥有自己的住宅，并正式宣布将实行住房商品化政策，1983年国务院又颁布《城镇私有房屋管理条例》鼓励并推动城镇居民私人建房，提倡集资建房和合作建房。共建房见效快，1978~1980年全国共建新住宅18238万平方米，完成投资215.5亿元，占同期国家基本建设投资总额的14.4%。[1] 对共建房国家主要采取四种形式：①民建公助，即个人自筹一部分资金、材料，房管局或企业补助一部分资金，自己投工，翻建和改造自己的原有住宅，或者是由政府统一划给地皮、统一设计，个人集资按规划要求自建住宅，征地和公用设施费用由政府负担，职工所在单位给予帮助；②公建民助，即居住在公房的缺房户自己出一部分资金和劳力，帮助房管部门改造、扩建所住公房，所投资金和劳力合理计价一起抵租，或者吸收群众的一部分资金由房管部门新建住宅，优先分给投资户并产权归公（投资户的资金在数年内逐步归还，或者抵租）；③互助自建，即亲友帮忙建造；④自筹自建，即个人筹资个人建造。

（二）全价出售与补贴出售公房：转变福利分房观念，通过"补贴"出售树立买房消费意识

全价出售公房政策得到中央财政的支持，即中央投资，地方政府负责住房建设与销售。1979年在西安、南宁、柳州、桂林、梧州等地进行建房全价出售给私人的试点，到1981年推广到全国60多个城市。1979年国家城建总局从国家补助的住宅建设资金中分别拨给陕西、广西一部分资金，让地方政府建设新房以每平方米120~150元建筑成本价出售，但是买房的人并不多。1981年全国全价出售2418套公房，其中新房1184套、旧房1234套，国家收回住房资金1278万元。[2] 尽管地方政府愿意探索这项政策，但是职工买房的积极性非常低。当时的职工收入和公房的租金都低，福利分房的住房消费

---

[1] 《国家房地产政策文件选编（1948年—1981年）》，房产通讯杂志社1982年版，第99页。
[2] 朱亚鹏：《住房制度改革政策创新与住房公平》，中山大学出版社2007年版，第78页。

第十二章　中国住房社会保障制度的发展

观念占主流，也没有出台相关的售房配套政策，无法激励职工买房。

鉴于上述的试点经验，补贴出售公房。1982年4月，国务院原则上同意国家建委、国家城市建设总局的《关于出售住宅试点工作座谈会情况的报告》，基本停止以土建成本价出售新建住房的办法，国家开始试行补贴出售政策，选定在常州、郑州、沙市、四平四个城市进行补贴出售公房的试点。到1984年初，四个城市共补贴出售住宅1.214万套，其建筑面积达到11.45万平方米，收回的资金约占投资（1640万元）的30%，并出现了供不应求的局面。根据试点结果，在全国推行"三三制"公房补贴出售试点，即由政府、单位、个人三者各负担1/3的"三三制"售房原则，售价确定仍然以土建成本价为标准，个人负担部分仅相当于家庭年收入的2倍。截至1985年底，全国27个省、自治区、直辖市中的160个城市和300个县补贴出售了1093万平方米住房。① 公房补贴出售的补贴金额大，地方政府和企业难以长期承受，于1985年停止了这种补贴出售公房的做法。因此，住房制度改革开始转向租金制度改革的研究和设计。

（三）提租补贴：改变福利模式，从低租金的"暗补"转化为"明补"

自1986年起，国家开始改革低租金住房政策，试行提租补贴的住房方案。适逢1985年工资制度改革，城镇居民的收入提高，有条件改革公房低租金福利制度。住房补贴列入工资，计入企业成本，从"暗补"转化为"明补"。1986年国务院成立"住房制度改革领导小组"和"领导小组办公室"讨论房改方案，确定今后一段时间住房制度改革的重点在于逐步提高房租，改革的内容将涉及住宅供给、分配和消费等方面。选定烟台、唐山、蚌埠、常州、江门、沈阳等城市进行住宅改革试点，试行"提租补贴、租售结合、以租促售配套改革"的方案，租金按准成本起步，月租金由原来的0.07~0.08元/平方米提高到1元以上，相当于成本租金（由维修费、管理费、折旧费、投资利息和房产税五项因素组成）的70%~80%，公房按标准价（包含建筑造价、征地和拆迁补偿费）出售。通过公房提租试点，烟台市提高到1.28元/平方米（原租金的6.8倍），沈阳市东北制药总厂增加到1.42元/平方米（原租金的8.4倍）（亢飞，2013）。

截至1987年底，全国公有住房建筑面积为24亿平方米，其中1980~

---
① 朱亚鹏：《住房制度改革政策创新与住房公平》，中山大学出版社2007年版，第78页。

1987年新建的面积占36.7%（张元端，2007），1988年的年度住房补贴总额（超过583.68亿元）增长到1978年的11.4倍。住房投资和住房补贴的惊人增长与20世纪80年代国家财政赤字的上升是相吻合的[1]，难以承受的财政负担危机推动了1991年全面启动住房制度改革[2]。

（四）综合配套改革：公房租售并举，建立住房公积金制度和经济适用住房供应体系，推动住房商品化、社会化，形成与市场经济体制相适应的住房保障制度的雏形

1991年开始在全国全面推进住房制度改革，1994年提出建立新的住房制度体系的整体配套方案，房改进入倒计时。1991年11月国务院发布的《关于继续积极稳妥地进行城镇住房制度改革的通知》提出，将现有公房的租金提到成本租金，出售公有住房，实行新房新制度，集资合作建房等措施，对于1992年起投入使用的新房，实行新房新制度，全面贯彻先卖后租、租房新租、有偿租房的原则。1994年7月国务院颁发的《关于深化城镇住房制度改革的决定》明确房改的目的，要建立与社会主义市场经济相适应的新的城镇住房制度，实现住房商品化、社会化，加快住房建设，改善居住条件，满足城镇居民不断增长的住房需求。主要提出，建立以中低收入家庭为对象、具有社会保障性质的经济适用住房供应体系和以高收入家庭为对象的商品房供应体系，向高收入职工家庭出售公有住房实行市场价，向中低收入职工家庭出售公有住房实行成本价，全面推行住房公积金制度，鼓励集资合作建房，继续发展住房合作社，加快城镇危旧住房改造，加大租金改革力度。

中央政府进行一系列与住房制度改革相关的配套制度建设，包括金融、土地、财税、住房保险、工资、物业管理等方面。在金融制度改革方面，逐步建立市场机制为目标的新金融制度体系，为住房建设提供融资。1987年国务院印发的《城镇住房改革试点工作座谈会纪要》明确提出"住房制度改革不能仅靠财政，要走金融的路子"，1993年12月国务院发布《关于金融体制改革的决定》，1995年先后颁布实施《中华人民共和国中国人民银行法》和《中华人民共和国商业银行法》，开始建立市场机制为目标的新金融制度体系。1987年12月2日经国务院同意中国人民银行批准，中国第一家

---

[1] 于思远：《房地产住房改革运作全书》，中国建材工业出版社1998年版，第297页。
[2] 朱亚鹏：《住房制度改革政策创新与住房公平》，中山大学出版社2007年版，第53页。

住房储蓄银行在烟台成立，专门经营房地产信贷。1991年上海开启了新的住房公积金制度，自1992年起，北京、天津、武汉、南京等地相继实施住房公积金制度。

在土地制度改革方面，建立国有土地有偿使用制度，为住房建设提供土地。1988年4月12日先修改宪法规定"土地的使用权可以依照法律的规定转让"（宪法修正案第二条；1982年版宪法规定"禁止一切土地交易行为"），同年12月根据宪法修正案修改土地法，开始实行国有土地有偿使用制度。1990年5月19日国务院颁布《城镇国有土地使用权出让和转让暂行条例》，1994年7月25日全国人大常委会颁布《城市房地产管理法》，为房地产市场发展提供法律保障。

中央政府进行财税制度改革，1994年开始实施分税制。所有土地出让金都归属于地方政府。分税制改革使中央政府和地方政府都意识到了房地产业对经济增长、财政收入增加的促进作用，地方政府开始越来越依赖土地财政。

历经20年的近市场化住房制度改革取得了以下成效：

第一，城镇人口大幅增加，居民的居住面积明显改善。如图12-1所示，城镇人口从1978年的1.72亿人增加至1997年的3.94亿人，城市人均住宅建筑面积从6.7平方米提升至17.78平方米。

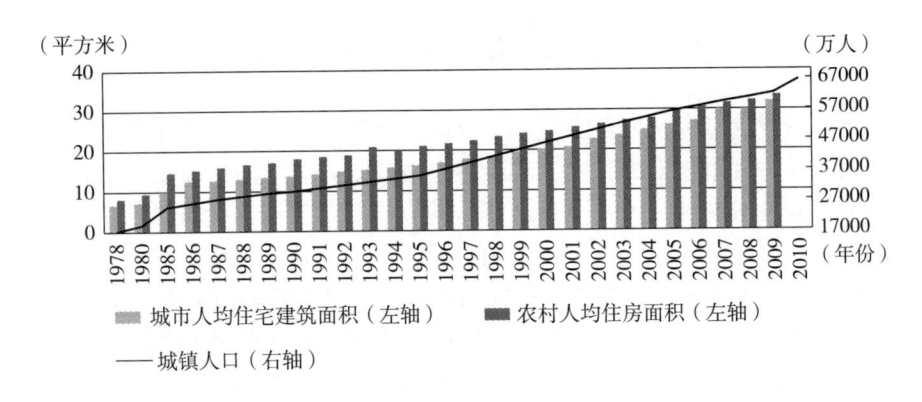

图12-1 人均住宅建筑面积和城镇人口

资料来源：《中国城市年鉴》（历年）和《中国统计年鉴》（历年）。

第二，减轻中央财政负担，促进城镇居民住房消费观念的转变。1978~1997年，各地逐渐采取提高公房租金，销售新、旧公房等措施进行住房制度改革，鼓励居民共建住房，允许私有资金进入住房的生产、消费领域，逐步实现住房的商品化、社会化。这一系列措施逐步改变了城镇居民的住房消费观念，住房不再是单位的基本福利，而是可以自主改善居住环境的商品。

第三，建立多元化住房供应体系，推动房地产市场发展。1996年全国新建住宅建筑面积为3.01亿平方米，其中约2/3为单位自建住宅或购买并分配给职工的商品住宅。1988年全国房地产公司已达到3400多家，到1997年发展到2.1万余家。

这个阶段城镇居民总体收入不高，大部分地区都采取了个人只承担一部分（1/3~1/2的购房资金）、其余部分由单位和国家给予补贴的住房建设、销售模式。因此，这阶段住房制度仍然以国家兜底的住房保障为主旋律，住房消费向基本福利逐渐缩小的多元化消费模式过渡，但仍然延续了福利分房的全面保障概念。

此阶段改革时间较长、改革体量庞大，产生中央政府和地方政府的利益博弈，也出现了一些问题。首先，低价出售公房，导致国有资产流失和社会的不公正。其次，由于房地产市场的不规范操作，本轮改革后期导致经济过热和房地产业的泡沫式繁荣，加剧住房难题。最后，改革缺乏统筹规划，未考虑到今后的住房保障问题。截至1997年底，还有400万人处于人均居住面积不足4平方米的居住拥挤状态。

二、住房货币化分配制度

第二阶段（1998~2007年）：自1998年开始，全国城镇停止住房实物分配，实行住房货币化分配制度，逐步建立地方政府主导的与市场经济体制相适应的城镇住房制度。1998年7月国务院发布《进一步深化城镇住房制度改革，加快住房建设的通知》，确定以住房货币化为中心的改革方向，提出改革城镇住房制度的一系列措施。按照政策设计，20%左右的高收入家庭将直接购买、租赁商品住房，70%左右的中低收入家庭购买经济适用房，10%左右的城市最低收入家庭租赁由地方政府或单位提供的廉租住房。

通过住宅货币化分配制度和住房按揭贷款业务的全面推行，房地产业得到飞速发展。在住房供给方面，全面启动市场供给模式。房地产投资快速增长，占社会投资的比重超过20%，对国民经济的贡献率显著提高，成为国民经济的支柱产业。城镇人均住房建筑面积从1998年的18.66平方米增加到2007年的29.7平方米，已达到世界中等收入国家人均住房建筑面积的水平，城市人口从1998年的4.16亿人增加到2007年的5.94亿人。

第十二章 中国住房社会保障制度的发展

与此同时,我国住房保障制度体系进入了建设阶段,开始全面实施公积金制度、经济适用房制度和廉租房制度,初步形成与市场经济体制相适应的住房保障框架体系。

截至 2007 年 10 月末,全国缴存住房公积金 1.54 亿元,累计支持 4200 多万户改善住房条件,为廉租房制度提供 100 多亿元资金;2007 年全国安排廉租房住房资金 77 亿元,累计改善 68.1 万户的低保家庭的居住环境。[①] 2007 年经济适用房开工面积为 4810 万平方米,占新住宅开工面积的 6.2%(见图 12-2)。

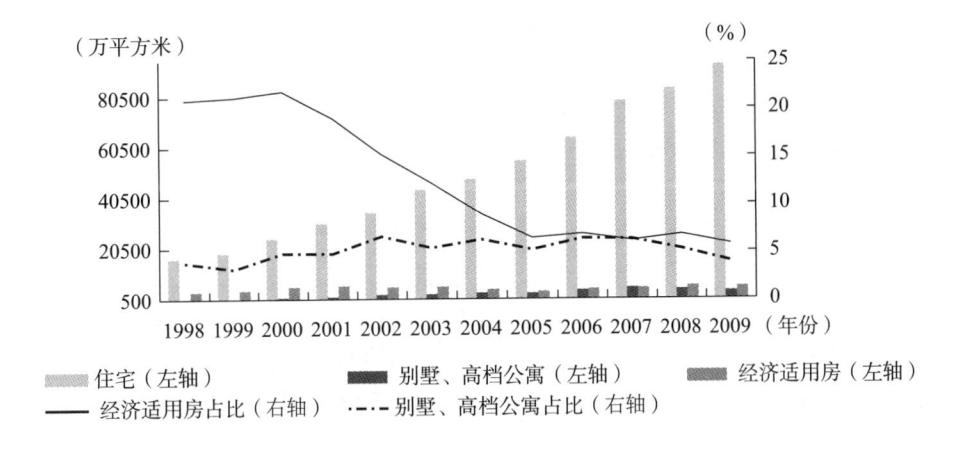

图 12-2 各类住宅开工面积和占比

资料来源:《中国统计年鉴》(历年)。

此阶段的住房社会保障从大众化模式转变为剩余模式。如图 12-3 所示,以 2003 年为分水岭,全国非农户政策性住宅竣工面积占非农户住宅竣工面积的比例大幅下降,相反商品住宅的竣工面积比例大幅上升。非农户政策性住宅竣工面积占比从 1998 年的 70.33%下降到 2003 年的 38.56%,再次下降到 2007 年的 27.59%。相反,商品住宅竣工面积比例从 1998 年的 29.67%上升到 2007 年的 72.41%。非农户政策性住宅竣工面积占比和商品住宅竣工面积比例的倒挂证明,我国住房社会保障从大众化模式走向了剩余模式。

这与 2003 年的房地产业成为国民经济的支柱产业的定位(2003 年的《关于促进房地产市场持续健康发展的通知》)密切相关。2004 年 3 月国土

[①] 《中国经济年鉴(2008)》,中国经济年鉴社 2008 年版。

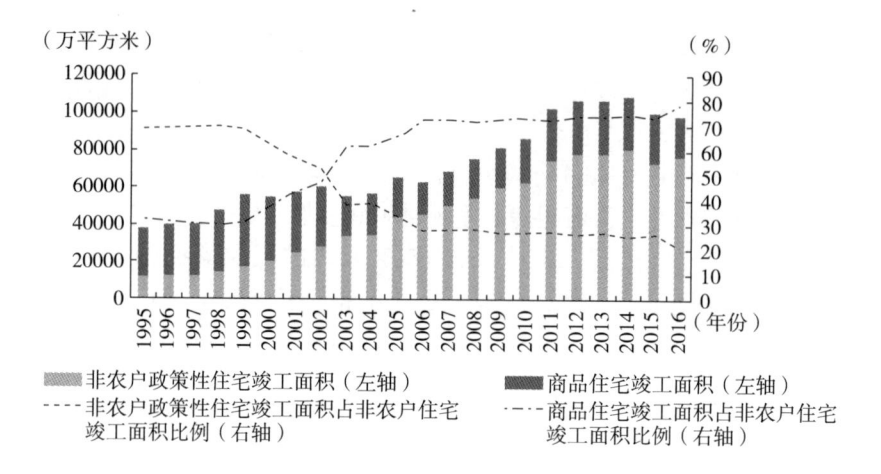

(万平方米) 120000 100000 80000 60000 40000 20000 0 — 1995—2016年份 (%) 90 80 70 60 50 40 30 20 10

■ 非农户政策性住宅竣工面积（左轴）　　■ 商品住宅竣工面积（左轴）
-- 非农户政策性住宅竣工面积占非农户住宅竣工面积比例（右轴）　-- 商品住宅竣工面积占非农户住宅竣工面积比例（右轴）

图 12-3　非农户住宅竣工面积

资料来源：《中国统计年鉴》（历年）。

资源部、监察部联合下发《关于继续开展经营性土地使用权招标拍卖挂牌出让情况执法监察工作的通知》（71号令，被称为"8·31大限"），要求在2004年8月31日之前各地不得以协议方式出让经营性用地，从2004年8月31日起所有经营性土地一律以招标、拍卖、挂牌等市场化方式公开竞价出让。"8·31大限"是土地交易市场化改革的重要节点，促使房地产业成为国民经济的支柱产业。

这与欧美的住宅政策发展的历史轨迹相吻合，欧美住宅政策从"大众化福利"向"残余化保障"转变。从"大众模式"向"剩余模式"的转变是西方国家保障房发展的基本趋势（Harloe, 1995）。在20世纪70年代以前，欧美大多数国家一方面采用"公共"住宅的大量建设来满足低收入群体的住宅需求，另一方面积极建设适合高、中等收入群体的商品住宅市场，在一定时期内有效地解决了住宅问题。但是进入70年代后期，随着经济增长的减速和国家财政状况的恶化，福利国家的住宅政策面临了新的挑战。随后进行住宅政策改革，利用民间力量推进市场化建设，减轻财政压力，着重解决被住宅市场排除的弱势群体的住宅保障问题，住宅保障也趋向了残余化。

在全面推进住房货币化分配制度的过程中，缺乏相关法律和其他监管机制，政府过于强调"住房的经济属性"对经济发展的贡献而忽略了住房的民生属性。这背离了住房制度改革方案的宗旨，导致了一些阻碍社会和谐发展的问题。

第一，住房过度商品化，经济适用房建设严重滞后。经济适用房开工面积占住宅开工面积的比重从1998年的20.8%直线下降为2007年的6.2%（见图12-2），与1998年《进一步深化城镇住房制度改革，加快住房建设的通知》中的经济适用房供应占70%的住房供应主力目标相去甚远。

第二，房价持续过快上涨，到2007年住房价格与1998年相比涨了96.6%，越来越多的家庭住房问题凸现。

第三，住房保障制度建设滞后，面临商品房市场失灵和住房保障政策失灵的夹心层群体日益增加。2007年底，全国城市低收入家庭中至少有988万户人均居住面积还不足10平方米。

住房货币化分配制度的实施过程中过度强调市场化，住房保障欠账较多。为此，2007年8月国务院出台《关于解决城市低收入家庭住房困难的若干意见》，强调把解决城市低收入家庭住房困难作为政府公共服务的一项重要职责，这表示我国住房保障制度建设开始进入有序发展的阶段。

三、市场和保障并重的住房供应体制建设

在第三阶段的市场和保障并重的住房供应体制建设阶段（2008~2015年），政府建立多层次的住房保障制度，力图解决住房困难。经过"十一五"规划建设，全面建立以廉租房制度、经济适用房制度、公积金制度为主线的住房保障制度体系。在"十二五"规划期间，先大批建设保障性住房补充中小户型住房供给，解决住房结构性矛盾，后采取以货币补贴为主、以"砖头补贴"为辅的补贴模式，盘活存量商品房资源，建立多样化、多层次的住房保障体系，促进住宅产业发展和经济增长。

2007年提出"住有所居"目标，2008年开始全面布局保障性住房建设。2008年"两会"上住房保障体系首次写入政府工作报告。这标志着，中国城镇住房制度改革从住房商品化、社会化、市场化的房改，从"重市场、轻保障"的房地产发展战略进入住房保障和市场并重的住房供应体制建设阶段。2008年末，住房和城乡建设部提出《9000亿住房保障计划》，今后三年内要增加200万套廉租房，400万套经济适用房（张力，2009）。住建部确定的2009年住房保障目标是在全国范围内要新增解决260万户低收入家庭的住房困难，2010年保障性安居工程建设目标是建设保障性住房580万套（其中，各类棚户区改造住房280万套），改造农村危房120万户，比2009年增加1/3；实际开工570万套，基本建成370万套。根据中央政府的要求，

2010年很多城市明显加大了保障房的供应力度。

在"十一五"规划建设期间，廉租房制度建设被列为住房保障的重点目标，全国住房保障工作取得了不少成绩。在"十一五"期间，全国开工建设各类保障性住房和棚户区改造住房1630万套，基本建成1100万套，全国1140万户城镇低收入家庭和360万户中等偏下收入家庭住房困难问题得到解决。

"十二五"规划期间，进入保障房建设"大补课"阶段，计划近五年内建设3600万套保障性住房。2011~2015年，全国累计开工建设城镇保障性安居工程4033万套，基本建成2878万套，超额完成"十二五"时期开工建设3600万套的任务。其中，全国累计开工改造棚户区住房2191万套，基本建成1398万套，全国累计开工建设公共租赁住房（含廉租住房）1359万套，基本建成1086万套。此外，"十二五"时期，中央财政累计安排资金1440亿元支持1794万户农户改造危房，完成既有居住建筑供热计量及节能改造面积9.9亿平方米，完成公共建筑节能改造面积4450万平方米。

在第三阶段，住房保障制度体系建设的着重点逐渐升级，从廉租房制度建设开始发展公共租赁房制度，再加快棚户区改造，形成"低端有保障，中端有支持"的住房保障格局，住房保障目标从"建房改善居住空间的住有所居"提升至"改善人文居住环境的住有所居"。

随着保障房建设和棚户区改造的大规模完成，我国住房保障制度体系逐步完善。我国已形成多元住房供给体系：高、中等收入家庭通过商品住宅市场改善居住条件，无力通过市场机制解决住房问题的"夹心层"、中低收入和最低收入居民家庭可以消费政府资助的公共租赁住房、限价房、经济适用房和廉租房。第三阶段的主要成效表现为如下几点：

第一，住房保障制度体系不断健全，居住环境明显改善。到2015年全国累计用实物方式可解决近4300万户城镇中、低收入家庭的住房困难，截至2015年底中国累计有5400多万户城镇家庭获得住房保障。城镇人均住房建筑面积从1978年的6.7平方米提高到2016年的36.6平方米。

第二，保障房建设扩大内需，促进经济平稳发展。2011~2015年全国城镇保障性安居工程建设总共完成投资6.33万亿元，带动相关产业的投资。2008~2015年平均每年提供900多万个就业岗位。

第三，由实物分配转向货币补贴，房地产市场发展走向成熟化。全国多地推进货币化补贴为主的住房保障模式，逐步取消实物建设分配的模式。2015年1月住建部发布《关于加快培育和发展住房租赁市场的指导意见》，鼓励提供货币化租赁补贴，2015年3月国开行发布《进一步完善棚户区改造项目中货币补偿安置方式有关工作的通知》支持100%货币安置。

在第三阶段，我国住房市场体系发展迅速，我国的住房保障制度建设取得了显著成效，不仅改善了"住房难"居民的居住环境，也促进了和谐发展的城市建设。住房保障制度作为长期制度，需要长远的规划和建设。因为在短时间内进行保障房建设"大补课"，也面临了不少问题。

第一，在保障房建设方面，存在"重建设、轻管理"问题。中央政府以"开工率"考核地方政府的保障房建设任务完成情况，因此地方政府更注重开工建设，容易忽略管理问题。

第二，多地出现保障房空置现象，浪费资源。由于保障房选址偏远、配套设施不全等原因，与居民的就业、上学等需求不匹配，入住率低。加之，受到保障房不可以出租的管理规定约束，大部分房源长期处于空置状态，严重浪费社会资源。

第三，保障房房源结构失衡，产权式保障性住房多，租赁型保障房少。换句话说，一次性保障的房源多，长期多次保障的租赁型房源少，这将增加长期住房保障压力。例如，全国计划新建公租房占计划新建保障房比例在2010年为7%，2011年为22%，2012年为33%。

第四，保障房社区管理面临挑战。很多城市在某地域集中建设保障房小区，而低收入群体聚集于这些保障房小区，大幅提高了中低收入居民的分布密度。保障房社区管理问题也是义不容辞的课题。

四、新时代住房制度建设

在计划经济体制下，我国只注重了住房的民生属性而忽略了经济属性，这不仅不利于居民居住环境的改善，还制约着社会经济的发展。在市场经济体制下，住房的经济投资价值逐步占据绝对优势，这虽然为我国城市的快速发展提供了资金基础，但导致房价的高企、住房"夹心层"、住房困难户等社会和谐发展问题。2016年，我国中央经济工作会议指出要坚持"房子是用来住的、不是用来炒的"定位，再次强调住房的民生属性，住房的投资功能必须建立在服从和有利于发挥住房的居住功能为前提。

经过"十二五""十三五"规划建设，我国已经建立多渠道、多元化的住房保障制度体系。从以"砖头补贴"为主的新建保障房模式转化为以货币补贴为主的多样化保障模式，加快棚户区改造，盘活存量商品房资源，发展集体建设用地的租赁房源、推进"租售同权"、产权多元化,开启了新时代的全市民住房保障模式。

首先,近几年棚户区改造目标不断地加码,竭尽全力完成目标,将改善1亿人的居住环境。

在2015年国务院印发的《关于进一步做好城镇棚户区和城乡危房改造及配套基础设施建设有关工作的意见》中,明确在2015~2017年三年内改造包括城市危房、城中村在内的各类棚户区住房1800万套和农村危房1060万户;2017年5月的国务院常务会议确定,实施2018年到2020年三年棚改攻坚计划,再改造各类棚户区1500万套,投资或达4.2万亿元,兑现改造约1亿人居住的城镇棚户区和城中村的承诺。自2008年至2017年十年间,我国进行了3845万套的棚户区改造。其中,2016年和2017年全国棚户区改造分别开工606.09万套和609万套,全国各级财政共筹集安居工程资金7549.75亿元(其中中央财政2377.37亿元),项目单位等通过银行贷款、发行企业债券等社会融资方式筹集安居工程资金20264.95亿元。通过金融产品的创新,突破保障房的资金瓶颈。抵押补充贷款(PSL)是棚改货币化安置的主要资金来源。2014年4月央行创设PSL,加大对"棚户区改造"重点项目的信贷支持力度。在2014年、2015年和2016年新增PSL分别为3831亿元、6981亿元、9714亿元,利率仅为2.75%,截至2017年6月PSL余额已超过2.4万亿元。①

其次,发展共有产权房制度,满足多元化需求,促进"房住不炒"的定位回归。

2017年9月住房和城乡建设部印发《关于支持北京市、上海市开展共有产权住房试点的意见》(以下简称《意见》),支持北京市、上海市深化发展共有产权住房试点工作。北京市明确未来五年供应25万套共有产权住房的目标,将实行全封闭式循环管理,着力满足城镇户籍无房家庭及符合条件新市民的基本住房需求。购买北京共有产权房的居民可申请用公积金贷款,如果再次购买其他住宅后必须腾退共有产权房。截至2016年底,上海市已供应类似经济适用房属性的共有产权保障住房8.9万套,北京市2017年供应商品房属性的共有产权房1396套。

再次,培育发展以商品房为主、集体建设用地租赁住房为辅的租赁市

---

① 崔霁:《棚改攻坚促进三四线城市去库存》,中房网,http://www.fangchan.com/news/7/2017-09-04/6310359281695003377.html,2017年9月4日。

第十二章 中国住房社会保障制度的发展

场，构建租购并举的住房制度体系。

为实现城镇居民住有所居目标，增加租赁住房供应，缓解住房供需矛盾，构建购租并举的住房制度体系。2016年国务院办公厅印发的《关于加快培育和发展住房租赁市场的若干意见》提出要积极培育和发展住房租赁市场，2017年九部门联合印发《关于在人口净流入的大中城市加快发展住房租赁市场的通知》，提出要培育机构化、规模化住房租赁企业。2017年8月国土资源部、住房城乡建设部联合印发《利用集体建设用地建设租赁住房试点方案》，推进第一批在北京、上海、沈阳、南京、杭州、合肥、厦门、郑州、武汉、广州、佛山、肇庆、成都13个城市开展利用集体建设用地建设租赁住房试点。地方政府也积极酝酿租赁房项目。比如，北京市今年推出19个企业自持租赁房项目（租赁房建筑面积127.5万平方米）和5个集体土地建设租赁住房项目（房源1.28万套），《北京城市总体规划（2016年—2035年）》提出未来五年新供各类住房中租赁将占30%，北京市的《关于进一步加强利用集体土地建设租赁住房工作的有关意见》计划于2017~2021年的五年内供应1000公顷集体土地。2017年《深圳市住房租赁试点工作方案》提出，在"十三五"期间收储不低于100万套（间）村民自建房或村集体自有物业，实现城中村规模化供应。杭州将积极探索村集体10%留用地上建设租赁住房，鼓励国有企业参与集体建设用地的租赁住房建设。2017年11月成都市印发《成都市住房租赁市场发展五年规划（2017—2021年）》，同月郑州市政府出台《郑州市利用集体建设用地建设租赁住房试点方案》。由此可见，地方政府相继出台文件，支持租赁房项目建设。截至2018年1月，沈阳、南京、杭州等11个城市利用集体建设用地建设租赁住房试点实施方案获得国土部同意。

最后，推行"租售同权"逐步构建购租并举的新时代住房体系。

推行"租售同权"，积极发展住房租赁市场，促进购租并举的住房体系建设。2016年国务院办公厅下发的《关于深入推进新型城镇化建设的若干意见》和《推动1亿非户籍人口在城市落户方案》两个文件的规定打破了购房落户壁垒，为"租售同权"铺垫。目前，无锡、郑州、扬州、济南等多地提出"租房可落户"的举措，取消购房落户政策。在北京、上海等大城市保障"常住居民租房可享子女义务教育等基本公共服务"权利，改善承租人的权益。根据北京市《关于加快发展和规范管理本市住房租赁市场的通知》（2017年10月31日起实施）北京市户籍承租人可落户公租房，根据《来穗务工人员申请承租市本级公共租赁住房实施细则》（2017年10月1日实

271

施),来穗务工人员办理居住证三年后可以申请公共租赁住房。由此可见,将租赁房屋纳入"合法稳定住所"范畴成为一种新的趋势,是实现平等享受公共服务的"租售同权"的捷径。

此外,多地修改公积金管理制度,开始实施"公积金支付房租"。在公积金缴存行政区域内无自有住房且租房的居民可以提取付房租,这也是实现"购租同权"的一个有力举措。

进入新时代之后,住房保障制度由"保基本"向"促发展"转变,环保智能人才公寓、养老社区、租赁服务业将成为新时代住房制度体系中强劲的增长热点。

根据新时代的发展需求,建立面向全社会的、透明、公平、高效率的新型保障性住房体系。

第一,完善保障房管理制度。后期管理应纳入保障房考核机制,建立保障房消费者信用体系,建立公开透明的保障房制度管理体系。

第二,尽快完善配套设施,推广"租售并举",提高保障房的使用效率。尽快完善保障房小区的配套设施,提升居住服务功能。对于阶段性过剩的保障房,进行装修后投放到租赁市场,实施"租售并举",提高使用效率。另外,降低保障房的准入门槛,惠及更多的新市民。

第三,积极发展保障房二级市场,加强保障房的循环利用,满足更多的新市民住房需求。盘活错配、闲置的保障房,再次进入保障房二级市场。在业主自愿的前提下,筹集已销售的、空置的保障房,作为公租房租赁。

总而言之,我国的住房保障制度建设取得显著进展,不仅改善了居民的居住环境,也促进了城市建设发展和经济平稳增长。新时代住房保障制度应基于创新驱动、高品质发展时代的发展理念,应保障居民的基本居住需求,应与时俱进做动态发展调整。这将有利于中华复兴之梦的早日实现。

参考文献

[1] Michael Harloe, "The People's Home: Social Rented Housing in Europe and America", Oxford: Blackwell Publishers, 1995.

[2] Youqin Huang, "A Room of One's Own: Housing Consumption and Residential Crowding in Transitional Urban China", *Environment and Planning*, 2003(35): 591-614.

[3] 于思远:《房地产住房改革运作全书》,中国建材工业出版社1998年版。

第十二章　中国住房社会保障制度的发展

［4］朱亚鹏：《住房制度改革政策创新与住房公平》，中山大学出版社2007年版。

［5］亢飞：《改革开放以来中国城镇住房政策的演变》，《党史研究与教学》2013年第5期，第56-61页。

［6］张力：《科学合理促进住房保障体系建设》，《建设科技》2009年第5期，第24-25页。

［7］张元端：《中国住房制度改革路线图》，《上海房产》2007年第12期，第24-27页。

［8］张群：《居有其屋：中国住房权历史研究》，社会科学文献出版社2009年版。

［9］《国家房地产政策文件选编（1948年—1981年）》，房产通讯杂志社1982年版。

［10］《中国经济年鉴（2008）》，中国经济年鉴社2008年版。

［11］崔霁：《棚改攻坚促进三四线城市去库存》，中房网，http：//www.fangchan.com/news/7/2017-09-04/6310359281695003377.html，2017年9月4日。

第十三章 进城农民工市民化

　　劳动力从农村向城市转移,是经济发展的普遍规律。改革开放以来,中国已经有大量农村劳动力转移到城市就业。2013年全国农民工总量达2.69亿人,其中进城农民工1.66亿人。农村劳动力转移到城市,增加了农民收入,推动了经济增长,也提高了中国的城市化率。按常住人口统计,2012年中国城市化率已经达到52.6%;但如果以非农业户籍人口占全部人口的比例来衡量城市化水平的话,同年这个比重仅为35%;这两个指标之间存在的约18个百分点的差别,具体表现为1.6亿多进城农民工没有获得市民身份。

　　近年来表面上突飞猛进而没有伴随户籍制度改革实质性跟进的城市化,实际上是不完整的城市化。这种不完整性表现在,它不能胜任解决完整意义上城市化所能够解决的问题。换言之,没有伴随农民工市民化的城市化,不能充分履行中国现阶段所迫切期待于城市化的必要功能。所谓农民工市民化,是指借助于工业化和城市化的推动,农民工在身份、地位、价值观、社会权利以及生产、生活方式等方面全面向城市市民转化并顺利融入城市社会的过程。农民工市民化的过程,实质是公共服务均等化的过程,通俗点说,就是农民工在城市"有活干,有学上,有房住,有保障"。

　　推动和实现农民工市民化,保障进城农民工能够和城市市民获得同等的权益,是建设统一劳动力市场的需要,是推进城市化健康发展的需要,也是促进社会和谐发展的需要。关于农民工市民化已经有大量研究,例如,李强研究了农民工的社会分层,认为农民工在城市社会分层体系中处于底层地位,二元劳动力市场将大部分农民工排斥在城市社会之外;王春光研究了农民工的市民待遇差距,认为农民工还没有顺利实现市民化,他们的城市适应水平较低,是一种"半城市化"和"虚城市化";国务院发展研究中心课题组研究了农民工市民化的意义,认为其可以缩小城乡收入差距,发挥城市的规模经济效应,使经济增长速度提高,并拉动内需。

第十三章 进城农民工市民化

一、进城农民工与本地市民的权益保障差距及其变化

中国已经有1.66亿农民工走进城市,但是他们在就业和社会福利等权益保障方面,却与那些拥有城市本地非农户口的市民存在显著差距。为了全面准确地把握进城农民工市民化的差距及其变化,本章利用中国社会科学院"中国城市劳动力调查"数据进行描述和分析。该调查由中国社会科学院人口与劳动经济研究所实施,先后于2001年、2005年和2010年在上海、武汉、沈阳、福州和西安等城市,按照严格的随机抽样调查原则,分别对500户本地居民和500户外来农民工进行了问卷调查,获得了被调查者生活、就业和社会保障等方面的丰富信息。

(一) 进城农民工劳动合同签订率较低,但正在不断改善

劳动合同是劳动者与用工单位之间确立劳动关系、明确双方权利和义务的协议。签订劳动合同,是劳动者的重要权利,是维护劳动者合法权益的重要保障,也是用工单位必须履行的义务。《中华人民共和国劳动合同法》第10条明确规定,用人单位与劳动者建立劳动关系,应当订立书面劳动合同;已建立劳动关系,未同时订立书面劳动合同的,应当自用工之日起一个月内订立书面劳动合同。但调查显示,相当一部分城市受雇劳动者并没有能够和用人单位签订劳动合同,而且进城农民工的签约率显著低于城市本地劳动者。

调查表明,大多数的受雇进城农民工都未能签订劳动合同,而城市本地劳动者签订劳动合同的比率显著高于进城农民工。2001年,有73.07%的受雇进城农民工没能签订劳动合同;随后情况有所好转,但到2010年仍有52.11%的受雇进城农民工未能签订劳动合同。城市本地受雇劳动者签订劳动合同的比例相对较高,2001年为60.39%,2010年为69.30%。从变化趋势看,进城农民工和城市本地劳动者签订劳动合同的比例都在逐年提高,反映出中国劳动者劳动合同权益保障在不断改善;而且进城农民工签订劳动合同的比率比城市本地劳动者提高得更快,表明农民工劳动合同权益保障正快速与本地市民趋同(见表13-1)。

表 13-1 城市受雇劳动者劳动合同签订情况

单位：%

年份	进城农民工		城市本地劳动者	
	是	否	是	否
2001	26.93	73.07	60.39	39.61
2005	31.67	68.33	67.04	32.96
2010	47.89	52.11	69.30	30.70

资料来源：中国社会科学院人口与劳动经济研究所：《中国城市劳动力调查》，2001年、2005年和2010年。

（二）进城农民工缺乏社会保障，社会保险覆盖率远远低于城市本地劳动者

根据我国的相关法律和规定，在城镇工作的劳动者，用工单位与其劳动者应参加基本养老保险、基本医疗保险、工伤保险、失业保险、生育保险等社会保险制度，参保者在年老、疾病、工伤、失业、生育等情况下依法享受从国家和社会获得物质帮助的权利。但调查表明，2010年，进城农民工参加基本养老保险、基本医疗保险的比例，分别只有24.95%和31.95%；而城市本地劳动者参加这两项社会保险的参保率分别为80.08%和75.27%（见表13-2）。由于养老保险和医疗保险是社会保险体系中最重要的部分，因此可以认为，在绝大部分城市本地劳动者被社会保险体系所覆盖的同时，七成左右的进城农民工仍游离在城市社会保险体系之外。尽管在2001年至2010年间，中国城市劳动者社会保险的参保率有了很大提高，但进城农民工与城市本地劳动者的社会保障权益差距，仍然十分巨大。

表 13-2 城市劳动者社会保险的参保情况

单位：%

年份	进城农民工		城市本地劳动者	
	基本养老保险	基本医疗保险	基本养老保险	基本医疗保险
2001	3.11	3.27	41.62	41.31
2005	9.74	8.74	72.14	58.53
2010	24.95	31.95	80.08	75.27

资料来源：中国社会科学院人口与劳动经济研究所：《中国城市劳动力调查》，2001年、2005年和2010年。

（三）进城农民工很难享受城镇住房保障

住房保障制度是最基本的民生保障制度之一，中国已经建立起包括廉租房、保障房和经济适用房等在内的相对完备的城镇住房保障体系。但是，无论是面向低收入居民的廉租房制度，还是面向中低收入居民的经济适用房制度，以及面向城镇职工的住房公积金制度，都是面对城镇本地居民的，均将处于城市底层的农民工群体排除在外。尽管目前国家出台了改善农民工居住条件的相关政策，但仍强调以用人单位作为改善农民工居住条件的责任主体，并没有将其纳入政府提供的住房保障制度之中。从现有的保障性住房供应看，涉及的对象基本都是城镇户籍居民，中低收入的农民工家庭基本游离在政策之外。

从本章的数据分析看，2010年仅有11.67%的进城农民工居住在自有住房，其余的都是住在工地、单位宿舍或出租屋；而城市本地居民中80.70%住在自有住房。而且，进城农民工的居住条件显著低于城市本地居民。从调查来看，进城农民工住所有自来水、卫生间和管道煤气或天然气的比例，显著低于城市本地居民。例如，2005年只有64.07%的进城农民工其住房有卫生间，而89.36%的城市本地居民住所都有卫生间；2010年住所有卫生间的进城农民工比例提高到84.11%，但仍低于城市本地居民12.22个百分点。当然，需要肯定的是，在2005年至2010年，进城农民工的居住条件在快速改善，而且与城市本地居民的差距也在快速缩小（见表13-3）。

表13-3 进城农民工与城市本地居民居住条件比较

单位：%

	2005年		2010年	
	进城农民工	城市本地居民	进城农民工	城市本地居民
住所有自来水	88.40	98.72	94.19	99.04
住所有卫生间	64.07	89.36	84.11	96.32
住所有煤气或天然气	44.38	55.54	46.56	61.52

资料来源：中国社会科学院人口与劳动经济研究所：《中国城市劳动力调查》，2005年和2010年。

（四）进城农民工不能够享受城镇最低生活保障

最低生活保障是国家对家庭人均收入低于最低生活标准的人口给予资

助,以保证该家庭成员的基本生活所需。根据1999年起实施的《城市居民最低生活保障条例》,只有拥有城镇户籍的居民,才有资格在生活困难时向政府申请援助并获得救助。农民工由于没有城镇户籍,因此无法享受最低生活保障及相关的社会救助。而且,直到目前,城市和农村最低生活保障仍都是按属地管理原则审批低保对象,所以进城农民工难以被纳入流入地城市的低保范围。有研究表明,即使一些城市放宽农民工落户条件,但往往会附加一条收入须高于当地最低工资标准之类的规定,旨在减少低保人口,防止增加政府的城市公共服务成本。我们的调查显示,2010年有3.91%的城市本地居民获得了最低生活保障,但进城农民工的这一比例几乎为零。

(五)进城农民工子女教育尤其是高中阶段就学问题突出

自2003年国务院颁布《关于进一步做好进城务工就业农民子女义务教育工作的意见》,明确农民工子女义务教育"以流入地为主,以公办学校为主"的政策导向后,各地采取切实措施,多数地方基本实现了以公办学校为主接收农民工子女接受义务阶段教育。目前,约80%的农民工子女在城镇公办学校就读。一些地方不仅将农民工子女纳入学籍管理,安排教育经费,享受和本地学生同等待遇,还通过一系列干预手段,促进农民工子女融入城市学校。

目前的主要问题是,农民工子女在城市里很难有上高中的机会,更难以在城市参加高考,非本省籍农民工子女的中高考问题日益突出。中国高中教育还没有纳入免费义务教育范围,农民工家庭高中阶段教育负担较重。由于负担重,农民工子女初中毕业后弃读高中的现象比较普遍。调查还表明,21.9%的农民工希望子女能在务工城镇参加中考和高考,这个比例大致与举家迁移的农民工比例相当。这表明农民工在城镇就业和居住越稳定,越期望子女完全融入当地教育制度安排。这意味着考试制度的改革而非就读准入,已成为农民工子女融入城镇教育的新焦点。

二、进城农民工市民化的政策演变及进展

农民工市民化是劳动力流动的必然要求,是工业化和城市化的必然趋势。进入21世纪,国家开始致力于大力实现城乡统筹,切实保障进城农民工的劳动就业权益,并在社会保障和随迁子女教育等方面进行大幅改革,推动农民工市民化进程。总体上看,2000年以来,国家开始不断取消农民工进

城就业的不合理限制，逐步实现城乡劳动市场一体化；同时，积极推进就业、社会保障、户籍、教育、住房、小城镇建设等多方面的配套改革。到目前，农民工社会化的法规制度框架基本确立，农民工市民化步伐不断加快并取得了明显进展。

（一）平等就业权利的进展

在20世纪90年代后期，一些大中城市为了保证城市居民就业，规定了限制或禁止农民进入的职业和工种。这些做法损害了进城农民工平等的就业权利，对外出就业农民带有明显的歧视性。在此背景下，国家开始通过劳动政策调整，加强对农民工平等就业权益的保障。2001年3月，全国人大在《中华人民共和国国民经济和社会发展第十个五年计划纲要》中，着重强调打破城乡分割体制，取消对农村劳动力进入城镇就业的不合理限制，引导农村富余劳动力在城乡、地区间有序流动。2003年，《国务院办公厅关于做好农民进城务工就业管理和服务工作的通知》颁布，要求取消专门为农民工设置的登记项目，强调对农民工和城镇居民应一视同仁。

2004年《中共中央国务院关于促进农民增加收入若干政策的意见》（2004年"中央1号文件"）提出，进一步清理和取消针对农民进城就业的歧视性和不合理收费，简化农民跨地区就业和进城务工的各种手段，防止变换手法向进城就业农民及用工单位乱收费。这一文件确立了公正对待农民工，让进城农民融入城市的完整改革框架。同年，又颁布了《国务院办公厅关于进一步做好改善农民进城就业环境工作的通知》，要求地方各级政府，特别是城市政府要进一步提高认识，把改善农民进城就业环境作为重要职责。该阶段的政策，反映出政府对改善农村外来工就业环境的重视，标志着国家对农村外来工政策的调整进入新的阶段。

2006年3月27日，国务院颁发了《关于解决农民工问题的若干意见》，强调要消除农民工就业歧视和促进机会平等。这是中央政府关于农民工的第一份全面系统的政策文件，它涉及农民工工资、就业、技能培训、劳动保护、社会保障、公共管理和服务、户籍管理制度改革、土地承包权益等方面的政策措施。2007年又颁布了《就业促进法》《劳动合同法》《劳动争议调解仲裁法》，基本形成了消除农民工就业歧视和促进机会平等的法律框架。

（二）平等社会保障权利的进展

社会保障制度是国家和社会根据法律法规，保证社会成员依法获得基本生活权利，以维系社会稳定的各种社会安全制度。从相关的法律规定来看，中国现行的城镇社会保险制度原则上已不排斥进城农民工，主要问题是缺乏切实有效的履行。

为推动社会保障体制改革，我国分别于1997年、1998年和1999年先后出台了《关于建立统一的企业职工基本养老保险制度的决定》、《关于建立城镇职工基本医疗保障制度的决定》和《失业保险条例》，对养老、医疗和失业保险的参保对象、缴费比率和享受条件等作出了明确规定。尽管这些法规所规定的社会保险覆盖范围有所不同，但它们都明确规定，只要是和有关用人单位形成劳动关系的职工，都有参加和享受相应社会保险的权利。但是，这些法规没有对"职工"的范围进行明确界定，使得许多用人单位都认为农民工并不是职工，从而没有将他们纳入社会保险对象范围。针对这一问题，中国2004年颁布的《工伤保险条例》对"职工"一词进行了明确定义："本条例所称职工，是指与用人单位存在劳动关系（包括事实劳动关系）的各种用工形式、各种用工期限的劳动者。"可见，在此之前，在涉及农民工社会保险的法律规定方面，只有《工伤保险条例》明确将进城农民工纳入"职工"范围，而其他社会保险是否包括进城农民工，仍缺乏明确的规定。

2009年2月，国家人力资源和社会保障部向社会公布《农民工参加基本养老保险办法》，规定在城镇就业并与用人单位建立劳动关系的农民工，应当参加基本养老保险。这就明确规定了进城农民工享有与城市本地劳动力同等的社会养老保险权益。为促进人力资源合理配置和有序流动，保证参保人员跨省流动并在城镇就业时基本养老保险关系的顺畅转移接续，国务院决定从2010年1月1日起施行《城镇企业职工基本养老保险关系转移接续暂行办法》。该办法的主要内容有：包括农民工在内的参加城镇企业职工基本养老保险的所有人员，其基本养老保险关系可在跨省就业时随同转移；在转移个人账户储存额的同时，还转移部分单位缴费；参保人员在各地的缴费年限合并计算，个人账户储存额累计计算，对农民工一视同仁。

（三）子女教育平等权利的进展

20世纪90年代中期后，政府开始意识到农民工子弟的入学难问题，在1998年由国家教委和公安部联合正式颁布的《流动儿童少年就学暂行办法》中，已允许流动儿童在城市借读。2000年之后，政府对农民工子女入学问题逐步重视，也出台了一些政策或规定。2001年，国务院印发《关于基础教育改革与发展的决定》，明确提出流动人口子女接受义务教育的"两为主"方针，即以流入地政府管理为主，以全日制公办中小学为主。2003年1月，国务院办公厅发布《关于做好农民进城务工就业管理和服务工作的通知》，要求流入地政府接收农民工子女在当地全日制公办中小学入学，在入学条件等方面与当地学生一视同仁；加强对社会力量兴办的农民工子女简易学校的扶持，将其纳入当地教育发展规划和体系，统一管理。在2006年《国务院关于解决农民工问题的若干意见》中，提出要"保障农民工子女平等接受义务教育"，并再次明确提出了"两为主"原则。

为解决进城农民工义务教育阶段后的教育问题，国务院办公厅2012年8月31日转发教育部等部门《关于做好进城务工人员随迁子女接受义务教育后在当地参加升学考试工作的意见》，对社会广为关注的"异地高考"问题作了明确规定，并要求各地有关随迁子女升学考试的方案原则上应于2012年年底前出台。《北京市中长期教育改革和发展规划纲要（2010—2020年）》中首次提出，对符合条件的来京务工人员随迁子女将满足他们接受高中阶段教育的需求。这一政策，给今后实现异地高考奠定了基础。

三、推动进城农民工市民化的政策建议

（一）户籍制度改革需要实质性突破

首先，中央政府要提出改革目标和实施时间表。即把以户籍人口为统计基础的城市化率作为指导性规划下发给地方政府，分人群有条件地设定完成改革的截止期。大致来说，在2020年之前分步骤、分人群满足目前1.59亿人的落户和基本公共服务需求，消除人户分离的存量问题；同时按照每年城市化水平提高1个百分点的节奏，在劳动力转移到城市后五年时间里，解决户籍问题。即到2030年前，大体上使完整意义上的城市化率达到70%。

其次，明确区分中央和地方在推进户籍制度改革中的财政责任。中央要对基本公共服务的内涵和外延做出明确界定，据此重新划分中央和地方责任，同时也可以避免不顾国情无限扩大覆盖范围的现象。建议由地方政府为社会保障和最低生活保障等生活救助项目中补贴部分买单，而中央政府承担全部各级义务教育责任。这样，也可以同时解决长期存在的义务教育在地区之间和城乡之间的不均衡问题。

最后，地方政府根据中央的要求制定改革路线图，按照既定时间表推进

改革。对于尚未纳入市民化时间表的农民工及其家庭，地方政府有责任尽快为其提供均等化的基本公共服务。根据问题的紧迫性，区分先后地推进基本公共服务均等化进程，大体上，均等化的顺序应依次为：基本社会保险（其中顺序应为工伤保险、医疗保险、养老保险、失业保险、生育保险）、义务教育、最低生活保障和保障性住房。其中基本社会保险和义务教育的充分覆盖，应该无条件地尽快完成。

（二）进一步解决进城农民工子女的教育问题

要改变义务教育的逐级划片管理模式，实行义务教育的属地管理模式，让农民工子女获得与城市孩子一样的受教育权利。城市政府应负责保障农民工子女平等接受义务教育的权利，将农民工子女教育纳入教育发展规划和教育经费预算。以公办学校为主接受农民工子女，政府按照统一标准向学校划拨生均经费。支持社会力量举办"农民工子弟学校"，对于愿意承担义务教育任务、具有办学师资和安全设施的民办学校在师资培训、教学设备购置、校园用地等方面予以支持，并按学生人数给予财政补贴，保证农民工子女能接受质量合格的基础教育。确立农民工子弟学校的合法地位，妥善地将农民工子弟学校纳入国家教育体系，使办学者能进行长期的追加投资，设计学校的长远发展规划，发挥农民工子弟学校填补正规教育供给不足的缺陷。

要着力解决进城农民工子女的义务教育阶段后的教育问题，尤其是"异地高考"问题。外来务工人员虽然不具备流入地的城市户口，但他们为城市发展、经济繁荣做出了贡献，已成为事实上的"当地人"。按照权责对等的原则，让他们的子女享受平等的受教育权、考试权和录取资格，像流入地的孩子一样，分享公平教育的阳光，是一种很正常的教育待遇，也是社会公共福利的应有之义。关于"异地高考"，可以借鉴有关专家提出的"全国统考+大学入学考试"模式，即在全国统考之后，再加一场由各所大学自主出题和考试。这样既解决了高考户籍问题，消除了地域歧视，减少了"一考定终身"的偶然性，又充实了高校的自主管理权，符合大学"自治"的精神，有益于学术的继承与发展。

（三）建立和完善进城农民工住房保障体系

完善和落实农民工廉租房制度。鼓励有条件的企业建职工宿舍或农民工公寓，积极改善农民工在用人单位的居住条件。鼓励以大中城市城乡接合部的城镇社区和农村村委会为单位，利用非基本农田，为农民工兴建集居住、文化、教育、卫生服务设施于一体的居住社区。在符合城市发展规划的条件下，应允许集体经济组织利用集体土地建设符合农民工需求的集体宿舍和家庭式住房。发挥政府的主导力量，支持廉租房建设，使农民工租得起、住得下。政府要引导住宅开发企业在合理规划的基础上，建设面向农民工的低租金住房，向用人企业或农民工个人出租。

探索建立经济租用房制度，解决收入较高的农民工家庭住房问题。"经济租用房"又叫经济性租房，是指政府或企业持有一部分房源，并将这些房屋以一定价格出租给特定人群。这些房屋的居住条件要好于廉租房，是专门为特定人群解决居住问题所设定的。它以政府提供政策支持为前提，用市场的办法建设和租赁，其租金略低于同等条件下的市场价格，房屋多为小户型，供应对象主要面向中低收入住房困难群体，房屋租金实行以物价部门核实的成本来定价。目前，这一制度已在福建等地推行。它是继经济适用房、廉租房、限价房之后，一种全新的住房模式。

（四）加强培训以提高进城农民工的人力资本水平

农民工能否由"乡下人"转变为真正的"城里人"，除了制度、法律、资金等因素之外，还取决于农民工自身的素质和自我发展的能力。综合素质较高的农民工，进城后一方面容易获得较多的就业机会，容易获得相对稳定的职业和较高的收入；另一方面又容易缩小与市民的差距，培育市民观念，承担市民义务，得到市民社会及其管理者的认同，更好地融入市民社会。政府应通过加强进城农民工培训，提高他们的知识技能水平，为农民工市民化提供助推力。

当前，最迫切的是城市公共职业教育和培训服务应向进城农民工充分开放。目前，中国已经在城市建立起比较完善的公共就业服务体系，提供包括公共就业信息、公共职业介绍、公共职业培训和针对特殊对象的就业援助等服务，而且这些服务基本都是免费的。但是，这些服务主要针对城镇本地居民，进城农民工很难获得公共职业培训等服务。进城农民工在城市工作和生活，为城市经济做出了实实在在的贡献，而且相当一部分进城农民工已经在城市工作多年，除户籍身份外，他们与城镇本地居民基本没有区别。因此，现行的城市公共职业培训服务对象，应该扩大到所有在城市公共就业服务机构进行求职登记的农民工。中央政府要安排专门的资金，对农民工主要流入地进行专门的转移支付，以维护各地区之间在农民工公共职业培训负担方面的公平性。

参考文献

[1]《2013年全国农民工总量为2.69亿人》,央视网,http://m.news.cntv.cn/2014/02/10/ARTI1391997079978577.shtml,2014年2月10日。

[2] 国家统计局:《中国统计年鉴(2013)》,中国统计出版社2013年版。

[3] 蔡昉、高文书:《中国劳动和社会保障体制改革与发展道路》,经济管理出版社2013年版。

[4] 李强:《户籍分层与农民工的社会地位》,《中国党政干部论坛》2002年第8期,第16-19页。

[5] 王春光:《农村流动人口的"半城市化"问题研究》,《社会学研究》2006年第5期,第107-122页。

[6] 国务院发展研究中心课题组:《农民工市民化进程的总体态势与战略取向》,《改革》2011年第5期,第5-29页。

[7] 汤云龙:《农民工市民化:现实困境与权益实现》,《上海财经大学学报》2011年第13卷第5期,第34-41页。

[8] 王竹林:《城市化进程中农民工市民化研究》,西北农林科技大学博士学位论文,2008年。

[9] 张苏婷:《推进异地高考——中国高等教育改革的突破》,《佳木斯教育学院学报》2011年第6期,第78-79页。

[10] 简新华:《新生代农民工融入城市的障碍与对策》,《求是学刊》2011年第38卷第1期,第60-63页。

第十四章 改革开放以来的教育体制改革

经济增长保障了教育经费规模的增加以及教育结构和质量的改善。1993年,中央政府在《中国教育改革和发展纲要》中对教育经费投入标准做出承诺:到2000年代末,财政教育经费支出占国内生产总值的比例达到4%。然而直到2012年,该承诺才最终兑现,并在此后连续5年一直高于4%。财政教育经费支出规模扩大、比例增加的原因,一方面是财政支出占GDP的比重增加,另一方面也是由于教育公用经费增长速度超过了财政收入的增长速度,且在2015年以后,财政性教育支出在所有财政支出项目中占比最高。当然,财政教育经费不断增加的根本动力还在于经济的高速增长,以及经济规模总量的不断扩大。

尽管经济速度的提高和经济总量的扩大是教育事业发展的保障,但经济结构也会影响市场对不同人力资本水平的激励信号,从而改变个体的教育投资意愿。2001年以后,中西部地区基本实现普及九年义务教育,青壮年文盲人口规模和比例不断下降,但随后在短时间内,中西部农村地区辍学频发,义务教育阶段的普及成果迅速流失,因此,中央和地方的教育部门频繁发文并采取行动严控辍学。显然,个体接受义务教育的意愿在短时间内迅速下降,其背后原因更可能来自外界环境的改变和政策的冲击,即劳动力市场就业形势发生变化,导致接受教育的机会成本和教育投资贴现率迅速上升。2001年中国加入世界贸易组织以后开始参与世界产业体系分工,东南沿海地区外向型加工制造业迅速发展,低技术含量的非农就业岗位不断增加,2004年"民工荒"等劳动力短缺问题显现,非熟练工人工资开始上涨。显然,产业结构的变化也使劳动力的需求和价格发生改变,即外向型加工制造业发展增加了对非技能劳动力的需求,这些劳动力市场信号提高了个体接受教育的机会成本和教育投资贴现率,降低了个体接受教育的意愿,因此,在短时间内,中西部农村地区流行"读书无用""辍学外出打工"。

当然,教育也反作用于经济增长。教育促进了科技的进步,提升了劳动者的人力资本水平和掌握先进生产技术的能力，使人力资本与物质资本在更高的水平上实现匹配，进一步促进产业结构转型升级。综观改革开放40年，在不同时期，教育事业的发展都促进了经济的增长和发展模式的转变。20世纪80年代，我国顺利普及初等教育，使普通劳动者具备基本的读写能力，从20世纪90年代到21世纪初，又基本普及九年义务教育、扫除青壮年文盲，使普通劳动者满足现代化生产管理的需要。通过提升普通劳动者的科学文化素质，中国成功抓住了年轻型人口年龄结构所形成的人口红利机遇窗口期，将人口负担转化成劳动力资源优势，积极进行市场经济建设和参与国际产业分工，使经济在长时间内保持高速增长。进入21世纪第二个十年，我国继续普及高中阶段教育，培育懂技术、会经营的新型劳动者，使其适应并推动产业转型升级。但是，教育事业的发展也并不总是一帆风顺，随中国社会经济发展的历程经历了波折与起伏。

在中国探索式发展过程中，教育事业发展的无序或失衡阻碍了社会经济的进步。"文化大革命"期间教育发展无序，初等教育和职业教育被严重压缩，国家盲目发展和普及普通中等教育，造成教育结构畸形，中学"虚肿"而小学和职业学校发展不足，造成人才积压和人力资源浪费，改革开放之初，在经济恢复发展过程中，中高级技能水平的劳动力青黄不接，致使在引进西方先进生产技术或设备后出现无人能懂、无人会用的困境。另外，中国20世纪80年代以后出现教育发展失衡问题至今也在困扰着社会的发展，由于国家财政收入和财政性教育经费有限，在普及初等教育和义务教育过程中，我国将基础教育办学责任主体下移至基层政府，而各地经济发展水平差异显著，致使地区和城乡间教育发展差距越来越大，而且地方投入为主、缺少中央统筹的教育经费体制也导致地方保护主义盛行，外来务工人员子女、流动人口子女教育问题也迟迟得不到解决。因此，接下来中国的经济转型升级、社会公平正义的实现以及贫困代际传递的阻断都有赖于教育事业的改革与进步。

教育事业发展是经济增长的动力，也是经济增长的结果，在接下来推进社会现代化建设过程中，教育改革的重要性将会更加突出。1978~2018年，中国社会经历了计划经济体制和市场经济转型与建设两大阶段，经济发展也从恢复、转型、快速增长到追求高质量发展，这一过程中，教育体制也在不断调整具体政策和价值定位。在改革开放40年和全面建成小康社会的历史时点上，我们有必要梳理教育体制改革的历程，总结教育事业发展与经济增长在不同阶段和发展模式下的互动关系，为接下来的教育体制改革提供

第十四章　改革开放以来的教育体制改革

借鉴。

"文化大革命"结束以后，社会工作重心转移到经济建设上来，教育事业也从拨乱反正开始，进行了一系列的制度建设。1978年到20世纪80年代初，在拨乱反正的社会背景下，教育体制改革以恢复"文化大革命"前17年的制度体系为核心，进行调整、改革、整顿、提高，形成尊重知识、尊重人才的社会氛围。20世纪80年代到90年代初，改革开放过程中僵化的管理体制的弊病突出，而同时国际上信息技术和知识经济开始兴起，前者自上而下、后者自下而上共同促使教育体制进行转型，因此，中国在这期间重新规划教育制度，针对不同层次、类型的教育制定了一系列政策，并且这一时期形成的教育格局一直延续至今。

20世纪90年代末，中国开始向市场经济转型，教育作为社会人力资本的重要来源，也相应地做出调整并与市场化改革对接。这期间，我国基本普及九年义务教育，并改革职业教育和高等教育的招生就业制度，实现了招生和就业的市场化改革。21世纪第一个十年，教育体制改革过程中由于教育资源分配不均，地区、城乡教育差距逐渐拉大，促进教育公平、提高义务教育普及质量成为这一阶段的主要任务。到了21世纪的第二个十年，提升教育发展质量、促进义务教育均衡发展以及教育扶贫成为这一阶段的重点。目前，中国正面临新一轮的产业升级和结构调整，教育也逐渐成为社会阶层流动和分化的力量，因此，在新形势下中国的教育将面临新的定位和转型。

本章共分为八部分：第一部分的时间跨度为20世纪70年代末到80年代初，该部分梳理了这一时期改革的动因与基本思路，以及不同教育类型[①]的政策、制度变化；第二部分为20世纪80年代中期到90年代初的教育改革，我国在这一时期制定了教育的基本体制与制度，并一直延续至今；第三部分讲述了20世纪90年代的教育事业改革，在国家经济体制转轨背景下，我国基本普及九年义务教育，并且对中专及以上学历的教育进行了市场化改革；第四部分为21世纪第一个十年的教育体制改革，巩固义务教育普及成果，促进地区和城乡间的教育均衡化发展；第五部分为21世纪第二个十年的改革；第六部分和第七部分分别为40年来的教育体制改革的成就和存在的问题；第八部分为总结。

[①] 国家在不同时期重点普及的教育类型有所差异，因此在不同时期关于不同教育类型的统计指标、政策表述也存在差异。因此，本章在不同时期对教育类型的划分并不相同，但与国家政策表述一致。

一、20世纪70年代末至80年代初：拨乱反正

（一）改革动因与总体思路

1976年"文化大革命"结束以后，中国教育事业发展进入了拨乱反正和调整、改革、整顿、提高的阶段。20世纪70年代末教育改革的总体思路是恢复"文化大革命"前17年的教育制度安排，重新确立知识与人才在社会发展中的地位和作用。以上改革思路主要基于如下原因："文化大革命"导致教育事业发展混乱且长期停滞、人才积压且没有得到应有的社会尊重。

"文化大革命"时期，"左"倾政策扭曲了教育体制，使全国教育秩序陷入混乱，教育水平严重下降。1971年中共中央召开全国教育工作会议，会议对1949~1966年的教育发展予以定性，认为中华人民共和国成立以来大多数教师和学生的"世界观基本都是资产阶级的"，并且确定了一系列教育政策：工宣队领导学校；让大多数知识分子到工农兵中接受再教育；选拔工农兵上大学、管大学、改造大学；缩短大学学制；将多数高等院校交给地方领导。中小学教学秩序被打乱，一度"停课闹革命"，频繁下乡下厂劳动，学工、学农、学军、学商，批斗"智育第一""师道尊严"，盛行"读书无用"的不良风气；压缩小学，中学开门办学，招生人数"虚高"，在没有增加教育经费投入的情况下，"文化大革命"期间初中、高中招生扩大5~11倍，很多学生名义上是小学、中学毕业，但实际学习能力未达到相应标准。

教育体系和知识界成为"文化大革命"重灾区，大量年轻人才被积压，知识和人才得不到尊重。1966~1969年大学停止招生，1970年和1971年大学接收地方推荐的工农兵学员。高考招生制度的暂停导致大量人才被积压。大量高校教师被视为资产阶级"臭老九"，他们不仅在政治上遭受迫害，而且被迫下乡下厂，到"五七干校"参加劳动，接受再教育，由于长期脱离教学和科研，业务能力荒疏。"文化大革命"结束后，对高等教育的招生制度进行改革不仅能够培养高素质人才投入经济的恢复建设，同时也是一种尊重知识、尊重人才的政治表态。

因此，"文化大革命"结束后，国家启动了教育制度的恢复和重建工作。1977年5月，中共十届三中全会召开，邓小平恢复工作后亲自主管教育工作，主张恢复"文化大革命"前的统一考试、德智体全面衡量、择优录取的高等学校招生办法，他在《尊重知识、尊重人才》一文中提出："要实现现

代化，关键是科学技术要能上去。发展科学技术，不抓教育不行。"1977年11月，中央决定将工宣队从大、中、小学撤出。在1978年全国科学技术大会、全国教育工作会议上邓小平都强调，要调动教育工作者的积极性，要尊重教师，提高人民教师的政治地位和社会地位；提升教育质量、提高科学文化的教学水平；教育事业发展必须同国民经济发展的要求相适应。① 根据恢复和重建的总体思路，教育部门贯彻"调整、改革、整顿、提高"的方针，恢复并加强了基础教育、高中阶段教育以及高等教育的建设。

（二）初等教育

"文化大革命"期间，小学教育受到严重破坏，盲目发展中学，严重削弱了小学教育质量。1974年，国务院教科组发布《关于1974年教育事业计划（草案）的通知》，要求在大中城市逐步普及十年教育，有条件的农村地区普及七年教育。大批小学教师被转成中学教师，通过给小学"戴高帽"的方式发展中学，不但挤占了小学教师，而且占用了小学的校舍等硬件设施，到1977年，设立初中班的小学占小学总数的21%。

1978年以后，中央整顿小学教育秩序，并走上普及小学教育的正常轨道。在中小学撤销"红卫兵""红小兵"组织，恢复中国少年先锋队。1979年11月，中共中央批转湖南省桃江县《关于发展农村教育事业的情况报告》，批示指出："四个现代化，关键是科学技术现代化。培养科学技术人才，基础在教育，而小学教育又是这个基础的基础。"1980年中央政府发布《关于普及小学教育若干问题的决定》，明确提出了80年代要在全国基本实现普及小学教育的历史性任务，各地区根据社会、经济、文化条件，分期分批普及，经济发达、教育基础较好的地区，在1985年以前普及小学教育，其他地区一般在1990年前基本普及。②

为落实普及小学教育的任务，教育部也出台了具体的政策规定。1980年，教育部制订了《全日制五年制小学教育计划（修订草案）》和各科教学大纲，编写、审定了除思想品德课以外的各科通用教材，并颁发《小学生守则》。几年之内，各地区调整了小学的领导管理体制，提高了教师待遇，修缮、修建校舍，改善教学硬件设施，健全有关规章制度，建立了正常的教学秩序。

---

① 刘英杰：《中国教育大事典（1949—1990）》，浙江教育出版社1993年版。
② 朱永新：《中国教育改革大系（中小学教育卷）》，湖北教育出版社2015年版。

（三）普通中等教育

"文化大革命"期间，普通中学教育遭受了严重的破坏。林彪、"四人帮"全面否定了中华人民共和国成立后 17 年的中学教育方针和对知识分子的政策，打着"教育革命"的旗号，否定智育、知识和人才，打乱了教学计划、课程设置以及教学秩序，学校校舍等硬件设施也遭到破坏。在没有增加教育经费投入的情况下，普通中学盲目扩招，造成普通中学发展"虚肿"，中等专业学校、职业技术学校大量减少，造成了中等教育结构的单一化。

自 1977 年开始，普通中学教育开始恢复教学秩序，并着力压缩招生规模，提升办学质量。1977 年 11 月，中共中央转发了教育部关于"工宣队"问题的请示，决定从学校撤出工人宣传队，恢复"文化大革命"前的学校领导管理体制。各地中学逐步恢复规章制度，建立良好的教学秩序和学习风气。

教育部门采取一系列具体措施促进教学秩序恢复和普通中学质量的提高。首先，制订和修订普通中学教学计划，1977 年 9 月起，教育部组织专家编制全国通用中学各科教学大纲和教材，引进部分国外中小学教材，作为我国编写教材的参考。1978 年秋季，全国全日制十年制中小学开始使用这套教学大纲和教材，该措施迅速改变了"文化大革命"时期普通中学教育的混乱局面，提升了教育质量。其次，集中力量支持重点中学建设，1978 年全国教育工作会议决定集中力量办好一批重点学校，此后各地确立了一批重点中学。再者，压缩普通中学规模，为了贯彻"调整、改革、整顿、提高"的方针，1980 年国务院批准教育部和国家劳动总局《关于中等教育结构改革的报告》，推动中学结构调整，"充实加强小学，整顿提高初中，调整改革高中，大力发展职业教育，努力办好重点中学"，各地开始调整学校布局，压缩高中，加强初中。与全国普通中学规模最大的 1977 年相比，1981 年，普通中学学校数减少了 94550 所，减少了 47%，其中高中减少了 62%，初中减少了 40%；在校生人数减少了 1920.34 万人，减少了 28.3%，其中高中减少 60%，初中减少 17%[①]。

（四）职业教育

中等教育改革主要集中在改变单一的普通教育结构，扩大职业教育的比

---

① 《中国教育年鉴（1949—1981）》，中国大百科全书出版社 1984 年版。

例。1978年,邓小平在全国教育工作会议上提出要扩大职业技术学校的比例。1979年,五届二次人大会议政府工作报告中也指出:中等教育要有计划地举办各种门类的中等职业教育。1980年,全国劳动就业会议文件指出要"逐步建立职业教育网","有步骤地改革现行的教育制度,改变中等教育单一化,与经济建设严重脱节的情况"。同年10月国务院批转《教育部、国家劳动总局关于中等教育结构改革的报告》,指出"中等教育结构改革,主要是改革高中阶段教育,使高中阶段教育适应社会主义现代化建设需要",进行多渠道多主体办学。全国各地大规模调整学校布局,压缩普通高中,大力发展中等职业教育。

为了进一步落实发展职业教育的方针,教育部采取具体措施推进职业教育体系的重建。首先是成立省市中等教育结构改革领导小组,吸收计划、劳动、农业、教育等多部门参加,各部门密切合作,协调解决职业教育经费筹集、办学硬件设施、师资、毕业生分配等问题。其次是调动各部门、厂矿企业、人民公社的积极性,多渠道、多主体办学,提倡办学多样化,职业技术学校有的是从农村高中改建过来,有的是教育部门与政府其他职能部门联合举办,还有的是厂矿企业、人民公社举办,多元化主体办学保证了短时间内职业教育迅速发展,为生产发展提供了技能型人才。

(五) 高等教育

"文化大革命"期间,林彪、"四人帮"破坏教育、迫害知识分子,高等教育发展出现断层。1966年,招生权限下放到省、市、自治区,招生采取推荐与选举相结合的办法。1968年,工农毛泽东思想宣传队进驻清华大学,从此全国高校也普遍派驻"工宣队",领导学校的"斗、批、改"。此后,高校革命领导小组提出了各种"教育革命方案",全面否定中华人民共和国成立以来的高校教学方式、人事组织、领导体制、规章制度,造成了教学秩序的混乱,生源质量、教学质量和学术研究能力大幅度下滑。1970年高校开始招收工农兵学员,由工农兵学员上大学、管大学。1971年,中共中央批转《全国教育工作会议纪要》,提出了"两个估计":中华人民共和国成立后17年毛泽东的无产阶级教育路线基本上没有得到贯彻;原有教师队伍基本上是资产阶级的。"文化大革命"期间教育秩序混乱,人才大量积压,青年人才培养出现断层,造成改革开放初期各行各业人才短缺。

"文化大革命"结束以后,恢复高考拉开了教育事业拨乱反正的序幕。1977年8月,在科学与教育工作座谈会上,邓小平提出恢复高考招生制度,停止群众推荐入学的办法,这标志着教育秩序恢复正常。1977年底,有570余万人参加考试,录取27.3万人,高考招生一方面为"文化大革命"期间积压的知识青年提供了个人发展和上升的渠道,另一方面也体现了国家对知识和人才的尊重。

教育部门还进一步开展了高等教育的制度建设。制定了《中华人民共和国学位条例》,建立学位制度;各地试行《高等教育自学考试办法》,创办广播电视大学。恢复了过去行之有效的规章制度,建立各类教材编审委员会,编写教材,进行实验室和校舍重建,加强师资培训。教育部恢复并增加了一批高等学校,派遣留学生出国深造,高等教育事业在短时间内得到了恢复和发展。

二、20世纪80年代中期至90年代初:确定教育体制格局

(一)改革动因与总体思路

1985年以前,教育工作的核心是拨乱反正、恢复与重建教育秩序,但1985年之后,中国的教育改革便开始全面启动。此次教育改革除了要解决教育内部具体问题外,还有两个外部动因:经济体制改革,商品经济发展的冲击;新一轮的生产技术革命和信息技术发展。20世纪80年代教育改革方针的确立,形成了延续至今的教育基本格局、基本价值和模式。

社会经济体制改革过程中,僵化的教育体制越发不能适应社会的发展,对教育改革自下而上的需求日益增加。20世纪80年代初期,改革重心由农村家庭联产承包责任制转移到城市企事业单位的简政放权,教育权责划分不清,条块分割,地方学校归部委和地方政府所有和管制。计划经济的思维也在主导着教育部门的资源配置和人才培养,教育总体布局规划忽视了商品经济发展过程中劳动力市场对人才的需求,经济建设过程中亟需的职业技术教育缺位。[①]

20世纪80年代,信息技术革命兴起,改革开放伊始的中国意识到了新技术的冲击,社会、经济、科技现代化建设都要求中国要抓住信息技术革命的契机,自上而下的改革设计也需要改变现有教育格局。1983年,邓小平为

---

① 朱永新:《中国教育改革大系(中小学教育卷)》,湖北教育出版社2015年版。

北京景山学校题词:"教育要面向现代化,面向世界,面向未来。"面向现代化的教育既要实现内容现代化,也要实现教育方式的现代化,把教育的发展同世界科学技术的进步、中国经济社会建设联系起来。然而当时中国基础教育薄弱,学校数量、师资配备以及教育质量都很落后,小学教育未实现普及,还没有具备迎接世界新一轮生产技术革新的条件。

为应对上述困境,国家重新规划教育制度和格局,并且这些教育布局一直延续至今。1984年,中共十二届三中全会通过《中共中央关于经济体制改革的决定》,指出"进行社会主义现代化建设必须尊重知识、尊重人才","科学技术和教育对国民经济的发展有极其重要的作用","随着经济体制的改革,科技体制和教育体制的改革越来越成为迫切需要解决的战略性任务"。1985年,中共中央颁发《中共中央关于教育体制改革的决定》,文件认为在对外开放、对内放活,经济体制改革全面开展的社会大背景下,中国教育事业和教育体制的弊端凸显且无法适应现代化建设的需要。因此,"必须从教育体制入手,有系统地进行改革",在管理体制方面,简政放权,扩大学校办学自主权,调整教育结构,改革劳动人事制度。该文件提出的主要改革措施有:将基础教育办学主体下沉到地方,分步骤、分阶段实现九年义务教育;调整中等教育结构,大力发展职业教育;改革高等教育的招生和就业制度,增加高校办学自主权;动员社会力量参与教育事业发展等。1986年颁布的《中华人民共和国义务教育法》及该法的"实施细则",以法律形式规定了义务教育各相关主体的权利和义务,规定在农村实行县乡村三级办学的体制。1987年国家教委颁布《关于社会力量办学的若干暂行规定》,确立了"社会力量办学"的合法地位,肯定了民办和私立教育的价值,办学主体多元化迈出了第一步。

(二) 初等教育

20世纪80年代,农村义务教育资源布局以分布教学网点为主,国家全力推进普及小学教育。1986年,国家教委等部门颁发《关于实施〈义务教育法〉若干问题的意见》,文件强调要采取多种形式办学,"可在贫困边远、居住分散的地区举办适当减少课程门类,适当调整教学要求的村办小学或简易小学"[①]。80年代,形成了乡、村分散办学,校点广布、重心下沉的农村教育格局。多种形式办学、举办非正规的村学,网点延伸到村组,成为当时

[①] 郭福昌:《中国农村教育年鉴(1980—1990)》,山西教育出版社1999年版。

普及小学初等教育的基本经验。村村办学，方便适龄儿童就近入学，增加了农民子女接受教育的机会。①1982年，农村儿童入学率只有62.6%，到1990年，基本实现普及小学初等教育地区的人口占总人口的比例在90%左右。②

但是农村基础教育的办学主体的层级过低，经费短缺，办学艰难。为了落实《中共中央关于教育体制改革的决定》确定的"地方负责，分级管理"的基础教育责任体制，1986年，全国人大通过《中华人民共和国义务教育法》，确立了农村义务教育以县乡一级政府为主，办学经费主要由县乡政府筹集。基础教育管理权下放导致经费负担主体也层层下放，政策规定的"县乡政府管理"变为"县办高中，乡办初中，村办小学"。农村教育费附加和教育集资是农村义务教育经费的重要来源，但由于经费负担主体重心低，中西部地方乡镇财政收入低的地区，中小学办学经费紧张，办学条件差，拖欠教师工资现象普遍，教职工队伍不稳定，农村中小学生辍学现象频发。

在城市的基础教育改革中，恢复重点中小学建设。尽管在短时间内集中资源发展了一批学校，但却为后来的教育资源不公平问题埋下了隐患，并且催生了延续至今的"择校"难题。在教育资源分配上，国家向重点学校倾斜，加剧了城乡和地区间的教育事业、社会发展的差距。直到2012年《国家基本公共服务体系"十二五"规划》，政府才开始逐步取消重点学校、重点班的投资建设，但重点学校依然得到各种制度优惠，择校问题迄今无法解决，"择校"使接受较好的教育成为一种特权，使教育本身变成阶层分化的原因之一。

（三）普通中等教育

这一时期普通初中的发展与初等教育的普及状况相关。80年代中后期，普及初等教育已经到了收尾阶段，截止到1989年，全国有1300多个县完成普及初等教育的任务，他们接下来要面对的任务便是普及九年义务教育。经济发展水平中等及以上地区的初中普及率已经达到70%以上，农村地区是教育普及的重点和难点，因此农村普通初中是这一时期普通中等教育改革的重点。③

普通中学招生、毕业等政策也根据普及九年义务教育的安排进行了调

---

① 21世纪教育研究院：《农村教育向何处去——对农村撤点并校政策的评价与反思》，北京理工大学出版社2013年版。
② 张杰仲：《普及初等教育的新进展》，载《中国教育年鉴1991》，人民教育出版社1992年版。
③ 蔡宝培：《农村教育改革的重点在初中》，《人民教育》1989年第11期，第34-35页。

整。1988年，国家教委决定在五年内，各地逐步取消小学升初中的统一入学考试，实行就近划片入学，为了提高初中生毕业质量，全国各地也开始陆续改革高中招生考试，由市县统一组织初中毕业生会考。

80年代普通高中的规模不断被压缩，很多农村高中变为职业学校，而保留下的普通高中主要用于准备高考，发展片面追求升学率。1983年教育部发布《关于全日制普通中学全面贯彻党的教育方针、纠正片面追求升学率倾向的十项规定（试行草案）》，提出普通中学教育既要为更高一级的学校输送合格的生源，还要着重培养高素质的劳动后备力量，但这种双重定位受到片面追求升学率的影响，普通中学还是以应试教育为主。这期间，普通高中的双重任务论、单一任务论、基础任务论等各种观点盛行，高中阶段办学缺乏清晰的定位。

（四）职业教育

职业教育的改革主要是为了满足有计划的商品经济体制发展的需要。1982年，中国共产党第十二次全国代表大会提出"计划经济为主、市场调节为辅"的经济体制改革，1984年，中共十二届三中全会通过了《中共中央关于经济体制改革的决定》，确立发展在公有制基础上的"有计划的商品经济"。为了适应经济体制改革的要求，1985年中共中央颁布《关于教育体制改革的决定》，实行先培训后就业的制度，中等职业技术教育要同经济和社会发展的需要相结合，在城市要适应提高企业技术、管理水平和发展的需要，在农村要适应调整产业结构和农民劳动致富的需要，大力发展职业教育，充分调动企事业单位和业务部门的积极性，并且鼓励集体、个体和其他社会力量办学。

由于国家计划体制制订的招生计划无法满足社会其他领域的生产发展需要，职业教育在招生和就业领域进行了探索性改革。1986年3月，国家教委颁布《普通中等专业学校招生暂行规定》，将普通中等专业学校招生来源计划扩充为国家任务、委托培养、自费生三种。1987年1月，国务院办公厅转发《国家教育委员会等部门关于全国职业技术工作会议情况报告的通知》指出：要改革中等专业技术学校和技工学校毕业生的分配制度，逐步将包分配改为不包分配，由用人单位择优录用，由于当时的国有企业还有一定的就业吸纳能力，就业改革并没有在全国范围内迅速推行；中专和技工学校也要改革助学金办法，实行奖学金和贷学金制度，提高学生学习的积极性。这一时期的国家政策使职业教育取得较快的发展，中专招生、在校生规模迅速扩大，毕业生就业出路好，有较高的社会认可度。[1]

(五) 高等教育

80年代高等教育领域改革力度较大，高校获得办学自主权，得到了迅速的发展。1985年的《中共中央关于教育体制改革的决定》，改革教育管理体制，赋予高校办学自主权，加强高校同生产、科研和社会其他方面的联系，逐步落实校长负责制，调整教育结构，相应地改革劳动人事制度。1986年，国务院颁发《高等教育管理责任暂行规定》，进一步扩大了高校在招生、就业分配、经费、劳动人事、教师职称评定、教学科研等方面的自主权限，1988年国家教委下发《关于高等学校逐步实行校长责任制的意见》，进一步落实对高等教育改革的规划部署，伴随党政分开的政治体制改革，1989年，全国已有100余所高校实行校长负责制。

但是1989年的政治风波中断了高等教育改革的进程。原来试行校长负责制的高校陆续恢复原有管理体制，到90年代初，国家加强对大学生的思想教育工作，对大学新生实行军训、减少高校招生、调整留学生派遣政策，高等教育改革节奏放缓，再次往行政化的方向发展。[2]

三、20世纪90年代：落实教育改革政策

(一) 改革动因与总体思路

根据20世纪80年代教育体制改革的部署，教育部门在90年代出台一系列教育政策落实改革部署，并将改革的重心转移到基础教育和大中专就业制度上。社会经济环境的变化成为这一时期教育改革的动力：国家大力发展外向型经济，由计划经济体制向市场经济体制转型。90年代的教育改革使中国教育事业出现了量和质的变化。

90年代初，中国开始发展外向型经济，东南沿海地区外向型加工制造业的发展创造了大量非农就业机会，农村剩余劳动力大规模进城务工，因此，外向型经济和非农就业机会增加对普通劳动者的文化素质提出了更高的要求。1992年，中国扩大开放范围，进一步开放沿边、沿江、内陆和边境部分

---

[1] 曹晔：《当代中国中等职业教育》，南开大学出版社2016年版。
[2] 张秀兰：《中国教育发展与政策30年：1978—2008》，社会科学文献出版社2008年版。

城市。1994年,外汇体制改革使中国对美元汇率一次性贬值50%以上,短时间内形成巨大的出口优势。[①] 外向型制造业迅速发展,吸引了大量农村剩余劳动力向东南沿海地区转移。然而,当时中国农村和中西部地区的基础教育发展薄弱,九年义务教育还未普及,普通劳动力的文化素质偏低,既不利于劳动力的流动,也没有人力资本优势以吸引外资。因此,大力发展基础教育,普及九年义务教育,提升普通劳动者的科学文化素质迫在眉睫。

从计划经济向市场经济转轨过程中,劳动力及其人力资本也逐步参与市场配置,教育就业分配制度也需要做出相应调整。1992年邓小平"南方谈话"、中国共产党第十四次全国代表大会推动了市场化改革进程,开始推进以公有制为主体,多种所有制共同发展的社会主义市场经济。随后的国有企业改革导致国企就业吸纳能力下降,政府负责大中专毕业生就业分配的压力越来越大,而民营企业的迅速发展也需要高素质人才,劳动力市场对劳动力的配置能力逐渐增强,政府负责就业包分配已经不再适应市场经济发展的需要,因此,相应的教育政策也需要进行具体调整。

这一时期,社会经济体制转型过程中,国家将教育的地位上升到国家战略层面。1994年,第二次全国教育工作会议指出,要落实教育优先发展的战略地位,这是实现现代化的根本大计。1995年,全国科技大会提出要坚持教育为本,把科技和教育摆在经济、社会发展的重要位置,并且制定了"科教兴国"的发展战略。此后,国家承诺到20世纪末实现普及九年义务教育的任务,并且在职业教育和高等教育领域对招生、就业分配制度进行改革,落实统一招生考试、自主择业和上学缴费一系列政策。1999年,全国第三次教育工作会议指出,将教育作为先导性、全局性、基础性的知识产业和关键的基础设施,摆在优先发展的战略重点位置。

(二) 义务教育

20世纪90年代,基础教育经费紧张,办学艰难,国家出台政策节省教育经费开支。80年代,各地采取乡、村分散办学,网点下伸,举办非正规村学等方式,增强农村偏远地区适龄人口的教育可得性,在90年代初基本完成普及初等教育的任务。但是教育网点过于分散,教学点数量大,民办教师多,地方政府教育负担重,且无法进一步完成普及九年义务教育的任务。1992年,国家教委发布《关于进一步改善和加强民办教师工作若干问题的

[①] 温铁军:《八次危机》,东方出版社2013年版。

意见》,指出要把学校布局、定编定员以及民办教师职务评聘相结合,调整学校布局,精简人员,提高办学效益,开始压缩教师队伍,转正或清退民办教师。1994年分税制改革导致地方财政收入减少,乡镇一级政府的办学负担加重,尤其是在财政收入本来就少的中西部农村地区,教育经费短缺与普及九年义务教育任务最为艰巨并存。[1]

为顺利普及九年义务教育,国家开展贫困地区义务教育工程,并在项目县进行教育资源布局调整。为实现联合国"千年发展目标"——中国政府承诺到2000年基本普及九年义务教育,1995年国家教委和财政部实施"贫困地区义务教育工程",专款支持"八七扶贫攻坚计划"确定的国家级贫困县,用于新建、改扩建校舍,以及购置教学器材,培训中小学教师和校长。为保证资金使用效率,1995年,财政部、国家教委发布《中央义务教育专款(增量部分)使用管理办法》,对义务教育工程提出"突出重点,集中投入,成片建设,限期完成,保证效益"的要求,并要求"以完成普及义务教育为目标,贯彻教育资源优化配置,合理调整学校布局的原则"。1995~2000年,农村义务教育布局调整以减少网点、集中办学、提高效益为主。到1997年和1998年,国家教委和财政部多份文件和通知均指出"要在地广人稀、交通不便的地区,集中办好一批寄宿制学校","下大力气合理调整现有学校布局,实行集中办学,努力办好一批寄宿制学校"。1999年,朱镕基总理在全国教育工作会议上提出:"要大力提高办学效益,提高教育经费的使用效率。要进一步合理调整学校布局,优化教育资源配置"。截至2000年,国家贫困地区义务教育工程所覆盖的项目县,小学由原先的20.36万所调整到18.69万所,减少了1.67万所,减幅为8.2%。[2]

(三) 普通高中教育

普通高中教育的发展和定位与中等职业教育息息相关,90年代的普通高中教育改革也基本上围绕着普通高中相对于职业教育的价值,以及普通高中在基础教育和高等教育之间的连接作用。1995年,国家教委在全国教育工作会议报告中指出:有侧重地对学生实施升学预备教育或就业预备教育,并建议采取以下四种模式举办普通高中:生源好的普通高中可以办成升学教育;

---

[1] 21世纪教育研究院:《农村教育向何处去:对农村撤点并校政策的评价与反思》,北京理工大学出版社2013年版。

[2] 杨念鲁:《教育财务、审计与基本建设》,载《中国教育年鉴2001》,人民教育出版社2001年版。

大部分的高中采取校内分流，兼有升学和就业预备的课程设置；少部分生源差、升学率低的普通高中改成以就业预备为主的学校；举办少量的特色班，培养音体美等艺术特长生。但这种普通高中的办学定位主要依据学生的学业成绩，而非智慧类型和个人偏好，带有对学业成绩较低学生的歧视。然而，这一时期，高校扩招使得"上大学"的机会增加，家庭和个体投资高等教育的积极性较高，在高校扩招后，普通高中招生和在校生规模迅速增加，超过中等职业教育，在应试教育社会环境下，普通高中最终变成单一的升学预备教育。

综合高中兼具普通高中的应试和基础教育导向，又具备职业教育的专业性和就业导向，受到地方的青睐，但最终由于教育配套政策缺失而无法推广。1992年到1995年间，北京、江苏南通、浙江湖州以及上海都尝试举办综合性高中[1]，1998年，教育部在《面向21世纪教育振兴行动计划》中建议，在社会经济条件发达的地方可以尝试举办综合高中。但是由于综合高中在正规教育体系中没有明确的定位，因此这类教育缺乏具体办学政策的支持，既没有教育资源的特殊配置，也没有综合高中课程设置，更没有配套的升学考试制度，因此，此类教育一直未能占据高中阶段教育的重要位置。

（四）职业教育

1993年11月，中共十四届三中全会通过《中共中央关于建立社会主义市场经济体制若干问题的决定》，确定了建立社会主义市场经济体制的框架。随后开启了国有企业改革，中等职业教育作为与劳动力市场联系最紧密的教育类型之一，其办学、招生与就业均受到较大的冲击。市场经济转轨期间，经济波动使国有企业经营越发困难，预算软约束保护下的僵尸企业濒临倒闭，大多数国有企业为了提高企业效益，实行"减员增效"的改革，就业吸纳能力下降，使得中等职业学校毕业生的就业出路进一步变窄。另外，原本很多职业学校就是行业办学，随着计划经济向市场经济的转轨，许多中专、技校的主管局、公司由政府职能部门改为自负盈亏的行业协会或公司，当这些单位自身效益不断下降的时候，对下属的技校、中专也是甩包袱，教育投资不断减少。[2]

---

[1] 刘丽群：《我国综合高中发展的现实问题与路径选择》，《教育研究》2012年第6期，第65-72页。

[2] 陈乐乐：《中等职业教育三十年探究》，人民日报出版社2016年版。

劳动力市场对人力资源的配置越来越灵活，国家也开始逐步取消对中专生的就业包分配政策，并且放松对中职招生计划的控制。1994年教育部颁发了《关于普通中等专业学校招生与就业制度改革的意见》，在招生方面，规定实行由原来的国家任务计划和调节性计划相结合的招生计划形式，逐渐建立起"学生上学自己缴纳部分培养费用，毕业后大部分人自主择业"的机制；在就业分配方面，深化劳动人事制度改革，改革统包统配的制度，学校开始安排毕业生与用人单位"供需见面"，由招聘单位择优录用。1997年，国家教委、计委发布《关于普通中等专业学校招生并轨改革的意见》，进一步明确了就业市场化的改革方向，国家取消国家任务计划和调节性计划（含委托培养和自费生）的招生形式，实行统一录取标准，并且上学需要缴纳学费。

1999年的高校扩招增加了接受高等教育的机会，大量农村优秀生源也都转而选择上普通高中来参加高考。中等职业学校因为升学渠道不畅，无法吸引优秀生源，中专吸引力迅速下降，发展面临巨大挑战。尽管1996年全国人大通过《中华人民共和国职业教育法》，对职业教育体系、实施主体、条件保障等做出具体规定，但是并没有挽救中等职业教育衰落的趋势。自2000年起，中等职业学校放弃对学生学业成绩的要求，很多地方开始允许学生仅凭初中毕业证就可以报名入学，生源质量大幅下降。

（五）高等教育

尽管教育领域在80年代进行了一定的制度建设，但是教育体制矛盾还未得到解决，因此，90年代的高等教育改革主要集中在重点办学、打破"条块分割""部门办学"的旧体制、高校扩招，以及促进教育产业化发展。

首先在重点办学方面，为了加快创新性人才的培养，1992年，中央提出"要面向21世纪，重点办好一批高等院校"，即"211工程"，希望重点发展一批高校以带动高等教育的整体发展。1998年，中央又决定重点支持国内部分高校创建世界一流大学和高水平大学，即"985工程"。国家对重点支持的部分高校和学科投入大量资金，在一定程度上促进了高等教育的发展。

其次在办学体制方面，1993年，中共中央、国务院联合发布《中国教育改革和发展纲要》，其中指出，高中教育的发展目标是培养专门人才适应经济、科技和社会发展需求，集中力量办好一批重点大学和重点学科，并提出要深化高等教育体制改革的任务，解决政府与高校、中央与地方、国家教委与中央各业务部门之间的关系，建立政府宏观管理、学校面向社会自主办学的体制，"在政府与学校的关系上，依照政事分开的原则，通过立法，明确高等学校的权利和义务，使高等学校真正成为面向社会自主办学的法人实体"。1998年《中华人民共和国高等教育法》对高校领导体制也进行了调整，由1985年实行的校长负责制，改为党委领导下的校长负责制。

再次是高校扩招，1998年以前，大学录取比例低，但社会发展过程中对高等教育人才的需求却在不断增长，对于大多数中国家庭来讲，获得大学教育机会是最理想的人力资本投资方式之一，高校招生规模小与社会需求日益扩大之间的矛盾日益突出。早在1993年，中共中央在《中国教育改革和发展纲要》中就指出，要对高等教育的招生、收费以及毕业生就业制度方面进行改革，通过国家任务计划和调节性计划两种招生方式相结合的途径，从"双轨并存"逐渐向"并轨"改革推进，并且推行缴费上大学的制度。1998年亚洲金融危机成为高校招生、就业制度改革的直接原因，当时宏观经济低迷，总需求不足，但教育市场还处于供不应求的卖方市场状态，经济学家建议通过扩大教育市场供给能力增加消费。1999年，高校扩招进入正轨，1999年高等教育毛入学率为10.5%，到2002年，毛入学率超过15%，高等教育开始由精英教育向大众教育发展。

最后是教育产业化，办学思路由供给驱动变为需求驱动，教育结构的调整和专业的设定由原来的政府决定变为劳动力市场需求主导，从教育的办学理念到办学模式都出现了系统性的变革。在向市场经济转型过程中，教育也开始受到经济利益的驱动，教育走上了产业化发展的道路。在教育投入不足的情况下，政府利用市场机制扩大教育资源，学校通过教育活动盈利创收，教育开始以扩大规模、总量增长为发展目标。尽管教育产业化弥补了办学资金不足等短板，甚至产生了北大方正集团、清华紫光集团等一大批优秀校办企业，但地区和城乡之间的教育差距却在不断拉大，一时间上学难、上学贵的问题突出。

四、21世纪第一个十年：促进公平

（一）改革动因与总体思路

21世纪第一个十年的教育改革基本是在20世纪90年代的教育体制框架内，实施具体民生政策促进教育公平，重点发展农村的基础教育事业。21世纪第一个十年的教育改革动因主要是中国参与国际产业分工和国内的工业化、城市化建设以及教育发展不均衡问题突出。

首先，中国加入世界贸易组织，进一步提升普通劳动者的科学文化水平，有利于发挥劳动力比较优势，在国际产业分工中获得更大的发展空间。在正式参与世界贸易和产业分工以前，中国一直面临世界上最大的人口压力，年轻型的人口结构和人口红利的机遇窗口期是中国发展劳动密集型产业的比较优势，加入世界贸易组织后，中国外向型加工制造业快速发展并且吸纳了大量劳动力。但随着2004年东南沿海地区出现"民工荒"，劳动力短缺已经无法支撑传统制造业的发展，2008年国际金融危机导致全球经济下行，中国开始转变外向型产业结构，通过转变产业结构，发展资本技术密集型制造业参与新一轮的世界产业分工，而这些都要求进一步提升劳动者的科学文化素质和技能水平。

其次，21世纪第一个十年，国家大力发展城镇化，建设社会主义新农村，并试图通过发展教育事业来推进城镇化进程。为了缩小城乡差距，通过推进城镇化来解决三农问题，其实就是有步骤地将一部分农村人口转移到城市，这样使得一部分农民放弃原有土地，促进农业的规模化、集约化和现代化，另外将农民从第一产业转移到第二、第三产业，提高农民收入水平。但是城镇化发展不能简单地理解为"让农民上楼"，而是通过发展教育事业、提供非农就业培训机会提高农民的人力资本水平，使他们能够适应并参与到城市的发展。

基础教育发展不均衡问题突出。20世纪90年代，中国在短时间内普及九年义务教育、取消大中专毕业生就业包分配、高校扩招，这些改革时间周期短、力度大，大量教育资源向东部、城市、重点学校倾斜，导致教育资源分布不均的矛盾日益突出。由于基础教育的经费负担主体为地方政府，其质量很大程度上因各地经济发展水平、财政能力而存在差异，教育发展不均衡问题在基础教育领域尤其突出。另外，教育发展的不均衡问题还表现在：城乡二元结构导致城乡教育保障机制和办学条件存在较大差距，城乡和地区差距明显；财政经费投入不足，城镇居民和农村居民负担较重。

进入21世纪，中国的教育改革政策着力解决教育公平问题。2001年《全国教育事业第十个五年计划》首次强调教育公平的价值取向，"坚持社会主义教育的公平与公正原则，更加关注处境不利人群受教育问题，努力为公民提供终身教育的机会"。从制度层面，国家针对基础教育发展不均衡的问题进行了义务教育资源布局调整改革、农村寄宿制学校建设、针对进城务工人员子女教育问题的"两为主"[①]、"两纳入"[②]、从中西部农村到全国范围内的义务教育免费;针对高中阶段教育,改革普通高中教育、应试制度,加大对中等职业教育的支持力度,免除来自城市贫困家庭、中西部农村地区的学生的学费、学杂费;改革高等教育的奖、助学金政策。

(二) 义务教育

针对日益突出的教育发展不均衡问题,21世纪第一个十年的教育改革主要是在基础教育领域实施一系列民生政策,主要集中在义务教育布局调整改革、建立国家补偿性的义务教育经费负担机制、增强教育普惠性、流动人员子女教育问题的政策转变等方面。

为了完成"西部地区基本普及九年义务教育、基本扫除青壮年文盲"(简称"两基")攻坚计划,提高教育经费使用效率,国家推行农村义务教育布局调整改革。从2001年开始,《教育部、财政部、农业部关于继续做好农村教育费附加征收管理工作的通知》规定在农村税费制度改革试点地区开始取消农村教育费附加以减轻农民负担,这使得乡镇一级办学主体财政收入进一步减少,经费入不敷出,教师工资拖欠问题严重。为了应对上述问题,2001年6月,国务院颁发《关于基础教育改革和发展的决定》,实施新的农村基础教育管理制度,"实行在国务院领导下,由地方政府负责,分级管理,以县为主的体制",将农村中小学教师工资的管理上收到县一级财政;该文件还提出进行义务教育学校布局调整的任务:"因地制宜调整农村义务教育学校布局。按照小学就近入学,初中相对集中,优化教育资源配置的原则,合理规划和调整学校布局……在有需要又有条件的地方,可以举办寄宿制学校。"同年,全国基础教育工作会议也将农村中小学布局调整作为重点工作内容,全国范围内的大规模撤点并校拉开帷幕。

为了支持撤点并校,中央财政设立了两项专项基金:中小学布局调整专项资金、农村寄宿制学校建设工程。寄宿制学校成为中西部农村学校布局调整的重要建设内容。2003年的《关于进一步加强农村教育工作的决定》、2004年的《关于进一步加强农村地区"两基"巩固提高工作的意见》,以及《国家西部地区"两基"攻坚计划(2004—2007年)》等文件都鼓励通过兴建农村寄宿制学校推进义务教育学校局部调整。2004~2007年,中央财政投

[①] "两为主":进城务工人员随迁子女接受义务教育"以流入地为主、以公办学校为主"。
[②] "两纳入":将常住人口纳入区域教育发展规划、将随迁子女教育纳入财政保障范围。

入100亿元，在中西部地区修建寄宿制学校，义务教育阶段寄宿制学校的大规模修建，客观上加大了中西部农村中小学布局调整的力度。①

建立义务教育经费补偿机制，促进教育均衡发展。2005年，教育部、财政部发布《关于加快国家扶贫开发工作重点县"两免一补"实施步伐有关工作的意见》，加大向贫困地区农村义务教育阶段的贫困家庭学生实施"两免一补"的力度，免费向政策受益对象提供教科书、免除杂费，并给寄宿生补助一定生活费。2005年底，国务院出台《国务院关于深化农村义务教育经费保证机制改革的通知》，进一步明确了中央和地方的财政分担职责，列出了面向全部农村义务教育阶段学生的全面资助计划的时间表，扩大"两免一补"政策的目标群体。2006年，教育部联合财政部下发《关于实施农村义务教育阶段学校教师特设岗位计划的通知》，在全国范围内实施"特岗教师计划"，在高校招聘毕业生到"两基"攻坚重点县的义务教育阶段学校任教，该计划在改善农村基层教育、教学质量方面发挥了重要作用，基层教育管理者甚至认为"正是特岗教师撑起了中国农村的教育"。

国家增加转移支付减轻、免除家庭义务教育费用。2006年，国家免除西部农村学龄儿童的学费、学杂费和书本费，新修订的《中华人民共和国义务教育法》对义务教育经费的负担机制和保障机制做了法律规定，让义务教育回归免费的本质。2007年，进一步免除全国农村义务教育阶段学杂费，农村实现了免费义务教育。2008年，国务院下发《国务院关于做好免除城市义务教育阶段学生学杂费工作的通知》，标志着城乡统一的义务教育普惠制的形成。

2001年以前，政策设计依然遵循城乡二元分割的思维，强调流出地政府的责任，国家对外来人口及其子女教育问题主要是以限制为主，但是以2001年《国务院关于基础教育改革与发展的决定》为标志，国家针对流动人员子女教育问题的政策导向发生变化，将责任主体首次由流出地变成流入地。2003年，教育部六部委联合出台了《关于进一步做好进城务工就业农民工子女义务教育工作的意见》，明确规定了流入地和流入地政府、公办学校的责任。2006年，《国务院关于解决农民工问题的若干意见》指出："保障农民工子女平等接受义务教育。输入地政府要承担起农民工同住子女义务教育的责任，将农民工子女义务教育纳入当地教育发展规划，列入教育经费预算，以全日制公办中小学为主接收农民工子女入学，并按照实际在校人数拨

---

① 赵丹：《农村教学点问题研究》，中国社会科学出版社2016年版。

付学校公用经费。"2008年《国务院关于做好免除城市义务教育阶段学生学杂费工作的通知》强调在"两为主"的基础上，提出对进城务工人员随迁子女要免除学杂费、不收借读费。

(三) 高中阶段教育

进入21世纪，国家明确了普及高中阶段教育的任务和时间表。2001年《国务院关于基础教育改革和发展的决定》提出，到"十五"末，占全国人口35%左右的大中城市和经济发达地区，要基本普及高中阶段教育；占全国人口50%左右的已经实现"两基"的农村地区，高中阶段教育入学率要达到60%左右；占全国人口15%左右的未实现"两基"的贫困地区，要在"两基"攻坚战的同时，加强高中阶段学校建设，提高教育入学率。2002年，中国共产党第十六次代表大会提出"基本普及高中阶段教育"的战略目标，随后教育部列出了目标时间表：2010年普及高中阶段教育地区的人口覆盖率达到70%左右，2020年普及高中阶段教育地区的人口覆盖率达到85%左右，实现基本普及高中阶段教育的目标。2010年的《国家中长期教育改革和发展规划纲要（2010—2020年）》将高中阶段教育毛入学率达到85%视为"基本普及"，毛入学率95%则为"普及阶段"，99%以上则为"完全普及"阶段，全国高中阶段毛入学率将从2009年的79.2%增至2015年的87%和2020年的90%，要求届时在校生人数分别达到4500万人和4700万人。

从国家政策导向来看，普及高中阶段教育实际上主要是普及中等职业教育。20世纪90年代末的取消就业包分配改革和大学扩招，中等职业教育的生源质量和办学质量都出现严重下滑。随着2001年中国加入世界贸易组织，东南沿海地区大力发展外向型制造业，内地大力发展工业化和城镇化，都对劳动力技能提出新要求。2002年以后，国家再次重视职业技术教育，并加大了对中等职业教育的扶持力度。2003年11月，教育部、财政部和劳动保障部下发《关于开展东部对西部、城市对农村中等职业学校联合招生合作办学工作的意见》，旨在促进西部和农村职业教育的发展。2005年，《关于大力发展职业教育的决定》提出："十一五"期间投入80亿元加强中等职业学校实训基地、师范学校、县级职教中心和中职教师素质提高等基础能力建设。

为了进一步扩大中等职业教育的招生规模，针对该类型教育，国家建立了最为"慷慨"的资助计划，但这种缺少差别化和激励机制的投入机制也引发了较多争议。从2006年开始，国家开始逐步建立中等职业教育免费教育体系。2006年7月，教育部、财政部制定《关于完善中等职业教育贫困家庭学生资助体系的若干意见》，资助接受中等职业教育的农村贫困家庭和城镇低收入家庭子女。2007年，国家用于中等职业技术学校的资助经费每年约180亿元，资助对象覆盖所有农村户籍的一、二年级在校生和县镇非农业户口学生，以及城市家庭经济困难的学生，他们都可以得到每年1500元的生活补贴，资助面达到90%。2009年，国家将对农村贫困家庭和21个涉农专业的补助标准提高到2000元。① 为了保证普职相当的招生标准，大量财政教育经费投入到中等职业教育中去，但却缺少对资金使用状况和实际效果的评估，导致虚假学额、套取补贴的现象频发。②

（四）高等教育

21世纪第一个十年，教育产业化、高校扩招后的无序扩张问题突出，教育部门开始反思高等教育的定位与发展思路。高校扩张以及高校市场化运作，各种"市场化"的改革破坏了高等教育的公平性，由于政府投入不足，高校通过市场机制扩大教育资源，进行营利创收，单一的"能力—分数"择优标准被打破，以金钱换取学额的情况合法化。高校盲目负债扩建，无序发展。2005年以前，公办高校向银行贷款总额达到1500亿~2000亿元，到2006年，公办高校贷款总额就已经达到4500亿~5000亿元③，公立高校向银行贷款办学，赤字运作，给高等教育发展带来潜在危机。针对上述问题，2004~2005年，教育部相关负责人明确表示反对"教育产业化""效率优先"，以及教育的营利性④，同时教育部开始对直属高校进行检查和约束，严控从银行贷款的规模和结构，并且2006年，国家开始控制高等教育发展规模，将高校招生增长幅度控制在5%以内。

与其他类型教育改革的思路一致，国家也开始关注高等教育的公平性问题，建立对弱势群体、贫困地区或家庭学生的资助体系。2007年5月，国务院通过《关于建立健全普通本科高校、高等职业学校和中等职业学校家庭经济困难学生资助政策体系的意见》，在高等教育阶段建立起国家助学金、国家励志奖学金、国家奖学金、国家助学贷款、免费师范生教育、勤工助学、特殊困难补贴、"绿色通道"等多种形式的家庭经济困难学生资助政策体系。

---

① 曹晔：《当代中国中等职业教育》，南开大学出版社2016年版。
② 陈乐乐：《中等职业教育三十年探究》，人民日报出版社2016年版。
③ 陈光金、黄平、李培林、汝信、陆学艺：《2006年：中国社会形势分析与预测》，社会科学文献出版社2006年版。
④ 戈月：《教育部：教育产业化会毁掉中国教育》，《中国教育信息化》2005年第12期，第8页。

五、21 世纪第二个十年：提升教育质量

(一) 改革动因与总体思路

21 世纪第二个十年，全球主要经济体经济增长下行，国际政治经济秩序面临被重新改革的可能，很多国家在尖端科技领域展开竞争并试图占领发展先机。很多发达国家和新兴国家在关乎国家安全或国计民生的信息、生物、新材料、新能源、航空航天以及海洋开发等领域开展科技竞争。中国在这期间通过政策支持、资金投入等手段支持尖端技术研发，努力培育自主知识产权。为了这一发展趋势，在这期间中国加大高等教育和科技研发的支持力度，实现经济社会发展由投资驱动转变为创新驱动。

经济增速下降要求我国加快产业结构转型和技术升级，而劳动力人力资本提升是这一转变的主要推动力。21 世纪第一个十年的国家地缘冲突主要是围绕着资源和能源展开，在这一过程中，中国越来越意识到需要转变经济增长方式，降低经济发展对物质资源的过度依赖。同时依靠劳动密集型产业参与国际产业体系是不可持续的，若想获得更多收益和占据主动权，必须要进行产业结构升级调整，转变经济增长方式，在更高层次上参与国际产业分工，以上这些在客观上都要求人力资本和教育作为支撑和动力。科技进步对产业结构优化的推动力实质上来自人力资本的存量和配置。合理的经济增长实质上是物质资本和人力资本在数量上增加和质量上提升的过程。

互联网技术的普及和发展也在塑造劳动力市场的就业形态，对劳动者的技能结构提出新的要求，互联网技术将个性化的产品、服务需求与零散的劳动力供给匹配起来，非全日的、临时性或多层委托代理的弹性工作模式和劳动安排，对劳动者的流动性、适应性和灵活性的要求也越来越高。即使劳动者从事低技术含量的服务业，也必须会熟练使用网络等现代化工具，因此，在增加就业机会的同时，也对劳动力的一般性技能有更高的要求。[1] 就业形式多样化，技术升级更新速度加快，劳动力市场对一般性技能和通识教育的偏好越来越强，劳动力技能需求结构的变化也要求职业教育需要建立在良好的通识教育基础之上。具备了较高普通教育水平的劳动者才能更快地掌握和利用最新的生产技术，也能在技术出现转型的时候迅速接受新的技术或进行

---

[1] The Economist (2015). Workers on tap. The economist, January 3rd–9th.

职业转换。

为了应对上述经济形势的新变化，2010年至今，教育改革的基本思路是初级基础教育的均衡发展，加大对高中阶段教育的支持力度，提升高等教育办学质量。2010年，国家通过了《国家中长期教育改革和发展规划纲要（2010—2020年）》，2017年印发《国家教育事业发展"十三五"规划》，两份文件都继续把教育放在优先发展的战略地位，继续推进教育公平；继续实施教育教学改革，提高学生的创新能力和实践能力；进一步优化教育结构，新增招生计划往应用型和技术型专业倾斜；鼓励社会参与办学，并且进一步规范和完善中外合作办学；加强教育信息化建设，推动"互联网+教育"模式的发展，通过信息技术等手段实现优质教育资源的共建共享。

（二）义务教育

基础教育进一步往学前教育方向延伸，国家出台政策推进学前教育往普惠方向发展。城镇化发展、"全面二孩"政策，到2020年以后会形成对学前教育需求的高峰，但目前学前教育供给的数量和质量不足问题还比较突出。2010年《国务院关于当前发展学前教育的若干意见》指出，学前教育在各级各类教育中发展最薄弱，教育资源短缺、国家经费投入不足、幼师待遇低导致数量和质量匮乏，坚持公益性和普惠性，多方参与构建学前教育的公共服务体系。2017年5月，教育部发布《关于实施第三期学前教育行动计划的意见》，提出要在2020年基本建成"覆盖广、保基本、有质量的学前教育公共服务体系，实现全国学前三年毛入学率达到85%，普惠性幼儿园覆盖率达到80%左右"。2017年国家正式启动《学前教育法》的起草工作，从法律层面对办学的经费保障、不同层级政府的职责、不同办学主体的权利义务等方面做出制度性的规定。

进入21世纪的第二个十年，农村基础教育的发展思路主要围绕着"促进义务教育均衡发展"。提高义务教育的办学质量，巩固普及九年义务教育的成果，通过教育进行精准扶贫。在推进义务教育均衡发展、巩固普及成果的方面，2012年《国务院关于深入推进义务教育均衡发展》指出，到2020年，全国义务教育巩固率达到95%，实现基本均衡的县（市、区）比例达到95%。从2014年开始，用四年的时间，使贫困地区农村义务教育学校的教师、桌椅、图书、操场等教学设施满足需要，学校宿舍、床位、厕所、食堂、饮水等生活设施满足基本生活需要；留守儿童学习和寄宿需要得到基本满足，农村小学和教学点能够正常运转。在提高师资方面，"特岗教师计划"

的实施为农村教育补充了年轻、高素质的教师，提升了乡村教育质量，改善了农村中小学教师年龄偏大的状况；2013年教育部、财政部下发《关于落实2013年中央1号文件要求对在连片特困地区工作的乡村教师给予生活补助的通知》，增加贫困地区教师的福利待遇，增加乡村教师岗位的吸引力；2013年实施"农村校长助力工程"，2014年又开始实施中西部农村校长培训项目，提高义务教育学校校长的教学和管理能力。在教育扶贫方面，2015年11月颁布的《中共中央　国务院关于打赢脱贫攻坚战的决定》提出了"教育支持"在内的六种精准扶贫的方式，通过教育扶贫阻断贫困代际传递，进一步改善贫困地区的办学条件，对建档立卡的家庭经济贫困学生免除高中阶段教育学杂费，让贫困家庭子女都可以获取公平而有质量的教育。

这期间城市义务教育资源分配不均衡问题突出，"学区房""择校"问题成为城市居民关注的热点。2013年，党的十八届三中全会提出要推进义务教育免试就近入学，解决择校难问题，2014年，教育部在《关于进一步做好小学升入初中免试就近入学工作的实施意见》中要求小学升初中期间合理划定招生范围，全面实行阳光招生；2016年下发的《关于做好2016年城市义务教育招生入学工作的通知》要求在教育资源配置不均衡、择校矛盾突出的地方，采取"多校划片"，将吸引力大的学校招生范围扩大到多个片区，保证每个片区机会均衡。

（三）高中阶段教育

长期以来，在实际办学和课程设置方面，普通高中教育一直定位为"大学预科"式的升学教育，但在21世纪的第二个十年中，招生制度、课程培养方案等方面的改革都在重塑普通高中教育在国民教育体系中的定位。2017年，教育部印发《关于进一步推进高中阶段学校考试招生制度改革的指导意见》，改革中考招生方式，增加学生选择考试科目的自主权，录取参照学生综合素质。2018年1月，教育部启动对普通高中课程方案和课程标准的修订工作，再次明确高中教育的定位是"在义务教育基础之上进一步提高国民素质、面向大众的基础教育，不只是为升大学做准备，还应为学生适应社会生活和职业发展做准备，为学生的终身发展奠定基础"。

这一阶段，中国进入普及高中阶段教育的攻坚阶段，中西部地区和农村是普及工作的重点和难点，2018年"中央1号文件"《中共中央　国务院关于实施乡村振兴战略的意见》提出，要推进农村普及高中阶段教育，加大对教育设施发展落后地区的普通高中建设，增强职业教育办学力量，健全资助、免费制度，使绝大多数的农村新增劳动力都能够接受高中阶段教育。

目前国家将中等职业教育作为普及高中阶段教育的重点，为了促进中等职业学校的发展，力保普职招生一比一，国家加大对中等职业教育的投资和支持。尽管如此，2010年以后，我国各级各类中等职业学校招生人数还是出现大幅下降。2010年，教育部等三部门联合下发《关于实施国家中等职业教育改革发展示范学校建设计划的意见》，决定从2010年到2013年中央投入100亿元，在全国建立1000所国家级中等职业教育改革创新示范学校，加强中等职业学校教育教学改革。2014年《国务院关于加快发展现代职业教育的决定》认为要通过大力发展现代职业教育体系，通过产教融合、校企合作的方式，培养高素质技能型人才，促进经济增长方式和产业结构的转型升级。国家此后每年都会出台关于促进职业教育发展的相关文件，各地方也出台关于组建职业教育集团的文件，通过集团化方式整合地方职业教育资源，提高职业教育的质量。但是，随着接受高等教育机会的增加，民众的选择与政策导向之间越来越不一致，重新规划普及高中阶段教育的结构选择、评估中等职业教育的社会价值也更加紧迫。

（四）高等教育

这期间，高等教育的相关改革主要集中在提高教育质量上。2012年教育部印发《关于全面提高高等教育质量的若干意见》，从人才培养、学科建设、创新能力等方面要求高校进一步加强能力建设。2015年国务院发布《统筹推进世界一流大学和一流学科建设总体方案》，提出国家支持不同类型的高水平大学和学科的发展，从2016年开始对入选"双一流"的高校进行分级支持，同国家五年建设规划同步实施，改善高校师资队伍、创新人才和科研能力。

国家在支持高等教育质量提升过程中也加强了对中西部地区的政策倾斜，2013年，教育部、国家发展改革委员会、财政部印发《中西部高等教育振兴计划（2012—2020年）》，认为中西部地区高水平大学和重点学科数量偏少，学科设置和师资队伍难以有效服务区域经济发展，为了配合国家统筹区域均衡发展的布局，将进一步增加对中西部地区高校的政策支持力度，提升教育质量和创新能力。

六、40年来教育改革成就

（一）义务教育

1. 基本普及九年义务教育

作为农业人口占比较高的人口大国，中国在21世纪前后基本普及九年义务教育，并不断巩固和提升普及的效果和质量。普通劳动者科学文化素质的提高与人口规模优势成为吸引外资的因素之一，也促使中国成功参与世界贸易和生产体系，实现经济高速增长。

结合实际国情和财政实力拓宽办学经费来源是中国基本实现义务教育普及的重要经验。在1994年分税制改革以前，中央财政收入和实力有限，导致普及义务教育过程中预算内财政教育经费投入有限，而基础教育实行"分级办学、分级管理"体制，县、乡两级政府采取多种渠道筹资作为预算外教育资金，这些渠道有农村教育事业费附加、中小学学杂费、中小学勤工俭学收入、社会捐赠等，这些资金成为预算内教育经费的重要补充。以1992年为例，全国教育经费总投入为867.05亿元，其中预算外教育资金达到246.62亿元，占到总投入的将近1/3。

2. 推进义务教育均衡发展

启动西部"两基"攻坚计划，实施义务教育免费政策，促进义务教育的区域均衡发展。在普及义务教育过程中，基层乡、镇两级政府作为经费负担主体，其财政能力决定了本地普及的效果，导致义务教育发展地区间不均衡。没有中西部、农村地区义务教育的普及和提高，就不可能实现中国教育的公平原则，更无法实现教育的现代化。2003年之后，随着经济的高速发展和中央财政收入的增加，国家陆续启动了"两基"攻坚计划，进一步基本普及九年义务教育，基本扫除青壮年文盲，提升普及质量；并且逐步实施义务阶段教育的免学费政策，真正实现了义务教育的普惠性和免费性，减轻了家庭教育投入的负担。

为了提升教育质量，促进教育公平，国家增加对中西部、农村地区的投入，并且针对农村儿童实施一系列教育改进政策。2001年，全国农村地区进行义务教育学校布局调整，大量农村小学、教学点被撤并，为了解决偏远农村地区学龄儿童上学远和上学难的问题，国家启动"农村寄宿制学校建设工程"，为了提高集中连片贫困地区义务教育阶段儿童的营养健康和身体发育状况，2011年国家启动"农村义务教育学生营养改善计划"，建设学生食堂，改善在校生的膳食营养。2014年国务院发布《国家贫困地区儿童发展规划（2014—2020年）》，进一步改善贫困地区儿童的教育、营养健康状况，并且实施婴幼儿营养干预项目，提高贫困地区儿童的成长和发展能力，阻断贫困的代际传递。随着综合国力的提升以及财政收入的增加，国家在协调地区之间均衡发展方面所承担的责任也在不断增加。

（二）高中阶段教育

1. 为经济建设培养了大量人才

在不同的社会经济发展阶段，高中阶段教育在整个教育系统中的位置及其发挥的作用，均有所变化，因此，国家也在根据经济社会发展的实际需要，不断调整对高中阶段教育的定位。改革开放之初，在计划经济体制下，劳动力市场发育不完善，技能更新速度慢，国家通过大力发展职业教育培养基层生产和管理干部；而普通高中规模和占比相对较小，以升学为主，向高等教育输送优秀生源。随着20世纪90年代高校扩招，劳动力市场对人力资本的配置作用越来越大，社会发展过程中对高等教育人才的需求增加，国家也开始逐渐调整高中阶段教育定位，中等职业教育主要以培养中、高级技能劳动者为主，兼具对农村剩余劳动力进行技能培训的功能。同时扩大普通高中招生规模，在加强升学功能的同时兼顾基础教育的职能。

2. 中等职业教育的市场化改革

20世纪末，中国开启了由计划经济体制向市场经济体制的转型，随着各类所有制企业和经营主体对不同人才的需求，人力资源的配置也开始逐渐由政府计划分配过渡到市场化的自主择业和双向选择，满足了市场经济发展的对高素质劳动力的需要。作为以就业为导向的办学类型，中等职业教育的办学、招生就业等工作与市场对接，市场化改革在一定程度上取消了毕业包分配等政府就业保护措施，弱化了政府或主办单位的额外经费支持力度，使其与普通高中教育在同等条件下平等发展。

（三）高等教育

1. 高考招生的恢复与改革

"文化大革命"结束以后，国家恢复并确立了高考招生制度，作为人才选拔制度和实现社会流动的方式，它不仅反映了一种社会公平的价值取向，也反映了社会对知识和人才的尊重。通过高考制度，大量"文化大革命"期间被积压的人才资源被选拔出来,并且成为改革开放和经济发展的重要力量,这种人才选拔制度摒弃了个人阶级出身等其他因素,将个人综合能力作为选拔、考核的核心标准,在一定程度上体现了社会的公平、公正的价值观,也体现了对知识和人才的尊重。

1999年高校扩招推动高等教育从精英教育向大众教育发展。尽管短时间内的高校扩招降低了教育质量,甚至降低了高校毕业生的劳动力市场表现,但是从国家宏观层面来看,高等教育规模的扩大增加了民众接受高等教育的机会,进一步带动了对相关产业的有效需求,延长教育年限也推迟了个体进入劳动力市场的时间,减缓了就业压力,并且提高了接受高等教育人数的比例,总体上提升了国民的平均受教育水平和科学文化素质。

2. 提升高校创新能力建设

高等教育的科研实力集中体现了一个国家的科技发展水平和创新能力,改革开放以后,中国在较短的时间内在诸多尖端领域实现赶超,高校科研和创新能力取得较大的进步。科学技术在经济发展中的作用愈发突出,高等教育作为国家科技发展的前沿阵地,在短时间内在软件信息、大数据、人工智能等方面均有突破性发展,在航空航天、生物克隆技术等领域也走到世界前列。

七、40年来教育改革问题

(一) 基础教育

1. 流动、留守儿童的教育问题严峻

尽管义务教育已经在不断实现均衡化发展,但是由于城乡二元分割体制,流动、留守问题依然比较突出。目前城乡二元制度壁垒依然存在,尤其在大城市不断控制外来人口规模的背景下,进城务工人员及其子女在城市地区依然难以公平地享受教育等公共服务。大多数进城务工人员都是在城市从事非正规就业,非正规就业者在流入地城市通常没有缴纳社保或者有本地正规就业单位的工作证明,因此,尽管国家不断强调流动人口子女教育问题要以流入地政府和公办学校为主,但大多数从事非正规就业的进城务工人员子女在城市入学时很难满足公办学校的入学标准和条件。因此,他们的子女大多留在了农村。这些留守儿童日常生活缺乏父母的陪伴和家庭情感关怀,身心健康和发育状况堪忧。即使有些外出务工人员随迁子女能够获得在城市就读的机会，但是他们也难以接受公平而有质量的教育，并且由于中考和高考制度的地域限制，他们最终还是要回到家乡就读。

2. 偏远农村地区的硬件投资与能力建设失衡

在推进义务教育均衡发展过程中，国家加大了对中西部、农村地区学校财政支持的力度，校舍、图书室、宿舍等硬件设施有很大的改进，但是师资质量和管理水平还比较落后。尽管"特岗教师计划"和"乡村教师财政补贴项目"为农村学校吸纳了一批优秀的年轻教师，但是中西部、农村地区远离县镇，位置偏远，对年轻教师吸引力低。财政或民间慈善资源提供了很多先进的教学硬件设备，但由于缺乏掌握使用办法的教师，最终这些设备也都被闲置起来。

另外，中西部农村在进行义务教育学校布局调整过程中大量农村小学、教学点被撤并，在偏远农村地区家庭附近没有教学点的儿童都被集中到乡镇小学读书，并选择在校寄宿，同时也导致低龄寄宿问题。由于寄宿制学校缺乏生活老师，寄宿设施和管理措施不完善，致使很多低龄寄宿儿童缺乏专业的照看，对其在校学习生活期间学业成绩和身心健康均造成不利影响。

（二）高中阶段教育

1. 缺乏弹性的高中阶段教育结构

高中阶段教育一直奉行"职普相当"的招生原则，为了维持中等职业教育招生规模，大量教育财政经费用于招生宣传，以牺牲中等职业技术教育的质量换取招生的数量。"文化大革命"期间职业中学数量和普通中专在校生规模都大幅度减少，到1976年中等职业学校在校生规模仅为普通高中在校生的21%，普通高中和中等职业教育严重失衡。改革开放之初，国家经济恢复和建设期间需要技能型人才，而高中教育过于单一化，主要以普通高中为主，1983年《关于改革城市中等教育结构、发展职业技术教育的意见》提出改革高中阶段教育结构，大力发展中等职业教育，实现职普招生和在校生规模相当，自此"普职相当"的行政指令一直延续至今，并成为高中阶段办学和招生的重要考核指标。但是，目前的市场结构已经不同于改革开放之初，但"普职相当"的招生考核标准却依然未做出改变，导致国家政策导向与民众教育选择之间出现严重不一致，造成教育资源的巨大浪费。

2. 职业教育功能被过度放大

尽管大量研究证实中等职业教育相对于普通高中并不存在显著的比较优势，但政策制定者依然试图通过扩大中等职业技术招生规模来培养更多的中高级技术人才，促进产业结构转型升级，这种发展定位很可能违背了经济运转的规律。因为职业教育主要培养劳动者的特殊技能，只有在社会经济结构稳定、技术更新较慢且对劳方有失业保护的情况下，职业教育培养的特殊技能才有利于提高劳动者的生产率，与普通教育相比更具有比较优势。但是，当一个经济体面临经济结构转型，特殊技能的折旧率较高，并且阻碍特殊技能劳动者顺利实现职业转换，反而是接受普通教育的劳动者的市场适应性和灵活性更高，在已有一般性技能的基础上接受一定的特殊技能培训便可以迅速进入生产环节。显然，中国目前的结构转型和技术更新并不利于中等职业教育毕业生，在生产技术升级和经济结构转型过程中，他们更有可能首先受到冲击，被市场淘汰。

(三) 高等教育

1. 高校管理过于行政化

目前高等教育管理体制行政化，在一定程度上阻碍了学术和创新能力的发展。高校行政化包括对外的行政化和对内管理的行政化。关于对外行政化方面，高校都存在行政级别，这种级别有利于高校教学、管理人员与行政系统的工作对接和人事调动，但也在一定程度上将高校的办学权、管理权等权力集中到政府部门，导致高校办学缺乏自主权。关于对内的行政化，由于高校内部存在学者官员化、"官高学术强"的问题，导致高校中管理者职位越高，课题和学术资源也就越多，在学术话语权方面也更具有优势，这既容易导致科研资源分配不公，也给研究者形成不良的示范和引导作用。

2. 过于单一的科研评价体系

高校成果考核机制体系过于单一，考核过程难以平衡数量和质量的关系。目前在很多高校和研究机构，考核机制主要为"计工分制"，侧重于对考核量的积累，导致一些人通过制造大量低水平成果来完成考核要求，但缺少对高水平成果的鼓励。

另外就是对教学和科研之间考核权重的失衡，导致高校教师授课的积极性下降，也不利于本科生教育质量的提升。从目前的考核机制来看，科研的权重大于教学的权重，大量高校教师将精力集中在科研方面，在本科生教学方面投入的精力较少，导致高校教育质量的弱化。但实际上，教学和科研处于一种动态互补和增益的过程，他们相互促进和转化，将科研成果转化成教学内容，在培养学生的过程中也提高了科研水平。

八、总结

综观中国改革开放以来的教育体制改革和政策制定可以发现，中国教育事业发展的轨迹始终与经济发展的需要、劳动力市场对人力资本的需求密切相关。尽管侧重点有所差异，不同类型和层级的教育在提高私人收益率的同时，也产生巨大的社会效益，例如，可能减少犯罪率、促进社会稳定以及有利于经济增长等，大量研究证实，即使那些具有私人物品属性的特定教育类型，也有显著的正外部性。因此，中国教育事业应着眼于社会经济建设的实际发展需要，根据特定时期的经济体制和产业结构，出台不同的教育政策，培养满足社会发展需求的人力资本。

中国还处在社会转型、经济结构调整的大时代，教育依然是经济发展的原因和结果。目前，我国将教育放在优先发展的战略位置，但这并不意味着发展教育就等于经济增长，只有教育结构与经济体制和发展阶段相适应才能促进经济社会发展。经济结构转型期间，我们需要平衡好职业教育与普通教育、专业教育与通识教育的关系。近些年来，随着互联网技术参与"物联网"的建设，信息技术将个性化的商品和服务需求与零散化的劳动力供给匹配起来，劳动力就业更趋于弹性化和多样化，专业方向过窄的教育不利于劳动者在就业机会多元化的社会顺利实现职业转换，而通识教育提供的一般化技能有利于劳动者跨行业就业，并且有利于提升岗前特殊技能培训的效率。

国家的教育投资和政策是教育事业发展的重要推动力，因此，教育事业的发展水平有赖于综合国力和财政实力的不断增强。21世纪以前，在经济实力和财政收入有限的情况下，国家通过"人民教育人民办"的政治动员和号召，将办学主体下放到乡镇一级政府，农村集资办学，最终在一个以农民为主的人口大国建立了全面的教育体系并基本普及九年义务教育，是世界教育史上的奇迹。但中央和省一级政府承担的教育责任有限，导致基层办学经费短缺，而各地经济社会发展水平和财政实力的差异导致教育事业发展严重失衡。21世纪以来，随着经济发展水平和财政实力的增加，国家通过加大中央统筹的教育投资促进地区教育均衡发展，支持中西部地区学校硬件设施的改善和办学能力的提升，针对城乡弱势群体子女建立了完善的奖、助学金资助体系。国家教育财政经费投入逐渐成为调节收入分配，阻止贫困代际传递的重要力量。

但是，在国家加大针对中西部地区、农村和弱势群体的教育投入的同时，社会收入差距也在不断拉大，导致家庭教育投入呈现分化趋势。显然，家庭收入越高或条件越好，对子女教育的投资力度也更大，对优质教育资源的需求也越高，当下的"周末兴趣特长班"时兴、"学区房"火热、"中产阶级焦虑"等现象也说明了这一点。然而，弱势群体和中西部地区的学龄人口由于接触不到优质的教育资源或无法支付接受优质教育的费用而逐渐沉淀到社会底层。因此，若要实现教育真正的公平和区域均衡发展，国家在增加财政性教育投入的同时，还要进一步推进收入分配改革，加大财政转移支付力度，增强弱势群体家庭教育投资的能力，在公共投资和私人投资双重作用下，才能使"教育成为最根本的精准扶贫"。

参考文献

[1] The Economist, Workers on tap. *The Economist*, 2015, January 3rd-9th.

[2] 蔡宝培：《农村教育改革的重点在初中》，《人民教育》1989年第11期，第34-35页。

[3] 曹晔：《当代中国中等职业教育》，南开大学出版社2016年版。

[4] 陈光金、黄平、李培林、汝信、陆学艺：《2006年：中国社会形势分析与预测》，社会科学文献出版社2006年版。

[5] 陈乐乐：《中等职业教育三十年探究》，人民日报出版社2016年版。

[6] 21世纪教育研究院：《农村教育向何处去——对农村撤点并校政策的评价与反思》，北京理工大学出版社2013年版。

[7] 戈月：《教育部：教育产业化会毁掉中国教育》，《中国教育信息化》2005年第12期，第8页。

[8] 郭福昌：《中国农村教育年鉴（1980—1990）》，山西教育出版社1999年版。

[9] 刘丽群：《我国综合高中发展的现实问题与路径选择》，《教育研究》2012年第6期，第65-72页。

[10] 刘英杰：《中国教育大事典（1949~1990）》，浙江教育出版社1993年版。

[11] 温铁军：《八次危机》，东方出版社2013年版。

[12] 杨念鲁：《教育财务、审计与基本建设》，载《中国教育年鉴2001》，人民教育出版社2001年版。

[13] 张杰仲：《普及初等教育的新进展》，载《中国教育年鉴1991》，人民教育出版社1992年版。

［14］张秀兰：《中国教育发展与政策30年：1978—2008》，社会科学文献出版社2008年版。

［15］赵丹：《农村教学点问题研究》，中国社会科学出版社2016年版。

［16］《中国教育年鉴（1949—1981）》，中国大百科全书出版社1984年版。

［17］朱永新：《中国教育改革大系（中小学教育卷）》，湖北教育出版社2015年版。

第十五章　人口红利的贡献、变化趋势和对策建议

经济学理论通常认为，一个国家长期的经济增长主要依赖于全要素生产率的持续提升。例如，很多学者认为全要素生产率的下降是拉美经济停滞的主要原因。然而，"人口红利"却讲述了另外一个"故事"——全要素生产率即使不再上升，特定经济发展阶段所呈现出的特殊人口结构也能促进经济增长（陆旸、蔡昉，2016）。

"人口红利"有两个主要特征：第一个特征是"劳动年龄人口持续增加"，进而保证了经济增长所需的充足劳动力供给。这通常也被误认为是唯一的"人口红利"来源，而忽略"人口红利"的第二个特征，即"人口抚养比持续下降"。当一个国家的人口抚养比下降时，消费比例将减少、储蓄比例上升，进而为资本形成提供了必要的保证，从而为经济增长提供了充足的资本供给。除此之外，如果"人口红利"期和刘易斯转折时期接近时，劳动力无限供给还可以阻碍边际资本回报率递减趋势，从而资本回报率可以维持在较高的水平，有利于经济增长。同时，当劳动力从农村向城市不断转移，可以带来资源重新配置效率，也有利于提高全要素生产率和经济增长率。因此，特殊的人口结构能够提供经济增长持续的动力。中国过去40年的持续高速增长，背后离不开人口红利的贡献。而"人口红利"也并非中国独有的现象。例如，亚洲的日本和韩国也都曾经历这样的阶段。

实际上，"人口红利"常出现于特殊的经济发展阶段，这与人口发展的阶段特征有关。人口学通常将经济发展与人口增长分为三个阶段：①人口的"高出生率、高死亡率、低增长率"阶段；②人口的"高出生率、低死亡率、高增长率"阶段；③人口的"低出生率、低死亡率、低增长率"阶段。在第一阶段，虽然人口的出生率很高，然而高死亡率使人口总量增长缓慢，常见于经济发展初级阶段。然而，随着经济发展和经济环境的改善，人口死亡率降低，高出生率和低死亡率使人口总量快速增长，发展中国家的人口通常具有这样的特征。最后，由于经济和社会的进一步发展，以及教育程度的

提高，人们的生育意愿将随之下降，进而人口发展进入第三阶段，此时低出生率将迫使人口再次进入低增长。很多发达国家受到低生育率影响，人口甚至出现负增长。"人口红利"通常出现在第二阶段向第三阶段过渡的时期。此时，劳动年龄人口还在持续增加，出生率减少使得抚养比降低，同时老龄化时代还未到来。历史经验表明，经济发展的特定阶段很多国家都出现了人口红利（Williamson，1997）。

一、改革开放以来中国人口转变及其对经济增长的影响

（一）中国的人口转变

改革开放初期，以劳动力供给增加和抚养比下降为主要特征的"人口红利"逐渐显现，这一人口转变趋势与当时的"独生子女"政策直接相关。在"独生子女"生育政策下，城市人口执行一孩政策，而农村大多是两孩。因此，TFR（总和生育率）介于1~2，理论上不会达到更替水平2.1。这项政策在执行之初对于抑制人口膨胀产生了显著效果——出生人口几何递减、"少儿抚养比"和"总抚养比"迅速降低，为中国之后的高速经济增长提供了"人口红利"的条件。需要强调的是，即使没有生育政策的约束，随着经济发展和教育水平的提高，人口出生率也会自动降低，然而这个过程将较为缓慢，同时"人口红利"对经济增长的作用也不会如此清晰明显。正因生育政策的"外力"在短期迅速拉低了中国的总和生育率，这就使得中国的"人口红利"在短期内迅速形成并呈现显著特征，从而有别于其他国家的经验而更具特殊性。

图15-1（A）是中国15~64岁劳动年龄人口的变化趋势。可以看到，在1980~2010年，中国的劳动年龄人口从6亿迅速增加到10亿。这与20世纪50年代至60年代中国的高出生率有关。与此同时，由于经济发展和"独生子女"政策的影响，中国的少儿抚养比迅速下降导致总抚养比（被抚养人口占劳动年龄人口的比重）也在不断下降。从图15-1（B）中看到，总抚养比从1980年接近70%下降到2010年的不足40%。迅速增加的劳动年龄人口为经济增长提供了劳动力保障，同时，总抚养比持续降低有利于储蓄和投资的增长，进而为经济增长提供了资本的保障。由于中国的人口结构变化特征对于劳动力供给、资本供给和教育都有着正向影响，人口红利的形成对

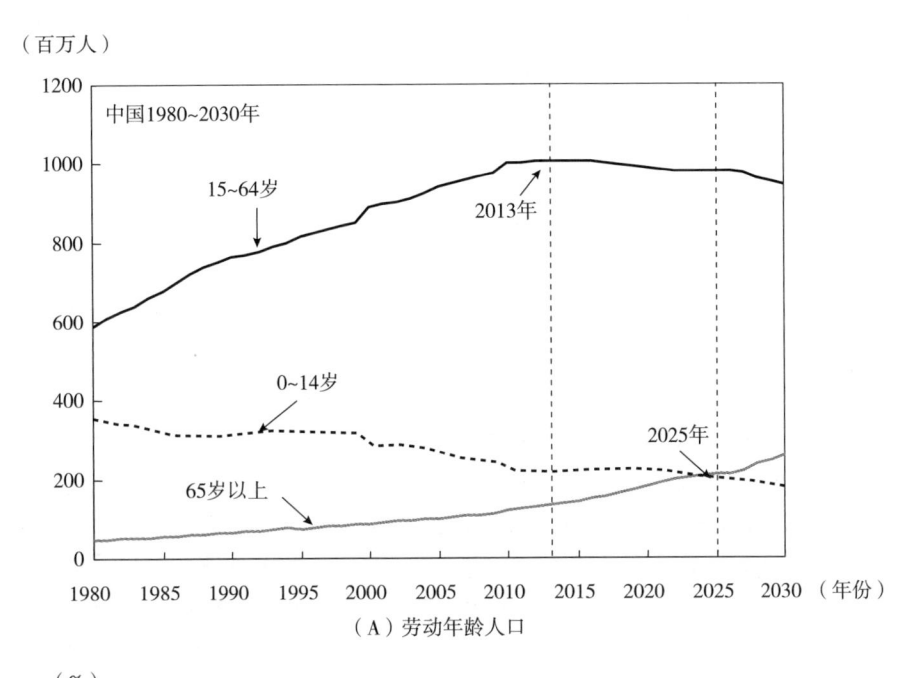

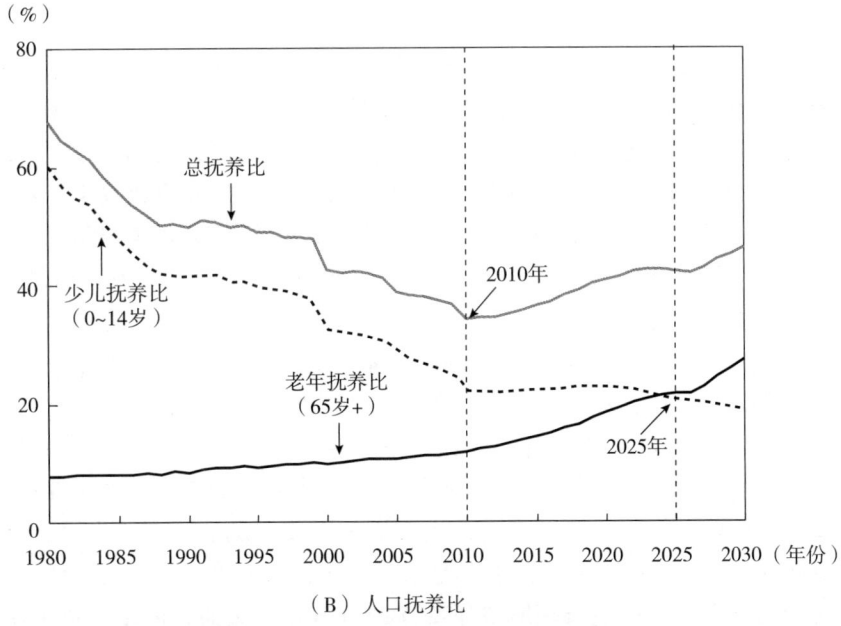

第十五章 人口红利的贡献、变化趋势和对策建议

（A）劳动年龄人口

（B）人口抚养比

图 15-1 中国的人口转变：1980~2030 年

1980~2010年间中国的潜在增长率产生了巨大贡献,也是产生"中国奇迹"的重要因素之一。

(二) 中国与其他国家在人口红利上的相同与差异

1. 中国与日本人口红利的异同

亚洲很多国家也都出现过"人口红利",但是日本最为典型,同时中国也与日本的人口转变最为相似。很多学者认为,日本的经济增长在1970年出现第一次迅速下降是由于"刘易斯转折点"的影响,以及日本第二次"婴儿潮"的影响。英国经济学家刘易斯认为,在城市工业部门吸纳农村剩余劳动力的过程中,经济会高速增长,而这种转移一旦完成,高速增长就会终止。同时,日本在战后1947~1949年迎来了第一次生育高峰期,新生人口激增,第一代婴儿潮在日本被称为"团块世代"。"团块世代"的下一代大都出生于1970年初,并带来日本的第二次"婴儿潮"。因此在20世纪70年代初,日本的少儿抚养比上升(带动总抚养比上升)、劳动参与率下降,储蓄率下降、进而资本形成率降低,由此带来日本潜在增长率第一次"断裂式"的下降。在1970年前后的10年中,潜在增长率减少了将近6%。

然而在1970年前后,日本的人口结构还没有发生根本性转变,15~64岁劳动年龄人口依然处于增长趋势。特别是,当第一次"婴儿潮"所带动的1970年的第二次"婴儿潮"过后,日本的出生率开始降低,到1977年跌至3%以下,此后日本的生育率就一直处于下降趋势。在这种背景下,在第二次"婴儿潮"过后,日本的人口抚养比到1980年前后又再次降低,资本形成率上升,劳动参与率得以维持,因此日本的潜在增长率在4%~5%的水平上维持了相当长的时间。

然而,自1977年以后,日本的出生率开始持续下降,1970年前后的第二次"婴儿潮"并没有产生足够的动力带动1990~1995年的第三次"婴儿潮"。同时,在1990~1995年,无论是15~59岁还是15~64岁的日本劳动年龄人口绝对数量开始下降,同时日本人口老龄化趋势加速,虽然少儿抚养比在降低但是总抚养比却开始上升,进而资本形成率迅速下降。由于1990年开始日本的人口结构发生了根本性变化,日本的潜在增长率再次出现了"跳跃式"的下降,潜在增长率减少了2.5个百分点。然而,同期实际GDP增长率减少了3个百分点,比其潜在增长率下降的幅度更加明显。由于日本政府在1990年并没有意识到增长率下降是由于人口因素引起的,仍然坚信经济增长率还能够达到4%~5%的水平，因此大范围的经济刺激计划使得实体经济产生了严重的泡沫，最终由于泡沫破裂，使得实际GDP增长速度比潜在水平还要更低。

反观中国的情况，由于人口结构的变化，2011~2015年中国的平均潜在增长率将降至7.32%，2016~2020年将进一步降低至6%~7%。"十三五"时期将比"十二五"时期的潜在增长率减少1.14个百分点。2020年之后，中国的潜在增长率将进一步降低到5.64%和5.60%。对比1990~2010年日本的潜在增长率变化趋势发现，1990~1995年日本的潜在增长率为1.97%，1996~2000年进一步降低至0.77%，两次下降幅度相差1.2个百分点。中国在2011~2020年的对应时期与日本在1990~2000年非常相似。

2. 中国与西方发达国家人口转型的区别

当讨论"人口红利"这个概念时，我们常常与亚洲国家进行对比，仿佛"人口红利"仅仅出现在亚洲地区。实际上，美国和欧洲国家也具有形成人口红利的条件，然而由于人口转变时间被"拉"得过长，"人口红利"在经济增长过程中就变得不那么明显。特别是，人口生育率大幅下降是由于新药物和新技术的产生，使得生育率可以人为控制。在新技术发明之前，生育率的变化非常缓慢。因此，难以形成抚养比的快速下降和储蓄率的迅速上升，当我们观察其他发达国家的人口转变时，很难找到明显的人口红利时期。

3. 非洲国家难以出现人口红利

很多学者希望非洲也能够获得"人口红利"实现经济的快速增长，从而摆脱贫困。显然，非洲具有非常高的总和生育率，能够保障充足的劳动力供给，这确实是形成"人口红利"的重要条件之一。但是受到风俗和观念的影响，非洲的总和生育率难以像亚洲国家一样，在短期内大幅度下降。也正因如此，虽然劳动力供给充分，但是人口红利的另一个条件"抚养比快速下降"难以实现。因此非洲国家还难以在短期内获得人口红利。如果总和生育率下降的速度非常缓慢，就会变得和欧洲国家一样，难以获得人口红利，或者只能获得非常微弱的人口红利。

二、改革开放以来中国人口红利的贡献

（一）人口红利的计算方法

人口红利对经济增长的贡献表现在三个方面：第一，劳动年龄人口持续上升有利于增加劳动力供给 L；第二，人口抚养比持续下降有利于新增资本和资本存量 K 的积累，从而有利于经济增长；第三，劳动力无限供给还能阻止资本边际报酬递减，从而有利于资本积累和经济增长。为了估计"人口红利"对中国经济增长的贡献，我们首先需要在标准的 CD 生产函数基础上，即 $Y=AK^\alpha(hL)^{1-\alpha}$ 的 CD，对各要素的贡献进行分解。需要强调的是，如果 L 被视为劳动力数量的代理变量，那么 h 则是劳动力质量的代理变量。而广义的人口红利不仅包括 L 对经济增长的贡献，还将包括 h 和 D（表示 15~64 岁的人口抚养比）对经济增长的贡献。其中，经济增长的决定因素 A、K、h 和 L 对增长的贡献及其估计方法通常采用各要素增长率乘以要素份额的方法得到，公式详见附录 15-1-2。

根据附录 15-1-2，我们可以直接计算出 L 和 h 对增长的贡献，然而，抚养比 D 对经济增长的贡献是间接的，需要通过影响资本形成率间接影响资本存量。因此，我们将资本存量 K 视为人口抚养比 D 的函数。从而分离出资本 K 中抚养比 D 的贡献。

（二）改革开放 40 年各生产要素对经济增长的贡献

表 15-1 给出了各要素对经济增长的贡献。其中，前四列分别是生产函数中各要素对经济增长的贡献。我们分别给出了两个估计结果，第一组（A）采用了佩恩表（Penn World Table 8.0）中的劳动占比系数，而第二组（B）是按照附录 15-1 的方法计算的劳动占比系数。我们发现，两组估计结果比较接近。

表 15-1 人口红利对经济增长的贡献

时期 1978~2010 年	各要素对经济增长的贡献（%）				人口红利（%）		
	K	h	L	A	$h+L$	D	$h+L+D$
A：根据佩恩表"劳动占比"系数计算							
1978~2010 年	49.10	6.56	12.00	32.33	18.57	5.33	23.90
1978~1980 年	40.42	10.02	22.14	27.42	32.16	11.85	44.01
1981~1990 年	40.54	6.27	22.53	30.66	28.80	9.42	38.22
1991~2000 年	46.57	8.04	6.56	38.83	14.60	2.14	16.73
2001~2010 年	62.79	4.34	3.89	28.98	8.23	2.49	10.71

第十五章 人口红利的贡献、变化趋势和对策建议

续表

时期 1978~2010年	各要素对经济增长的贡献(%)				人口红利(%)		
	K	h	L	A	h+L	D	h+L+D
	B：根据本章计算的"劳动占比"系数计算						
1978~2010年	50.21	6.28	9.51	34.00	15.79	5.74	21.52
1978~1980年	44.70	9.14	15.91	30.24	25.05	13.11	38.16
1981~1990年	44.83	5.72	18.43	31.01	24.16	10.42	34.57
1991~2000年	50.31	7.47	5.45	36.77	12.92	2.30	15.23
2001~2010年	57.14	4.78	2.72	35.36	7.50	2.28	9.78

注：K代表资本存量，h代表平均人力资本水平，L代表劳动力，A代表技术进步和制度红利，D代表抚养比。其中，$h+L$表示劳动力数量和质量的提高带来的人口红利，$h+L+D$代表总体的"人口红利"。

在1978~2010年，资本存量的增长对经济增长的贡献最大，约占1/2，当然这里并没有分离抚养比的贡献。其次是技术进步对经济增长率的贡献，约占1/3。劳动力数量和质量的提高对经济增长的贡献约占1/6。其中，劳动力数量的增长对经济增长的贡献约为10%~12%，劳动力质量的提高对经济增长的贡献约为6%~7%。进一步，我们将总抚养比的递减对经济增长率的贡献从资本的贡献中分离出来。此时，抚养比对经济增长率的贡献达到5%~6%。如果将这一因素排除，单纯的资本存量积累对经济增长的贡献从50%左右下降为不足45%。此时，我们将人口数量和质量的提高，以及人口抚养比的减少对经济增长的贡献加总，得到了这三项因素产生的"人口红利"。1978~2010年，在中国高速的经济增长中，"人口红利"的贡献可以达到1/5~1/4的水平。[①]

然而，各要素对经济增长的贡献在不同时期却存在明显差异。在改革开放初期（1978~1990年），资本存量（剔除抚养比的贡献）、技术进步和"人口红利"对经济增长的贡献大约是30%、30%和40%。在此期间，人口红利对经济增长的贡献略高于其他两个要素。然而，在1991~2000年，这三项要素对经济增长的贡献发生了变化，占比约为45%、40%和15%。资本存量和技术进步对增长率的贡献超过"人口红利"的贡献。到2001~2010年，

---

① 在模型中，我们仅考虑了劳动力数量和质量的提高以及抚养比递减产生的"人口红利"，并没有将劳动力重新配置效率从TFP中分解出来。

资本、技术进步和"人口红利"对增长率的贡献又进一步发生了微妙的变化，分别为60%、30%和10%。人口红利的贡献进一步下降，资本的贡献进一步增加，而技术进步的贡献反而下降。总体来看，资本对经济增长的贡献呈现递增趋势，"人口红利"对经济增长的贡献呈现递减的趋势，而技术进步（不能被要素投入解释的部分）对经济增长的贡献呈现了倒"U"形的变化趋势。从某种程度上，在高投资率支撑下的粗放型经济发展方式也限制了技术创新和全要素生产率的提高。

这一发展模式显然是不可持续的。首先，2010年之后中国的人口结构发生了根本变化——劳动年龄人口减少和抚养比上升，"人口红利"中的L和D对经济增长的贡献将由"正"转"负"，"人口红利"开始减弱。其次，抚养比上升和人口老龄化趋势也将使资本形成率逐渐下降，依靠政策性的大规模投资已经缺乏微观基础，经济刺激下的投资驱动型经济增长也将不可持续。因此，在"人口红利"减弱和不可持续的投资型经济增长方式下，理论上，提高全要素生产率才是未来中国经济增长的主要动力。

（三）人口红利减弱及其对潜在增长率的影响

1. 潜在增长率决定实际增长率的长期趋势

一个国家的实际经济增长在短期受需求因素影响，而在长期则受到供给因素的影响，后者在经济学理论中，表现为潜在经济增长率。实际上，一个国家的潜在增长率正是由资本、劳动力和全要素生产率（TFP）等供给因素决定的。这些供给因素的潜在水平决定了一个国家经济增长的潜力。而实际经济增长率总是围绕着潜在增长率波动，当实际增长率高于潜在增长率时，说明产能利用率超出一个国家的潜在水平，此时，为了满足更高的产出要求，就业人数就必然超过了潜在就业量（或称为充分就业条件下的就业数量），而失业率则低于自然失业率（或称为充分就业下的失业率，仅包含摩擦性失业），此时，宏观经济表现为通货膨胀，反之则表现为通货紧缩。增长率缺口（实际GDP增长率与潜在增长率之差）为正时，宏观经济表现为通货膨胀，反之则表现为通货紧缩。这一现象在经济学中分别被表述为菲利普斯曲线（Phillips Curve）和奥肯定律（Okun's Law）。从奥肯定律中看到，实际增长速度低于潜在增长率的部分，将对应着一定幅度的周期性失业；而菲利普斯曲线所描述的正是受短期需求因素影响的实际GDP增长率，与受长期供给因素影响的潜在GDP增长率之间的因果关系，进而印证了"潜在增长率决定论"。

正因如此，我们可以将潜在增长率作为判断中国未来经济增长的主要依

第十五章 人口红利的贡献、变化趋势和对策建议

据。潜在增长率的估计方法详见附录15-1-1。估计结果显示,1980~2010年中国的潜在增长率在10%左右。虽然部分年份实际增长率远高于或者低于潜在增长率(见图15-2),但是潜在增长率决定了中国经济增长的长期趋势(见表15-2)。例如,在1989年和1990年中国的实际增长率仅有4%,然而其潜在增长率并没有大幅度降低。因为潜在增长率由供给因素的潜在水平决定,在1989年和1990年中国潜在的就业和资本存量并没有趋势性的变化,只是全要素生产率(TFP)变为负增长。因此,由"供给侧"所决定的潜在增长率并不会出现大幅下降。然而,实际经济增长受到"需求侧"因素的影响,短期需求不足导致了实际增长率远低于潜在增长率。此时,由于潜在增长率仍然处于较高水平,确保增长速度不低于8%(即"保八")是必要的,否则会遭遇严重的就业冲击。然而,从"十二五"时期(2011~2015年)开始,由于15~64岁劳动年龄人口的绝对数量每年都在减少,抚养比开始不断上升(见图15-1),"人口红利"减弱导致潜在增长率迅速下降(我们之后还将给出具体估计结果)。如果此时,仍然以"保八"作为增长的预期目标,将导致通货膨胀和要素价格扭曲等不利的后果。因此,我们应该以潜在增长率作为未来经济增长的目标。

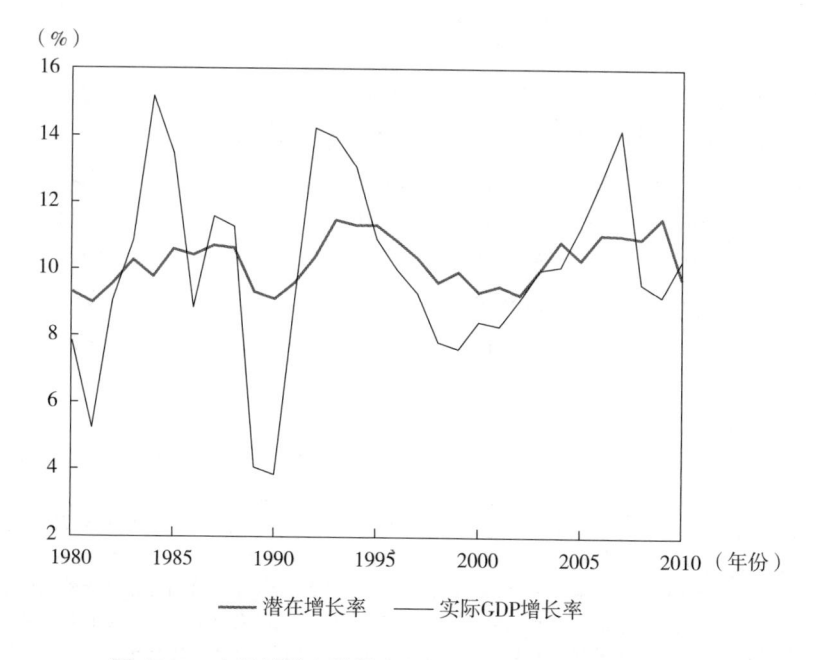

图 15-2 中国的潜在增长率和实际增长率:1980~2010 年

表 15-2　实际增长率和潜在增长率：1980~2010 年

时期 变量	1980~ 2010 年	1981~ 1985 年	1986~ 1990 年	1991~ 1995 年	1996~ 2000 年	2001~ 2005 年	2006~ 2010 年
潜在增长率	10.23	9.84	10.04	10.83	10.02	9.98	10.87
实际增长率	10.02	10.76	7.92	12.28	8.64	9.76	11.20

资料来源：笔者计算得出。

2. 人口红利减弱导致潜在增长率下降

按照潜在增长率的估计方法（见附录15-1），在预测2011~2050年中国的潜在增长率时，我们需要代入2011~2050年的潜在资本存量（见附录15-2-3）、2011~2050年的潜在就业（见附录15-2-4）、2011~2050年的潜在人力资本指数（见附录15-2-5）。其中，潜在资本存量和潜在就业的变化趋势与中国未来的人口抚养比以及分年龄和性别的人口数量直接相关。因此，人口预测影响了潜在增长率的预测结果。

为此，我们选择郭志刚（2013）分年龄和性别的人口预测数据，其中包括四个方案。前三个方案分别假设TFR（总和生育率）维持在固定水平，分别为1.6、1.77和1.94。最后一个方案为"晚升高方案"，即2035年之前TFR保持在1.4的水平，2035年之后TFR迅速上升到1.94。考虑到中国目前的总和生育率和1.4比较接近，我们采用晚升高方案作为"基准情景"，在此基础上我们估计了2011~2050年中国的潜在增长率。[①]

简单来讲，在其他条件不变的情况下（TFP和模型中的其他参数保持不变），人口结构变化会引起潜在增速的变化。此时，潜在增长率的趋势仅受到人口预测的影响（人口预测的重要参数是总和生育率）。我们看到，由于"人口红利"的减弱，中国的潜在增长率从之前的10%左右，下降到"十二五"时期的平均7.5%，"十三五"时期将进一步下降到平均6.6%，而这一

---

① 需要强调的是，如果我们只关注2035年之前的潜在增长率和改革红利，那么，在2035年之前的模拟结果不受影响。但是2035年之后，由于TFR突然上升使改革效应受到影响，至少会高估其他政策模拟结果。当然这种假设的好处是，可以观察突然大幅度放松生育政策带来的影响。从目前来看，即使施行"单独二孩"政策，对TFR的影响也不大，如果考虑到经济发展和教育水平提高对TFR的负影响，小幅调整生育政策很可能只是维持TFR在1.4的水平。如果到2035年后大幅放松生育政策，甚至取消所有生育限制，那么总和生育率突然上升到1.94也存在可能性。当然我们也可以用1.6作为基准情景，好处是其他改革红利在2035年之后和之前具有可比性，因为TFR不变。但缺点是，如果我们关注近几年的潜在增长率，那么准确性会受影响。因此，我们将"晚升高"作为基准情景，另外三个方案作为此后"改革红利"的模拟。

第十五章 人口红利的贡献、变化趋势和对策建议

趋势还将持续，估计结果如表 15-3 所示。

表 15-3 潜在经济增长率——低速、中速和高速
（基准情景中 TFR=1.4，2035 年之后为 1.94）

模拟	2011~2015 年	2016~2020 年	2021~2025 年	2026~2030 年	2031~2035 年	2036~2040 年	2041~2045 年	2046~2050 年
A：基准情形：除人口结构变化外，所有参数保持不变							
中速	7.493	6.649	5.773	5.173	4.631	3.857	2.758	1.685

注：对 TFR 的假设包含四种：TFR=1.6，1.77，1.94；以及 TFR 在 2035 年之前保持 1.4，2030 年之后迅速上升到 1.94（"晚升高"方案）。这里"中速"潜在增长率正是采用 TFR "晚升高"方案作为基准。

我们进一步将 2011~2050 年中国潜在增长率按照要素贡献进行分解。为了与历史数据进行对比，我们同样给出了 1981~2010 年各要素对中国潜在增长率的贡献（见表 15-4 和图 15-3）。从潜在增长率的要素分解来看，在 1981~2010 年，"人口红利"对潜在增长率的贡献平均达到 20%，然而"人口红利"却呈现出递减的趋势，到"十三五"时期"人口红利"对潜在增长率的贡献几乎为零。2020 年之后，"人口红利"将变为"人口负债"，此后"人口负债"还将持续扩大。

表 15-4 人口红利对潜在经济增长的贡献：1981~2050 年

时期	各要素对经济增长的贡献（%）				人口红利（%）		
	K	h	L	A	h+L	D	h+L+D
A：时期（1981~2010 年）							
1981~2010 年	46.73	5.51	10.21	37.56	15.72	3.95	19.66
1981~1990 年	35.23	4.45	16.45	43.86	20.90	7.45	28.35
1991~2000 年	48.88	7.37	9.13	34.62	16.50	2.23	18.73
2001~2010 年	56.07	4.70	5.05	34.19	9.74	2.16	11.91
B：时期（2011~2050 年）（"中速"潜在增长率预测）							
2011~2015 年	60.04	4.49	3.34	32.13	7.82	0.95	8.78
2016~2020 年	61.46	3.84	-1.12	35.83	2.71	-0.69	2.02
2021~2025 年	58.92	3.98	-4.02	41.12	-0.04	-1.11	-1.15
2026~2030 年	55.78	4.49	-6.02	45.76	-1.54	-1.16	-2.70

续表

时期	各要素对经济增长的贡献（%）				人口红利（%）		
	K	h	L	A	h+L	D	h+L+D
B：时期（2011~2050年）（"中速"潜在增长率预测）						
2031~2035年	52.08	5.26	-8.42	51.07	-3.15	-2.41	-5.57
2036~2040年	45.54	6.35	-13.32	61.44	-6.97	-5.65	-12.62
2041~2045年	28.91	8.74	-23.89	86.24	-15.15	-10.94	-26.09
2046~2050年	-11.30	13.40	-45.86	143.75	-32.45	-11.29	-43.74

注：K 代表资本存量，h 代表平均人力资本水平，L 代表劳动力，A 代表技术进步和制度红利，D 代表抚养比。其中，$h+L$ 表示劳动力数量和质量的提高带来的人口红利，$h+L+D$ 代表总体的"人口红利"。2011~2050年潜在增长率的模拟和要素贡献分解是在TFR"晚升高"方案基础上进行的。

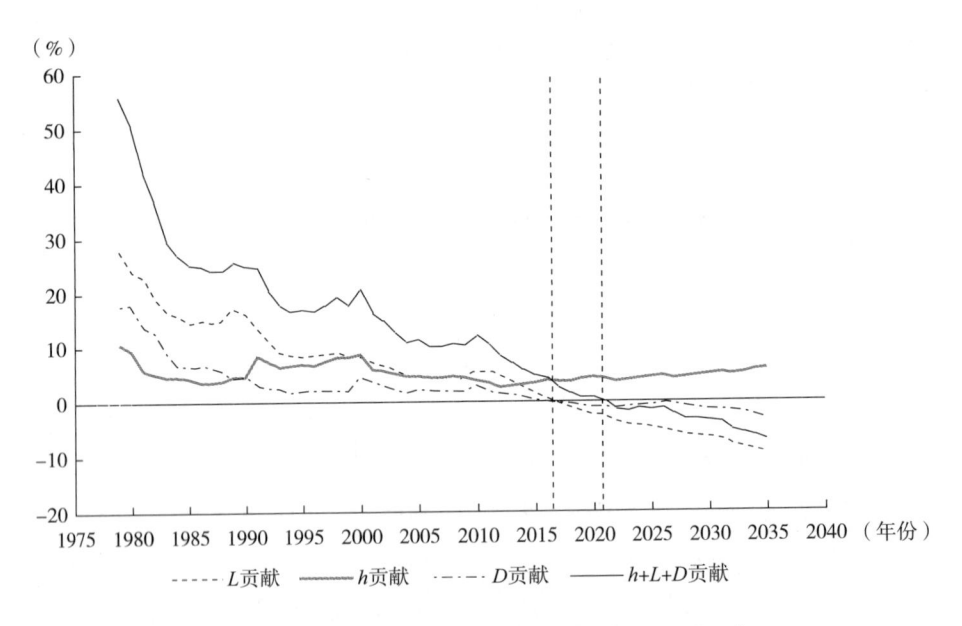

图15-3 人口红利对经济增长的贡献：1978~2035年

具体来看，从"十三五"时期开始，潜在就业（L^*）和抚养比（D）对经济增长的贡献都将由"正"转"负"。然而，"人口红利"的另一组成要素"劳动力质量"——人力资本（h）对经济增长的贡献还保持在4%左右,甚至 2030 年之后还将持续增加。即便如此,人口转变带来的直接和间接"负"影响,要远大于劳动力质量提高带来的"正"影响。因此,"人口红利"消失甚至"人口负债"的出现都是必然的趋势。

此外,在 2040 年之前,潜在资本对经济增长的平均贡献依然保持在 1/2 的水平。在"十二五"时期和"十三五"时期,潜在增长率中潜在资本的贡献甚至超过了 60%。然而,随着人口抚养比的进一步恶化,2040 年之后,潜在资本存量的增速迅速递减,甚至为负增长。需要强调的是,由于"中速"潜在增长率假设 TFP 保持在 2010 年的水平,然而,当一个国家从"二元经济"过渡到"新古典经济"后,TFP 的增长将变得异常困难。这里我们显然高估了 TFP 对经济增长的贡献。退一步讲,如果 TFP 果真能够保持在 2010 年的水平,那么,中国未来的潜在经济增长率将主要依赖 TFP 的贡献,甚至在 2045 年之后,潜在增长率还要低于 TFP 增长率,因为除人力资本外,其他各要素的增速都开始为负。

三、人口转型使全要素生产率也开始下降

根据增长核算方程的分解方法,我们可以估算出历年全要素生产率增长率以及对经济增长的贡献(见表 15-5)。我们发现,各种数据的计算结果均显示(见图 15-4 和图 15-5):从 2008 年之后,中国的全要素生产率增速开始呈现下降趋势。具体来看,2007 年中国的 TFP 增长率约为 7.241%,而 2008 年开始 TFP 增长率却不足 3%。值得注意的是,2011 年中国的全要素生产率增长率降低到 1.682%,对经济增长的贡献为 17.73%,此后全要素生产率增长率继续出现快速下降趋势,同时对经济增长率的贡献也随之降低。特别是近年来,中国的全要素生产率增长率几乎不足 0.5%,而全要素增长率对经济增长的贡献也仅有 5% 左右。即使采用佩恩表中的 TFP 增长率,也同样出现了类似的情况。

然而,自 2011 年以来,中国的人口结构发生的根本的转变——劳动年龄人口开始减少而抚养比却不断增加,这一人口转变导致人口结构从有利于经济增长的"人口红利"将逐步转向不利于经济增长的"人口负债"。"人口红利"已经不能作为中国经济增长的主要推动力。实际上,根据测算结果,在 2011~2015 年,全要素生产率增速也急剧放缓,同时对经济增长的贡献也越来越微弱。在"人口红利"消失甚至将要出现"人口负债"的情况下,中国的全要素生产率也在不断降低。这也是中国近年来经济增速放缓的主要原因。

表 15-5 全要素生产率增长率及其对经济增长的贡献

年份	TFP 增长率（%）	TFP 贡献（%）	年份	TFP 增长率（%）	TFP 贡献（%）
1990	−0.496	−12.66	2003	2.722	27.16
1991	4.528	48.76	2004	2.942	29.20
1992	8.273	57.99	2005	4.262	37.55
1993	6.569	47.13	2006	5.693	44.87
1994	5.667	43.27	2007	7.241	50.99
1995	3.823	34.82	2008	2.813	29.24
1996	2.779	28.01	2009	1.330	14.40
1997	2.397	25.97	2010	2.760	25.97
1998	0.763	9.72	2011	1.682	17.73
1999	0.974	12.78	2012	0.343	4.42
2000	2.030	24.07	2013	0.511	6.65
2001	2.042	24.59	2014	0.410	5.64
2002	2.741	30.18	2015	0.591	8.56

资料来源：陆旸（2016）。

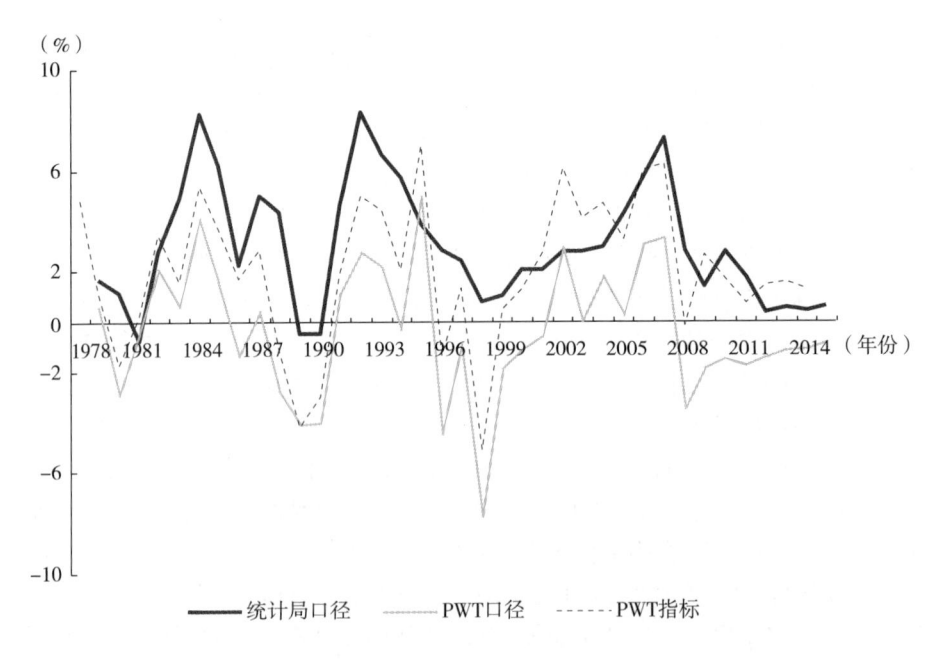

图 15-4 中国 1978~2015 年全要素生产率变化趋势（索罗残差）

资料来源：陆旸（2016）。

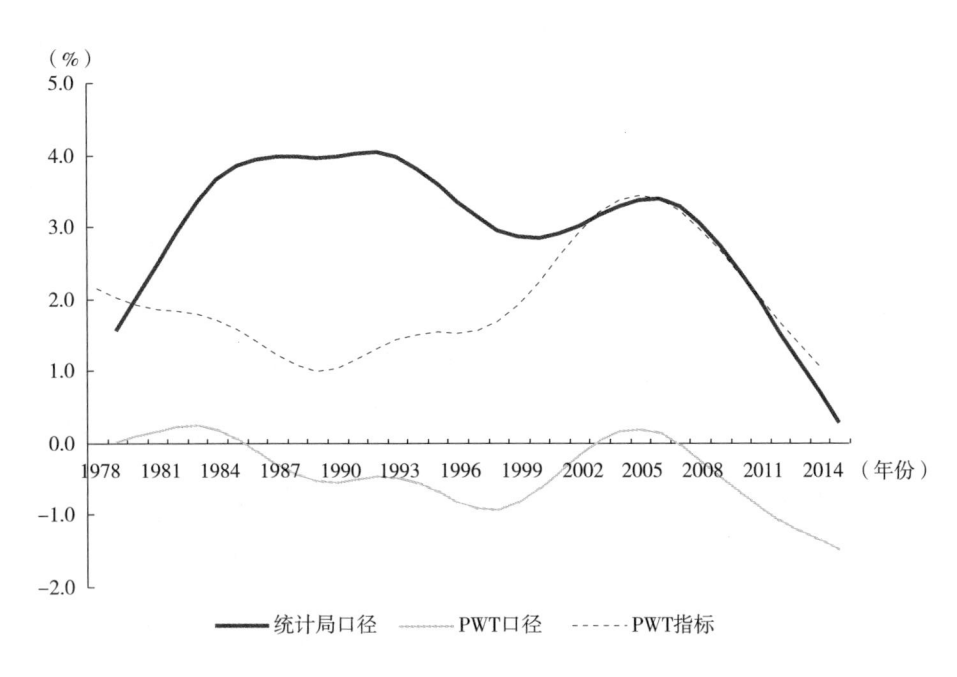

第十五章　人口红利的贡献、变化趋势和对策建议

图 15-5　中国 1978~2015 年全要素生产率变化趋势（滤波趋势）
资料来源：陆旸（2016）。

人口红利减弱和全要素生产率下降如此同步的主要原因在于，劳动力从农村向城市转移的速度放缓，由此带来的效率改进空间也不断缩小。在过去 30 年，劳动力从农村向城市转移，劳动力无限供给能够保证经济增长所必需的劳动力投入要素持续增长，同时劳动力无限供给也具有阻止资本边际报酬递减的作用，从而保证充足的资本投入和积累。此外，当劳动力从农村向城市转移时，也改善了资源配置效率，从而提高了全要素生产率。因此，从人口流动的视角来看，劳动力流动不仅对"人口红利"机会窗口的打开提供了必要条件，也同时提高了要素配置效率。然而，当劳动力无限供给和人口流动的特征减弱时，中国经济增长的主要推动力——人口红利和全要素生产率都会随之减弱甚至消失，从而带来潜在增长率快速下降。我们知道，人口转变是难以在短期内逆转的，特别是当经济发展到一定阶段时，自然伴随了人口的低出生率和低死亡率带来的人口老龄化和生产效率降低的问题。但是当人口红利减弱时，在很大程度上也妨碍了全要素生产率的改进，这也是我们当前很容易忽视的一个问题。

经济增长率与全要素生产率的变动趋势通常保持一致。图15-6和图15-7是1951~2014年日本和美国经济增长率与全要素生产率之间的变化趋势。我们看到，日本在20世纪60年代和1970年的平均经济增长率达到10%以上，而相应的TFP增长率也达到了5%左右的高速增长。同样，美国的经济增长率与全要素增长率也保持了一致，在经济增长率相对较高的年份，其TFP增长率也相对较高。实际上，对于像美国这样的经济体而言，经济增长更多依赖于技术进步和效率改进，因此在整个观测期间，TFP对美国经济增长率的贡献平均达到44.6%。从日本和美国的经验中可以看出，一个国家经济增长放缓与全要素生产率下降保持了趋势一致性。2010年以来中国的TFP增长率也出现了明显的下降趋势，同时经济增长率放缓。

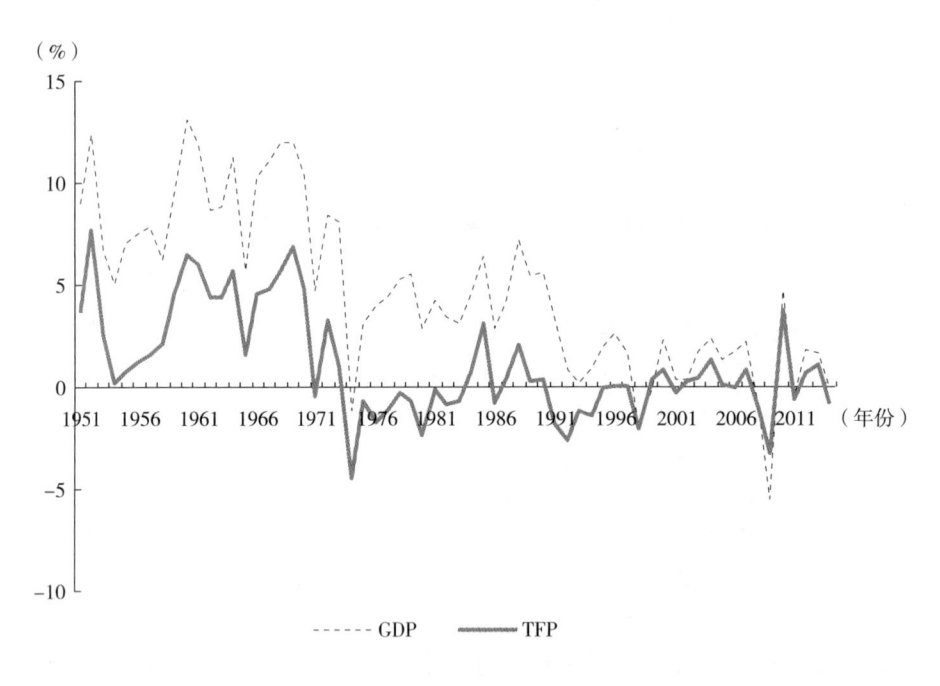

图15-6 日本的经济增长与TFP变化趋势

资料来源：笔者绘制。

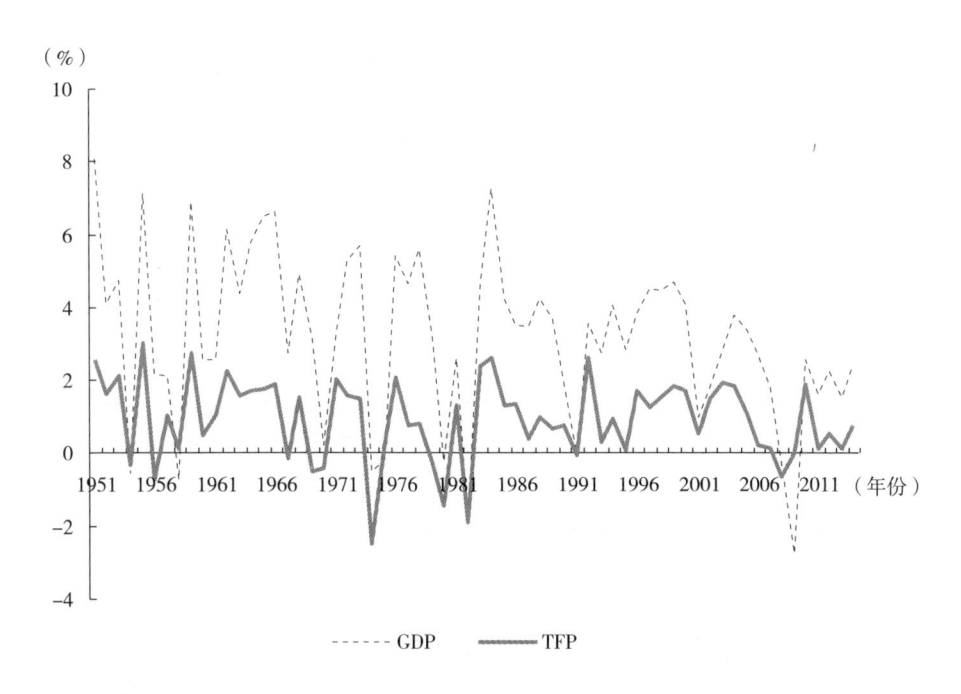

图 15-7 美国的经济增长与 TFP 变化趋势

资料来源：笔者绘制。

四、改革对中国长期经济增长的影响

虽然人口红利正在消失，全要素生产率也在下降，但是我们必须认识到，全要素生产率还有其他来源。除了人口流动带来的资源配置效率外，技术进步和制度改进都是推动全要素生产率的主要动力。特别是，当"人口红利"减弱的趋势难以逆转时，通过提高要素投入拉动经济增长的粗放型模式将变得不可持续。理论上，提高全要素生产率才是未来中国经济增长的主要推动力。发达国家的经济增长速度只有1%~2%的主要原因是：人口老龄化导致的劳动力投入不再增加、资本积累达到饱和，提升全要素生产率的空间有限，最终其自身的潜在增长率已经很低，决定了实际增长率不可能有更快的速度。

从供给侧来看，供给侧改革主要包括提高人力资本和提高全要素生产率。在很大程度上，人力资本可以看作普通劳动力数量的倍乘，提高人力资本等于增加劳动力供给，从劳动力投入上改善并提高潜在增长率。然而，提高潜在增长率的主要途径是提高全要素生产率。通过改革减少那些阻碍要素流动的制度性障碍，可以使要素自由流动，提高资源配置的效率，从而提高全要素生产率和潜在增长率。

1. 提高教育程度拉动长期潜在增长

投资是一个国家长期经济增长的重要动力来源。而投资的形式无非两种：一种是投资于"物"，即我们通常所说的通过资本投入增加资本存量；另一种是投资于"人"，即通过教育和培训等增加人力资本。无论是物质资本存量还是人力资本存量都是推动长期潜在增长率的主要动力。然而，中国从2010年以来，资本回报率快速下降，物质资本投入的边际报酬在递减；相反，虽然中国的人力资本得到了快速积累，但是相比于发达国家我们还仍有很大的差距。与其说继续投资于近乎饱和的物质资本，不如进一步加强对中国人力资本的投入力度。

基于这一考虑，我们首先将中国的平均教育年限与日本和美国相同时期的教育年限进行比较，根据参照国的教育年限变化趋势，假设并模拟了增加教育年限对中国长期潜在增长率的影响。我们的研究发现，如果将中国的平均受教育年限提高三年，中国的长期潜在增长率将平均增加0.2个百分点。但值得注意的是，由于中国未来的潜在增长率会不断降低，提高教育年限对潜在增长率的贡献将不断提高。例如，提高教育年限对2021~2025年中国潜在增长率的贡献是3.69%，但是对2046~2050期间中国潜在增长率的贡献将达到5.44%（见表15-6）。这也意味着教育投资对经济增长的贡献将越来越明显。

表15-6 普及高中对未来中国潜在增长率的影响

年份	2016~2020	2021~2025	2026~2030	2031~2035	2036~2040	2040~2045	2046~2050
改革红利	0.266	0.225	0.209	0.191	0.203	0.207	0.192
贡献（%）	3.85	3.69	3.72	3.69	4.41	5.19	5.44

资料来源：笔者计算得出。

2. 减税

总资本回报率中包含两部分：剔除生产税后的企业真实资本回报率，以及以税收形式"拿走"的资本回报率。因此，即使总资本回报率不变，如果税率提高，企业的真实资本回报率（剔除税收）也将减少，此时，企业新增投资也会随之下降。相反，当税率下降时，企业真实的资本回报率将会增加，从而有利于企业增加新增资本投入，进而有利于资本积累。在理论上，减税对潜在增长率的影响主要是通过资本形成率的途径进入增长核算方程。

第十五章 人口红利的贡献、变化趋势和对策建议

我们假设从"十三五"时期开始,税率可以分别减少1/5、1/4或1/3。例如,中国目前的增值税为17%,如果税率减少1/5,增值税将变为13.6%。其中,隐含的假设前提是,总资本回报率保持不变,但是当税率变动时,总资本回报率在"企业"和"税收"之间的比例将发生变化,从而影响到资本形成率和资本存量。例如,当增值税从17%减少到13.6%时(税率减少1/5),资本回报率(税收部分)将以相同比例减少1/5,减少的部分将增加到企业真实的资本回报率中。然而从总体来看,总资本回报率并没有发生变化。

根据这一机制,减税1/5对"十三五"时期的潜在增长率产生正向的影响,此项改革红利能够达到0.76个百分点,"改革红利"十分显著。如果加大减税力度,改革红利效果还会持续扩大(见表15-6)。需要强调的是,我们不仅关心"改革红利"的大小,还要关注"改革红利"持续的时间和变化趋势。通过对改革红利短期和长期的趋势分析,政府可以选择改革的优先序,以及改革的步骤。

图15-8给出了"减税"对潜在增长率带来的"净效应"——减税后的潜在增长率与基准情景下的潜在增长率之差,即减税带来的"改革红利"。减税带来的"改革红利"呈现出非线性的变化趋势。在2020~2025年改革红利最显著。以减税1/5为例,改革红利甚至能够超过1个百分点。此后"改革红利"将有所下降,但也能维持在0.7~1个百分点。到2040年之后减

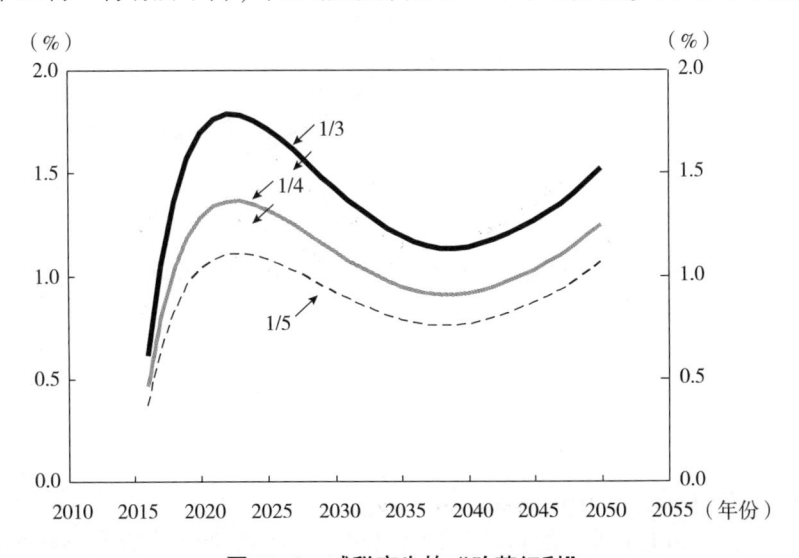

图15-8 减税产生的"改革红利"

资料来源:笔者绘制。

税带来的改革红利还会再次回升。

3. 进一步放松生育政策

我们认为，中国目前的总和生育率在1.4~1.6，即使在全面二孩政策下，在理论上也不能使中国的总和生育率达到替代水平（2.1）以上。因此，在2020年之后，根据实时检测数据和微观调查数据，进一步放松生育政策使总和生育率得到提高，才能从长期改善中国的整体人口结构，进而获得更高的潜在增长率。我们将总和生育率TFR＝1.4作为基准情景，模拟TFR＝1.6、1.77、1.94条件下对中国长期潜在增长率的影响。估计结果显示，在短期内，虽然提高TFR对潜在增长率产生了负向影响，但是程度十分有限。从长期来看，提高TFR对潜在增长率的影响却出现了由负转正的趋势，并且"正效应"要远超短期内的"负效应"（见图15-9）。

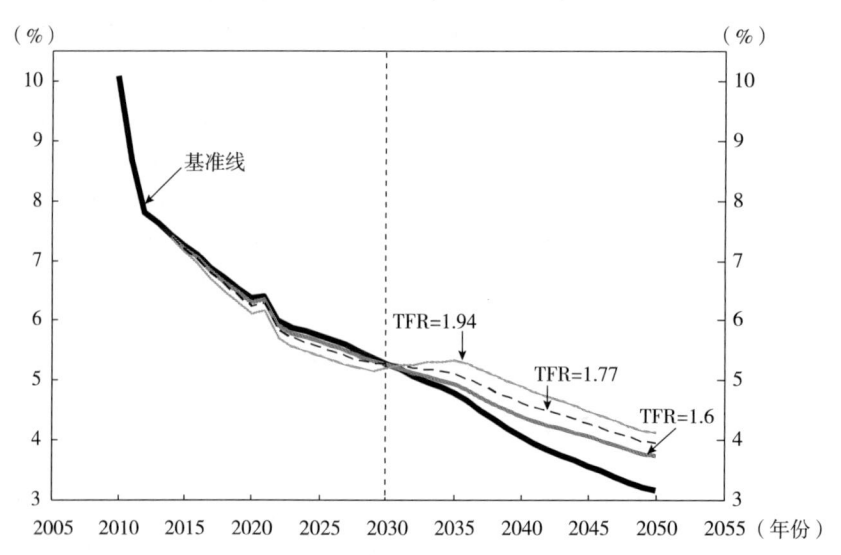

图15-9 中国在不同人口生育政策下的潜在增长率：2011~2050年
资料来源：陆旸和蔡昉（2014）。

五、政策建议

在过去的40年，中国的经济增长速度平均达到9.8%。在中国高速的经济增长中，"人口红利"的贡献达到了1/4。由于特殊时期的人口政策以及经济发展的双重影响，中国的"人口红利"有别于其他国家，更具特色。

第十五章 人口红利的贡献、变化趋势和对策建议

人口结构的变化是随时发生的,可以说,"人口红利"有多么显著,"人口负债"就会有多么严重。"独生子女"政策使改革开放之初少人抚养比迅速降低,有利于人口红利的快速形成,然而这也为之后劳动年龄人口递减埋下了隐患。自2010年之后,中国的人口结构彻底发生了转变——劳动年龄人口逐渐递减、人口抚养比开始增加,这一趋势将不可逆转,同时也使得"人口红利"逐渐减弱,甚至逐步出现"人口负债"。根据我们对潜在增长率的测算,由于"人口红利"消失,中国的潜在增长率将从之前的10%下降到未来10年的6%~7%。然而,政府可以通过放松人口生育政策、提高受教育程度等措施延长"人口红利"窗口期,同时,通过鼓励创新、改革户籍制度、减少制度性壁垒增加要素流动等改革措施提高TFP,从而使中国的经济获得长期的可持续增长。我们给出的政策建议如下:

首先,政府应适时全面放开人口生育政策。这不仅能够延长"人口红利",还能实现长期的人口结构平衡。需要强调的是,政府还应该通过微观调查,跟踪典型地区的人口总和生育率变化趋势,进而根据人口发展现实及时调整中国的人口生育政策。历史经验表明,当一个国家的经济发展超过特定阶段后,人们的结婚和生育观念会发生改变,总体上将逐渐推迟结婚和生育年龄以及减少生育子女的数量,人口出生率则会持续下降。例如,一些发展中国家的TFR超过了5,而一些发达国家的TFR显著低于2。然而,即使在现行的"全面二孩"生育政策下,TFR在理论上就不可能达到2.1的更替水平。我们认为中国的TFR在1.4~1.6,而生育政策调整产生的短期效应会逐步消失。为了改善中国整体的人口结构并增加未来的劳动力供给,在"十四五"时期可以适时进一步全面放开人口生育政策。放松生育政策将使长期潜在增长率提高0.4~0.5个百分点。

其次,我们应该意识到,中国的"人口红利"消失甚至出现"人口负债"是一个难以逆转的趋势。中国能否保持一个中高速的经济增长速度,将主要取决于全要素生产率的提升。具体来说有如下领域仍然存在着提升TFP的空间。第一,完善市场配置资源的体制和机制,创造平等进入和退出的竞争环境。提高全要素生产率还有一个重要的领域,仍然有着巨大的潜力,即行业内部的企业之间存在巨大的生产率差异,允许更有效率的企业生存、扩大和发展,相应淘汰那些长期没有效率改进的企业,可以提高行业进而提高整体经济的生产率水平。通过形成混合所有制改革,可以给予更多的机会让非公有经济进入竞争性行业,通过竞争打破国有企业垄断,可以获得上述改革红利。第二,通过金融体制改革提高要素配置效率。金融体制改革的重点

应该在于利率市场化的推进。只有市场化的利率才能实现资本的配置效率。在非市场化的利率条件下，利率不能随着资本回报率浮动，生产效率和配置效率都低于最优水平，导致全要素生产率下降。第三，通过户籍制度改革推进农民工市民化，继续创造资源重新配置效率。通过公共政策改革，可以推动农村剩余劳动力进一步转移和农民工市民化，这项改革既可以通过增加劳动力供给提高潜在增长率，也可以通过消除制度障碍疏通劳动力流动渠道，通过继续创造资源重新配置效率，使全要素生产率得到提升。

实际上，从发达国家的历史经验来看，全要素生产率的提高是经济增长得到提升的唯一源泉。至今欧洲国家和日本也都在积极寻找技术创新的途径，并试图改善国内制度环境实现全要素生产率的提升。可以说未来哪个国家能够通过改革获得技术创新和资源配置的优势，哪个国家就能获得更高更快速的经济增长。

本章附录：

附录 15-1：模型

15-1-1　估计潜在增长率[①]

我们采用生产函数法（Production Function Method，PF）估计潜在 GDP 增长率。在标准的"柯布—道格拉斯"生产函数（Cobb-Douglass production function）中，我们加入人力资本变量，详见式（15-1）。

$$Y = AK^{\alpha}(hL)^{1-\alpha} \tag{15-1}$$

其中，Y 代表实际 GDP，A 代表全要素生产率（TFP），K 代表资本存量，L 代表劳动力数量，h 代表平均人力资本水平，将等式两边同除以 hL 得到 Y/hL。

$$Y/hL = A(K/hL)^{\alpha} \tag{15-2}$$

此时，Y/hL（之后用 y 表示）是全要素生产率 A 和加入人力资本后的资本劳动比 K/hL（之后用 k 表示）的函数，即 $y = Ak^{\alpha}$。两边同时对时间 t 求导数，进而可以通过对式（15-3）进行估得到资本贡献因子 $\hat{\alpha}$ 和劳动贡献因子 $(1-\hat{\alpha})$（$\dot{x}/x$ 代表增长率）。

$$\frac{\dot{y}}{y} = \frac{\dot{A}}{A} + \hat{\alpha}\frac{\dot{k}}{k} + \varepsilon_t \tag{15-3}$$

[①] 估计方法与陆旸和蔡昉（2014）相同。

我们将估计值 $\hat{\alpha}$、历年资本劳动比增长率 ($\dot{k}/k$) 和历年平均劳动生产率增长率 ($\dot{y}/y$) 代入式（15-3），可以得到 $\dot{A}/A+\varepsilon_t=\dot{y}/y-\hat{\alpha}\dot{k}/k$，即包含残差项 ε_t 的全要素生产率。我们采用 HP 滤波方法去除随机扰动因素 ε_t，最终估计出历年全要素生产率增长率 ($\dot{A}/A$)。

在得到基本模型参数的基础上，计算 1980~2010 年中国潜在 GDP 增长率就需要代入"充分就业"时的就业数量 L_t^*，$L_t^*=population_{15+,t}\times Tr_{15+,t}\times (1-NAIRU_{15+,t})$。其中，$population_{15+,t}$ 代表第 t 年中国 15 岁以上人口数量，$Tr_{15+,t}$ 为 15 岁以上人口的劳动参与率，$NAIRU_{15+,t}$ 为自然失业率。因此，$population_{15+,t}\times Tr_{15+,t}$ 就是 15 岁以上的经济活动人口，L_t^* 为 15 岁以上人口的潜在就业数量。

进一步地，我们将 $h_tL_t^*$ 代入模型，进而可以计算出附加人力资本的平均潜在资本劳动比增长率 $\Delta k_t^*/k_{t-1}^*$ 和附加人力资本的平均潜在劳动生产率增长率 $\Delta y_t^*/y_{t-1}^*$，此时，$\Delta y_t^*/y_{t-1}^* = \Delta A_t/A_{t-1}+\hat{\alpha}\Delta k_t^*/k_{t-1}^*$，其中，$k_t^*=K_t/h_tL_t^*$，$y_t^*=Y_t^*/h_tL_t^*$，而 Y_t^* 就是第 t 年的潜在 GDP。因此，在已知 $\Delta y_t^*/y_{t-1}^*$ 和 $h_tL_t^*$ 的情况下，可以推导出式（15-4）。

$$\Delta Y_t^*/Y_{t-1}^* = (\Delta y_t^*/y_{t-1}^*+1)\times(h_tL_t^*/h_{t-1}L_{t-1}^*)-1 \tag{15-4}$$

其中，$\Delta Y_t^*/Y_{t-1}^*$ 就是第 t 年的潜在 GDP 增长率。从公式中看出，潜在 GDP 增长率受到四个因素的影响：附加人力资本的潜在的资本劳动比增长率、潜在就业增长率、人力资本增长率和全要素生产率增长率。值得注意的是，人口结构变化将通过直接和间接的途径影响前三个因素。

15-1-2　分解各要素对经济增长的贡献

为了分解中国在 1978~2010 年经济增长中各要素的贡献，我们在 CD 生产函数的基础上，对式（15-1）求导，得到式（15-5）。

$$\frac{\dot{Y}}{Y}=\frac{\dot{A}}{A}+\alpha\frac{\dot{K}}{K}+(1-\alpha)\frac{\dot{h}}{h}+(1-\alpha)\frac{\dot{L}}{L} \tag{15-5}$$

将资本贡献因子 $\hat{\alpha}$、劳动贡献因子 $(1-\hat{\alpha})$ 分别乘以各要素的增长率 $\dot{K}/K$、$\dot{h}/h$、$\dot{L}/L$，残差项为技术进步 $\dot{A}/A$，进一步将上述分解后的各要素除以 $\dot{Y}/Y$（经济增长率）就得到了各要素对经济增长的贡献。

附录 15-2：数据

15-2-1　历史数据

1980~2010 年的实际 GDP (Y)、实际资本存量 (K)（2005 年美元不变

价格）和人力资本指数（hc）均来自佩恩表（PWT 8.0）；劳动力（L）和人口数据来自历年《中国统计年鉴》。

15-2-2　2011~2050 年人口预测数据

2011~2050 年分年龄和性别的人口数据来自郭志刚（2013）的预测。人口预测数据中包括四个方案，分别是低方案（TFR 维持在 1.6）、中方案（TFR 维持在 1.77）和高方案（TFR 维持在 1.94），此外还包括晚升高方案（TFR 在 2035 年之前维持在 1.4 的水平，此后迅速上升到 1.94）。根据人口预测数据，我们可以计算 2011~2050 年劳动年龄人口数和人口抚养比。[①]

15-2-3　2011~2050 年资本存量估计

我们采用文献中通常采用的"永续盘存法"估计资本存量。即 $K_t = I_t + (1-\delta_t)K_{t-1}$，其中，$K_t$ 为第 t 年的实际固定资本存量；K_{t-1} 为第 $t-1$ 年的实际固定资本存量；I_t 为第 t 年的实际固定资本形成；δ_t 为第 t 年的资本折旧率（$\delta_t = 5\%$）。从公式中可以看到，当前的资本存量是由初始资本存量和此后历年的新增固定资本形成共同决定。此时，我们需要建立固定资本形成率与人口抚养比之间的关系。

从支出法角度看，国内生产总值（GDP）包括最终消费支出、资本形成总额、货物和服务净出口；而资本形成总额中包括固定资本形成总额和存货变动。这里，固定资本形成率为固定资本形成总额在 GDP 中的占比。人口结构变动对固定资本形成率（投资率）的影响途径包含以下四个方面：第一，当其他条件不变时，当期的"人口抚养比"直接影响当期的"储蓄率"，进而影响当期的资本供给。因此，"人口抚养比"是固定资本投资的供给方因素。第二，如果"人口抚养比"是固定资本投资的"供给方"因素，那么决定是否投资和投资多寡的因素则是"资本回报率"。当资本回报率较高时，潜在的投资需求就会上升。实际上，在不考虑税收的情况下，资本回报率主要受到劳动者份额和"资本—产出比"的影响。孙文凯等（2010）认为在经济发展初期，劳动者份额和"资本—产出比"往往处于较

[①] 需要强调的是，如果我们只关注 2035 年之前的潜在增长率和改革红利，那么，在 2035 年之前的模拟结果不受影响。但是 2035 年之后，由于 TFR 突然上升使改革效应受到影响，至少会高估其他政策模拟结果。当然这种假设的好处是，可以观察突然大幅度放松生育政策带来的影响。从目前来看，即使施行"单独二孩"政策，对 TFR 的影响也不大，如果考虑到经济发展和教育水平提高对 TFR 的负影响，小幅调整生育政策很可能只是维持 TFR 在 1.4 的水平。如果到 2035 年后大幅放松生育政策，甚至取消所有生育限制，那么总和生育率突然上升到 1.94 也存在可能性。当然我们也可以用 1.6 作为基准情景，好处是其他改革红利在 2035 年之后和之前具有可比性，因为 TFR 不变。但缺点是，如果我们关注近几年的潜在增长率，那么准确性会受影响。

低的水平,随着经济的发展,劳动者份额和"资本—产出比"会有所上升,这使得资本回报率难免有所下降。第三,直接影响企业投资需求的根本因素是净利润(张勋、徐建国,2014),而包含税收的资本回报率反映的是"社会总回报"(CCER,2007)。由于部分"资本回报"将被政府通过税收"拿走",进而影响了企业的真实资本回报和投资意愿。因此,"资本回报率—税收"越高,则固定资本投资率越低。第四,固定资本形成率具有连续的"惯性",上一期的固定资本形成率对当期的固定资本形成率产生正向影响。

"固定资本形成率"(Gross Fixed Capital Formation Rate, GDP)指标由"资本形成率"乘以"固定资本形成总额占比"得到。1980~2013年数据来自《中国统计年鉴2014》。1980~2013年"人口抚养比"(dep_ratio_t)数据来自《中国统计年鉴2014》,早期缺失的非普查年份数据是根据普查年份分年龄人口外推;2011~2050年的数据来自郭志刚(2013)。1980~2013年"固定资本回报率(剔除生产税)"($capital\_return_{t-1}$)数值来自白重恩和张琼(2014)的估计结果。其中,固定资本回报率(包含生产税)-固定资本回报率(剔除生产税)=固定资本回报率_生产税(tax_return_{t-1})。这个指标刻画了生产税对企业真实的固定资本回报率的影响。固定资本回报率(包含生产税)和固定资本回报率(剔除生产税)数据来自白重恩和张琼(2014)的估计结果。根据1980~2010年历史数据的估计结果,以及未来人口抚养比的变化,我们可以得到2011~2050年资本形成率,进而得到资本存量。

15-2-4 2011~2050年潜在就业估计

潜在就业将由三个因素决定:15岁以上分年龄和性别的人口数量、分年龄和性别的劳动参与率和自然失业率。实际上,劳动参与率和自然失业率都是人口年龄的函数。例如,劳动参与率随着年龄变化呈现出倒"U"形结构,自然失业率也受人口结构的影响(Weithers & Sullivan, 1991)。我们假设未来分年龄和性别的劳动参与率和自然失业率保持在2010年的水平,即便如此,由于人口结构趋于老龄化,总体的劳动参与率和自然失业率也会发生变化。2011~2050年中国的潜在就业 L_t^* 可以通过式(15-6)计算得出。

$$L_t^* = \sum_{i=1}^{i=2}\sum_{n=16}^{n=95} population_{n,i,t} \times Part_{n,i,t} \times (1 - NAIRU_{n,i,t}) (i = 1, 2; 16 \leq n \leq 95) \tag{15-6}$$

其中,n 代表年龄($16 \leq n \leq 95$),i 代表性别($i=1$ 男性,2 女性);$population_{n,i,t}$ 为第 t 年 n 岁的男性(或女性)人口数量;$Part_{n,i,t}$ 为第 t 年 n 岁的男性(或女性)劳动参与率;$NAIRU_{n,i,t}$ 为第 t 年 n 岁的男性(或女性)自

然失业率；L_t^* 为第 t 年中国潜在就业数量。

15-2-5　2011~2050 年人力资本估计

人力资本数据来自佩恩表（PWT 8.0）提供的人力资本指数 hc，这个指标是在 Barro 和 Lee（2013）的平均受教育年限基础上，根据 Psacharopoulos（1994）估计的教育回报率做出的调整。我们按照 Barro 和 Lee（2013）相似的方法补充了 2015~2050 年每隔 5 年的平均受教育年限，之后采用平均趋势的方法补充了 2011~2050 年的平均受教育年限和人力资本指数。

第十六章 应对人口老龄化

改革开放 40 年来，中国人口结构发生了重大的变化，其中最重要的变化之一是出现了人口老龄化趋势。中国在 2000 年前后进入老龄化社会，近年来快速发展的人口老龄化对社会经济带来了一系列的挑战，逐渐引起了全社会的关注和党中央、国务院的重视，开展了积极应对人口老龄化行动。

一、中国人口老龄化的发展历程和特点

中国在人口转变过程中，人口年龄结构经历了一个由年轻化过渡到老龄化的过程。根据历次人口普查资料，我们可以发现，在第一次人口普查到第二次人口普查期间，由于出生率还处在较高水平，而死亡率则有较大幅度的下降，从 1949 年的 20‰下降到了 1963 年的 10‰左右，人口年龄结构经历了一个年轻化的过程，65 岁以上人口占总人口的比例从 1953 年的 4.41%下降到 1964 年的 3.56%；第二次人口普查以后，中国人口的年龄结构从年轻化逐步过渡到老龄化，65 岁以上老年人口比例在 1982 年的第三次人口普查时达到了 4.91%；在 1990 年的第四次人口普查时达到了 5.57%；2000 年的第五次人口普查时达到了 6.96%（见表 16-1），2010 年第六次人口普查时达到了 8.87%。也就是说，中国人口老龄化的起始时间是在第二次和第三次普查之间，但因为早期的人口老龄化程度较低，所以人口老龄化现象并没有引起太多人的关注。

表 16-1　中国历次普查的人口年龄结构　　　　　　　单位：%

年龄	1953 年	1964 年	1982 年	1990 年	2000 年	2010 年
0~14 岁	36.28	40.69	33.59	27.69	22.89	16.60
15~64 岁	59.31	55.75	61.5	66.74	70.15	70.14
65 岁及以上	4.41	3.56	4.91	5.57	6.96	8.87

资料来源：国家统计局：《中国统计年鉴》（历年）。

自2010年以来,中国人口老龄化不断加深,老龄化程度继续提高。根据最新统计资料,2017年末,60周岁及以上人口有24090万人,占总人口的17.3%,其中65周岁及以上人口15831万人,占总人口的11.4%。与2010年相比,60周岁及以上人口增加了约6200万人,占比增加了约4个百分点;65岁及以上人口增加了近4000万人,占比增加了约2.5个百分点。

在中国人口老龄化的过程中,不同阶段不同因素的作用不同。在人口老龄化前期,生育率的下降是导致人口老龄化的主要因素,根据杜鹏(1994)的测算,在1950~1990年,中国60岁以上老年人口比例增加了1.1个百分点,其中生育率的作用是使其增加2.7个百分点,死亡率的作用是使其增加0.8个百分点,年龄构成的作用则是使其下降了2.4个百分点。近年来,人口结构即人口惯性的作用成为导致人口老龄化的主要因素。根据原新等(2009)的研究,1982~2007年,生育率下降对老龄化水平升高的贡献率为27.11%,平均预期寿命延长的贡献率为18.67%,人口惯性作用的贡献率为56.06%。

根据对中国人口老龄化发展过程的观察,可以发现中国人口老龄化具有几个显著特点(林宝,2014):

一是未富先老,即人口老龄化水平超前于经济发展水平。有研究表明(莫龙,2009),从20世纪80年代到21世纪中叶,中国人口老龄化将一直显著地超前于经济发展。直观来看,中国目前的人口老龄化水平也高于经济发展水平相当的一些国家和地区。中国人口"未富先老",与中国特殊的人口转变过程密切相关,中国快速的人口转变过程并不完全是社会经济发展直接影响的结果,相反,由于存在政策的强力干预,人口转变速度和时间被人为提前了,必然超越其所处的社会发展阶段,当这种结果由于人口自身发展逐渐传递到人口结构上时,其后果必然是人口老龄化的提前到来,形成未富先老的局面。未富先老的一个直接影响是整个社会还未积累起足够的财富构建起一个完备的应对人口老龄化的体系,从而使人口老龄化的影响更为显性化。

二是老龄化速度快。尽管我国人口老龄化起步比发达国家相对要晚,但是近20年来其推进的速度非常快。1990年时我国65岁及以上人口比例为5.6%,世界人口的平均水平约为6.2%,但是到2000年我国65岁及以上人口的比例与世界平均水平已经大体相当,均为接近7%,说明这段时间中国人口老龄化速度明显快于世界平均水平,10年时间就填平了约0.6个百分点的差距。到2010年,中国65岁及以上人口比例为8.87%,已经高于世界65

岁及以上人口比例。老龄化速度快将使应对人口老龄化的准备期缩短，各项制度建设无法及时跟进人口老龄化的速度，必然导致"未备先老"。"未备先老"与"未富先老"互相交织，大大增加了应对人口老龄化的复杂性。我国养老金制度改革实际上就是在这种大背景下展开的，如何实现退休收入充足性和制度可持续性的平衡，是世界各国养老金制度面临的一个巨大难题，但对于"未富先老"和"未备先老"的中国而言，更是难上加难。

三是老年人口规模大。根据2010年中国第六次人口普查数据，大陆31个省、自治区、直辖市和现役军人的人口中，60岁及以上人口为1.78亿，其中65岁及以上人口为1.19亿。根据近年来老年人口增长趋势估计，截至2017年底，60岁以上人口已超过2.4亿左右。一个国家具有如此巨大规模的老年人口是人类历史上从未有过的，并且在可预见的将来，中国老年人口还将继续增加，甚至将翻番。巨大的老年人口规模无形中会使人口老龄化过程的老年问题体量更大，人群放大效应更加明显，即便是比例很小的老年人存在的问题，也会成为社会的大问题。尤其是在养老保障方面，大规模养老金领取者的存在，使养老金支出规模也必然十分庞大，如何保障养老金收支平衡、如何合理确定老年人的养老金水平及调整机制等都会存在很大的难度。

四是人口老龄化区域差异明显。第六次人口普查结果显示，中国大陆地区各省、自治区、直辖市中，65岁及以上老年人口比例最高的是重庆市，达到了11.56%，最低的是西藏自治区，仅为5.09%。除西藏、宁夏、青海、新疆和广东外，中国其他所有的省、自治区和直辖市均已进入老年型人口的行列。地区差异大同样增加了应对人口老龄化的复杂性。由于不同地区的老龄化程度不同，出现的人口老龄化相关问题也必然千差万别，应对策略也必然要求有所差异，如何因地制宜地应对这些问题？如何实现全国和区域人口老龄化政策的统筹协调？这是存在巨大区域差异时必须面对的现实问题。如果进一步考虑到各地区人口老龄化程度与经济发展水平的不一致性，这种地区差异造成的统筹协调问题将更为复杂。一个典型的例子是城镇职工基本养老保险制度的社会统筹问题，之所以迟迟难以实现全国统筹，与这种地区差异不无关系。

五是城乡之间也差异明显。第六次人口普查数据显示，2010年我国农村60岁及以上老年人口比例为14.98%，高于城镇老年人口比例3.3个百分点。全国大陆地区31个省、直辖市、自治区中，除黑龙江、吉林、青海和新疆外，其他地区农村人口老龄化程度均高于城镇，其中浙江省农村较城市高8个多百分点。从速度来看，从2000年到2010年，我国农村人口老龄化程度提高了4个百分点，而同期城镇人口老龄化程度仅提高了2个百分点。人口老龄化城乡差异的这种状况，使得农村人口老龄化与城镇相比更为复杂，同时考虑到农村经济基础更为薄弱、制度准备更不充分，应对农村人口老龄化就显得更为急迫、任务也更为艰巨。特别是在当前推进城乡一体化发展的大背景下，如何合理配置资源，更好地应对城乡人口老龄化就显得极为重要。

总之，中国人口老龄化的这些特点增加了其影响的复杂性，也同时提高了应对其挑战的艰巨性。

二、中国应对人口老龄化的主要举措

随着人口老龄化的不断发展，人口老龄化带来的影响日益为人们所觉察，社会各界对人口老龄化问题也日益重视。在此过程中，中国政府也采取了一系列应对人口老龄化的行动和措施。这些行动和措施内容十分广泛，涉及经济、社会等各领域的改革和政策调整。概括起来，主要包括两个方面：一方面是力图延缓人口老龄化速度的努力；另一方面则是基于人口老龄化的现实应对其后果。这里，我们简要概括在调整计划生育政策、养老金制度改革和社会养老服务体系三个方面的主要行动和措施。

（一）逐步调整计划生育政策

生育率低是中国人口老龄化的主要原因之一。为了改善长期低生育率状况，中国政府多次调整计划生育政策，力图改善人口结构，促进人口长期均衡发展。生育政策调整主要经历了放开双独二孩生育、单独二孩生育和全面二孩生育等几个阶段。

中国计划生育政策是生育率快速下降和维持较低生育水平的重要原因，正是认识到了这一点，从 21 世纪初各地区便开始陆续放开双独二孩政策，至 2011 年河南省最后一个放开。但是，双独二孩政策并不能改变生育水平低的现实，2013 年中共十八届三中全会提出放开一方为独生子女的育龄夫妇的二孩生育后，至 2014 年 11 月中国各省、自治区和直辖市已经全部放开。由于该政策实施的影响，2014 年的出生人口较 2013 年有小幅回升，增加了 47 万人左右，但 2015 年出生人口又出现了回落。显然，单独二孩政策的效果并不理想。2015 年 10 月，党的十八届五中全会通过的《中共中央关于制定国民经济和社会发展第十三个五年规划的建议》又提出"全面实施一对夫妇可生育两个孩子政策"（简称"全面二孩政策"）。2015 年 12 月，第十二届全国人大常委会第十八次会议表决通过了《关于修改人口与计划生育法的决定》，于2016年1月1日起施行，明确国家提倡一对夫妻生育两个子女。此后，各省、自治区和直辖市相继修改了计划生育条例，全面二孩政策正式落地。但从近年来人口出生情况看，全面二孩政策效果仍然低于预期。

（二）大力推进养老金制度改革

为了应对人口老龄化，中国正在推动养老金制度改革，力图建立一个公平可持续的老年收入保障体系。实际上，中国的养老金改革在20世纪90年代已经开始，直到目前也没有停止。早期的改革包括1997年建立了全国统一的社会统筹与个人账户相结合的城镇企业职工基本养老保险制度，并在2005年对其进行了相应的完善。2009年开始了新型农村社会养老保险制度的试点，2011年开始了城镇居民社会养老保险制度的试点，并很快在全国普遍实施。这两个制度的实施迅速扩大了中国社会养老保障制度的覆盖面。

养老金制度改革步伐在中共十八届三中全会以后明显加快。党的十八届三中全会基于当前存在的问题，提出了一系列改革社会保障制度的措施。其中关于养老保障制度改革也提出了多项具体改革任务。为了落实这些任务，2014年2月，国务院发布了《关于建立统一的城乡居民基本养老保险制度的意见》（国发〔2014〕8号），提出分"两步走"的改革任务："十二五"期末，在全国基本实现新型农村社会养老保险和城镇居民社会养老保险合并实施，并与职工基本养老保险制度相衔接；2020年前，全面建成公平、统一、规范的城乡居民养老保险制度。这一改革任务是提高社会保障制度的公平性和可持续性的一项重大举措，也是健全城乡发展一体化体制机制的重要环节。城乡居民基本养老保险制度统一以后，农村老年人口和部分城镇老年居民的养老保险将实现待遇均等，这是破除城乡养老保障二元结构的重要一步，有利于城乡人口流动和参保人员跨制度转移接续，更好地适应流动性的要求。2014年2月，人力资源和社会保障部、财政部等印发了《城乡养老保险制度衔接暂行办法》，对城镇职工养老保险和城乡居民养老保险之间的转移衔接进行了具体规定。

2015年1月，国务院发布了《机关事业单位工作人员养老保险制度改革的决定》（国发〔2015〕2号），按照"一个统一"和"五个同步"的思路改革机关事业单位工作人员养老制度，力图逐步建立独立于机关事业单位之外、资金来源多渠道、保障方式多层次、管理服务社会化的养老保险体系。"一个统一"，即党政机关、事业单位建立与企业相同的基本养老保险制度，实行单位和个人缴费，改革退休费计发办法，从制度和机制上化解"双轨制"矛盾。"五个同步"，即机关与事业单位同步改革，职业年金与基本养老保险制度同步建立，养老保险制度改革与完善工资制度同步推进，待遇调整机制与计发办法同步改革，改革在全国范围同步实施。这一改革统一了机关事业单位与企业的基本养老保险制度，采用了相同的制度框架。从长远看，制度并轨有利于实现两类人群之间的公平，同时待遇调整机制与计发办法的改革也有利于改善制度的效率。

中共十九大报告中进一步提出了建立多层次社会保障体系的任务。随后，关于壮大第二、第三支柱等方面又出台了一些政策措施。2017年12月，人社部、财政部联合印发《企业年金办法》（人力资源社会保障部令第36号），这是贯彻落实党中央、国务院关于建立多层次社会保障体系、大力发展企业年金要求的具体举措。根据该办法规定：企业年金所需费用由企业和职工个人共同缴纳，基金实行完全积累，为每个参加企业年金的职工建立个人账户。企业缴费每年不超过本企业职工工资总额的8%，企业和职工个人缴费合计不超过本企业职工工资总额的12%，具体所需费用由企业和职工一方协商确定。这意味着企业年金的缴费率有较大幅度提高。同时，个人税收递延型商业养老保险也进入试点阶段。

（三）大力推进社会养老服务体系建设

国家先后颁布和实施了一系列政策法规，推动社会养老服务体系建设。2000年，经国务院批准，国务院办公厅转发了民政部等11个部门《关于加快实现社会福利社会化的意见》，提出了推进以养老为重点的社会福利社会化的指导思想、基本目标和总体要求，并从建设用地、税收、公用事业收费和费用补贴等角度制定了诸多优惠政策。2005年，民政部出台了《关于支持社会力量兴办社会福利机构的意见》，鼓励和扶持企事业单位、社会团体和个人等社会力量投资兴办养老机构。2006年，国务院办公厅转发了全国老龄办和民政部等部门《关于加快发展养老服务业的意见》，要求按照政策引导、政府扶持、社会兴办、市场推动的原则，逐步建立和完善以居家养老为基础、社区服务为依托、机构养老为补充的服务体系。2008年，全国老龄办、民政部出台了《关于全面推进居家养老服务工作的意见》，提出在全国城市社区基本建立起多种形式、广泛覆盖的居家养老服务网络。2011年，国务院办公厅印发了《社会养老服务体系建设规划（2011—2015年）》，提出到2015年，基本形成制度完善、组织健全、规模适度、运营良好、服务优良、监管到位、可持续发展的社会养老服务体系。

2013年，国务院发布的《关于加快发展养老服务业的若干意见》再次明确提出了社会养老服务体系建设的目标，即到2020年，全面建成以居家为基础、社区为依托、机构为支撑的，功能完善、规模适度、覆盖城乡的养老服务体系。为了实现这一目标，该文件提出了投融资、土地、税费、补贴、人才培养、鼓励公益慈善组织支持养老服务等一系列政策措施。如在土地政策上提出，各地要将各类养老服务设施建设用地纳入城镇土地利用总体规划和年度用地计划，合理安排用地需求，可将闲置的公益性用地调整为养老服务用地。民间资本举办的非营利性养老机构与政府举办的养老机构享有相同的土地使用政策，可以依法使用国有划拨土地或者农民集体所有的土地。在税收优惠政策方面，提出落实好国家现行支持养老服务业的税收优惠政策，对养老机构提供的养护服务免征营业税，对非营利性养老机构自用房产、土地免征房产税、城镇土地使用税，对符合条件的非营利性养老机构按规定免征企业所得税。对企事业单位、社会团体和个人向非营利性养老机构的捐赠，符合相关规定的，准予在计算其应纳税所得额时按税法规定比例扣除。这一文件发布之后，一些地方政府根据这一文件也制定了相应的促进养老服务业发展的具体措施。

经过长期的建设，中国社会养老服务体系在供给能力和水平上均有一定提升，但是仍然存在供给结构不尽合理、市场潜力未充分释放、服务质量有待提高等问题。为此，2016年国务院办公厅发布了《关于全面放开养老服务市场提升养老服务质量的若干意见》，在全面开放养老服务市场、提升居家社区养老生活品质、建设优质养老服务供给体系、增强政策保障能力等方面提出一系列的政策措施，继续推动养老服务业发展，完善社会养老服务体系。

总之，当前中国已经将应对人口老龄化作为一项重要的战略任务，并从多方面采取了一系列措施。党的十九大报告也再次强调，要"积极应对人口老龄化，构建养老、孝老、敬老政策体系和社会环境，推进医养结合，加快老龄事业和产业发展"。但是，从根本上，当前的一些政策和行动仍然只是应对人口老龄化的漫漫征程的第一步，未来随着人口老龄化形势的不断变化，还必须坚持不断的改革和制度创新。

三、进一步应对中国人口老龄化的建议

应对人口老龄化是一项长期艰巨的任务。应对人口老龄化应立足当前、着眼长远，坚持及时应对、科学应对、综合应对和长期应对，紧紧抓住不同

阶段的时代特征和发展阶段特征，将应对人口老龄化作为贯穿社会经济工作的一条主线，坚持过程调节与结果干预相结合，以结果干预为主、以过程调节为辅，常抓不懈。

一是继续完善生育政策，努力提高生育水平。一方面，应尽快完善各项配套政策，继续释放全面二孩政策红利。包括几个方面：加强医疗卫生、托幼等资源配置，推动托幼相关服务、家政服务等服务业发展；进一步推动教育改革，将家庭从当前繁重的教育负担中解放出来；进一步完善就业政策，加强就业监管和保护，保障妇女就业权益；尽快实施个人收入所得税按照家庭征收，实质上有利于二孩生育家庭。另一方面，应尽快开展更为系统的全面二孩政策效果评估，为全面放开生育限制做好准备。根据当前的生育形势，应尽快全面放开生育限制，让生育决策真正回归家庭，计划生育工作重点转向计划生育服务，并让其成为公共卫生和妇幼保健的一部分。

二是转变经济发展方式，实现经济结构转型升级。在人口老龄化导致劳动力供给形势发生深刻变化的情况下，中国经济的增长方式必须发生深刻的变革，要从要素积累的增长模式转向以改善经济效率为主的经济增长方式。从劳动力投入的角度来说，经济增长要更多依赖于劳动者素质的提高进而提高劳动生产率，而非依靠更多的劳动力投入。为此，一方面必须继续消除劳动力流动的各种制度障碍，实现劳动力资源的合理配置；另一方面必须加大人力资本投资，从教育和培训两个环节实现人力资本与产业结构的更好结合，促进劳动生产率的提高。根据当前的经济形势，必须着力推进供给侧结构改革，优化产业结构，促进区域协调发展，努力实现经济结构的转型和升级。

三是渐进延迟退休年龄，大力开发老年人力资源。当前，延迟退休年龄的时机已经成熟，应尽快出台延迟退休年龄方案，向全社会公布，寻求最大共识，尽快实施。在方案设计上要采用渐进原则和弹性原则，尽量考虑民众利益；在宣传上也要多从民众利益角度出发，尽量解答民众疑虑，只有这样才能减小改革阻力，保证政策能够顺利推行。此外，还应采取多种方式促进老年人就业，开发利用老年人力资源。①消除就业的年龄歧视；②提升老年人的就业能力。如为老年人提供教育和培训的机会，引入灵活的工作时间和工作组织方式，重新分配工作量等措施。其他如促进女性就业和加强劳动保护等措施也有利于促进老年人就业。

四是完善养老保险制度，改善制度公平和可持续性。城乡居民基本养老保险制度应该推进以下几个方面的改革：科学设置缴费档次和待遇水平；建立财政补贴的正常投入机制;实现城乡居民养老保险基金的省级管理;实现基础养老金的有序增长。城镇职工基本养老保险则需要推进以下几项改革:进一步完善制度设计;进一步扩大养老保险覆盖面;继续推进基础养老金全国统筹;尽快出台科学透明的养老金调整机制;进一步加大国有资产充实社会保障基金的力度。

五是深化养老服务供给侧改革,推动养老服务体系建设。重点在几个方面:其一,充分调动社会各方积极性,实现供给主体多元化。要尽快明确政府应提供的基本养老服务内容,并不断创新服务提供方式,提高公共资源的养老服务效率。要继续优化老龄产业的投资环境,充分调动社会资本参与老龄产品和服务供给。其二,充分发挥市场作用,实现供给机制市场化。养老服务供给也是一个资源配置的过程,同样应该充分发挥市场机制的作用,使市场在资源配置中起决定性作用。市场机制的作用应体现为养老服务的供给数量和价格逐渐为市场所确定。其三,推动老龄产业技术创新,实现供给手段多样化。在养老服务供给中,要特别重视养老服务技术的创新,要不断推动新技术在养老服务中的应用。

参考文献

林宝:《人口老龄化与城镇基本养老保险制度的可持续性》,中国社会科学出版社2014年版。

后 记

《中国就业和社会保障体制改革40年》一书是经济管理出版社"中国经济改革开放40年系列丛书"中的一本。本书作者主要来自中国社会科学院。本书得以顺利完成和出版，首先感谢各位作者所付出的辛勤劳动，其次要感谢责任编辑张永美和梁植睿的辛苦工作。本书得以顺利完成付梓，还要特别感谢高文书研究员，他撰写了本书的有关章节，还承担了本书的组稿和编撰协调工作。

本书写作具体分工如下：前言，蔡昉撰写；绪论，蔡昉撰写；第一章（劳动力市场制度改革），都阳撰写；第二章（农村劳动力配置机制、发展及展望），向晶撰写；第三章（工资决定机制的转变与劳动力成本变化），曲玥撰写；第四章（中国的最低工资制度），贾朋撰写；第五章（户籍制度改革），屈小博撰写；第六章（中国收入分配格局变化的回顾与展望），赵文撰写；第七章（农村劳动力流动与城乡居民收入差距），高文书撰写；第八章（养老保障改革与展望），程杰撰写；第九章（中国医疗保障的发展变迁、特点和面临的挑战），陈秋霖、苏文、赵周瑞撰写；第十章（中国生育保险制度改革），侯慧丽撰写；第十一章（中国最低生活保障制度的设计与实施），王美艳撰写；第十二章（中国住房社会保障制度的发展），姜雪梅撰写；第十三章（进城农民工市民化），高文书撰写；第十四章（改革开放以来的教育体制改革），吴要武撰写；第十五章（人口红利的贡献、变化趋势和对策建议），陆旸、蔡昉撰写；第十六章（应对人口老龄化），林宝撰写。

蔡　昉

2018年12月